일상 감각 연구소

Sensehacking
by Charles Spence

일상 감각 연구소

찰스 스펜스 지음 | 우아영 옮김

Sense-
hacking

먹고 자고 일하는 인간의 감각에 관한 크고 작은 모든 지식

어크로스

바비스에게,
믿음을 지키기 위해

일러두기

- 본문에 나오는 외국 인명과 지명은 국립국어원 외래어 표기법을 따르되, 일반적으로 통용되는 경우일 때는 제외했다.
- 책의 원제이기도 한 'sensehacking'은 발음 그대로 '센스해킹'이라고 옮겼다. 저자는 사회적·인지적·정서적 웰빙을 위해 감각의 힘과 감각 자극을 사용하는 것을 센스해킹이라고 정의한다.
- 저자가 덧붙이는 설명은 본문 하단에, 출처는 미주로 처리했다. 옮긴이 주는 괄호 안에 '-옮긴이'를 함께 넣어 표기했다.

| 차 례 |

1 / **일상의 감각들** ─ 모든 것은 감각을 통해 전달된다

다중감각적 인테리어 18 | 거미와 뱀에 불안을 느끼고, 웃는 얼굴은 좋아하는 이유 19 | 감각의 상호작용 25 | 감각 통합 27 | 센스해킹의 과학 31

2 / **집** ─ 편안함을 느끼기 위한 조건

우리는 왜 식물을 들이고, 높은 천장을 좋아할까? 38 | '감각적인 생활' 42 | 흰 벽의 이중성 44 | 감정의 색깔 46 | 아프리카만큼 따뜻한 집을 좋아하는 이유 48 | 음식 냄새를 차단하기 49 | 식욕을 억제할 수 있을까? 51 | 식탁보의 존재만으로도 53 | 진정 고요한 주방을 원하는가? 55 | 나 홀로 집에 56 | 뜨거운 물에 몸 담그기 58

3 / **정원** ─ 다른 세계로의 초대

자연 효과 68 | 전망 좋은 방 75 | 자연의 이점에 순위 매기기 79 | 자연 리듬과 신체 리듬 81 | 산탄데르시토, 나의 정원 휴양지 84 | 모든 감각으로 자연을 경험하기 88

4 / **침실** ─ 잘 자기 위한 노력들은 효과가 있을까?

덜 잘수록 수명은 짧아진다 94 | 비몽사몽 조는 동안에 97 | 조명의 함정 98 | 아침과 저녁의 다른 모습 101 | 숙면 102 | 하룻밤 자면서 생각해보기 104 | 잘 자! 104 | 침대 옆 화분 106 | 당신은 올빼미족 or 종달새족? 107 | 첫날 밤 효과 108 | 수면 부족 111 | 잠의 향기 113 | 꿈 센스해킹 115 | 정신 차리고 일어나세요, 베이컨 냄새를 맡을 시간입니다! 116 | 수면 관성 118 | 최선의 잠 120 | 정말 그 어느 때보다도 잠이 부족할까? 122

5 / **출퇴근** — 알고 보면 아주 위험한 일

무엇이 진짜고 무엇이 가짜일까? 128 | 부릉부릉, 엔진 소리는 얼마나 중요할까? 131 | 소리로 품질을 알 수 있을까? 133 | "손에 착 감기게 만들라" 135 | 테크노 음악은 교통사고와 어떤 관련이 있을까? 136 | 기술 때문에 너무 산만해! 운전자의 주의를 집중시키는 방법 137 | "지금 답장하지 않아도 돼" 139 | 졸음운전 142 | 자연 효과를 누리며 운전하기 144 | 위험한 해결책 151 | 괴로운 차멀미 152 | 갈 길이 멀다 154

6 / **직장** — 병든 건물에서 살아남기

사무실의 감각 불균형 161 | 린 디자인 원하는 사람? 162 | 병든 건물에 대한 논의 163 | 에어컨이 성차별을 한다? 165 | 누군들 직장에서 피곤하지 않을까? 168 | 센스해킹으로 창의력 높이기 170 | 개방형 사무실 173 | 일단, 창가 쪽 책상을 고르자 174 | 초록 사무실 178 | "인조 나무는 뭐가 문제일까?" 179 | 사무실 컴퓨터에 자연의 모든 아름다움을 담았나요? 181 | 구글이 무료로 식사를 제공하는 이유 185

7 / **쇼핑** — 알면서도 당하게 되는 속임수

고객을 멈춰 세우는 향기 194 | 색깔의 냄새를 맡다 198 | 어떤 음악을 틀어야 할까? 200 | 잠재의식을 파고드는 유혹, 서블리미널 205 | 분위기 208 | 10대의 영혼 같은 냄새 209 | 머리는 차갑게 212 | "만져보세요" 213 | 접촉 오염 216 | 다중감각적 마케팅은 실제로 초가산적 매출 증대를 이뤄낼까? 217 | 조명은 밝게 하고 음악은 줄일 시간? 221 | 미래 맛보기 223 | 다중감각적 온라인 쇼핑 224 | 온라인 마케팅의 미래 226 | 파김치가 될 때까지 쇼핑하기 227

8 / **헬스케어** — 접촉 상실의 시대

병원은 왜 고급 호텔처럼 변하기 시작했을까? 234 | 건강한 맛 238 | 건강해 보이는 것 241 | 건강한 듣기 248 | 음악 치료 252 | 치료하는 손길 254 | 향기 감각 치료 256 | 다중감각적 의학 258

9 / 운동과 스포츠 — 승리의 향기, 성공의 맛

자연 vs 실내, 어디에서 운동하는 게 더 좋을까? 265 | TV를 보면서 달리기 267 | 무드음악, 비트에 맞춰 움직이기 270 | 테니스 선수들은 왜 포효하는 소리를 지를까? 274 | 관중의 소리를 들어라 277 | 승리의 향기, 성공의 맛 278 | 옷이 가진 힘 282 | 승리의 빨강 284 | 감각으로 운동하기 289

10 / 데이트 — 사람이 아니라 환경에 끌린 것이다

흥분 294 | '사랑의 외양' 299 | 여성의 향기 303 | 링스 효과 305 | 매력적인 빨간색 309 | 킬힐 312 | 마음에 들면 오른쪽으로 스와이프! 온라인 데이트를 위한 팁 313 | 굴은 정말 사랑의 음식일까? 315 | 욕정의 목소리 318 | 체취의 반전 319 | 온 감각으로 당신을 사랑합니다 320

11 / 감각의 미래 — 센스해킹, 센시즘, 다중감각

감각 박탈 326 | 감각 과부하로 고통받고 있나요? 328 | 원초적 쾌락 331 | 폭발적으로 증가하는 감각 마케팅의 세계에 온 것을 환영합니다! 331 | 센시즘, 감각에 대한 주의 깊은 접근 333 | 당신의 감각 균형은 괜찮은가요? 335 | 팬데믹 시대의 사회적 고립 337 | 새로운 감각을 센스해킹하다 340 | 감각의 미래 344

간단한 센스해킹 방법 347
미주 350
참고 문헌 377

1

일상의 감각들

모든 것은 감각을 통해 전달된다

태어난 순간부터 마지막 숨을 쉴 때까지, 감각은 존재의 근본이다. 인지하고 경험하고 알아가는 모든 것은 감각을 통해 전달된다. 찰스 다윈의 사촌인 프랜시스 골턴은 1883년에 이렇게 말했다. "외부에서 일어난 사건에 대해 알 수 있는 것은 감각 경로를 지나온 정보뿐이다. 감각이 더 많은 차이를 알아챌수록, 더 넓은 범위에 걸쳐 판단력과 지성을 행할 수 있다."[1]

역설적이게도 사람들은 감각 과부하를 불평한다. 우리 모두 너무 많은 소음과 정보, 집중을 방해하는 수많은 원인 탓에 지쳐 있다.[2] 요즘 멀티태스킹을 얼마나 많이 하는지만 봐도 그렇다. 경영 컨설팅 기업 액센츄어의 2015년 보고서에 따르면, 응답자의 87퍼센트가 여러 미디어 기기를 동시에 사용한다고 답했다.[3] 세상이 점점 더 빨라지면서 문제가 더 심각해지고 있다.[4] 하지만 곰곰이 살펴보면 우리의 고도로 이성적인 감각, 즉 청각과 시각은 많은 양의 정보를 전달할 수 있고, 이런 이유로 쉽게 기술의 표적이 되어 과도한 자극을 받고 있다는 사실이 명백해진다. 너무 많은 냄새*나 너무 많은 촉각, 또는 과다한 맛 때문에 힘들다는 사람은 없다. 감각 사이의 균형을 맞추는 게 진짜 문제라는 이야기다.[5]

미국 마이애미 밀러 의과대학 터치연구소의 연구원 티퍼니 필드는 우리 모두가 '접촉을 갈망하는' 상태이며, 곧 건강과 행복에 부정적인 결과가 나타날 수 있다고 수년 동안 주장해왔다. 피부는 인체에서 가장 큰 감각기관으로, 몸무게의 16~18퍼센트를 차지한다.[6] 최근 몇 년간 연구자들은 털이 많은 피부, 즉 손바닥과 발바닥을 제외한 신체의 모든 피부가 부드럽게 쓰다듬어줄 필요가 있는 감각 수용체로 가득 차 있다는 사실을 발견했다.[7] 사람 간의 따뜻한 접촉은 사회적·인지적·정서적 웰빙에 무척 다양한 도움을 준다. 커플 간의 접촉은 정말 강력해서 신체적 고통마저 완화할 수 있다. 잦은 포옹을 통해 스트레스를 풀어주는 사회적 지지를 받으면, 상부 호흡기 감염과 질병에 덜 걸린다.[8] 껴안아줄 사람이 없다고 걱정할 필요는 없다. 이제 유료로 안아주는 포옹 전문가도 있으니까. 그러니까 피부라는 가장 거대한 감각을 방치한다는 건 위험한 일이다. 코로나19 바이러스 팬데믹으로 인해 우리는 누군가 먼 곳에서 긴급히 손길을 필요로 할 때 이를 어떻게 전달할지 고민하게 됐다. 기술을 이용해 어떻게 애정 어린 손길을 먼 거리까지 전달할 수 있는지는 마지막 장에서 다시 살펴볼 것이다.

---

* 패션잡지 속 넘쳐나던 향수 테스터 스트립이 줄었기 때문만은 아니다.

2025년이면 60세 이상 인구가 10억 명에 이를 것으로 추정된다. 노인들은 (그들 말에 따르면) 육체적 매력이 감소한 뒤로 아무도 자신을 어루만지고 싶어 하지 않기 때문에 자극이 부족하다고 앓는 소리를 한다.

노화는 모든 감각에 피해를 주지만, 각 감각의 쇠퇴는 각기 다른 나이에 시작된다. 다행히 시각과 청각의 경우엔 더 나빠지지 않게 보호해주는 안경과 보청기가 있지만, 아쉽게도 보다 정서적인 감각인 촉각과 후각, 미각을 회복할 수 있는 방법은 아직 없다. 결과적으로 노인들은 '감각 결핍'을 겪을 위험에 처한다.[9]

어떤 감각을 가장 그리워하게 될지 물으면 사람들은 대부분 시각을 꼽는다. 그러나 삶의 질 지표와 자살률 데이터를 보면 실제로는 후각을 잃은 이들의 상황이 훨씬 더 나쁘다. 말년에 결국 시력을 잃게 되더라도 사랑하는 사람의 목소리를 듣고 그의 모습을 머릿속에 다시 떠올릴 수 있다. 적어도 잠시 동안은 감각을 잃었다는 상실감을 완화할 수 있다. 하지만 냄새 맡는 능력을 잃어버리면, 그 감각과 관련해서는 정말이지 아무것도 남지 않는다. 정신적으로 상상해낸 세계 안에서는 마음의 눈 바로 앞에서 마술도 부릴 수 있지만, 누구도 그토록 풍성하게 냄새를 기억해내지는 못한다.[10]

지난 25년 동안 나는, 최신 감각 과학을 이용해 건강하고 행복한 삶을 위한 실행 가능한 전략을 세우려는 (물론 명백히 수익성이 목적이다) 세계 최대의 기업들과 일하는 행운을 누렸다. 존슨앤존슨부터 유니레버, 아사히, VF코퍼레이션, 듀럭스, 듀렉스까지.[11] 그동안 배운 것들을 여러분과 공유하려고 한다.

나는 수년 동안 소아과 의사와 협력해 아기가 최적의 사회적·정서적·인지적 발달을 이루려면 다양한 감각을 균형 있게 자극해야 한다고 강조해왔다.[12] 자동차 제조업체를 도와 운전을 '센스해킹'했고, 도로를 더 안전하게 개선했다(이와 관련해 알게 된 것들은 5장 〈출퇴근〉에서 더 이야기할 것이다).[13] 또 세계 최대의 미용, 향수, 홈 케어, 퍼스널 케어, 성 건강 기업 등과 긴밀히 협력해 다중감각적 매력이 실제로 어떤 효과를 내는지* 알아내려 노력 중이다(10장 〈데이트〉에서 중요한 팁들을 전수할 예정이다).[14] 전 세계 수많은 유명 브랜드와 쇼핑몰 운영자에게 광범위하게 컨설팅하는 과정에서 고객들이 '감각을 파는 가게'에 지갑을 열도록 유도하는 새로운 방법도 고안했다(7장 〈쇼핑〉에서 더 자세히 알아볼 것이다). 앞으로 여러분과 공유할 감각의 비밀이 수없이 많다.

그래서 센스해킹이 정확히 뭘까? 이는 사회적·인지적·정서적 웰빙을 위해 감각의 힘과 감각 자극을 사용하는 것으로 정의할 수 있다. 모든 감각의 고유한 능력을 알고, 감각들이 상호작용해 감정과 행동을 이끌어내는 예측 가능한 방식을 이해해야만, 자신만의 감각 경험을 가장 효과적으로 '해킹'할 수 있다. 그렇게 자기 자신에서 출발해 사랑하는 이들의 삶의 질까지 높일 수 있다. 긴장을 더 풀고 싶

---

* 2020년 전 세계 화장품 시장 가치가 무려 6750억 달러에 이를 것이라는 2016년 예측에 주목할 만하다(물론 코로나19 팬데믹 때문에 실제 수치는 줄었을 가능성이 있다).

거나, 혹은 정신을 더 바짝 차리고 싶은가? 직장에서 더 생산적으로 일하고 싶거나, 아니면 스트레스를 덜 받고 싶은가? 더 잘 자고 싶거나, 더 아름답게 보이고 싶거나, 그것도 아니면 체육관에서 운동을 최대한 활용하는 방법을 알고 싶은가? 뭐든 상관없다. 센스해킹의 과학은 각자의 목표와 열망을 달성하는 데 도움이 된다.

이 책은 일상생활의 주요 활동, 그리고 나처럼 평범한 삶을 사는 사람들이 매일 생활하는 환경을 중심으로 구성돼 있다. 먼저 2장 〈집〉은 현관문부터 시작한다. 거실, 주방, 욕실 내부를 살펴보고 감각을 해킹해 집을 더 쾌적하고 살기 좋게, 또 팔기 쉽게 만드는 법을 알아볼 것이다. 그 뒤 3장 〈정원〉에서 자연이 주는 이점을 살펴보고, 4장 〈침실〉에서는 말 그대로 모든 의미에서 지각을 갖고 놀며 수면을 센스해킹하는 방법을 알아볼 것이다. 오늘날 수많은 사람들이 잠을 충분히 자지 못해 괴로워하고 있기 때문에 이 문제는 특히 중요하다. 수면 부족이 건강과 웰빙에 매우 나쁜 영향을 끼친다는 통계를 고려하면 더욱 걱정스럽다. 집 환경을 다룬 뒤에는 직장으로 이동해 '출퇴근', 그리고 '사무실'의 다중감각적 디자인을 센스해킹할 것이다. 마지막으로 여가는 '쇼핑', '헬스케어', '운동과 스포츠', '데이트'에 관해 다룬다. 더 많이 소비하게 하고 더 열심히 운동하게 하며 더 아름답게 보이게 하거나 질병이나 부상에서 더 빨리 회복하도록 돕는다고 입증된, 가장 효과적인 센스해킹 방법 몇 가지를 살펴볼 것이다.

마지막 장에서는 감각 과부하, 감각 결핍, 감각 균형, 다중감각적

일치, 그리고 최근 더 자주 보이는 기술이 매개하는 간접적인 센소리엄sensorium(개인이 지각하는 독특하고 변화하는 감각 환경의 총체적인 특성. 주변 세계에 대한 감각, 지각, 해석이 포함된다 – 옮긴이)에 대한 몇몇 핵심 문제와 통찰을 요약할 것이다. 이 분야에는 다양한 라이프스타일 구루, 풍수 '전문가', 인테리어 디자이너와 트렌드 미래학자의 입증되지 않은 주장이 넘쳐나지만, 옥스퍼드대학교의 실험심리학 교수로서 나의 통찰과 권고는 동료들의 심사를 거친 과학적 학술 연구에 확고한 기반을 두고 있으므로 안심해도 된다.

다중감각적 인테리어

거주하고 일하는 공간에 다중감각적 분위기를 내는 건 정말 중요하다. 현재 도시 환경에서 사는 전 세계 대다수의 인구가 삶의 95퍼센트를 실내에서 보낸다는 점을 고려하면 특히 그렇다. 이 책의 여러 장에서 살펴보겠지만, 이는 감각 불균형을 초래하고 결국 우리의 웰빙에 부정적인 영향을 준다. 실내에서 대부분의 시간을 보내면 자연광을 거의 보지 못할뿐더러, 몸에 좋은 물질 대신 제대로 환기가 되지 않은 사무실의 공기 오염 물질에 더 많이 노출된다. 6장 〈직장〉에서 보겠지만, 오늘날 우리 대부분이 그렇듯 실내에서만 너무 오래 머물면 새집증후군이나 계절성 정서장애 같은 문제를 겪을 수 있다는 증거가 늘고 있다. 특히 계절성 정서장애는 자연광이 충분하지 않은 겨울철에 영국 인구의 6퍼센트가 겪는 문제다. 최근 몇 년 동안 개방형 사무실의 유행을 고려해, 일하는 환경의 감각적 속성이 생산성과 창의성에 방해가 아닌 도움이 되게끔 하는 방법도 살펴볼 것이다. 세계 최대의 페인트, 조명, 향수 회사들은 각자의 목표를 달성하게 해주는 다중감각적 인테리어에 오랫동안 관심을 가져왔다.[15]

수년 동안 나는 헬스장 등 다양한 스포츠 단체들을 컨설팅했고, 동기와 활력을 주고 주의를 분산시키는 감각의 힘을 운동 방식 및 피트니스 시스템과 결합해 사람들이 최대한의 효과를 얻을 수 있도록 도왔다. 이에 대해서는 9장 〈운동과 스포츠〉에서 더 자세히 살펴볼 것이다. 스포츠 분야나 연애 관계에서 경쟁 우위를 점하려면, 감각이 제공하는 모든 것을 최대한 활용해야 한다. 수많은 혁신적인 사람들과 조직들은 센스해킹에서 얻은 최신 통찰을 이용해 더 건강하고 부유하고 현명해지고 있다. 소위 '화장품 신경과학'이라 불리는 약학적 개입에 따라오는 부작용 같은 것도 없다.[16] 더 이상 망설일 필요가 없다.

거미와 뱀에 불안을 느끼고, 웃는 얼굴은 좋아하는 이유

친숙함은 취향으로 이어진다. 그저 노출되기만 해도 그에 대한 선호도가 높아진다. 이를 '단순 노출 효과'라고 부르며, 노출 여부를 스스로 알든 모르든 상관없다.[17] 단순 노출은 예컨대 칠리를 떠올렸을 때 누구는 먹는 칠리를 좋아하고 누구는 록밴드 레드핫칠리페퍼스의 노래를 좋아하는 이유를 설명해준다. 엄마가 임신 중에 먹었던 음식 냄새에 신생아가 고개를 돌리는 이유도 단순 노출 효과로 설명할 수 있다. '태아 TV 연속극 증후군'이라는 말을 들어봤는가? 그렇게 나쁜 건 아니니 걱정할 필요는 없다. 1980년대 몇몇 신생아가 유명 TV 연속극에 출연한 배우의 목소리를 좋아한다는 사실을 알게 된 의사가 처음 만든 용어다(이 세대라면 인기 드라마 시리즈 〈네이버스〉의 제이슨 도너번이나 카일리 미노그를 떠올리면 된다). 아기들은 엄마가 먹은 걸 맛보았을 뿐만 아니라 엄마가 들었던 걸 함께 들었다는 사실이 밝혀졌다.[18] 이런 통찰과 관찰 결과 덕분에 이제 사람들은 얼마나 이른 시기부터 감각을 해킹할 수 있는지 궁금해한다.

우리를 둘러싼 다중감각 자극에 대한 반응은 대부분 학습되지만, 이런 반응이 인간이 살기에 적합한 특정 환경에서 진화했다는 것을 항상 염두에 둬야 한다. 이는 한때 인류 생존에 필요했던 자극이 특별히 중요해진 것으로 보인다는 의미다. 예를 들어 사람들은 거미와 뱀에 관심이 많으며, 아주 어린아이도 거미와 뱀을 보면 불안에 떨곤 한다.[19] 2장 〈집〉에서 보겠지만, 최신 증거에 따르면 인류는 수천 년 전에 살았던 에티오피아 고원의 기후와 비슷한 조건으로 실내 온도를 맞추곤 한다.

자연에서 감각 자극을 많이 받을수록 좋다. 또 주변 환경을 무의식적으로 흘려보내지 않고 감각을 자극하는 모든 것에 주의를 기울이면 더 많은 이점을 누릴 수 있다. 앞으로 이 책에서는 일이나 운동, 쇼핑을 할 때뿐만 아니라 놀 때도, 기술을 통해서라도 자연을 경험하는 것이 어떤 긍정적인 영향을 주는지 되풀이해서 살펴볼 것이다. 각자의 웰빙을 향상시키려는 목적이든, 아니면 쇼핑 때마다 더 많이 사도록 고객들을 유혹하려는 것이든 간에, 감각을 해킹하는 가장 좋은 방법을 알아내려면 우선 감각이 발달해온 특정한 진화적 환경을 이해해야 한다. 유전학자이자 진화론자인 테오도시우스 도브잔스키의 유명한 말을 패러디하자면, "진화의 개념을 통하지 않으면 심리학의 그 무엇도 의미가 통하지 않는다."[20](도브잔스키가 말한 원래 문장은 다음과 같다. "진화의 개념을 통하지 않으면 생물학의 그 무엇도 의미가 통하지 않는다." - 옮긴이) 예를 들어 3장 〈정원〉에서 집 근처의 작은 녹지 공간이 자연 효과를 얻는 데 얼마나 중요한지 살펴볼 것이다.

또 우리는 다른 사람의 얼굴이든 시계든 찌푸린 표정보다는 미소를 선호하도록 타고났거나 진화했다. 어떤 자극은 좋아하고 어떤 자극은 싫어하도록 진화한 것으로 보인다는 의미이다. 7장 〈쇼핑〉에서 확인하겠지만, 성공적인 디자인과 마케팅은 최신 감각 마케팅을 통해 미묘하게, 때론 노골적으로 고객들이 지갑을 열게끔 유도한다.[21]

예컨대 광고 속 아날로그시계가 거의 항상 10시 10분을 가리키고 있다는 사실을 알아차리거나, 그 이유를 궁금해한 적이 있는가? 실제로 한 분석에 따르면, 아마존닷컴에서 가장 많이 팔린 남성용

그림 1 8시 20분은 왜 우울해 보일까? 몇 시 몇 분이 웃는 것처럼 보이는가? 어떤 손목시계가 우울해 보이는가? 제품 디자인에 쓰이는 의인화의 한 예시다.

정장 시계 100개 중 97개가 이 시각을 가리키고 있었다고 한다. 손목 위치에서 10시 10분은 웃는 것처럼 보이며, 독일 연구자들은 실험을 통해 사람들이 이처럼 '웃는' 손목시계를 좋아한다는 사실을 밝혀냈다.[22]

오래전 시계상들은 단순히 아날로그시계의 시각을 10시 10분으로 맞추기만 해도 고객들이 더 호의적으로 느낀다는 것을 깨달았다.* 시계가 가리키는 시각만 봐서는 시계의 품질을 알 수 없기 때문에 이런 단순한 감각 해킹은 실제 선택에 영향을 주지 않아야 하지만, 증거에 따르면 분명 영향을 준다. 무엇보다 이 같은 진화적 트리거의 중요성을 깨닫고 나면 제품 포장에서부터 컴퓨터나 자동차 등

---

* 대부분의 아이폰 광고에서는 시각이 오전 9시 42분으로 표시돼 있는데, 이는 스티브 잡스가 2007년 맥월드 콘퍼런스에서 처음 아이폰을 소개한 시각(태평양 표준시)이라는 설이 가장 유명하다.

모든 것을 이런 방식으로 안전하게 설계할 수 있다. 진화적으로 행동을 유도하는 특정한 성질이 제품에 포함돼 있으면, 소비자가 이런 제품을 더 높이 평가할 거라는 사실을 알기 때문이다. 예를 들어 컴퓨터 전면에 USB 슬롯을 배치하거나 차의 시각적 디자인을 웃는 것처럼 보이도록 의인화하면 더 매력적이고 좋은 인상을 줄 수 있다. 이런 점들을 알게 되면 얼마나 많은 회사가 이미 사람들의 감각을 해킹하고 있는지 불현듯 깨닫게 될 것이다. 예를 들어 아마존에서 아르고스에 이르기까지 수많은 브랜드의 로고를 자세히 살펴보면 놀랍게도 전부 우리를 향해 웃고 있다.[23] 그러나 흥미롭게도 시계가 항상 미소를 짓고 있던 건 아니다. 1920~1930년대 광고 대부분은 시계의 시각을 8시 20분(찡그린 얼굴)으로 설정했다.

지금은 제품을 웃는 것처럼 보이도록 만드는 게 (최소한 이 세상의 직관인인 마케터와 디자이너에게는) 자명해 보이겠지만, 진화론에서 영감을 받은 이런 솔루션은 우연히 발견되곤 했다. 그리고 당연히 감각 마케팅과 소비자 신경과학의 윤리에 의문을 제기하고 싶은 사람도 있겠지만, 나는 이런 요상한 21세기, 그러니까 전 세계적 팬데믹과 봉쇄가 아무런 경고 없이 세계 경제를 황폐화시키기 쉬운 시기엔 그 어느 때보다 센스해킹이 중요하다고 본다. 인류가 건강과 균형을 잘 유지하려면 센스해킹이 필요하다.[24]

실제로 코로나19 이전 가장 극심한 불황기였던, 1929년 월스트리트 대폭락에 뒤따른 대공황 당시 소비자 공학, 휴머니어링humaneering이 세계 경제를 다시 살리는 데 중요한 요소로 여겨졌다. 소비자 심

그림 2   로고에 미소를 더한 브랜드 예시.

리에 대한 이 새로운 접근방식은 제품 디자인에서 미묘한 감각 신
호를 얻는 것이었다.[25] 그래서 소비자 공학은 어떤 면에서 이전 세
기에 나타난, 오늘날 센스해킹의 효시라고 볼 수도 있다. 그러나 감
각을 가장 효과적으로 해킹하려면 우선 감각이 독립적으로 작동하
는 게 아니라 항상 상호작용한다는 사실을 알 필요가 있다. 우리를
둘러싼 주변 세계와 그 안에 있는 모든 물체에 대한 감각들이 어떻
게 상호작용해서 다중감각 인식을 만들어내는지 그 핵심 규칙을 이
해해야만, 다중감각 신호와 환경을 최적화해서 우리가 바라는 결과
를 얻을 수 있다.

감각의 상호작용

25년 전 내가 옥스퍼드대학교에서 처음 가르치기 시작했을 때, 한 교수는 시각을 연구하고 다른 교수는 청각을 연구하고 있었다. 두 사람은 (실제로나 비유적으로나) 긴밀히 협력하는 관계였지만, 사이가 틀어져 몇 년이나 서로 말도 안 하는 상태였다. 내가 정말 놀란 건, 그렇게 소통하지 않는 것에 대해 둘 중 누구도 염려하지 않는다는 점이었다. 그들은 뭘 놓치고 있는지 깨닫지 못하고 있었다. 이들의 태도에는 각각의 감각을 완전히 별개의 시스템으로 여기는 전통적인 관점이 내포돼 있다. 이런 관점은 감각이 겉으로 어떻게 보이는지와 관련이 있다. 우리는 보기 위한 눈과 듣기 위한 귀, 냄새를 맡기 위한 코, 맛을 보기 위한 혀, 그리고 주변 세계를 느낄 수 있는 피부라는 감각기관을 각각 갖고 있다.

하지만 감각은 얼마나 상호작용하는가? 이 질문에 대한 답은 우리가 주변 세계를 어떻게 경험하는지, 그리고 그 경험을 우리가 어떻게 느끼게 될지 결정한다는 점에서 굉장히 중요하다. 과학에 따르면, 감각은 생각보다 훨씬 더 많이 연결돼 있다. 이 말인즉슨, 실제로 눈에 보이는 걸 대체하기만 해도 듣는 걸 바꿀 수 있으며, 소리를 조작해 다르게 느끼게 하는 것도 가능하다는 뜻이다. 또 현명한 마케팅 담당자라면 알맞은 향기를 추가해서 눈앞에 있는 대상이 무엇이든 간에 그것에 대한 인상을 바꿀 수 있다. 누구나 다중감각 인지와 관련된 트릭이나 센스해킹을 자신의 장점으로 활용할 수 있다.

다음 장에서는 감각 간 상호작용에 대한 놀라운 예시들을 살펴볼 것이다. 예를 들어 10장 〈데이트〉에서는 타인에게 내가 얼마나 젊고 매력적으로 보이는지가 어느 정도는 각자가 선택한 향수(즉 몸에서 나는 '냄새')에 따라 달라진다는 점을 살펴볼 것이다. 또 사랑스러운 애정 표현이 주는 기분 좋은 느낌을 나쁜 냄새와 좋은 냄새가 각각 어떻게 망치거나 강화하는지 확인할 것이다.[26] 2장 〈집〉에서는 적절한 향을 추가해 세탁물을 더 부드럽고 하얗게 보이도록 만드는 방법에 대해 알아본다. 또 커피 머신에서 나는 소음이 원두나 로스트 정도 못지않게 커피의 쓴맛에 대한 인식에 영향을 준다는 점도 살펴볼 것이다. 5장 〈출퇴근〉에서는 심리 음향적으로 설계된, 자동차 문을 닫을 때 잠금장치가 작동하면서 발생하는 견고한 소리에 따라 자동차 품질에 대한 인식이 어떻게 미묘하게 ('잠재적으로'는 아니다) 달라지는지 살펴본다. 고급 자동차 모델이라면, 사람들이 열광하는 엔진 굉음이 실제로는 합성음일 가능성이 있다. 마지막으로 '신차 냄새'를 조금 사용해 오래된 자동차 모델의 가치를 높이는 방법도 볼 수 있을 것이다.

대기업이 수십 년 동안 사람들의 감각을 해킹해왔지만,[27] 우리도 배고픈 느낌 없이 더 적게 먹기 위해 센스해킹을 활용할 수 있다. '따뜻한' 조명이나 페인트 색상을 활용해 난방비를 줄일 수 있는지 궁금하지 않은가? 누구나 감각을 해킹해 삶에서 더 많은 것을 얻을 수 있다. 이 책에서 그걸 '어떻게' 할 수 있는지, '왜' 그게 효과가 있는지 소개할 것이다. 센스해킹은 덜 먹고, 더 오래 살고, 더 많이 즐길 수 있는 가장 효과적인 수단이다. 모두가 음악, 풍광, 향기, 색상을 사용해 생산성을 높이고, 휴식과 수면을 개선하고, 필요하면 인식도 개선할 수 있다.[28]

센스해킹은 감각이 얼마나 서로 연결돼 있는지, 그리고 감각 자극의 올바른 균형이 건강과 생산성, 웰빙에 얼마나 필수적인지 아는 데서 출발한다. 집에 있든 사무실에 있든 체육관에 있든 쇼핑을 하든 의료 서비스를 받든, 이는 진실이다. 감각 통합은 기본이며, 더 나아가 삶의 질을 높이는 데 도움이 될 수 있다. 실제로 올바르게 균형 잡힌 다중감각 자극은 이미 몇몇 임상 환경에서 통증을 완화하고 환자의 회복을 돕는 데 사용되고 있다. 8장 〈헬스케어〉에서는 음악을 듣는 환자가 진통제를 덜 필요로 할 뿐만 아니라 더 빨리 회복된다는 연구 결과 등 의료 분야 센스해킹의 여러 놀라운 사례를 살펴볼 것이다.

감각 통합

하나 이상의 감각을 가진 모든 생물에게 감각은 분리되어 있는 것이 아니다. 이렇게 생각해보자. 어떤 감각은 이쪽으로 이끌고 다른 감각은 저쪽으로 이끈다면 재앙이 벌어질 것이다. 감각이 서로 소통해야만 이런 갈등을 피할 수 있다. 사람의 인식과 행동은 시각, 청각, 후각, 촉각, 미각 등 다섯 가지 주요 감각을 연결하는 수백만 개의 다중감각 뉴런 활동에 의해 제어된다. 핵심 질문은, 우리 뇌가 실제로 어떤 규칙을 사용해 서로 다른 감각의 입력을 결합하는가다. 다중감각 인식이 작동하는 방식을 이해해야만 감각을 효과적으로 해킹할 수 있기 때문이다. 〈집〉과 〈데이트〉 장에서는 우리의 시각, 소리, 냄새, 심지어 감정이 어떻게 결합해 일상생활에서 가장 평범하고 다중감각적인 경험뿐만 아니라 보기 드문 특별한 경험까지 전달하는지 다양한 예를 소개할 것이다. 그렇다면 다중감각 인식을 지배하는 규칙은 무엇일까? 어렵게 생각할 것 없다. 지금 당장 알아야 할 핵심 규칙은 세 가지뿐이다.

1) 감각의 지배: 보는 대로 듣는다

어느 한 감각이 다른 감각보다 두드러져 인식을 주도하곤 한다. 예컨대 영화관에서 배우의 목소리가 항상 배우의 입술에서 나오는 것처럼 보이는 현상을 떠올려보자. 실제로는 극장 어딘가에 설치된 스피커에서 나오는데 말이다. 이 경우 뇌는 눈앞의 증거를 사용해 소리가 어디에서 오는지 추론한다. 이런 '복화술 효과'는 수천 년 동안 신비주의자는 물론, 무대 공연가들도 사용해왔다고 알려져 있다. 무엇이 어디에 있는지를 눈이 귀보다 더 잘 알려주기에 가능한 일이다. 태아가 성장하는 동안 뇌는 가장 신뢰할 수 있고 정확한 감각에 의존하는 법을 배움으로써 태어나는 순간 맞이하는 '엄청 짜증나고 윙윙거리는 혼란'*에 대처한다.[29] 일부 연구자들은 순전히 수학적(특히 베이지안) 용어로 시각의 우위를 설명하고 싶어 했는데,

수학자들이 아직까지 설명할 수 없는, 우리가 눈앞에 보이는 것에 더 크게 의존하거나 관심을 기울인다는 것을 암시하는 몇몇 흥미로운 증거들이 있다.[30] 이를 토대로 인류학자, 역사학자, 예술가, 심지어 사회학자 들은 우리로 하여금 이러한 감각적 체계의 맥락을 고려할 수 있게 해준다. 또, 그러한 감각적 체계가 우리가 사는 사회뿐만 아니라 각 개인에게 적합한 것인지도 살펴볼 수 있게 해준다.[31]

'가'라고 발음하는 사람의 입술을 보면서 동시에 '바'라는 소리를 듣는다고 가정해보자. 과연 어떻게 들릴까? 사람들 대부분은 '다'라고 듣게 된다.[32] 이를 맥거크McGurk 효과라고 부르는데, 직접 해보기 바란다. 온라인에 좋은 예시가 많다. 뇌는 꽤 자주 다양한 감각 입력을 자동으로 결합하는데, 이때 우리는 무슨 일이 벌어지는지 정확히 알 수 없게 된다. 심지어 무슨 일이 일어나는지 정확히 알고 감각이 우리를 속이고 있다는 사실을 인지할 때조차 (맥거크 효과처럼) 눈앞에 뻔히 보이는 입술의 움직임이 다른 소리를 내뱉더라도 귀는 정확히 듣지 못한다. 화이트와인에 붉은색 염료를 첨가하자 전문가들이 갑자기 레드와인이나 로제와인 향기가 난다고 말한 것도 정확히 동일한 현상이다.[33] 상충되는 메시지를 받았을 때 어떤 감각이 지배적으로 작용하는가에 대한 질문은 이 책 전체에서 계속 살펴볼 것이다.

＊ 실험심리학의 대부이자 어떤 경우에나 인용할 수 있는 어록을 가졌을 것 같은 인물인 윌리엄 제임스에 따르면(1890), "눈, 귀, 코, 피부, 내장을 동시에 자극받은 아기는 이 모든 걸 엄청 짜증나고 윙윙거리는 혼란으로 느낀다."

2) 초가산성: 1+1=3?

시끄러운 칵테일파티에서 안경을 쓰기만 해도 타인이 말하는 소리가 더 잘 들린다.* 연구자들은 이를 일상생활에서 접할 수 있는 '초가산성Superadditivity' 예시라고 본다. 개별적으로 약한 감각 입력이 서로 결합됐을 때 종종 각각의 합으로 단순히 예측되는 것보다 훨씬 풍부한 다중감각 경험을 할 수 있다는 개념이다. 7장 〈쇼핑〉에서 보겠지만, 마케팅 담당자들은 매장 내 음악, 향기, 색상을 올바르게 조합하기만 해도 매출을 올릴 가능성이 높아진다는 사실에 들떠 있다.

3) 감각 부조화

더빙이 잘못된 외국어 영화나 연설, 아니면 입술의 움직임과 소리가 제대로 맞지 않는 위성방송을 본 적이 있는가? 시각적 이미지가 분명하고 음질이 전혀 떨어지지 않아도, 감각의 타이밍이 일치하지 않으면 경험은 너무나 쉽게 엉망이 된다. 다중감각 인지를 지배하는 세 번째 핵심 규칙인 저가산성Sub-additivity(두 요인이 함께 작용한 효과가 각 요인의 단순 합보다 작은 성질 – 옮긴이)은 부적합한 감각적 인상이 결합될 때 발생한다. 실제로 각 입력이 아무리 최선이었더라도, 그 결과는 너무나 쉽게 예상한 것보다 나빠질 수 있다. 뇌는 보통 부적합하게 조합된 감각 자극을 잘 처리하지 못하며, 그 결과 부정적

---

* 연구에 따르면, 입술의 움직임을 보는 것만으로 소음 속에서 전달되는 음성이 마치 15데시벨은 커진 듯 명료하게 들린다고 한다.

심상이 초래된다. 다시 말해 사람들은 이걸 싫어한다.* 상점이나 쇼핑몰에서 시끄럽게 정글이나 숲의 소리를 트는 건 적절한 일일까? 이 질문은 나중에 다시 살펴볼 것이다.

센스해킹의 과학

감각 과부하, 감각 불균형, 감각 충돌을 피하면 누구나 원하는 대로 쓸 수 있는 감각 도구를 갖게 된다. 이렇게 감각들 간의 시너지를 다루는 최신 과학을 이해하면 더 건강하고 행복하고 만족스러운 삶을 살 수 있다. 이를 위해서는 감각이 문화적으로 어떻게 구성되는지 이해하고 마음의 다중감각적 본성을 알아야 하며, 또한 우리 모두가 살고 있으면서 동시에 열망하는 감각의 세계에도 개별적인 차이가 있음을 민감하게 인지해야 한다. 이것이 바로 센스해킹의 다중감각적 과학이다. 어떻게 하는지 지금부터 살펴보자.

* 이와 관련해 2016년 뉴욕 스토리텔링의 미래연구소(FoST)가 제작한 짧지만 훌륭한 동영상이 있다. 다중감각 인지를 지배하는 규칙에 대해 더 알아볼 수 있다.

2
집

편안함을 느끼기 위한 조건

현관문부터 시작해보자. 휴가지에서 돌아와 집 현관문을 열자마자 약간 이상한 냄새가 난다고 생각한 적이 있는가? 사실 집에서 늘 나던 냄새지만, 집주인은 계속 그 냄새에 노출되다 보니 적응하고 있었던 것뿐이다. 오랜 여행을 마치고 돌아왔을 때에만 집에서 어떤 냄새가 난다는 걸 깨닫게 된다. 아마도 눈치챘겠지만 어느 집에서나 독특한 냄새가 나며, 여러분의 집도 다르지 않다. 각자 집에서 많은 시간을 보내기에 너무 익숙해져서, 손님과 달리 냄새를 인식하지 못할 뿐이다. 이 경우 우리는 말 그대로 코 바로 밑에 있는 것을 너무나 자주 놓치는 셈이다.[1]

하지만 그 냄새에 지속적으로 노출되면 가족들은 어떤 영향을 받을까? 어쨌든 우리 주변을 둘러싼 냄새는 우리가 느끼는 긴장감이나 편안함은 물론, 기분과 웰빙에도 영향을 준다.[2] 깨닫지 못한다고 해서 냄새가 미치는 영향에까지 면역이 있는 건 아니다. 실제로는 인지하지 못하는 냄새가 맡을 수 있는 냄새보다 더 큰 영향을 준다.

걱정스러운 사실은 집에 존재하는 공기 중 곰팡이나 기타 확인되지 않은 저농도의 냄새 물질은 최소한 새집증후군의 원인 중 하나이며, 이런 곳에서 살거나 일하면 실제로 질병에 걸릴 수 있다는 점이다.[3]

샤를 보들레르는 방에서 나는 냄새를 '집의 영혼'이라고 노래했다.[4] 매수자가 집을 보러 올 때 커피를 끓이고, 빵이나 케이크를 굽거나, 싱싱한 꽃을 꽂아놓으라는 조언을 들어본 적이 있을 것이다. 바닐라 향은 특히 북미의 부동산 중개인들에게 인기가 높다. 이제, 이런 전략이 효과가 있다는 구체적인 증거를 찾기란 무척 어렵지만, 집을 팔려는 사람들이 점점 더 향기에 집착하는 것을 막지는 못한다. 그러나 실제 한 언론은 집을 팔기 위한 가장 좋은 향기는 백차白茶와 무화과의 혼합물이기 때문에 이제 신선한 커피나 빵 냄새로 효과를 보려는 기대는 접어야 한다고 보도했다. 하지만 다시 말하건대, 이런 주장을 뒷받침하는 증거는 없다. 그런데 플로리다의 어느 부동산 중개업체의 CEO에 따르면 담배 냄새나 반려동물(금붕어가 아닌 고양이와 개)의 냄새는 집값을 10퍼센트까지 떨어뜨릴 가능성이 있다고도 한다.[5]

2018년 마이애미 서니아일즈비치에서 막 2900만 달러짜리 새 콘도를 구매한 어느 운 좋은 고급 아파트 소유자는 공감각*을 가진 향기 디자이너 다운 골즈워디에게 이 콘도에 특화된 향기를 만들

---

* 공감각은 흑백 글자를 보거나 음악을 들을 때 마치 컬러를 보는 듯한 느낌이 드는, 한 가지 감각 입력이 자동으로 또 다른 '감각 동시성'을 일으키는 특이한 상태다. 사람들 대부분에겐 이런 공감각이 없고, 일부 창의적인 사람들에게서 나타난다.

어달라고 의뢰했다. 건물의 에어컨 시스템을 통해 향수를 퍼뜨려서 이 콘도만의 독특한 향 정체성을 만들려는 계획이었다. 아주 부유한 몇몇 사람을 제외하곤 분명 이런 전략은 구사하기 어려울 테지만, 꽃이나 포푸리, 배터리로 구동되는 방향제 디스펜서를 이용하면 집에서도 소박하게 향기를 즐길 수 있다. 향초도 있는데, 향초가 공기를 오염시킨다는 우려도 있으므로 위험성은 알고 피워야 한다.

요즘 많은 플로리스트도 시각적으로 아름다울 뿐만 아니라, 기분과 건강에 긍정적인 영향을 주는 향기를 풍기는 '웰빙 부케'를 판매하고 있다.[6] 그러니 집을 팔려는 경우든 단순히 대청소를 하려는 것이든, 공간에 퍼지는 향기를 보다 신중히 고려하는 편이 좋다. 아로마 테라피가 기분과 주의력, 심지어 웰빙 감각에 영향을 줄 수 있다는 모든 증거를 고려하면 이는 분명 의미가 있다. 마찬가지로 따뜻한 빵이나 볶은 커피, 시트러스 같은 향기의 존재는 우리의 친사회적 행동을 향상시킬 수 있다. 말하자면, 누군가 뭘 떨어뜨리거나 식사를 마치고 뒷정리를 하는 상황에서 남을 훨씬 더 잘 돕게 된다는 것이다.[7]

아로마의 효과는 본질적으로 약리학적이기보다 심리적인 것으로 보이는데, 이는 곧 연상 학습의 결과라는 의미다.[8] 예컨대 남미의 꽃에서 나는 헬리오트로핀 향을 맡으면 마음이 진정된다고 느끼는 데는 심리적 연관성이 있을 가능성이 높다. 이 꽃향기는 존슨즈 베이비파우더에 들어가는 주요 휘발성 물질 중 하나다. 어른이 되어 비록 기억은 가물가물할지라도 이 냄새는 아마 유아기의 포근한 기억을 불러일으킬 것이다. 한편 특정 꽃향기를 싫어하는 노인들도 있는데, 이는 언젠가 우리 모두 앞에 닥칠 일, 즉 죽음과 장례식을 연상시키기 때문이다. 일반적으로 주변 냄새에 대한 반응은 그 냄새를 좋아하는지의 여부, 인공향이라고 생각하는지 아니면 자연향이라고 생각하는지의 여부, 그리고 향이 얼마나 강하고 후각을 압도하는지에 따라 달라질 수 있다. 이 분야의 논문들은 통계적 검증이 부족한 경우가 많아서 확실한 결론을 내리기는 어렵다.[9]

우리는 왜 식물을 들이고, 높은 천장을 좋아할까?

수년 전 스위스의 모더니즘 건축가 르코르뷔지에는 건축양식이 "인간의 감각에 생리학적으로 작용"한다는 흥미로운 주장을 폈다.[10] 그리고 인지신경과학과 건축학이 융합된 새로운 분야의 최신 연구들에서 이런 주장을 뒷받침하는 구체적인 경험적 근거들이 제시되기 시작했다.[11] 예컨대 한 연구에서 실험 참가자들에게 가상 환경 속에서 사회적 스트레스 테스트를 수행하도록 했다. 심리학자들이 좋아하는 도구인 '트리어 사회 스트레스 테스트'로, 처음 개발된 독일의 도시 이름을 딴 이 테스트에는 감정적 반응을 전혀 보이지 않는 청취자 패널 앞에서 짧은 연설을 하는 과정이 포함돼 있다. 패널은 보통 실제 사람이지만, 이 연구에서는 가상 캐릭터를 사용했다. 연구팀은 밀폐된 가상 환경에서 테스트를 한 사람들과 더 개방된 가상 환경에서 테스트를 한 사람들의 스트레스 증가를 비교하기 위해 스트레스의 생리적 지표인 코르티솔 수치 증가분을 기록했다. 이 경우 좀 더 개방된 공간에서 탈출할 기회를 더 많이 얻은 것이라는 주장이 제시됐다.[12]

불쾌한 냄새가 나는 집도 탈출하고 싶은 욕구를 불러일으킬 수 있다. 사람들은 어떤 향인지 모르는 상황에서도 향이 약하게 날 때 그 방을 더 밝고 깨끗하고 산뜻하다고 여긴다. 더욱이 쾌적한 향기가 나면 방을 더 크다고 느낀다. 적당한 향을 더해서 엉망인 인테리어를 세련되어 보이게 할 수 있다는 주장도 있지만, 사실 좀 의심스럽다.[13]

사람들이 밀폐된 방보다 개방된 방을 선호하는 것은 50여 년 전 진화심리학자들이 처음 제기한, '주거지와 조망-피신' 이론과 관련이 있다. 인류가 한때 종의 생존에 도움이 된 기능적인 풍경과 주거지 환경을 선호한다는 이론이다. 예를 들어 피신 이론에 따르면, 인류는 안전하게 느껴지는 환경을 좋아한다. 이는 수천 년 동안 인류가 자연, 즉 식물을 화분에 심어서 집에 들여온 이유를 설명해준다(큰 식물은 잠재적 은신처가 되기 때문이다). 이런 관행은 기원전 3세기 이집트까지 거슬러 올라가며, 폼페이 유적지에서 실내에서 식물을 키우던 흔적이 발견되기도 했다.[14] 나중에도 살펴보겠지만, 실내 식물은 공기를 정화하는 유용한 역할을 할 수 있으며, 앞서 언급한 자연 효과로 우리를 진정시키는 기능을 한다.

누구나 각진 형태보다 둥근 형태에 더 끌리며, 따라서 방이 얼마나 안락하고 매력적으로 보이는지에 영향을 주는 근본 요소 중 하나는 방의 모양과 방에 놓인 제품들에 따라 결정되는 것으로 보인다.[15] 뉴욕에 있는 세계적인 디자인 기업 IDEO의 디자인 디렉터로 일했던 잉그리드 페텔 리는 집 안에 각진 물체가 있으면 설사 그 물체가 사람이 지나다니는 경로에 있지 않더라도 정서에 무의식적인 영향을 미친다고 주장한다. 그가 지적했듯 각진 모양은 "시크하고 정교해 보일 수는 있지만, 장난치고 싶은 충동을 억제한다. 둥근 모양은 그 반대다. 원형이나 타원형의 커피 테이블은 거실을 차분하고 절제된 상호작용 공간이 아닌, 대화와 즉석게임을 위한 활기찬 중심부로 바꾼다." 삐죽삐죽하거나 뾰족한 잎이 아니라 둥그런 모양의 식물로 집을 꾸며야 한다는 풍수학에도 이런 인식이 내포돼 있다. 야자보다는 몬스테라가 낫고, 선인장은 최악이다.[16]

직선형과 비교해 곡선형이 갖는 이점은 식탁에도 적용된다. 놀랍게도 원형 테이블 주위에 앉은 사람들은 정사각형이나 직사각형 테이블에 앉은 사람들보다 서로 합의에 이를 가능성이 더 높다. 원형 좌석 배열에서는 소속돼야 할 필요성이 강조되는 반면, 각진 좌석 배열에서는 독특하게 행동해야 될 것처럼 느껴진다는 것이다.[17] 그리고 사람들이 좀 더 가까이 앉길 원한다면, 음악을 틀어보자. 애플과 소노스(음악이 많이 소비될수록 큰돈을 버는 회사들)가 후원한 프로젝트에 따르면, 음악이 흐르지 않을 때보다 음악을 틀어놓을 때 12퍼센트 더 가까이 앉는다고 한다(가까이 앉아야 서로의 말이 더 잘 들려서 그런 것인지는 확실치 않다).[18]

가족이 저녁 식사 테이블에서 말다툼을 많이 하는 편이라면, 식탁 모양을 바꾸는 간단한 조치로 상황을 개선할 수 있다.* 2017년 텍사스-멕시코 식품 브랜드 올드엘파소의 의뢰를 받아 2000명의 부모를 대상으로 한 설문조사에 따르면, 평균적인 가족은 저녁 식사 때 두 차례 논쟁을 벌인다고 한다. 62퍼센트는 일주일 중 매일 저녁 식사 시간에 말다툼을 한다고 응답했는데, 이 경우에는 둥그런 식탁에 투자하는 것보다는 더 많은 게 필요할 것이다.[19]

천장 높이도 우리의 사고방식에 영향을 미친다. 천장이 높은 방은 더 매력적으로 평가되며, 이런 방에서는 더 야심차거나 더 자유로운 사고를 하기 쉽다. 특히 우리는 개별 항목별 또는 '제한된' 사고보다는 관계적인 사고(즉 사물이 서로 어떻게 연관되는지)에 더 관여하는 경향이 있다.[20] 천장을 어두운 색 계열이 아닌 흰색으로 칠했을 때 분명 더 높아 보인다는 사실을 고려하면, 인테리어 디자인을 정할 때 사람들이 흰색을 선호하는 이유를 설명할 수 있다.[21] 여기까지 알고 나면, 섭정 왕세자의 대저택 브라이튼 로열 파빌리온에 있는 세계 최초의 오픈형 주방에서 일한 사람들이 얼마나 환상적인 요리법을 발전시켜왔는지 궁금해질 것이다. 이곳의 천장은 높이가 무려 7미터였고 야자수를 닮은 기둥이 이를 떠받치고 있었으니까.

---

* 대부분의 가정에서 요리를 한 뒤 당연히 설거지를 해야 할 것이다. 유명 세제 브랜드를 보유한 P&G가 2001년 다중감각 캠페인의 일환으로 연구를 의뢰했는데, 누가 설거지를 할지 정하는 게 가정에서 가장 스트레스를 받는 일이라는 결과가 나왔다. 그리고 P&G는 이렇게 반복되는 문제에 도움을 주기 위해 가족들의 스트레스를 진정시켜줄 아로마 테라피 오일 향을 풍기는 다채로운 색상의 '더 진한' 세제를 새로 출시했다.

그림 3 훗날 조지 4세로 불린 섭정 왕세자를 위해 1818년 존 내시가 브라이튼 파빌리온에 만든 최초의 오픈형 주방. 프랑스 요리사 마리-앙투안 카렘은 초기에 이 금속 '야자수' 기둥 밑에서 일했다. 카렘은 건축물을 닮은 어마어마한 창작 요리로 유명했는데, 분명 그가 일하던 공간의 건축양식에서 영향을 받았을 것이다. 일본 작가 다니자키 준이치로는 저서《음예 예찬》에서 일본 건축과 요리 예술 사이의 놀라운 연관성을 설득력 있게 풀어내기도 했다.

'감각적인 생활'

2019년 〈뉴욕타임스〉에 유명 건축가 오딜 덱이 새 주택을 개발한다며, 미래의 거주자들이 '감각적인 생활'을 하게 될 거라고 약속하는 광고가 실렸다. 신문 독자들은 "감각을 자극하는" 홍보 문구, 그러니까 새 아파트에 대한 기대감에 열렬한 반응을 보였고, 광고는 계속됐다. 일세 크로퍼드 같은 전설적인 디자이너도 작업을 할 때 감각에 얼마나 신경 쓰는지를 보면 확실히 놀랍다. 북미의 인테리어 디자이너 캐서린 베일리 던은 저서《오감을 위한 인테리어 디자인Interior Designing for All Five Senses》에서 "시각적으로 좋아 보이고 냄새도 좋고 느낌도 좋고 소리도 좋고 심지어 맛도 좋은 데다가, 집에 있는 듯한 느낌을 주는 정의 내리기 어려운 '무언가'가 있게끔" 집을 설계함으로써 모든 감각을 각각 자극하고 애태울 필요가 있다고 강조했다. 많은 사람들이 집이라는 '느낌'에 대해서는 자주 이야기하지만, 놀랍게도 모든 감각을 통해 이를 제대로 느끼려는 노력은 거의 하지 않는다.[22]

인테리어 디자이너는 질감 대비의 중요성을 강조하곤 한다. 사람들은 서로 다른 질감과 재료에 직관적으로 감정을 연관시킨다. 집 안에 색다른 재료를 사용하면 벽이나 표면을 직접 만지지 않아도 촉감을 자극할 수 있다. 센스해킹 디자이너와 건축가들은 만지고 싶어지는 다양한 자연 질감을 사용하라고 권한다.[23] 예를 들어 나는 사무실의 매끄럽고 단순한 표면과 대조되는, 침엽수 열매나 거친 나무껍질 등 뭔가 현실감을 일깨워주는 자연적인 것을 책상 위에 두려고 노력한다.* 반듯한 의자나 소파를 질감 있는 커버로 씌우는 것도 좋은 방법이다.

하지만 공간에 퍼지는 향기에 따라 재료에 대한 느낌도 달라진다는 사실에 유의해야 한다. 예를 들어 몇 년 전 옥스퍼드대학교의 우리 연구팀은 적당한 향을 더하면 섬유가 더 부드럽게 느껴진다는 사실을 밝혀냈다. 불쾌한 합성 동물 냄새보다는 레몬이나 라벤더 향이 날 때 직물이 더 부드럽게 느껴진다. 앞으로는 갓 세탁한 수건

---

* 아주 작은 나무를 껴안는 행위 같은 것이다.

의 냄새가 좋은지 거듭 확인하길 바란다. 정말로 느낌을 완전히 다르게 만들 수 있다.[24] 2019년 독일의 두 과학자는 부드러운 음악이 나올 때 사람들이 재료의 부드러운 정도를 다르게 느낀다고 보고했다.[25]

이러나저러나, 집에 들어갈 때 가장 먼저 눈에 띄는 것은 색의 조합이다. 자, 이제 (끔찍한) 색 조합에 대한 이야기를 해볼까 한다.

흰 벽의 이중성

1970년대를 지나온 독자라면 당시 거의 정석이었던 아보카도 색상, 또는 초콜릿 색상의 욕실을 기억할 것이다. 당시 사람들은 도대체 무슨 생각이었을까? 이는 사람들이 집에 칠할 색상을 고를 때, 색상이 미치는 생리적 효과 같은 실용적 주장보다는 트렌드나 패션을 따른다는 사실을 보여주는 잊지 못할 예시다. 나는 요즘 레트로 스타일이나 현대화되지 않은 집에서 이런 색 조합을 볼 때마다 왜 사람들이 그런 유행을 따랐는지 도저히 이해가 안 된다.* 요즘 대형 페인트 회사는 새 시즌이 되면 트렌드 전문가를 고용해 산뜻하면서도 현대적인 느낌을 주는 괜찮은 이름을 지어서 새 제품에 붙이는

---

* 진화심리학자들은 아마도 이 색상이 자연의 초록색과 토지의 갈색을 모방한 거라고 주장할 것이다.

데, 아직까지는 끔찍한 색 조합에 사람들이 혹할 만한 이름을 붙이지는 않은 것 같다. 생큐!

르코르뷔지에는 1923년에 쓴 글에서 색의 활용, 정확히 말하면 색을 쓰지 않는 것에 대해 거의 도덕이라 불릴 만한 관점을 내놓았다. "침실, 거실, 식당에 맨 벽을 세우라…. 벽에 리폴린(백색 도료)을 바르면 자기 자신의 주인이 될 수 있다. 정밀하고 정확하고 명확하게 사고하게 될 것이다." 여기서 르코르뷔지에는 18세기 남성들이 몸을 씻는 대신 흰색 셔츠를 입었던 것처럼, 흰색을 일종의 건축적인 살균제로서 정화 기능을 위해 사용했던 것 같다.* 하지만 나는 무엇보다 독일의 위대한 건축가 요하네스 이텐이 어떻게 해서 "색은 생명이다. 색이 없는 세상은 죽은 것처럼 보인다"라는 주장을 하게 됐는지가 더 궁금하다.[26]

사람들은 보통 빨간색이나 파란색 방보다 하얀색 방에서 교정을 볼 때 실수를 더 많이 한다. 이것만 보면 르코르뷔지에의 주장과 모순되는 것 같다. 한편 외국에서 온 근로자 1000여 명을 대상으로 한 연구에서는 색이 칠해진 방에서 일한 사람들이 하얀색 방에서 일한 사람들보다 기분이 더 좋은 경향이 나타났다.[27]

2018년 이탈리아에서는 피사 외곽 대학 기숙사에 거주하는 학생 443명을 대상으로 실내 색상이 심리적 기능에 미치는 영향을 조사

---

* 요즘에 순백색으로 보이는 건 냉장고 내부뿐이고, 냉장고 외관만 해도 해당되지 않는다. 아, 그리고 화장실 정도.

한 대규모 연구가 발표됐다. 동일한 건물 여섯 채의 복도, 주방, 거실, 각 방의 일부를 여섯 가지 서로 다른 색으로 칠했고, 1년여가 지난 뒤 학생들을 인터뷰했다. 가장 인기 있는 색상은 파란색이었고,* 녹색, 보라색, 주황색, 노란색, 빨간색이 뒤를 이었다. 파란색에 대한 선호도는 여학생보다 남학생에서 훨씬 높았고, 보라색 건물에 사는 학생들에서는 이런 성별 선호도 차이가 반대로 나타났다. 또 파란색 건물에 사는 학생들은 다른 색의 방에서 지낸 학생들보다 공부가 더 잘된다고 답했다.[28]

감정의 색깔

집 실내 벽을 무슨 색 페인트로 칠해야 할까? 이건 정말 중요한 문제인데, 오래 머무는 방의 색조(빨강, 파랑, 녹색 등), 채도(색상의 순도 또는 선명도), 명도(어둡거나 밝은 특성)가 기분과 웰빙에 상당히 큰 영향을 미치기 때문이다. 나는 이탈리아의 유명한 영화감독 미켈란젤로 안토니오니의 일러스트를 좋아하는데, 그는 한때 긴장감 넘치는 장면을 촬영하기 전에 배우들을 준비시키기 위해 식당을 밝은

---

* 이 연구가 이탈리아에서 수행된 사실을 고려하면, 이탈리아 축구 국가대표팀 아주리의 상징이 파란색이라는 점을 유념해야 한다. 이 때문에 1980년대 이탈리아 남성이 파란색 이 완제에 부정적으로 반응(즉 오히려 더 흥분)했다는 설명도 있다. 이탈리아를 제외한 전 세계 모든 곳에서는 파란색을 편안한 색상으로 여긴다.

빨간색으로 칠했다고 한다. 이런 단순한 환경 변화가 꽤 효과적이 었던지, 몇 주 만에 식당에서 저녁 식사 중 싸움이 벌어지기 시작했 다. 이 결과와 일치하는 실험 연구도 있다. 붉은빛에 1분 미만으로 노출된 사람과 다른 색 빛에 노출된 사람의 갈바닉 피부 반응(땀 흘 리는 양을 측정), 즉 각성 수준을 측정해 비교한 연구였다.[29]

벽이나 조명의 색상은 우리의 기분과 감정, 각성 수준을 편향시 킨다. 파란색 조명에 비해 빨간색 조명 밑에서 생체시계가 더 빨리 흐른다는 주장도 있다. 수 세기 동안 배우들이 무대에 오르기 전 말 그대로 녹색의 '그린룸'(배우 분장실, 대기실이라는 뜻 – 옮긴이)에서 대기했던 것을 떠올려보라. 사실 실내조명이 식음료의 맛이나 즐거 움을 좌우하는 진짜 이유는 아마도 오로지 감정을 센스해킹하는 색 의 능력 때문일 것이다.

예를 들어 조명의 색이 와인 맛에 미치는 영향을 밝힌 한 연구자 는 "색상이 긍정적인 분위기나 감정을 유발한다면 (…) 같은 와인도 부정적인 분위기보다 긍정적인 분위기에서 더 맛있게 느껴진다"라 고 썼다. 그러면 방의 색상 구성을 정할 때 우리가 배경음악에 대해 생각하는 것과 거의 동일한 방식으로 고려해볼 수 있다. 여기서도 음악을 더 마음에 들어 할수록, 음식도 더 좋아하는 것처럼 보였기 때문이다.[30] 또 조명 색상에 따라 밝기뿐만 아니라 주변 온도에 대 한 인식도 달라지므로, 이제 우리가 왜 아프리카만큼 따뜻한 집을 좋아하는지 그 이유를 답할 수 있게 된다.

아프리카만큼 따뜻한 집을 좋아하는 이유

실내 난방의 규칙성과 일관성은 물론, 평균 실내 온도는 19세기 이후 급격히 증가했으며, 밤 시간대 평균 실내 온도는 지금도 계속 높아지고 있다. 예컨대 겨울철 가정의 평균 실내 온도는 1978년부터 1996년까지 10년마다 섭씨 1.3도씩 증가했다.* 미국 가구의 85퍼센트 이상이 에어컨을 갖추고 있어서 실내 온도를 제어할 수 있다.[31] 수많은 사람들이 실내 온도를 너무 많이 통제하고 있는 셈인데, 모두들 아프리카만큼 따뜻한 집을 좋아하는 이유가 무엇인지 자문해 봐야 한다. 요즘 사람들은 대부분 집의 실내 온도를 섭씨 17~23도로 일정하게 설정한다. 최소한 미국 전역에 있는 37명의 '시민 과학자'의 가정에서 1년 동안 실내 온도 데이터를 수집한 결과로는 그렇다. 연구자들은 이 데이터를 전 세계 육지 기온 데이터와 비교해 가장 근접한 수치를 찾아 나섰다.

놀랍게도 사는 곳이 하와이든 알래스카든, 쌀쌀한 워싱턴주 북부든 습한 플로리다 에버글레이즈 남부든 관계없이 시민 과학자들이 측정한 연중 평균 실내 온습도는 전부 인류가 처음 진화했다고 알려진 케냐 중서부 혹은 에티오피아의 온화한 야외 조건과 가장 근접했다. 즉 현대 인류가 선사시대 조상들이 살던 환경을 모방하려 한다는 설명이 가능하다. 런던대학교의 마크 매슬린에 따르면, 동아

---

* 여기에서는 1970년대 석유 파동이 미친 영향도 고려해야 한다.

프리카에서 500만 년 동안 진화한 결과가 지속되고 있는 것이다.[32]

음식 냄새를 차단하기

주방은 최근 150여 년 동안 가정에서 형태와 기능이 가장 많이 바뀐 공간이다. 빅토리아 시대에는 주방이 보통 보이지 않는 곳에 숨겨져 있었다. 그러나 당시 사람들도 집 안에 음식 냄새가 배는 게 고민이었다. 1880년 건축가 J. J. 스티븐슨은 이렇게 썼다. "환기가 잘되지 않으면 주방의 모든 냄새와 증기가 집 안에 배어 복도와 방 안에 역겨운 냄새를 풍기며, 여닫이문이 있거나 복도가 구부러져 있어도 결국엔 꼭대기 침실까지 올라갈 것이다."

르코르뷔지에는 사촌인 스위스 건축가 피에르 잔레와 함께 파리 외곽 푸아시에 현대식 별장인 빌라 사보아를 지을 때 이 문제를 해결하기 위해 주방을 지붕 위에 올렸다. 이렇게 하면 음식 냄새가 집 안에 퍼지지 않으리라 생각한 것이다.[33] 음식 냄새를 없애는 건 19세기 중반 수세식 화장실이 널리 도입된 이후(실제로는 1596년에 발명되었다) 생겨난 배부른 걱정거리였다.[34]

오늘날 주방과 다이닝 공간은 사람들이 집에서 깨어 있는 동안 많은 시간을 보내는 공동생활 공간이 됐다. 덕분에 우리의 후각과 시각 모두 음식에 더 자주 노출되고 있다. 그 탓에 어쩌면 더 많이 먹고 마시게 되는 것인지도 모른다.[35] 하지만 절망할 필요는 없다.

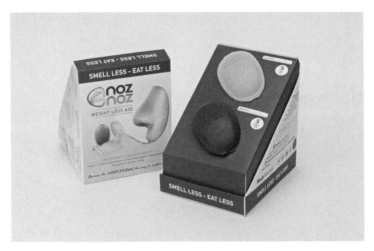

그림 4 노즈노즈는 후각을 효과적으로 센스해킹하는 잠재 수단으로, 음식 냄새의 유혹을 피할 수 있게 해준다.

노즈노즈의 창의적인 디자이너가 이 문제를 해결할 수 있는 독창적인, 어떻게 보면 기이한 해결책을 제시했기 때문이다.

설명서에 따르면, 특허받은 고무마개를 콧구멍에 조심스럽게 삽입해 따뜻하고 맛있는 음식 냄새를 전부 차단하기만 하면 된다. 짠! 문제 해결! 소규모 예비 연구(내가 알기로 동료들의 심사를 받는 논문은 아니다)에 따르면, 다이어트를 하는 50세 미만 참가자 중 이스라엘 라빈의료센터에서 개발한 이 삽입물을 착용한 사람들은 체중을 두 배 더 많이 줄일 수 있었다. 과체중인 사람 중 실험 3개월 동안 삽입물을 착용한 이들은 다른 집단이 4.5킬로그램을 감량하는 동안 평균 8.2킬로그램(체질량의 7.7퍼센트)을 감량했다. 나는 이 특별한 솔루션이 제대로 작동할지 가만히 지켜보고 있다. 솔직히 그다지 효과가 없을 것 같아서 말이다. 좋은 소식은, 식욕을 억제하는 센스 해킹 방안이 이뿐만은 아니라는 것이다.

식욕을 억제할 수 있을까?

켄들 제너에 따르면 베이커밀러핑크색*으로 벽을 칠하면 식욕이 억제된다. 킴 카다시안의 이부 여동생인 제너는 현재 세계에서 가장 유명한 인스타그램 스타다(마지막으로 확인했을 때 팔로워가 7500만 명이었다). 그가 분홍색 샤우스 키친 전시회The Schauss Kitchen(베이커밀러핑크에 대한 심리적·생리적 반응을 탐구한 인터랙티브 아트 – 옮긴이)를 본 뒤 거실 벽을 같은 색으로 칠한 사건은 적어도 인스타그램 세대에겐 큰 뉴스였다. 하지만 입맛을 떨어뜨린다는 이 분홍색을 서둘러 칠하기 전에, 확신으로 가득한 이 흥미로운 주장에 별 근거가 없다는 사실을 꼭 기억하자.

시각 시스템이 특별한 관점에서 특정 파장의 빛을 붙잡지 않는 건 아니다. 분명 그렇게 한다. 예를 들어 망막 내 원추세포의 파장 조절은 (피부색에 상관없이) 맨살에서 혈중 산소치를 검출하는 데 최적인 것으로 밝혀져, 정서적 각성의 바로미터를 제공한다.[36] 하지만

---

* 베이커밀러핑크색은 1979년 샤우스 박사가 처음 발표한 의심스러운 연구에 토대를 둔 것이다. 이를 근거로 수십 년 동안 난폭한 수감자를 진정시킬 목적으로 감방 벽에 칠해진 탓에 '술 취한 탱크핑크'라고도 불린다.

분홍색, 특히 베이커밀러핑크색은 어쩌면 사회적 신호로서는 중요하겠지만 아마도 주방의 색은 아닐 것이다. 그러니 진정하자. 연구자들이 교도소 구금 시설 같은 환경에서 이 색상이 사람들의 행동에 미치는 영향을 입증하려고 고군분투해왔는데, 그동안 보고된 결과는 일시적인 효과뿐이었다.[37]

색이 변하는 LED 전구를 본 적이 있는가? 전구 하나로 스물네 가지 이상의 서로 다른 색을 켤 수 있는데, 대체 이걸로 뭘 해야 할까? 음, 약간의 영감을 얻어보자. 동료 연구자 서한석 등에 따르면, 색이 있는 조명을 이용하면 실제로 식욕을 억제하는 데 도움이 될 수 있다. 연구팀은 흰색이나 노란색 조명이 아닌 파란색 조명 아래서 아침 식사를 한 남성들이 오믈렛이나 미니팬케이크를 훨씬 덜 먹는다는 사실을 발견했다. 게다가 이들은 식사량이 줄었는데도 배가 별로 고프지 않다고 했다. 이 흥미로운 결과에 대해 가능한 한 가지 설명은, 파란색 조명이 음식을 덜 맛있어 보이게 한다는 것이다. 일본 기업 유메타이도 다이어트용 청색 선글라스를 판매하면서 똑같은 주장을 한다.[38] 원리가 무엇이든, 파란색 빛의 식욕 억제 효과는 남성에게서만 나타나는 것으로 보인다. 실험에 참여한 여성들은 심리학자의 얄팍한 '빛의 속임수'에 쉽게 흔들리지 않았는데, 아마도 음식에 뭐가 들었는지 애초에 잘 알고 있었기 때문일 것이다. 하지만 아침 식사 테이블을 꾸밀 색이 변하는 전구나 청색 선글라스를 주문하기 전에, 파란색 조명의 식욕 억제 효과가 얼마나 지속되는지 보여주는 더 탄탄한 연구를 기다리는 편이 현명할 것 같다.

식탁보의 존재만으로도

콜롬비아인인 나의 장인어른 리카르도가 영국을 방문했을 때 아내와 나는 당시 런던에서 유행하던 근사하고 비싼 분자요리 레스토랑에 아버님을 모시고 가기로 했다. 특별한 날로 기억되길 바랐건만, 불행히도 식당에는 빳빳하게 다려진 흰 리넨 식탁보도 없는 데다 종이냅킨도 형편없어서 장인어른의 기분만 망치고 말았다. 콜롬비아에서 저명한 건축가로 활동하는 장인어른은 눈을 질끈 감아버렸고, 급기야 아버님이 거친 냅킨 위에 손을 얹었을 때 상황은 완전히 종료됐다. 도저히 식사를 즐기지 못한 것이다. 테이블 세팅을 눈감아줄 수 없다는 게 문제였다. 우리 부부는 당시 그 식당을 예약하느라 너무 고생을 한 터라 몹시 실망스러웠지만, 최신 연구에 따르면 아버님이 옳았다. 잘 세팅된 테이블이 실제로 음식 맛을 더 좋게 느끼도록 만들 수 있다.

방의 색을 바꾸는 것과 거의 비슷한 방식으로 컬러 냅킨과 식탁보, 장소 세팅은 전부 식당에서 느끼는 감정 상태에 적절한 영향을 미칠 수 있다.[39] 식탁보의 존재만으로도 차이가 생길 수 있다.* 2020년에 발표된 연구 결과에 따르면, 손님들은 식당에 식탁보가 있을 때 토마토 수프를 더 맛있다고 평가했다. 식탁보가 없을 때보다 평

---

* 음식 비평가 윌리엄 시트웰은 2020년도에 출간한 책의 4장에서 식탁보가 중세 잉글랜드에서 처음 등장했다고 주장한다. "식탁보를 유행시키기 시작한" 웨스트민스터의 어느 식당을 묘사한 1410년 시 〈런던 릭페니London Lickpenny〉에서 언급된 바와 같다.

가 점수는 무려 10퍼센트 높았고, 먹는 양도 50퍼센트 증가했다. 이 모든 평가는 여러 사람이 함께 식사를 하는, 상당히 자연스러운 친교 상황에서 이뤄졌다. 이 연구는 또한 테이블을 멋지게 세팅하는 것과 조명 강도에 따른 영향도 비교했다.[40] 전통적으로는 식사할 때 더 어둡고 친밀한 환경이 낫다는 주장이 있는데, 이런 환경이 아마도 오래전 선사시대의 가족들이 긴긴 일과 끝에 들소 같은 것을 사냥하고는 마침내 불 앞에 앉아 쉬면서 최소한 몇 분 동안 안전하게 느낄 수 있었던 경험을 상기시켜주기 때문일 것이다(내가 지어낸 말이 아니다).[41] 이런 관점에서 참 흥미롭게도, 음식에 대한 평가에 더 뚜렷한 효과를 발휘하는 건 로맨틱한 어두운 빛이나 밝은 빛 등의 조명이 아닌, 잘 차려진 테이블 세팅이었다. 대체 누가 테이블 장식이 중요하지 않다고 했는가?

그렇다면 특별한 식사를 진짜 특별하게 만들어주는 최고의 센스 해킹은 무엇일까? 예를 들어 클래식 음악은 품질과 계급 의식을 상기시킨다는 점에서 좋은 아이디어일 수 있다. 부드러운 조명은 늘 좋다. 하지만 내가 더 좋아하는 방법은, 집에서 가장 묵직한 포크와 나이프를 꺼내는 것이다. 전작 《왜 맛있을까》에서도 밝혔듯, 이렇게 하면 뭘 준비했든 손님들이 확실히 감동을 받기 때문이다. TV를 켜야 한다면 〈다운튼애비〉나 〈더크라운〉의 에피소드를 보는 게 좋다(둘 다 영국 귀족이 등장하는 시대물이다 – 옮긴이). 2013년 대형 슈퍼마켓 체인 알디가 의뢰하고 마인드랩이 실시한 연구에 따르면, 〈다운튼애비〉와 비슷한 장르를 본 사람들은 적어도 런던 남부 지방의 회를 배경으로 한 시트콤 〈온리 풀스 앤 호시스〉의 에피소드를 본 것과 비교해 와인, 맥주, 브랜디 같은 음료를 더 우아하고 세련된 맛으로 평가했다. 앞서 본 즐거운 음악이 섬유의 부드러움에 영향을 미치는 것과 유사한, 또 다른 감각 전이의 예시다.

진정 고요한 주방을 원하는가?

"도서관처럼 고요한 주방." AEG 키친이 21세기 초에 낸 한 인쇄 광고에 쓰인 문구다. 주방 소음에 특별히 주의를 기울이는 건 이례적인 일이고, 5장 〈출퇴근〉에서 보게 될 저소음 자동차와 마찬가지로, 소음에 대해 생각해보지 않은 이들 중 고요한 주방을 원하는 사람이 얼마나 있을지 나는 확신하기 어려웠다. 사실 평범해 보이는 백색 가전 디자인에 센스해킹이 얼마나 많이 활용되는지 알면 어리둥절할 것이다. 냉장고 문이 닫힐 때 나는 소리부터, 커피 머신이 원두를 가는 소리, 물이 콸콸 흐르는 소리, 스팀이 끓는 소리까지 모든 게 '그렇게 들리도록' 설계된 것이다. 하지만 어떤 주전자에서는 물이 끓을 때 85데시벨 이상의 소음(교통량이 많을 때 나는 소음 수준으로, 장기간 노출되면 해로울 수 있다)이 발생한다는 사실을 알고 나면, 사람들이 가전제품에서 나는 과도한 소음을 불평하고 조용한 제품을 선호한다는 사실이 당연하게 느껴진다.

인지하건 못하건, 소리는 우리의 제품 경험에서 기능적인 역할을 담당한다. 엔지니어나 디자이너가 세탁기, 믹서기, 진공청소기의 소음을 제거해 조용한 모델을 만들 경우 어려움을 겪곤 한다. 제품이 제대로 작동하지 않는 것처럼 느껴지기 때문이다. 예를 들어 연구에 따르면 조용한 진공청소기가 소음이 큰 모델 못지않게 먼지를 잘 빨아들인다고 고객을 설득하기란 무척 어렵다.[42] 우리 연구팀은 수년 농안 커피 머신 같은 주방 가전의 소리를 바꾸려고 시도해 왔다. 놀랍게도 기계에서 나는 소음의 날카로운 정도(즉 사람이 느끼는 주관적인 소리의 크기 및 주파수 프로파일)만 바꿔도 사람들이 커피의 거친 느낌이나 쓴맛을 다르게 인식한다는 사실이 밝혀졌다. 고급 주방 가전 시장에서는 냉장고 문이 닫힐 때 소리가 제대로 나게 만드는 것도 중요하다. 사실 냉장고 문 디자인은 자동차 문 디자인과 아주 비슷하다. 두 경우 모두 적절하게 안전한 소리와 느낌을 제공하는 것이 핵심이다. 정말 갖고 싶었던 새 디자이너 주방 가격이 (내 아내가 기꺼이 확인했듯) 화려한 신차 가격을 가뿐히 능가하는 걸 보면, 이게 별로 놀라운 일은 아닐 것이다.[43]

나 홀로 집에

1930년대에 주방 디자인은 효율적인 작업 공간을 만드는 방향으로 발전했는데, 과거 집안일을 해주던 하인이 사라지면서 특히 중요한 고려 사항이 됐다. 그러나 제2차 세계대전 이후로 주방은 더 이상

빅토리아 시대처럼 손님이 볼 수 없는 비밀 장소가 아닌, 많은 사람들의 필수 생활공간으로 탈바꿈했다. 주방은 이제 요리하고, 일하고, 놀고, 오락거리를 즐기는 집의 심장부가 됐다.[44] 요즘엔 더 크고 더 좋은 오픈형 주방에 투자하는 사람들과, 아예 주방이 없는 신축 아파트에 사는 사람들로 양분된 것으로 보인다. 실제로 런던 시장의 2006년 8월 주택 공간 표준 보고서가 지적했듯 건축업자들은 혼란스러워하고 있다. "주방 공간을 유지해야 할지, 줄여야 할지(음식을 전자레인지로만 조리하는가, 혹은 밥솥과 음식 준비 공간이 여전히 필요한가?), 아니면 (더 많은 가전제품을 사용하는 가정에는) 더 크게 만들어야 할지 불확실성이 계속되고 있다."[45]

집에서 주방을 없애는 건 분명 1인 가구가 늘면서 나타난 트렌드다. 많은 사람들이 이미 조리된 음식을 전자레인지에 돌려 먹거나 집으로 배달시킨다. 실제로 수십 년 동안 가정환경에 나타난 가장 큰 변화는 지속적이고 급격한 1인 가구의 증가다. 예를 들어 스웨덴에서는 총 가구의 51.4퍼센트가 1인 가구다(유럽에서 가장 높은 수치). 영국은 31.1퍼센트 정도다. 1인 가구의 증가로 외로움에 대한 걱정이 늘고 있으며, 동시에 사람들은 그 어느 때보다도 혼자 밥을 먹는 경우가 더 많아졌다. 따라서 함께 식사하는 감각을 센스해킹하는 것이 앞으로 몇 년간 가장 중요한 과제가 될 전망인데, 아마도 디지털 기술을 통해 집에서 혼자 식사하는 사람들을 연결하는 방식이 될 것이다. 이를 가능케 하는 최선의 방법을 찾는 것이 내게는 미래의 가장 흥미로운 도전이다.[46]

집에서 생활하고 먹는 감각의 역할을 알아보았으니, 이제부터는 집에서 가장 다중감각적인 공간인 욕실을 간략히 살펴보자.

뜨거운 물에 몸 담그기

요즘에는 인구의 4퍼센트만이 정기적으로 욕조에 물을 채워서 목욕할 시간이 충분하며, 76퍼센트는 빠르고 저렴하고 효율적인 샤워를 선호한다. 설문조사에 따르면, 영국 국민 3분의 1이 일주일에 한 번 미만 욕조 목욕을 하며, 다섯 명 중 한 명은 욕조 목욕을 전혀 하지 않는다고 응답했다.* 목욕이 특히 시간이 오래 걸린다는 점을 고려하면, 사람들이 샤워를 더 좋아하는 게 당연해 보인다. 그러나 샤워만 하는 사람도 평생 6개월을 샤워기 헤드 밑에서 보낸다는 사실을 기억하자. 자그마치 6개월이다![47]

목욕은 확실히 문화적으로는 물론 개인별로도 차이가 큰 영역이다. 많은 서양인이 하루를 시작하기 전에 샤워나 목욕을 하는 반면, 일본 같은 나라에서는 하루 일과가 끝난 뒤 몸을 담그는 것을 좋아한다. 4장 〈침실〉에서 보겠지만 이게 그렇게 나쁜 생각이 아닌 게, 밤에 뜨거운 물로 목욕하면 잠드는 데 도움이 되기 때문이다. 북미

---

* 1년에 한 번만 욕조 목욕을 하시는 우리 외할아버지 이야기와 비슷하다. 샤워조차 안 하셨다는 게 문제지만.

사람들은 전기 펌프식 샤워기를 좋아하고, 욕조 목욕에 대한 영국인들의 애착을 '부자연스러운' 것으로 여긴다. 그리고 북미 독자 중 누군가가 문제를 제기하기 이전에, 전통적인 영국인의 목욕 사랑은 적어도 북미의 표준 샤워기의 수압과 비교할 때 수많은 영국산 샤워기 헤드에서 나오는 물줄기와는 아무 관련이 없다.

나도 영국인이고, 이렇게 말하면 '뜨거운 물'에 빠진 개구리처럼 곤혹스러워질지도 모르지만, 솔직히 나 역시 정기적으로 오랜 시간 즐기는 온수 목욕의 미덕에 심취한 사람이라는 걸 인정해야겠다. 나는 작가 실비아 플라스가 "뜨거운 목욕으로 치료할 수 없는 것들도 분명 있겠지만, 과연 그게 뭔지 잘 모르겠다"라고 말했을 때 완전히 공감했다. 가장 위대한 지도자 중 한 사람인 윈스턴 처칠도 목욕을 매우 좋아했다. 그는 하루에 두 번, 아주 뜨거운 물을 가득 채워 목욕을 했는데, 온도계를 든 조수가 있어서 처음에는 물 온도를 섭씨 36.7도로 맞췄다. 그리고 나서 윈스턴 경이 안전하게 물에 들어가면 온도를 섭씨 40도까지 높였다.[48]

이제 근본적인 의문이 떠오른다. 사람들은 왜 애초에 뜨거운 목욕을 즐겁다고 느끼는 걸까?* 건강 관점에서 영국 러프버러대학교와 미국 오리건주립대학교의 연구에 따르면, 뜨거운 목욕을 하면 혈압이 떨어지고 염증이 줄어들며 칼로리가 소모된다. 예를 들어 최소 섭씨 40도의 물속에서 한 시간 동안 목욕했을 때 30분 동안 꽤

---

* 진화심리학자들은 이 문제에 어떤 답을 내놓아야 할지 혼란스러워하고 있다.

빠르게 걸었을 때와 동일한 칼로리(정확히는 140칼로리)가 소모됐다는 연구 결과가 있다. 열 관점에서는 한걸음 더 나아간다. 핀란드의 한 연구에서 사우나를 자주 이용한 남성이 심장마비나 뇌졸중의 가능성이 줄어든다는 결과가 나온 것이다.[49]

극단적으로, 차갑고 상쾌한 샤워로 하루를 시작하는 것도 좋다. 최근 무작위 실험에 따르면, 아침에 (뜨거운 샤워로 시작해서 이어지는) 냉수 샤워*를 하면 성과와 건강에 모두 도움이 되는 것으로 나타났다. 특히 최소 한 달 동안 매일 냉수 샤워를 한 성인의 병가 일수가 29퍼센트 감소했다.** 이 수치가 얼마나 대단하냐면, 규칙적인 운동을 한 경우에는 병가가 35퍼센트 줄었다. 실리콘밸리의 기술 기업가들 중에도 '긍정적인 스트레스'를 유도하는 냉수 샤워의 효과를 확신하고 실천하는 사람들이 늘고 있다.[50] 억만장자 창업자이자 트위터의 CEO인 잭 도시는 명료한 정신을 유지하기 위해 사우나와 사우나 사이에 하루 두어 번 얼음 목욕을 반복한다고 한다.

최근 몇 년 동안 건강상 이점과는 별개로, 우리의 목욕 관습에 대한 의문이 제기됐는데, 비평가들이 물 소비량을 줄이라고 슬슬 요구하기 시작한 것이다(목욕하는 데는 80리터가량, 8분 샤워하는 데는 62

---

* 원하는 만큼 오래, 본인에게 가장 편안한 따뜻한 온도의 물로 샤워하되 마지막 90초 동안 냉수로 마무리하는 방법.
** 고대 로마에서 목욕이란 뜨겁게 데워진 방들을 지난 뒤, 마지막에 찬물에 뛰어드는 것이었다. 오늘날 전 세계 대부분의 사우나와 스파에서 이 같은 고대 로마의 냉탕 전통이 이어지고 있다.

리터가량의 물이 사용된다*). 지금까지는 주로 오래된 주택의 변기 수조에 고무 벽돌을 넣어 물을 아끼라고 권고했지만, 물을 덜 사용하도록 유도할 센스해킹 방안을 고민하는 사람들도 있다. 한 가지 가능한 방안은 수도꼭지를 더 크게 만드는 것이다. 한 연구에 따르면, 이런 단순한 센스해킹을 통해 사용자는 물이 충분히 많이 나온다고 생각해서 잠재적으로 물 사용량을 의식하게 된다.[51]

샤워 젤부터 목욕 소금까지 모든 게 얼마나 향기로운지 깨달은 적이 있는가? 집의 후각적 구성 요소와 퍼스널 케어 제품이 서로 무척 관련이 깊다는 점을 다시 한번 알아두자. 부드러운 수건 예시와 마찬가지로, 머리를 감은 뒤(물론 머리카락이 있다고 가정할 때) 향기에 따라 머리카락이 더 부드럽고 윤기가 나는 것처럼 느껴질 수 있다.[52] 이와 비슷하게, 내가 가장 좋아하는 연구들 중 하나에서, 얼굴 주름을 비록 일시적으로나마 제거해주는 것이 수분크림의 활성 성분이 아닌, 크림에 첨가된 편안한 향기라는 사실을 입증했다. 자, 이제 우리 모두 즐겁고 깨끗해지고 장미 향기도 난다. 신발을 신고 정원으로 나가볼 차례다.

---

* 수압이 센 샤워기를 쓰면 물을 136리터까지도 쓸 수 있으므로, 어떤 목욕 형태가 더 효과적인지는 의문의 여지가 있다.

3

정원

다른 세계로의 초대

고백할 게 있다. 나는 한때 엄청난 말썽쟁이였다. 학창 시절에 좀도
둑질을 했고, 화학 실험실에서 악취 폭탄을 터뜨리거나 물건을 날
려버렸으며 결국 적발됐을 땐 내가 한 짓들에 대한 대가로 페인 교
장선생님으로부터 스니커즈 세례를 받았다. 사이즈 6인 내 운동화
를 들고 교장실에 불려간 날이 지금도 생생하다. 페인 선생님은 그
게 아니라고 고함을 치더니 사이즈 13인 그의 거대한 신발을 꺼내
내 등을 섬세하게 후려쳤다! 열세 살쯤이었던가, 운명의 그날이 오
기까지 상황은 계속 나빠지고 있었다. 어느 날 난 다른 소년의 얼굴
에 질산 농축액을 끼얹는 바람에 모든 교사와 반장들 앞에서 공개
적으로 매질을 당했다. 변명을 하자면, 화학 선생님이 교실을 잠깐
나갔을 때 내 적(그를 A.S.라고 하자)에게 그저 겁을 주려고 병을 휘
둘렀던 거였다. 그런데 불행히도 내가 집은 건 병의 유리 마개였고,
순간 병이 내 손에서 미끄러져 테이블에 부딪치면서 안에 담겨 있
던 강한 부식성의 액체가 같은 반 아이에게 튀었다. 영국에서 체벌

이 금지되기 전, 학교에서 마지막으로 이뤄진 공개 굴욕을 당한 덕에 내 행동이 좋아진 것인지는 모르겠다. 무엇 때문이었든 곧 성적이 오르기 시작했다. 1년도 채 안 돼 나는 반에서 바닥이 아닌 정상에 진입했고, 그 이후는 여러분도 다 아는 이야기다.

돌이켜보면 이 시기에 또 다른 중요한 변화가 있었다. 학교 오리엔티어링* 클럽에 가입한 것이다. 나는 곧 여기에 푹 빠졌다. 머지않아 매 주말과 저녁 시간마다 카드에 스탬프를 찍겠다고 지도와 나침반을 들고 빨간색 흰색 깃발을 찾아 잉글랜드 북부의 수풀과 황무지, 숲을 가로질렀다. 갑자기 거의 매일 자연의 모든 풍요로움에 노출된 것이다. 내 행동을 긍정적으로 변화시키고 궁극적으로 학교 성적에까지 영향을 준 것이 바로 '이런' 변화된 다중감각적 자극이었을까? 당시엔 그렇게 생각하지 않았던 것 같지만, 누구든 자연에 노출되면 유익한 효과를 얻을 수 있다는 사실이 점점 더 많은 연구를 통해 밝혀지고 있다.

자연에 아주 조금만 노출되어도 기분과 성과, 건강이 좋아지는 것으로 나타났다.[1] 자연에서 더 오래 머물수록, 용량 의존적dose-dependent으로 효과가 커진다. 아마도 그 당시에 내 행동과, 어쩌면 내 인생까지 바꾼 것은 호된 매질로 인한 고통이나 굴욕감이 아닌, 자연에서 보낸 시간들이었을 것이다.** 1장에서 보았듯, 현대인의 근본적인 문제는 보다 감각적인 면과의 접촉이 끊어진 것 같다는 점이다. 오

---

* 오리엔티어링은 야외에서 하는 일종의 보물찾기 활동인데, 사실 보물은 없다.

늘날 도시에 사는 사람들 대다수가 실내에 머무는 시간이 많아졌다는 것은, 곧 자연에서 얻을 수 있는 다중감각적인 이점을 놓칠 위험에 처해 있다는 의미다. 마크 트레이브가 에세이《조경에 의미를 담아야 하는가^{Must landscape mean?}》에서 지적했듯 "바로 오늘 감각에 집중해 정원을 다시 한번 살펴보면 좋을 것이다."[2]

많은 사람들이 정원을 통해 자연을 접한다.*** 물론 동네 공원이나 숲, 산에 갈 수도 있다. 통계에 따르면 흥미롭게도 정원을 소유한 사람은 줄고 있지만, 집에 정원이 있는 사람들은 어느 때보다도 정원 가꾸기에 열심이다. 2020년 영국에서 개인 정원이 없는 가구는 약 260만으로 추산된다(1995년 160만 가구, 2010년 216만 가구로 매년 약 2퍼센트씩 증가).[3] 한편 2018년 미국의 잔디와 원예 관련 소매 판매액은 총 478억 달러를 기록했으며, 당시 가구당 평균 지출액은 503달러로 전년보다 거의 100달러 증가한 수치였다.[4]

이 장에서는 자연이 주는 이점에 대한 증거를 검토할 것이다. 집에 식물을 들였을 때 나타나는 긍정적인 효과는 이미 언급했고, 나중에 8장 〈헬스케어〉에서 수 세기 동안 일부 병원의 독특한 특징이었던 힐링 정원을 살펴볼 것이다. 하지만 지금 당장은 엑서터 의과대학과 왕립원예학회의 최신 연구 결과를 통해 개인 정원에서 얻을

** 내가 지금 가르치고 있는 옥스퍼드대학교 서머빌칼리지의 학과장이던 시절, 이게 진짜인지 알아보려고 체벌 관행을 되살려 통제된 실험을 해보려 했으나 다른 동료들이 (너무 당연하게도) 거부권을 행사했기 때문에 영영 알 수 없게 됐다!

*** 영국 배우 앤드리아 라이즈버러가 "물이 가까운 집에 산다는 것은 정말 단순하고 목가적인 일"이라고 말했듯, 물가에 집이 있으면 더 좋다.

수 있는 혜택을 둘러보려고 한다. 영국 거주민 8000명을 대상으로 한 조사에 따르면 본인이 건강하다고 생각하느냐는 질문에 정원이 없는 사람은 61퍼센트가, 정원을 가꾸는 사람은 71퍼센트가 그렇다고 답했다. 고도의 정신적 건강과 활동 수준의 측면에서 입증된 이런 차이는, 고소득층 지역과 저소득층 지역에 사는 이들을 비교한 결과와 동일하다. 즉 정원을 가꾸든 그저 휴식을 취하든, 정원에서 시간을 보내면 정말 좋다.[5] 북미의 저명한 사회생물학자 에드워드 윌슨이 인간은 생물 친화적이라는, 즉 생명체에 자연스러운 친화력을 보인다고 주장한 이후로 이런 자연 효과에 대한 관심이 높아졌다.

자연 효과

수천 년 동안 사람들은 자연과 접촉하면 유익하다는 것을 직관적으로 알고 있었다. 2000년 전 동아시아의 도교 신자들이 남긴 문헌에 이미 원예와 온실이 건강에 주는 이점이 드러나 있다.[6] 마찬가지로 고대 로마의 시민들은 도시 생활의 모든 소음과 혼잡, 기타 스트레스에 대한 해독제로서 자연과의 접촉을 중요하게 생각했다.[7] 뉴욕 센트럴파크의 설계자 중 한 명인 프레더릭 로 옴스테드는 1865년에 이렇게 썼다. "인상적인 자연 경관을 이따금 응시하는 것이 (…) 남성의 건강과 활력에 도움이 된다는 것은 과학적인 사실이다."[8] 더 최근에는 낭만주의 시인, 소설가, 철학자, 예술가 들이 자연과 소통하는 즐거움에 대한 관심을 이끌어내면서 성공적인 경력을 쌓았다. 실제로 2019년 12월 핀에어의 기내 잡지 〈블루 윙스〉에는 이런 기사가 실려 있다. "오늘날 진정한 사치는 자연, 그리고 감각이 다시 작동하는 듯한 느낌과 연관이 있다."

요즘 한국과 일본에는 삼림욕을 장려하는 연구자가 많다. 이 용어는 자연의 광경, 소리, 냄새, 심지어 느낌에까지 세심한 주의를 기울여 주변 환경에 마음 깊이 몰입하는 것을 뜻한다.[*] 삼림욕을 하는 사람들은 면역력이 강화될 뿐만 아니라 스트레스 수준도 낮다.[9] 그리고 삼림욕을 할 때 숨을 깊게 들이마시라고 하는데, 이건 결코 과소평가할 일이 아니다. 동아시아에서 스트레스를 줄여주는 자연의 후각적 효과에 주목하는 것은 흥미롭다. 삼림욕은 실제로 피톤치드라는 휘발성 물질을 마시는 게 핵심이다. 나무에서 추출되는 이런 항균 유기 화합물에는 알파피넨, 리모넨 등 나무의 에센셜 오일이 포함돼 있다. 이처럼 후각에 초점을 맞추는 건 이 분야의 서양 연구자들이 주로 자연의 풍경과 소리의 이점에 주목하는 것과는 완전히 대조적이다.

자연에 잠깐 노출되면 실험실에서 받은 스트레스에서 더 빨리 회복된다. 실험실에서 스트레스를 유발하는 표준 방법은 매우 어려운 과제를 주고, 다른 사람들은 그걸 쉽게 해냈다고 말하는 것이다.

---

[*] 꼭 나무를 껴안아야 하는 건 아니다. 그것도 물론 좋지만!

스트레스를 주는 영화를 보게 하는 방법도 있다. 스트레스의 생리학적 지표인 심박수와 피부 전도도는 인공물 환경보다 자연에 있을 때 더 빨리 평소 수준으로 회복된다.[10]

자연의 이로운 효과는 일생에 걸쳐 작용한다. 즉 현대 산업화 사회에 살고 있는 우리 대부분은 이른바 '자연 결핍'으로 고통받고 있을 가능성이 높다.[11] 이따금 아이들을 자연 속으로 데리고 나가는 건 정말 유익하다. 학교 수업 시간에 작은 도시 정원을 가꾸게 하거나, 과거의 나처럼 난폭한 청소년을 위한 교육 프로그램에 보내는 것도 좋다. 사실 여러 증거를 고려하면 우리 모두 지금보다 더 많이 자연과 관계를 맺어야 한다. 노인들의 경우 오토손과 그란이 2005년에 학술지 〈랜드스케이프 리서치〉에 발표한 연구에 따르면, 집 정원에서 한 시간을 보냈을 때 실내에서 한 시간 동안 쉬었을 때보다 집중력이 더 높아졌다.

통제된 실험 이야기는 이쯤 하고, 야생, 그러니까 현실 세계에서 사람들의 행동은 어떨까? 영국에서 6개월 동안 하루 중 다양한 시간대에 2만여 명의 아이폰 사용자를 대상으로 100만 개 이상의 알람을 전송한 연구를 보자. 연구자들은 휴대전화의 위성 GPS를 사용해 25제곱미터 정확도로 사용자의 위치를 파악했다. 그리고 어디에서 뭘 하고 있든(운전 중은 아니었기를), 스마트폰 앱을 통해 사용자에게 얼마나 행복한지, 무엇을 하고 있는지 물었다. 결과는 분명했다. 실내보다 야외에 있던 사람들이 훨씬 더 많이 행복하다고 답했다(연구자에 따르면 상당히, 실질적으로 행복해했다고 한다). 날씨, 일조

량, 활동, 인간관계, 시간, 요일 등 다양한 변수를 통제한 결과였다.[12]

그러나 이렇게 실제에 기반을 둔 연구는 인과관계 문제가 생긴다. 예를 들어 기분이 안 좋을 때보다 기분이 좋을 때 밖으로 더 자주 나간다는 설명도 가능하다. 지금까지 발표된, 잘 통제된 수백 편의 중재 연구(실험 참가자의 동의 아래 연구자가 참가자를 특정 환경이나 약물에 노출하는 연구 방식. 반면 연구자가 직접 개입하지 않고 일련의 과정을 상세히 관찰해 기록하는 연구 방식을 관찰 연구라고 한다 - 옮긴이)를 함께 고려하면 인과관계는 대부분 이와 반대로 가는 것으로 보인다. 즉 자연에 노출됐을 때 우리 자신과 우리가 사는 세상에 대해 더 긍정적으로 느낀다는 것이다.[13] 하지만 이런 자연 효과를 정확히 뭐라고 설명할 수 있을까? 어쩌면 단순히 자연에 있을 때 사회적 상호작용의 기회가 더 늘어난 것일까? 우리에게 가장 유익한 신체 운동과 여가 활동을 할 기회라서? 아니면 더 근본적으로, 에드워드 윌슨의 바이오필리아^{biophilia}(녹색 갈증) 가설처럼 동식물 모두에 노출된 결과일까? 이 분야의 저명한 학자인 로저 울리히에 따르면, 정신생리학적 스트레스로부터의 회복이 자연 효과의 핵심이라고 한다.

자연에 노출되는 것이 실제로 좋은 이유를 설명하려는 한 가지 시도로 '주의력 회복 이론$^{attention\ restoration\ theory}$'이 있다.[14] 이 특별한 견해를 주창한 레이철과 스티븐 캐플런에 따르면, 도시 경관과 비교해 자연환경이 소위 '지향적 주의$^{directed\ attention}$'라고 불리는 우리의 주의 집중 능력을 회복하는 데 더 효과적이다. 이들의 주장은 기본적으로 자연이 은은하게 매력적(또는 몇몇이 주장해온 것처럼 대단히 매혹적)이기 때문에 상향적, 자극 주도적^{stimulus-driven} 방식으로 우리의 관심을 효과적으로 끈다는 것을 의미한다.* 이렇게 하면 하향적, 자발적 주의력 자원을 보충할 수 있다. 즉 지향적 주의 피로('지향적'은 '자발적인'의 다른 말이다)에서 회복되는 것이다. 이런 자원은 우리가 인공물 환경에서 마주치는 차량, 보행자, 광고와 기타 산만한 것들을 탐색하려 할 때 더욱 적극적으로 사용되는 경향이 있으며, 이 때문에 피로하거나 주의력이 고갈될 위험에 처해 있다.

이런 특별한 견해를 지지하기 위해 미시간주 앤아버에 있는 캐플런과 그의 동료들은 훗날 엄청나게 인용된 실험을 진행했다. 이 실험에서 참가자들은 지역 수목원이나 시내를 시간차를 두고 산책했다. 그들은 기분을 묻는 설문지를 작성한 뒤 산책을 했으며, 돌아온 후에 다시 똑같은 설문지를 작성했다. 또 복잡한 숫자를 거꾸로 반복하는 등 정신적으로 부담이 되는 다양한 과제도 수행했다. 일주일 뒤 참가자들은 산책 경로를 서로 바꿨고, 참가자들 간 순서가 세심하게 균형을 이루게 됐다. 그 결과 자연에서의 산책은 뇌의 주의 네트워크 중심부를 구성하는 두 가지 핵심 요소인 경계하는 능력과 방향을 찾는 능력을 그대로 유지하면서, 실행 기능(의사결정을 내리고 일의 우선순위를 정하는 능력)을 선택적으로 향상시킨 것으로 나타났다.[15] 열두 명을 대상으로 자연 사진이나 도시 경관을 보고

---

* 이는 사실 인간은 '자연과 생명을 좋아하는 타고난 본성'이 있다는 윌슨의 바이오필리아 정의와 연관이 있다.

평가하게 하면서 여러 다른 작업을 수행하도록 한 소규모 후속 연구에서도 비슷한 효과가 나타났다. 6장 〈직장〉에서 비슷한 연구들을 더 살펴볼 것이다.

바이오필리아 가설과 주의력 회복 이론이 자연 효과의 근본 원인을 서로 다르게 설명한다는 점에 주목할 만하다. 바이오필리아 가설은 생명체들 사이에 유익한 무언가 있다고 보는 반면, 캐플런은 자연이 우리의 지향적 주의력을 최소한으로 요구하는 환경이라고 본다. 두 전제에 모두 어느 정도 진실이 있을 것 같다. 한편 또 다른 연구자들은 자연에 노출되면 스트레스를 줄이는 데에도 도움이 된다고 주장한다.[16]

지금까지는 정원이든 어디든 자연에 노출됐을 때 나타나는 단기적 효과에 대해 주로 살펴봤다. 그렇다면 장기적 결과는 어떨까? 최신 연구에 따르면, 특정 종류의 자연과 가까이 살면 실제로 뇌에 변화가 생긴다. 이런 흥미로운 결과를 얻기 위해 독일 연구자들은 베를린에 사는 노인 인구 341명의 뇌를 스캔한 뒤, 거주지 1킬로미터 이내의 숲 밀도와 비교했다. 그 결과 숲의 밀도가 높은 지역에 사는 사람들이, 도시나 도시의 녹색 공간에 사는 사람들보다 편도체의 회백질 밀도가 더 높았다*[17](편도체는 뇌 중앙에 있는 부위로 감정 처리를 관장한다). 이와 대조적으로, 야외 녹지나 불모지, 강 인근에 사는

---

* 하지만 이런 결과를 해석할 때 숲 밀도가 높은 지역은 주로 도시 외곽에 분포했으며, 추측건대 더 부유한 사람들의 거주지일 가능성이 있다는 점에 주의할 필요가 있다. 다시 말하자면 인과관계가 연구자의 주장만큼 절대적으로 명확하지 않다.

연금 수급자들에게서는 이런 관련성이 발견되지 않았다.

자연이 건강과 웰빙에 그렇게 좋다면서, 왜 다들 밖에 더 자주 나가지 않느냐고 반문할지도 모르겠다. 제대로 된 삼림욕이 아니더라도 최소한 정원에서 좀 더 오래 앉아 있거나, 정원을 가꾸거나 하는 식으로 말이다. 동네 공원을 걷거나 조깅하는 능 비슷한 이점을 누릴 수 있는 활동들도 있다. 이에 대한 답은 분명 수많은 도시 공간들이 수년에 걸쳐 꾸준히 자연적 거주지를 파괴해왔기 때문이지만,[18] 동시에 우리의 정서적 예측 능력에 한계가 있기 때문이기도 하다.[19] 인간은 매일의 활동, 또는 팔을 잃거나 부모를 여의는 등 일생의 중대한 사건들에 어떤 감정을 느끼게 될지 미처 예상하지 못한다. 자연에 몰입했을 때 얼마나 기분이 좋을지 상상하는 것도 예외는 아니다. 물론 심리학자가 아니어도 화창한 날 지하도를 따라 걷기보다 야외에서 산책해야 기분이 더 좋아질 거라는 사실을 알지만, 그게 얼마나 더 행복할지 잘 예상하지 못한다. 이처럼 흔히 예상 자체를 못한다는 사실은 야외로 나가는 것의 장점이 뚜렷하게 밝혀졌음에도 사람들이 더 자주 나가지 않는 이유를 설명해주며, 그래서 이게 당연하다고 생각하는 사람도 있을 것이다. 요약하면, 우리는 그저 자연과 접촉하면 얼마나 좋을지 깨닫지 못하고 있을 뿐이다.[20]

전망 좋은 방 – 자연 효과 분해하기

자연의 경관, 소리, 냄새, 느낌 중 어떤 게 가장 중요할까? 근거에 따르면 자연 경관 그 자체가 (예를 들면 다른 감각 자극이 없어도) 분명 정신적·신체적 건강에 큰 이점을 준다. 펜실베이니아의 한 병원에서 10년에 걸쳐 수행된 소규모 초기 연구에서는 쓸개 수술을 받은 환자들이 벽돌이 보이는 병실보다 자연(여름철 나뭇잎)이 보이는 병실에서 더 빨리 회복하는 것으로 밝혀졌다.[*][21]

이와 유사하게 미시간 교도소에서 수행된 또 다른 관찰 연구에 따르면 농지와 숲에 면해 있는 감방 수감자들은 안마당이 보이는 감방 수감자에 비해 의료 수요가 현저히 적었다. 이런 결과를 보면, 건강에 긍정적 영향을 주는 핵심 요소가 자연 '경관'이라는 점을 유추할 수 있다.[22]

자연의 '소리'도 건강에 좋은 영향을 준다. 불쾌한 청각적 자극으로 정의되는 소음은 건강에 부정적인 영향을 미친다는 증거가 확실히 많다.[23] 소음을 자연의 소리로 대체하면 분명 기분이 훨씬 나아질 것이다. 스웨덴의 연구자들은 수학 시험으로 스트레스를 받은 학생들이 도로 교통 소음에 노출될 때보다 자연의 소리에 노출될

---

[*] 과학 학술지 〈사이언스〉에 발표된 울리히의 이 연구는 긴 세월 동안 4000번 이상 인용됐지만 각 관찰 집단에 포함된 환자의 수가 23명에 불과하다는 사실에 유의할 필요가 있다. 오늘날의 표본 기준에 따르면 너무 적은 수다. 그래서 울리히도 논문 제목에 '~일 수도 있다'라고 표현했다.

때 더 빠르게 회복한다는 사실을 밝혀냈다.[24] 수많은 신문 칼럼니스트들이 코로나19로 도시가 봉쇄되었을 때 도로 교통 소음에 몸부림치는 대신 창밖에서 지저귀는 새 소리 같은 소소한 즐거움을 누릴 수 있었다고 언급한 건 분명 주목할 만하다.*[25]

하지만 어쩌면 더 놀라운 건, 생물다양성이 더 풍부하다고 평가될수록(즉 위 사례의 경우, 소리로 알 수 있는 새의 종 수가 많을수록) 자연의 소리풍경Soundscape이 주는 이점과 회복 효과가 더 컸다는 점이다.[26] 이런 관찰 결과는 윌슨의 바이오필리아 가설과 분명 일치한다. 하지만 오늘날 사람들은 주로 실내에 머물기 때문에 사무실이나 쇼핑몰, 공항, 아로마 테라피 스파 등에서 스피커를 통해 자연의 소리를 듣는다. 일부 기업은 개방형 사무실의 산만함을 줄이고 프라이버시를 보장하기 위해 자연의 소리풍경을 시험하기 시작했다.

다시 말해 우리는 인공적으로 만들어진 자연에 점점 더 많이 노출되고 있으며, 이로 인해 훗날 묻게 될 중요한 질문이 따라 나온다. "간접적인 센소리엄을 통해 자연을 재현할 때, 우리가 잃어버린 것이 있다면 그건 무엇인가?" 이는 건축가나 디자이너가 미리 수집한 자연의 광경이나 소리, 합성 냄새를 이용해 자연 효과를 제공하고자 할 때 절대적으로 중요한 문제다. 하지만 내 생각에 정말로 위험한 건, 사람들이 공항에서 숲의 소리를 듣거나 장난감 가게에서 정

---

* 흥미롭게도 야생 조류들이 낮은 음의 도시 교통 소음과 경쟁하면서, 수년에 걸쳐 시가지에서 들리는 새소리의 음 높이가 점점 높아졌다.

글 소음(둘 다 앞으로 보게 될 예시들이다)을 들으면서 부조화를 경험할 수 있다는 점이다. 그런 상황에서는 귀에 들리는 것이 눈으로 보거나 코로 냄새 맡는 것과는 거의, 아니 전혀 관계가 없다. 우리의 뇌는 이렇게 서로 불일치하는 감각 입력 조합을 처리하기 어려울 수 있으며, 결국 부정적인 효과가 나타날 수도 있다. 즉 사람들이 이를 싫어할 거라는 뜻이다.

자연 '냄새'의 유익한 영향을 이야기할 때, 아로마 테라피를 빼놓을 수 없다. 라벤더, 시트러스, 소나무, 페퍼민트처럼 건강과 행복감에 좋은 영향을 주는 에센셜 오일을 생각해보자. 이런 여러 향을 음식과 연관시키고 싶겠지만, 근본적으로는 자연의 냄새다. 하지만 농장 거름처럼 자연에서도 끔찍한 냄새가 날 수 있다는 것을 기억하자. 다소 역설적이게도, 우리의 뇌는 좋아하는 냄새나 중성적인 냄새(집에서 나는 냄새 등)에 적응해 결국 이를 인식하지 못하는 반면 불쾌한 냄새에는 결코 적응하지 못한다. 이는 특히 배터리 공장이나 쓰레기 처리장 근처에 사는 사람들에게 불행한 일이다. 과학자들은 우리의 뇌가 불쾌한 냄새를 잠재적인 위험으로 여긴다고 본다. 즉 그 근원을 계속 주시하기 위해 불쾌한 냄새를 쉬지 않고 인식하며, 반면에 무해한 것으로 분류되는 쾌적하거나 중성적인 냄새는 무시하게 된다는 것이다.[27] 고통을 겪는 사람들에게는 그다지 위안이 되지 않겠지만, 최소한 여러분은 이제 이유를 알게 됐다.

자연의 '맛'에 대한 언급도 잊어서는 안 된다. 런던 첼시에 있는 전통적인 약초 재배 정원이나,[28] 데이비드 마스 마스모토가《오감

의 사계절: 음미할 가치가 있는 것들Four seasons in five senses: Things worth savoring》
(2003)에서 캘리포니아 농장에서 직접 재배한 복숭아에 바친 애절한 송가를 떠올려보자. 인류학자들이 지적했듯, 인류는 역사의 99퍼센트를 수렵채집인으로 살았다. 이와 비교하면 농사를 지은 기간은 아주 짧고, 더구나 도시 경관이 만들어진 건 눈 깜짝할 새다.[29] 따라서 궁극적으로, 자연 효과는 우리 조상들이 생존할 수 있는 조건(즉 자연의 맛)과 안전을 모두 제공해주는 환경에 거주하게끔 진화한 선천적인 욕구에서 비롯된 것으로 추정된다.

이제 자연의 '감촉'만 남았다. 놀랍게도 식물의 잎을 만지면 어린이와 성인 모두의 기분과 웰빙에 긍정적인 효과를 준다(나무를 껴안는 건 말할 필요도 없다).[30] 정기적으로 정원을 가꾸면 도심에 갇혀 있더라도 자연과 접촉할 수 있다. 물론 어디에서나 정원을 가꾸는 건 주변 자연의 감각적 특성과 계절의 변화를 느끼게 해주는 마음 챙김 활동이기도 하다. 실제로 정원을 가꾸는 사람들은 자연 세계와 접촉할 때 느끼는 '매혹'에 대해 이야기하곤 한다. 식물이 자라는 걸 볼 때 자극에 의해 우리의 주의가 사로잡히면서, 지향적 주의력을 회복하는 데 필요한 숨 돌릴 공간이 생긴다는 주장이 있다.[31] 자연의 감촉에 대해 이야기할 때 피부에 와 닿는 바람, 등에 느껴지는 따스한 태양빛, 얼굴에 쏟아지는 비도 언급해야 할 것이다. 즉 우리가 자연을 만지기도 하지만 자연도 우리를 어루만진다.

자연의 이점에 순위 매기기

자연 효과를 다루면서 각 감각이 개별적으로 기여하는 점을 살펴봤으니, 이번엔 감각이 작동하는 데 우선순위가 있는가라는 질문을 다루려고 한다. 1장에서 인간에겐 시각이 지배적이라는 개념을 살펴보았다. 그렇다면 자연의 소리를 들을 때보다 풍경을 볼 때, 자연에서 얻는 혜택이 더 우세하다는 의미일까? 자연의 냄새를 맡는 것이 감촉을 느끼는 것보다 더 나은 걸까? 이 질문에 대해 아직까지 만족스러운 답을 얻지는 못했다. 사실 제대로 다루기엔 다소 까다로운 질문이다. 어느 감각을 다른 감각과 비교하는 건 사과와 오렌지를 비교하는 것과 비슷하기 때문이다. 내 관점에서 더 중요하거나 적어도 추적하기 더 쉬운 질문은, 더 많은 감각이 올바른 방식으로 개입할 경우 자연 효과의 이점이 향상될 수 있는가 하는 것이다. 모든 감각을 각각 최대치로 활용하는 것보다, 자연의 풍경과 소리를 감상하는 편이 더 효과적일까? 마찬가지로 보고 듣고 느끼고 냄새 맡는 다중감각적 자극 패턴은 서로 일치해야 할까, 아니면 이런 건 전혀 문제가 되지 않을까?[32]

좀 더 구체적으로 말해보자. 누군가 헤드폰을 끼고 드럼이나 베이스, 데스메탈을 들으면서 숲이나 공원을 걷는다면 어떤 효과가 있을까? 둥둥거리는 사운드트랙은 시각적으로 유발되는 자연 효과를 희석시키거나, 어떤 식으로든 방해하거나 감소시킬까?* 헤드폰을 끼고 있거나 하루 종일 스마트폰 화면에 붙어 있는 사람들은 어떨까. 그들은 여전히 자연의 혜택을 받고 있을까? 내가 시내에서 몇 킬로미터 떨어진 요양원에 계신 어머니를 뵈러 영국의 시골길을 지날 때마다 머릿속에 떠오르는 질문이다. 이 경우 내가 걱정한 건 간선도로의 교통 소음과 배기가스였다. 그 모든 소음과 공해는 내가 자전거를 타고 아름다운 시골길을 지나다니며 얻을 수 있었던 혜택들을 무효화한 걸까? 아무도 이 문제를 다루지 않았지만, 연구는 교통 소음이 시각적인 장면에 대한 사람들의 인식과 기억을 손상시킨다는 것을 분명히 시사한다.

도로 교통 소음이나 헬리콥터 소리를 들으면서 미국 국립공원 사진을 본 경우, 풍경에 대한 기억이 손상되고 감상이 훨씬 줄어든다는 사실이 수많은 연구를 통해 입증됐다. 이것이 바로 운 좋게 그랜드캐니언을 방문한 수많은 사람들이 경험하게 되는 불협화음이다.[33] 예를 들어 한 연구에서 레저용 자동차 소음이 들리면 자연의 소리만 들릴 때보다 풍경에 대한 미적 감상이 30~40퍼센트 줄어든다는 사실이 밝혀졌다. 특히 오토바이 소음이 사람들을 거슬리게 하는 것으로 나타났다. 녹음해서 들려준 새소리의 다양성과, 스크린에 투영한 정적인 도시 풍경에 대한 사람들의 감상 사이에 상관관계가 존재한다는 보고도 있다.[34]

여기서 핵심은 감각이 항상 상호작용한다는 점이다. 이미 살펴

---

* 최소한 스택과 건들락(1992)의 연구에 따르면, 미국인의 자살률과 라디오에서 특정 장르의 음악이 흘러나오는 시간을 연관 짓는 증거를 고려했을 때 더 나쁜 건 컨트리 음악이다.

본 바와 같이, 어느 한 감각을 통해 들어온 입력은 다른 감각을 통해 들어오는 모든 입력을 확장하거나 가려버리는 등 분명한 영향을 미친다. 이런 측면에서 자연에 대한 우리의 인식이나 반응도 마찬가지일 것이다. 다음 장에서 여러 감각에서 동시에 일어나는 일을 가늠해야만 특정 환경에 대한 우리의 반응을 이해할 수 있는 예시를 더 많이 보게 될 것이다. 하지만 이와 동시에 자연 자극의 원천도 중요하다. 지금 보고, 듣고, 냄새 맡고, 느끼고 있는 것이 실제 자연인가, 아니면 디지털이나 인공 합성물인가?

자연 리듬과 신체 리듬

자연은 신체 리듬을 훈련하는 데 도움이 된다. 실내에서 너무 오랜 시간을 보내며 기본적으로 일정한 패턴의 다중감각 자극(아침에 일어나서 자기 전까지 종일 접하는, 밝기만 하거나 어둡기만 한 주변 조명)만 받게 되면, 사람들은 곧 고통받기 시작한다. 예컨대 하루 동안의 주변 조도 변화는 자연 리듬과 동기화돼 있는 신체 내부의 리듬을 유지하는 데 도움이 되는데, 이처럼 동기화되는 감각 신호를 놓친 것이 고통의 원인 중 하나다. 따라서 멀리 떨어진 곳에 갈 때 시차를 극복하려면 자연광을 충분히 쐬어야 한다.˚ 자연광의 색조나 빛깔도 하루 동안 예정대로 바뀐다. 사진작가들은 이른 아침의 푸른 색조보다 늦은 오후의 따뜻한 황금빛 노란색 배경에서 사람들이 더 아름다워 보인다는 사실을 아주 잘 알고 있다.[35] 실제로 실내용 컬러 조명을 활용해 새벽의 푸른색을 비추면 사람들을 효과적으로 각성시킬 수 있으며, 자살률도 떨어진다.[36] 인간이 매일 일련의 과정을 통해 체계적으로 변화하는 환경에서 진화했다는 사실을 감안하면, 우리가 온종일 의존하는 간접적인 센소리엄은 아마도 이를 모방하도록 설계됐어야 했을 것이다. 정원으로 나가는 것이 정말 도움이 되는 이유다.

반면 다른 감각의 자연 리듬은 어떤가? 나는 특히 여름철에 해 뜨는 시각이 점점 빨라지면서 새벽 4시 30분부터 새들이 지저귀고 쩍쩍거릴 때 궁금하다. 침실 창문 밖의 큰 나무에서 들리는 이 시끄러운 새벽의 코러스가 파란빛을 쬐는 것과 같은 영향을 준다는 느낌이 들지만, 때로는 이것이 사실이 아니었으면 한다. 아침 새소리의 구성이 해 질 녘에 들을 수 있는 것과는 다르기 때문에, 아마도 자연의 소리가 일으키는 각성 반응의 정도도 차이가 날 것이다(자극의 강도, 크기, 밝기뿐만 아니라 자극의 종류도 중요하다). 수탉이 꼬끼오 하는 소리는 사람에게 어떤 영향을 미칠까? 그 실험 결과를 보고 싶다.

자연에서는 시간대에 따라 냄새가 퍼지는 정도도 다르다. 낮과 초저녁에 냄새가 더 많이 나고, 밤과 이른 아침에 가장 덜 난다. 상

---

* 학계 경력을 시작한 초기에 유럽우주국(ESA) 승무원 워크스테이션에서 일한 적이 있다. 나는 자연 일주기와 별 관련이 없는 한겨울 스칸디나비아 북부나 동굴에서 몇 달을 지낸 우주 비행사에 관한 연구를 읽고는 했다. 증거에 따르면, 외부 기준이 없으면 생체시계가 예상처럼 24시간 주기가 아니라 22.5시간 주기로 작동한다고 한다.

대적으로 무취이며 후각적으로 중립적인 환경, 그러니까 최소한 우리 인간에게 상쾌하게 느껴지는 밤공기에서 해가 진 뒤에만 매혹적인 향을 방출하는 야향화(밤에 피는 자스민이라고도 부른다) 같은 식물이 두드러지는 이유다. 옛날 영국 지주들은 저택 밖에 담으로 둘러싸인 정원을 지었고, 이는 그들이 (사실은 정원사가) 재배하는 식물과 꽃의 화려한 향기를 유지하는 데 부분적으로 도움이 됐다. 그러나 요즘엔 주로 보기 좋은 (즉 색이 화려한) 품종을 골라서 키우기 때문에 별 의미는 없다. 불행히도 색이 화려할수록 향이 적게 나는 트레이드오프 관계가 있기 때문에, 요즘엔 다양한 향이 사라졌다는 뜻이 된다. 식물 대부분은 귀중한 자원을 한쪽 경로로만 투자함으로써 존재감을 뽐낸다.* 겉모습만 예쁘고 맛없는 슈퍼마켓 과일과 채소도 아마 이와 같은 문제일 것이다.

콘스턴스 클라센은 《감각의 세계 – 역사와 문화 전반에 걸친 감각 탐구 Worlds of sense: Exploring the senses in history and across cultures》(1995)에서 장미를 대하는 사람들의 관점을 분석해 시간에 따라 감각의 지형이 어떻게 진화해왔는지 보여주었다. 그는 서구 작가, 시인, 원예가들이 수 세기 동안 내놓은 작품을 샅샅이 뒤진 끝에 플리니우스(자연계 백과사전 《박물지》를 저술한 고대 로마의 작가 – 옮긴이) 같은 초기 작가들이 장미의 향기를 주로 묘사한 데 비해 근대 작가들은 장미의 색을 비롯

---

* 이와 관련해 야생 난초(꽃집에서 키우지 않은 것)는 몇 안 되는 예외 중 하나인 것 같다. 우연히도 이 꽃은 켈러트와 윌슨의 책 《바이오필리아 가설 The biophilia hypothesis》(1993)의 표지에 실렸다.

한 시각적 특징을 강조한 경향이 있음을 발견했다. 얼리셔 애머스트는《잉글랜드 원예의 역사A history of gardening in England》(1896)에 이렇게 적었다. "중세 정원의 소유자는 오늘날 장미에 놀라워하며 특히 다양한 형태와 색상에 현혹되겠지만, 우리가 가진 가장 멋진 장미를 보면서도 장미의 본질적인 특성, 즉 달콤한 향기를 그리워할 것이다!"

산탄데르시토, 나의 정원 휴양지

많은 사람들이 그렇듯 요즘 나도 하루 대부분의 시간을 컴퓨터 앞에서 보내거나, 콘퍼런스에 참석했다가 다른 사람을 만나러 이동하는 도중 꽉 막힌 도로에 갇혀 보낸다. 그러나 나는 콜롬비아 여성과 결혼했고, 우리 부부는 보고타시 인근의 산속에 있는 작은 핀카finca(농장 또는 일종의 전원주택 – 옮긴이)에 사는 행운을 누리게 됐다. 구름이 자욱한 숲 환경에서는 고된 정원 일이 주요 일과다. 놀라운 활력과 끈기로 자라는 잡초를 뽑느라 (이게 정원 일의 가장 힘든 부분이다) 많은 시간을 보내는데, 물론 과일과 허브를 재배할 시간도 충분하다. 기존 범주로 따지자면 너무나 헷갈리는 수많은 감귤류들 (생각보다 훨씬 다양한 레몬, 오렌지, 라임, 만다린의 혼종이 존재한다), 내가 무척이나 자랑스럽게 여기는 엄청나게 매운 칠리 식물들, 그리고 추가로 여러 이국적인 과일 품종들을 키운다. 나는 몇 주 동안이고 집 대문 밖을 나가지 않는다. 나도 안다. 피터 메일(프랑스인보다 더

그림 5 콜롬비아의 구름 자욱한 숲에 있는 우리 집.

프랑스를 사랑한 것으로 유명한 영국 출신 작가로 《프로방스에서의 1년》을
썼다 - 옮긴이)이 따로 없다. 그러나 자연을 보고 듣고 냄새 맡고 느
끼고 맛보는 데서 얻는 이점은 너무나 강렬해서 마치 진짜로 자연
이 내게 마법을 부린다는 느낌이 들 정도다. 열대 정원 낙원에서 열
중하는 시일이 길어질수록 글 쓰는 방식은 물론, 생각하는 방식도
달라진다. 앞서 언급한 용량 의존적 변화를 기억하는가?

　　그러나 콜롬비아의 구름 낀 울창한 열대 숲의 환경은 분명 영국
시골과는 매우 다르다. 그렇다 보니 특정 유형의 자연이 어떤 의미
에서는 다른 종류의 자연보다 나은가라는 의문이 싹튼다. 숲이나
잘 꾸며진 정원보다 해변이 나을까? 야생 수풀림, 사바나, 정글보다

식물원이나 수목원에서 더 회복하기 좋을까? 영국 옥스퍼드에 있는 우리 집 인근의 범람원인 포트메도보다 콜롬비아의 구름 자욱한 숲이 정말로 회복력이 더 뛰어날까? 도시 환경에서 센스해킹을 통해 자연 효과를 얻고 싶다면 이 질문들에 답해야 한다. 또 한편으론 문화적 차이를 민감하게 고려해야 할 수도 있다. 일본 작가 다니자키 준이치로가 미학에 관한 에세이 《음예 예찬》에서 "일본인은 식물이 빽빽하게 가득 들어찬 정원을 좋아하는 반면, 서양인은 평평하고 너른 잔디 벌판을 선호한다"라고 한 말이 맞는다면 말이다.

다행히 연구자들은 잘 조직된 공간과, 그보다 더 자연에 가까운 공간의 효과를 비교하기 시작했다. 연구 결과는 대체로 정원 배치가 덜 인위적일수록 낫다는 것을 시사한다.* 또 사람들이 사막이나 초원의 광경보다 숲이나 툰드라를 좋아한다는 점도 드러났다. 식물원은 중간 정도 선호도를 보였다.[37] 물론 바이오필리아 가설에 따라 잘 가꿔진 식물원과 수목원이 토착 삼림지대보다 생물다양성이 훨씬 풍부하므로 회복력이 더 좋고 이점도 더 뚜렷하다고 봤을 수 있다. 하지만 인구 밀도도 고려해야 한다. 자연이 주는 유익한 효과를 상쇄할 수 있기 때문이다. 더군다나 대부분의 식물 온실에서는 자연(즉 동물)의 소리가 거의 들리지 않는다. 여기서 마지막으로, '일치성'에 관한 질문을 해볼 수 있다. 식물 풍경과 어울리는 동물 소리가

---

* 19세기 영국과 북미의 와일드 가든, 12세기 일본의 회유식 정원, 19세기 후반 영국의 풍경식 정원은 전부 '덜 인위적인' 범주에 속한다. 내가 한때 운 좋게 주니어 연구원으로 일했던 케임브리지 세인트존스칼리지 뒤쪽의 황무지처럼 생긴 곳들이다.

들려야 할까? 연구에 따르면, 그래야 한다. 물론 그렇지 않은 경우가 너무나 많지만.

자연의 미덕을 칭송하는 건 좋지만, 동물이나 식물이 굉장히 위험하고 유독할 수도 있다는 점을 기억해야 한다[38](수많은 타란툴라 독거미, 가끔 나타나는 치명적인 뱀, 그리고 나의 콜롬비아 정원에서 우연히 접촉했다가 내게 참을 수 없이 가려운 피부 발진을 선사했던 식물들이 생각난다). 그래서 자연에 대한 '선천적인' 친화력(바이오필리아)이 바이오포비아와 엇비슷한 것도 당연하다. 바이오포비아란 거미나 뱀, 또는 그와 비슷하게 생겼거나 움직이는 것들에 대해 똑같이 두려움을 느끼는 것인데, 이는 선조 때부터 느껴온 이런 위협에 두려움이나 혐오감을 키우기 위한 일종의 진화된 경계 태세로 보인다.[39] 우리의 감각 반응 중 상당수가 매개되고, 학습되고, 또 맥락에 따라 달라지지만, 생명, 최소한 특정 종류의 자연에 대한 근본적인 반응(바이오필리아 또는 바이오포비아의 종류)이 1990년에 처음 출판된 다이앤 애커먼의 베스트셀러 《감각의 박물학A Natural History of the Senses》이라는 책에 언급된 것처럼 선천적인 성향에서 나온다고 믿는 것은 솔깃한 일이다.[40]

자연 효과에 대한 진화론적 설명(스트레스 회복 이론)이 제시되곤 하지만, 지각적 유창성perceptual fluency 관점의 또 다른 설명도 그럴듯하다는 점에 주목해볼 만하다. 이 가설은 자연 풍경에 내포된 프랙털 배열이 사람의 시각 시스템이 처리하게끔 진화한 통계와 일치하기 때문에 우리가 자연 풍경을 처리하는 것이 특히 쉽다는 개념이다.[41]

조예와 판덴베르그에 따르면, "그런 모양/풍경이 대규모에 걸쳐 점점 더 작아지는 복사본으로 구성된다는 사실로부터 무엇보다 자연환경 및 요소의 프랙털 특성을 분명하게 알 수 있다."[42]

예를 들어 나무를 생각해보자. 가장 큰 가지부터 가장 작은 가지까지 모든 가지는 전체 나무의 축소판이다. 이는 실제로 자연 풍경의 한 부분이 다른 부분에도 있을 가능성을 알려준다는 의미다. 다시 말해 자연환경은 종종 깊은 수준의 지각적 예측 가능성/중복성을 특징으로 한다. 그 결과 우리의 처리 유창성processing fluency이 향상된다. 반대로 도시 광경은 사람들의 관심을 끌려고 경쟁하는 수많은 자극들처럼, 각 요소가 현저히 다른 자극을 준다. 결국 풍경의 골자를 파악하기가 더 어렵다. 이 가설은 분명 사람들이 자연 풍경을 빠르게 처리하고 이해하는 현상과 일치하는 것으로 보일 것이다. 처리 유창성이 보통 긍정적인 영향과 관련이 있다는 점을 고려하면, 레버와 그의 동료 연구자들이 지난 20년 동안 다양하게 보고했듯 사람들이 평화로운 자연 풍경에 왜 그렇게 끌리는지 설명할 수 있다.[43] 처리 유창성 개념은 앞으로도 계속 다룰 것이다.

모든 감각으로 자연을 경험하기

자연 효과의 원인과 결과에 대해 다뤄야 할 중요한 질문이 많지만, 지금 명심해야 할 핵심은 센스해킹을 고려할 때 자연환경에 대한 우리의 반응, 그리고 수천 년 동안 인류가 처리하도록 진화한 다중 감각 자극 패턴에 대한 우리의 반응에서 출발해야 한다는 것이다. 일하고 운동하고 놀고 쇼핑하고 쉬기도 하면서 많은 시간을 보내는 실내 환경이 자연스러운 이상과 멀어질수록 덜 행복하고 덜 생산적으로 살아가게 될 것이다. 바이오필리아 가설에 동의하든 안 하든, 자연에 아주 잠깐이라도 노출될 경우(혹시 시간에 비례해야 하는 건 아닐까?) 우리에게 놀라운 회복 효과가 나타난다는 과학적 증거가 점점 더 많아지고 있다(그리고 증거에 따르면, 이는 과장이 아니다).[44] 기분과 건강, 그리고 웰빙에도 말이다.

자연 속에 있으면 확실히 기분이 나아지는 동시에 인지 피로, 되새김, 스트레스도 줄어든다.[45] 일부 평론가는 여기서 더 나아가, 정신을 집중하고 자연과 다중감각적으로 교감하는 데서 얻을 수 있는 정신적인 이점을 극찬했다.[46] 기억해야 할 요점은 우리가 '모든' 감각을 통해 자연을 경험한다는 것이다. 따라서 자연적인 다중감각 자극을 균형 있게 경험하도록 노력하면, 우리 자신뿐만 아니라 우리가 가장 소중하게 여기는 사람들의 건강과 웰빙을 확실히 증진할 수 있을 것이다. 더욱이 집에 정원이 있는 행운아라면 정원에서 시간을 보내는 것만으로도 이런 혜택을 누릴 수 있다.

한 가지 염두에 둘 점은 단순히 자연에 가깝다는 사실을 '아는' 것만으로는 충분하지 않으며, 완전한 혜택을 누리려면 모든 감각으로 자연을 '경험'해야 한다는 것이다. 여기에 동의하기 어려운가? 그럼 휴가차 도착한 호텔 객실의 전망이 브로셔에 나온 바다나 전원 풍경이 아니라 무질서한 도시 외곽 지역이라면 어떤 기분일지 생각해보라.*

방이 크든 작든, 열대기후에 살든 온대기후에 살든, 스트레스를 낮추고 건강을 증진시킬 가장 좋은 기회를 야외 공간에서 얻을 수 있다는 점을 깨닫는 게 중요하다. 이런 이유로 코로나 봉쇄 기간 동안 영국 전역의 수많은 신문들은 식물 기우기를 권고했다. 여기서 중요한 건, 뒷마당이든 지역 공원이든 숲이든, 자연과 접하는 모든 장소에서 가능한 한 많은 감각을 활용해 즐겨야 한다는 점이다. 우리의 사회적·인지적·정서적 웰빙의 이점은 여러분이 깨닫든 못하든, 그런 노력을 기울일 만한 가치가 있을 것이다.

---

* 이 시나리오는 에드워드 모건 포스터의 소설 《전망 좋은 방》(1908)에 등장한다.

4

침실

잘 자기 위한 노력들은 효과가 있을까?

시간 낭비라고 생각할 수도, 하루 중 가장 좋은 시간이라고 생각할 수도 있지만, 어쨌든 수면은 다른 활동보다 더 긴 시간을 차지한다. 평균적으로 인생의 3분의 1을 잠을 자거나 적어도 자려고 노력하는 데 보낸다. 마거릿 대처나 로널드 레이건 같은 전설적인 인물들이 네다섯 시간만 자고도 일을 효율적으로 했다는 이야기를 분명 들어봤겠지만, 이 두 지도자가 말년에 모두 치매에 걸렸다는 건 우연이 아닐 수도 있다. 실제로 건강상 부정적인 결과와 위험이 증가하는 걸 피하려면 (원하든 안 하든 관계없이) 밤에 일고여덟 시간 양질의 수면이 필요하다는 증거들이 있다. 치매에서 비만, 암에서 심장병에 이르기까지 모든 게 해당된다. 잠을 충분히 자지 않으면 심혈관 질환, 뇌혈관 질환, 당뇨병 등 열다섯 가지 주요 사망 원인 중 일곱 가지 요인에 영향을 미친다.[1]

수면 연구는 오늘날 큰 사업이다. 북미와 영국에 거주하는 사람들의 3분의 1에서 3분의 2가 정기적으로 잠을 충분히 자지 못하며,

다른 많은 산업화된 국가에서 비슷한 문제가 보고되고 있다는 사실은 그리 놀랍지 않다.[2] 실제로 불면증은 만성 통증에 이어 두 번째로 흔한 정신적 질환으로, 현재 유병률이 33퍼센트에 달하며, 9퍼센트는 매일 밤 수면장애를 겪는다고 보고했다.[3]

언론에 따르면 우리는 그 어느 때보다 수면 부족을 더 많이 겪고 있다. 저명한 수면 과학자들도 이런 주장을 강하게 밀어붙여왔다. 예를 들어 현재 캘리포니아에 거주하는 리버풀 출신의 연구원이자 세계적인 베스트셀러 《우리는 왜 잠을 자야 할까》의 저자인 매슈 워커는 "수면 부족이 전염병처럼 급속히 번지고 있다"고 주장하며 "재앙적인 수면 전염병"에 대해 이야기한다. 워커에 따르면 잠을 여섯 시간보다 적게 자는 사람이 1942년에는 8퍼센트 미만이었지만, 2017년에는 두 명 중 한 명으로 늘었다.

덜 잘수록 수명은 짧아진다

밤에 여섯 시간보다 적게 자는 사람은 건강에 부정적인 영향이 생길 수 있다. 비영리 연구기관 랜드코퍼레이션의 2016년 보고서에 따르면, 이들은 7~8시간 수면을 취하는 사람들보다 언제든 사망할 가능성이 13퍼센트 높았다. 45세 이상이면서 수면 시간이 여섯 시간 미만이라면, 평생 심장마비나 뇌졸중을 일으킬 가능성이 200퍼센트 더 높다.[4] 틸 뢰네베르크는 과학계 최고 학술지 〈네이처〉에 기고한 글에서 현 인류가 50~100년 전 조상들보다 한두 시간 더 적게 자고 있다고 주장했다. 미국 질병통제예방센터(CDC)가 불충분한 수면을 '공중 건강 문제'로 선언한 것도 당연하다.[5] 랜드코퍼레이션 보고서에 따르면 불면증 관련 문제로 사회가 부담해야 할 재정적 비용은 국내총생산의 일정 부분을 차지(예컨대 일본은 GDP의 2.92퍼센트인 1380억 달러, 미국은 GDP의 2.28퍼센트인 4110억 달러, 영국은 GDP의 1.86퍼센트인 500억 달러다)하는데, 증거를 종합해보면 비용이 왜 이토록 극적인지 쉽게 이해할 수 있다.[6]

일주일 평균 수면 시간이 한 시간 증가하면, 소득이 단기적으로는 1퍼센트, 장기적으로는 거의 5퍼센트 증가한다. 한편 바이탈리티 Vitality(건강 증진 프로그램을 운영하는 기업 - 옮긴이)의 2019년 '영국에서 가장 건강한 직장' 연구 결과에 따르면 소득과 수면의 질 사이에 상관관계가 있는 것으로 나타났는데, 연 소득이 1만 파운드 미만인 사람들의 57퍼센트가 수면 문제를 보고한 데 비해 15만 파운드 이상 버는 사람들이 같은 문제를 보고한 비율은 23퍼센트였다. 하지만 인과관계는 불확실하다.[7]

숙면이 사회적·정서적·신체적 웰빙에 미치는 중요성에 대한 인식이 커지면서 '수면 위생', '수면 공학' 같은 개념이 등장했다. 어떤 용어를 사용하든, 기본 개념은 잠을 충분히 자기 위해 고군분투하는 사람들을 위한 올바른 증거 기반 실천을 확립하는 것이다. 인간은 보통 비非렘수면, 렘수면(눈을 제외한 모든 것이 마비됨), 서파수면 slow-wave sleep이 약 90분 주기로 반복된다는 점을 기억하자. 이는 기억을 종합하기 위해 충분히 취해야 할 마지막 보루다.

운동을 더 많이 하는 것부터 섹스에 이르기까지 모든 것이 간단한 해결책이 될 수 있다.* 전문가들에 따르면, '수면 위생' 강화나 허리둘레를 위해서는 잠들기 적어도 두 시간 전부터는 먹지 말아야 한다. 저녁에 술을 마시면 카페인이나 기타 각성제를 섭취하는 것과 마찬가지로 수면의 질이 떨어진다.[8] 사람들은 대부분 이런 권고 사항을 알고 있지만, 어떤 이유로든 무시하기 일쑤다. 그래서 앞으로 숙면에 도움이 될 만한 센스해킹 몇 가지를 살펴보고자 한다. 실제로 잠들기까지 걸리는 시간을 줄여주고, 수면 효율성을 개선해주며, 잠에서 기분 좋게 깨어나게 해주는 다양한 감각적 트릭이 있다.

직관에는 다소 반하지만, 잠을 잘 수 있도록 해주는 행동 요법 중 하나는 수면을 일시적으로 제한하는 것이다. 옥스퍼드대학교 연구원들이 이를 활용한 수면 앱 슬리피오Sleepio를 개발했는데, 사람들의 수면 패턴과 행동을 재교육하는 데 매우 효과적이라는 사실이 입증됐다. 이 앱은 사용자에게 수면 패턴을 기록하게 하고 동시에 체계적인 수면 일정을 제시해 처음부터 수면을 제한하게끔 도와준다. 앱의 효과가 무척 좋아서, 이제는 영국 국민보건서비스(NHS)를 통해 전국에 배포되고 있다. 인지행동 치료는 실제로 불면증 증상을 치료하는 데 장기적인 효과가 있는 것으로 나타났다. 단기적으로는

---

* 아니면 하버드 의과대학 과학자들이 숙면을 위한 가장 좋은 팁으로 제시한 권고를 따를 수도 있다. "침실은 잠을 자거나 성관계를 하는 용도로만 사용하는 것이 좋다."

벤조디아제핀 수용체 효현제, 즉 수면제도 사용할 수 있다. 하지만 나도 한때 처방받은 적 있는 테마제팜 같은 약물의 사용은 중독, 기억력 문제, 남성의 유방 성장, 선천적 결함 같은 부작용도 일으킨다. 내 유방이 커지기 전에 복용을 중단해서 진짜 다행이었다! 게다가 수면제는 잘못된 수면을 조장하는 경향이 있다. 즉 서파수면을 늘리는 데는 아무런 도움이 되지 않는다. 어디 이뿐인가. 수면제는 암도 유발할 수 있다.[9]

2018년 수면 건강 산업의 가치는 연간 300억 파운드였으며, 2020년에는 두 배 이상 성장했을 것으로 추정된다. 신경과학에서 영감을 얻은 그럴듯한 센스해킹을 활용해 수면의 질을 높이겠다고 약속한 회사들이 폭발적으로 성장했다.

비몽사몽 조는 동안에

잠이 오지 않아 양을 세어본 적이 있는가? 이런 말을 하게 되어 미안하지만, 그야말로 시간을 낭비한 셈이다. 적어도 내가 옥스퍼드 대학교에서 함께 일했던 동료 앨리슨 하비 교수의 연구에 따르면 그렇다. 그는 이런 미신을 반증한 지 오래다. 하비 교수가 불면증 환자 집단에게 양을 세라고 하거나, 비몽사몽 조는 동안 부정적인 생각을 하지 말라고 주문하자, 수면이 시작되는 시점이 평균 10분씩 지연됐다. 그럼 대신 무슨 생각을 해야 할까? 어떤 연구에서는 폭포, 휴가지 같은 고요하고 편안한 장면을 떠올린 사람들이 특별한 지시를 받지 않은 사람들에 비해 약 20분씩 더 빨리 잠들기는 했다. 연구자들은 불면증에 시달리는 사람이 부정적인 생각이나 걱정을 자꾸 곱씹는 걸 방지하려면, 의식적으로 즐거운 상상을 유지하도록 충분히 노력해야 한다고 설명했다.[10]

조명의 함정

휴대전화를 쥐거나 옆에 두고 잠자리에 드는가? 나쁜 생각이다. 2015년 북미인 1000명을 대상으로 한 조사에 따르면, 71퍼센트가 스마트폰을 근처에 두고 잔다. 그중 3퍼센트는 손에, 13퍼센트는 침대 위에, 55퍼센트는 손이 잘 닿는 곳에 둔다고 답했다.[11] 졸리기만 하고 숙면하지 못하는 문제를 해결하고 싶다면, 어느 정도는 환경의 감각적 측면을 바꿔야 한다.

　실제로 요즘은 점점 더 늘어나는 밤 시간 인공조명에 비난의 화살이 쏟아지고 있는데, 대부분 저녁 시간에 스크린을 보는 시간이 늘어났기 때문이다. 2015년 연구에 따르면,[12] 잠자기 전 빛이 방출되는 전자책 리더기로 책을 읽은 사람은 종이책을 읽은 사람에 비해 잠드는 데 더 오래 걸리고, 저녁에 졸음을 덜 느꼈으며, 멜라토닌을 덜 분비했고,* 일주기 생체시계가 늦어졌으며, 다음 날 아침 집중력이 떨어진 것으로 나타났다.** 90퍼센트 이상의 사람들이 일주일 중 최소 며칠 밤은 잠자리에 들기 한 시간 이내에 전자기기를 사용한다는 점을 고려하면 이런 발견은 특히 중요하다. 실제로 스크린을 과도하게 오래 보는 데서 오는 위험에 대한 인식이 점점 커지면서 일부 비평가들은 기기 제조업체가 어떤 조치를 취하든 기기의 청색광으로부터 사람들을 보호할 책임이 있는 건 아닌지 묻기 시작했다. 특히 청색광은 뇌를 속여 지금 각성할 시간이라고 여기게 만들 수 있기 때문이다.***[13]

여기서 경고를 하나 하자면, 조명이나 TV를 켜고 자면 체중이 늘거나 비만이 될 위험이 증가한다. 노스캐롤라이나에 있는 국립환경건강과학연구소에서 발표한 코호트(질병 요인에 노출된 집단과 노출되지 않은 집단을 나눈 뒤, 일정 기간 추적하며 특정 질병의 발생 여부를 비교하는 연구 – 옮긴이) 연구 결과다. 연구팀은 5년 동안 35~74세 여성 4만 3000명 이상을 추적했다. 밤에 빛에 노출된 사람들은 인공조명 없이 자는 사람들에 비해 체중이 평균 5킬로그램 이상 더 나갔다.[14] 인공조명이 신체의 자연 시계를 방해하거나 지연시키고, 호르몬의 균형을 깨기 때문인 것으로 보인다. 시각적 자극이 실험 참가자들이 각자 보고한 수면의 질에 눈에 띄는 영향을 미치지 않은 데다 연구 결과의 인과관계를 확실히 알 수 없다는 점에도 불구하고,

---

* 멜라토닌은 솔방울샘에서 분비되는 중요한 호르몬으로 수면-각성 주기를 조절한다. 낮에는 수치가 낮고, 해가 지면 증가하기 시작한다.
** 하지만 여기서 짚고 넘어갈 점은, 실험 참가자들이 전자책 리더기를 최대 밝기로 네 시간 연속으로 봐야 했다는 점이다.
*** 새벽의 청색광은 다른 시간대와 파장이 약간 다르다.

이런 결과를 보면 잠자리에 들기 전이나 후에 가능한 한 빛을 완전히 차단해야 잠재적으로 이점을 얻으리라 예상할 수 있다. 즉 센스해킹은 새로운 것을 추가하는 것뿐만 아니라 원치 않는 환경적 자극의 요인을 제거하는 것이 될 수도 있다.

구체적인 센스해킹과 관련해 저녁 시간대 인공조명 노출을 줄이기 위해 다음 제안들을 시도해볼 수 있다. 가장 중요한 건 잠들기 전 두세 시간 동안 밝은 화면을 보지 않는 이른바 '사이버 통금' 규칙을 정하는 것이다. 하지만 나처럼 저녁 시간에 다양한 전자기기를 사용해야 한다면, 특수 안경을 쓰거나 블루라이트를 걸러내는 앱을 사용하는 방법도 있다. 일부 모바일 장치에는 해가 지면 디스플레이 화면이 더 따뜻한 색상으로 자동 전환되는 야간 설정이 있다. 침실에 조명이 필요한 경우라면 멜라토닌 수치에 영향을 끼치지 않는 어둑한 붉은 조명이 다른 색상의 조명에 비해서 좀 더 낫다.[15]

밤 시간대 빛 노출을 줄여야 한다는 주장은, 상용 수면 유도기 도도우Dodow의 아이디어와 상반되는 것처럼 보인다. 도도우는 파란색 빛을 쏘아 침실 천장에 반복적으로 커졌다가 작아지는 고리를 만들어내는 장치다. 수면 문제를 겪고 있는 사람들은 마치 명상을 하는 것처럼 도도우가 만들어내는 고리가 커질 때 숨을 들이마시고, 고리가 작아질 때 숨을 내쉼으로써 호흡을 동기화시킨다. 하지만 내가 보기에 도도우를 사용해본 언론인은 많지만, 이 조그만 도구가 실제로 수면에 도움이 된다는 것을 밝힌 제대로 된 과학적 증거는 아직 없다. 더욱이 단파장 청색광은 특히 나쁜 선택으로 보이는데,

반면에 이 제품을 만들어 파는 사람들은 빛이 충분히 어둡기 때문에 잠드는 데 문제가 없다고 주장한다.

아침과 저녁의 다른 모습

나는 치약의 다중감각적 디자인을 고민하면서 놀라운 연구 경력을 쌓았다. 내가 항상 이상하게 생각했던 것 중 하나는, 사람들이 어떻게 아침, 점심, 저녁에 같은 제형의 치약을 사용하는가였다. 내가 보기에 사람의 생리적·심리적 욕구는 아침과 저녁에 상당히 다르다. 아침 식사와 저녁 식사 때 얼마나 다른 것들을 먹고 마시는지 생각해보자. 아침에는 카페인이 든 음료를 마시고, 잠자리에 들기 전에는 캐모마일 같은 허브 차를 마신다. 놀랍게도 캐모마일 차가 수면의 질을 높인다는 증거가 거의 없음에도 말이다.[16] 낮에 쓰는 피부크림과 밤에 쓰는 피부크림이 다른 제형으로 나온다는 사실을 잘 아는 사람도 있을 것이다. 이를 치약에도 적용해보면 어떨까? 민트의 톡 쏘는 듯한 상쾌한 향기는 분명 아침에 잠을 깨우고 기운을 내는 데 도움이 된다. 하지만 하루가 끝난 뒤 긴장을 풀고 잠을 자려고 할 때에도 사람들이 이걸 원할까?*

---

* 어떤 지역에서는 오렌지와 감초 등 다양한 맛의 치약이 나온다.

숙면

밤 시간 원치 않는 소음에 얼마나 자주 깨어나는가? 환경 소음 노출은 많은 사람들이 겪는 주요 문제로, 특히 공항이나 다른 교통수단 가까이 사는 사람들의 비만율과 사망률이 높다. 세계보건기구(WHO)에 따르면, 방해 수준의 주변 소음은 결과적으로 서유럽에서만 연간 100만 명 이상의 건강을 앗아간다. 대부분 소음으로 인한 수면장애와 짜증 때문일 것이다. 잠에 들려고 할 때만이 아니라, 이미 자고 있는 경우에도 소음이 문제가 될 수 있다. 실제로 야간 소음이 낮 시간에 겪는 동등한 수준의 소음보다 심혈관 건강에 더 해로운 영향을 끼친다는 주장도 있다.[17] 여기서 내가 가장 좋아하는 트릭은 해변가의 부드럽게 부서지는 파도 소리 같은 자연의 소리를 사용해 밤에 예상치 못하게 들려오는 배경 소음을 가리는 방법이다. 이게 불가능할 경우, 주파수가 잘못 맞춰진 라디오에서 들리는 백색 소음으로도 이 트릭을 훌륭하게 수행할 수 있다(몇몇 회사는 이미 이런 목적으로 백색 소음 발생기를 판매하고 있다).

라디오 센스해킹을 사용한 뒤 나는 종종 다음 날 아침 아무 소리도 들리지 않는 고요한 와중에 잠에서 깨어나 내가 분명 밤중에 라디오를 끈 거라고 생각하곤 했다. 그러나 몇 초 뒤, 백색 소음이 갑자기 또렷이 들려오기 시작한다.* 말이 나온 김에, 옆집에서 시끄러운 라디오 소리가 들린다면 라디오를 동일한 방송에 맞추고 소리의 크기를 일치시켜보자. 이렇게 한들 데시벨 수준이 변하지는 않겠지만, 여러분이나 여러분의 뇌는 먼 곳에서 들려오는 시끄러운 라디오 소리보다 가까이에서 들려오는 조용한 라디오 소리를 무시하는 편이 조금 더 쉽다는 사실을 알아차리게 될 것이다. 말도 안 되는 이야기처럼 들릴지 모르지만, 호기심이 생긴다면 적어도 시도해볼 만한 가치가 있다. 하지만 앞서 살펴본, TV를 켜고 잠든 사람들의 체중이 증가했다는 연구 결과를 고려하면 사용자가 잠들면 전원이 꺼지는 '수면' 기능이 있는 라디오를 구입하는 게 좋을 것 같다.

최근 언론 헤드라인을 장식한 또 다른 기이한 솔루션으로 캄Calm이라는 앱을 통해 존 매켄로(전 ATP 세계 랭킹 1위의 미국 프로 테니스 선수-옮긴이)가 읽어주는 〈테니스의 법칙-러브 스토리〉 또는 〈진지하게 말하는 테니스의 규칙〉 오디오북을 듣는 방법이 있다. 나는 여러분에 대해 잘 모르지만, 자연의 소리나 부드러운 음악, 가이드 명상을 조화롭게 들려주는 피지즈Pzizz 앱을 듣는 편이 낫다고 생각한다.

또 하나 떠오르는 추세는 에바 롱고리아나 마고 로비 같은 배우들이 올리는 ASMR(자율감각 쾌락반응autonomous sensory meridian response) 콘텐츠를 소비하는 것이다. 속삭이는 소리나 종이를 꼬깃꼬깃 구기는 소리를 들으면 목 뒤에 전율이 느껴지면서 자연스레 잠드는 것으로 추정된다. 여덟 시간 동안 자연의 소리를 계속 들려주는 유튜브 영상도 여럿 있다.

---

* 이 특이한 현상은 어쩌면 뇌가 지속적인 자극원을 차단하는 경향이 있다는 점을 통해 설명할 수 있을 것이다. 아침에 막 잠에서 깨었을 때 주의력이 제대로 돌아오기까지는 보통 몇 초가 걸린다.

하룻밤 자면서 생각해보기

문제가 생겼을 때 일단 한숨 자보라는 조언을 들어봤을 것이다. 그런데 그게 정말 도움이 될까? 학술지 〈네이처〉에 발표된 흥미로운 연구에 따르면, 낮 시간이나 밤중에 깬 상태로 고민한 것보다 동일한 시간 동안 잠을 잔 경우, 통찰력이 필요한 문제를 해결할 가능성이 더 높았다. 이걸 '아하' 순간이라고 한다. 실제로 밤에 푹 자고 난 뒤엔 창의적 해결 능력이 세 배 높아졌다. 더욱이 잠자는 동안 소리와 향기 사이에 일어나는 새로운 우연성도 배울 수 있다. 게다가 낮 동안 학습한 자극과 관련된 소리나 향을 제시하면 기억력을 공고히 하는 데 도움이 된다. 그러나 이 모든 결과에 너무 흥분하기 전에, 이들 연구에서 말하는 학습의 성격이 본질적으로 엄청 간단했다는 사실을 명심할 필요가 있다. 즉 아직까지 수면 중에 외국어를 배울 수 있다는 증거는 없다. 하지만 어휘를 향상시키는 등 제한적인 능력을 끌어올리는 건 분명 불가능한 일은 아니다.[18]

잘 자!

수면 문제를 겪는 사람은 잠자리에 들기 한두 시간 전, 10분 정도 짧은 시간이라도 뜨거운 샤워나 욕조 목욕(몸 전체 또는 족욕)을 하면 더 빨리 잠들 수 있다.[19] 체계적인 리뷰와 메타분석을 한 저자가 '간접적 몸 데우기^{passive body heating}(PBH)'라고 이름 붙인 방법도 서파수면을 늘려 수면의 질에 긍정적인 영향을 미친다. 저녁 목욕에 이상적인 수온은 섭씨 40~42.5도다. 타이밍을 제대로 맞추면 다른 방법을 쓸 때보다 최대 8.6분(36퍼센트) 빨리 잠들 수 있다. 따뜻한 목욕이나 샤워를 하면 손과 발 쪽으로 혈액이 더 많이 흐르면서 심부 체온이 낮아지는데, 몸 내부의 생체시계가 이를 잠잘 시간이라는 신호로 받아들인다. 사람의 체온은 잠자리에 든 직후부터 자연스럽게 떨어져 오전 4시쯤 최저점에 도달한다. 즉 심부 체온은 수면의 시작을 유도하는 핵심 매개변수이므로 이를 가급적 1도 정도 낮출 수 있는 모든 조치는 좋은 방법이 될 수 있다. 누운 자세는 몸 중심부에서 사지 쪽으로 열 발산을 촉진하므로 이렇게 자세를 바꾸는 것도 도움이 된다.

〈네이처〉에 실린 '발이 따뜻하면 수면이 빨리 시작된다'라는 제목의 기고문은 발을 따뜻하게 하는 것이 잠드는 데 걸리는 시간을 줄이는 가장 확실한 방법이라고 주장한다. 이 특별한 센스해킹이 효과가 있는 건 머리와 더불어 손과 발이 동맥 혈류가 증가할 때 체온 조절이 가장 효과적으로 잘되는 피부이기 때문이다. 밤에 뜨거운 물병을 들고 잠자리에 드는 걸 좋아한다면, 가슴 가까이에 껴안기보다 발밑에 두면 더 빨리 잠들게 될 것이다. 그 반대쪽 끝 신체 부위에는 앱으로 작동하는 무나^{Moona} 온도 조절 베개를 써보는 것도 한 방법이다. 더 첨단 기술을 좋아한다면 천천히 '호흡'하는, 강낭콩 모양의 묵직한 솜녹스^{Somnox} 수면 로봇을 껴안고 자보는 건 어떨까.[20]

주변 공기의 온도도 수면의 질 측면에서 중요한 요소다. 예를 들어 온도가 섭씨 30도로 높아지면 수면의 질이 떨어진다. 잠자는 방의 온도가 섭씨 18도에서 25도로 상승하면 30분 정도 덜 자게 된다. 즉 모든 연구를 종합해봤을 때 푹 잠들 수 있는 이상적인 환경은 조용하고 어둡고 시원한 방이다. 온도를 섭씨 16~24도로 서늘하고 쾌적하게 유지하고 실내 통풍이 잘되도록 해야 한다. 귀마개나 '백색 소음'을 이용해 청각을 산만하게 하는 요소를 최소로 줄인다. 빛은 뇌에 깨어날 시간이라고 알려주는 가장 강력한 감각 신호 중 하나이므로, 무거운 커튼, 암막 블라인드, 안대를 사용해 빛을 차단하는 것도 도움이 된다.[21] 최근에 보고된 또 다른 수면 개선 방안으로 아기를 재울 때처럼 천천히 흔드는 방법이 있다.[22]

침대 옆 화분

침대 옆 탁자에 화분을 놓으면 잠을 자는 데 도움이 된다. 특히 특정 실내용 화초는 감기나 가슴이 조이는 느낌, 심지어 불면증과 싸우는 데 좋다.[23] 예를 들어 잉글리시 아이비는 공기 중 곰팡이를 단 몇 시간 만에 대부분 제거해준다. 또 미국항공우주국(NASA)에 따르면 알로에베라는 공기 정화에 좋은 식물로, 밤새도록 산소를 방출하는 동시에 세제와 플라스틱의 구성 요소인 벤젠, 혹은 바니시나 바닥 마감재에서 검출되는 포름알데히드 같은 공기 중 오염 물질을 흡수하고 분해한다. 만약 마다가스카르산 아레카야자를 우연히 보게 된다면, 이 식물이 공기 중 오염 물질을 닦아내는 능력에서 1위를 차지했다는 사실을 기억하자. 또한 공기 중으로 습기를 방출해 감기나 부비동 문제를 겪는 사람들이 숨을 좀 더 쉽게 쉴 수 있도록 해준다.[24] 특히 나쁜 실내 공기 질로 인해 보수적으로 잡아도 유럽에서만 연간 최소 9만 9000명의 사망자가 발생한다는 주장을 고려하면, 이 문제를 해결하는 건 정말 중요하다.[25]

당신은 올빼미족 or 종달새족?

늦게 자고 아침 10시나 11시 이후에 일어나는 걸 좋아하는가, 아니면 일찍 잠자리에 들고 종달새처럼 일찍 일어나는 것을 좋아하는가? 점점 더 널리 알려지고 있듯, 우리가 선호하는 수면 패턴에는 개인차가 있다. 인구의 약 30퍼센트는 올빼미족이고 40퍼센트는 종달새족이며, 나머지는 그 사이 어딘가에 있다. 종달새족은 올빼미족보다 내부 생체시계가 약간 더 빠르다. 영국 바이오뱅크와 유전자 검사 사이트 23andMe에서 일하는 연구원들이 68만 명에 달하는 사람들의 유전체를 분석하고, 이 중 8만 6000명의 수면 시각을 활동 모니터로 기록하고, 전장 유전체[genome-wide](모든 유전체의 위치라는 뜻으로, 전장 유전체 연관 분석(GWAS)이란 각 유전자 위치와 관련한 형질을 밝히는 연구 방법을 말한다 – 옮긴이) 데이터를 사용해 종달새족과 관련된 351개의 유전자자리^{genetic loci}를 확인한 결과, '아침형' 대립 유전자를 가장 많이 보유한 상위 5퍼센트는 가장 적게 보유한 하위 5퍼센트보다 평균 25분 일찍 깨어나는 것으로 나타났다.[26] 올빼미족에게 나쁜 소식은, 늦게까지 안 자는 습관이 다양한 건강 문제와 기분 장애, 성과 저하 및 사망 위험 증가와 관련이 있나는 것이다.

일부 연구자들은 방법론적으로 강력한 무작위 대조 실험을 설계함으로써 올빼미족의 감각을 해킹해 이들의 수면-각성 주기를 맞출 수 있는지 조사하고 있다. 실제로 단순히 빛에 대한 표적 노출을 사용하거나, 일찍 자고 일찍 일어나게 하거나, 식사 시간과 카페인 섭취 및 운동 요법을 신중하게 바꾸는 방법을 통해, 올빼미족 22명의 총 수면 시간을 줄이지 않으면서 수면-각성 주기를 평균 두 시간씩 앞당길 수 있었다.[27] 올빼미족이 새로운 수면 프로그램을 확실히 따른다고 가정했을 때, 이런 센스해킹이 장기적으로 사망률을 낮추는지 여부가 향후 흥미로운 연구 과제가 될 것이다. 대형 제약회사가 왜 23andMe의 데이터를 입수해 우리 몸의 일주기 생체시계를 기반으로 하는 새로운 수면 약물을 개발하려고 하는지 알 수 있는 대목이다.[28]

첫날 밤 효과

나 같은 부류의 사람이라면 새로운 장소에 갔을 때 늘 첫날 밤에 잠을 자려고 애쓸 것이다. 이건 정말 고통스러운 일인데, 나는 거의 매주 다른 도시에서 강연을 하느라 도로 위에서 며칠씩 지내곤 하기 때문이다(적어도 코로나19가 닥치기 전에 그랬다). 침대는 무척 편안하고 호텔은 원하는 만큼 화려하지만, 여전히 나를 잠들지 못하게 하는 뭔가 익숙하지 않은 분위기가 있다. 이는 실제로 첫날 밤 효과^{the} first night effect(FNE)라는 잘 알려진 현상이다. 거의 50년 전에 발견됐지만, 연구자들은 최근에야 그 전모를 파악하기 시작했다. 수면 과학자들에 따르면, 낯선 환경에서 잠을 자려고 할 때마다 뇌의 한쪽은 야간 경비원처럼 경계를 선다. 이 점에서 인간은 돌고래 같은 해양 포유류나 오리 같은 조류와 매우 비슷하다. 이 동물들은 종종 뇌의 한쪽만 잠든다. 예컨대 청둥오리는 포식당할 위험이 증가하면 한쪽 눈을 뜨고 뇌 절반만 잠에 든다.[29]

시차가 얼마가 나든, 새 호텔에 체크인을 하거나 친구와 처음으로 함께 지낼 때마다 첫날 밤 효과 때문에 고통스러울 수 있다. 진화적으로 뿌리내린 이 같은 반응은 분명 오늘날엔 거의 필요가 없다. 평범한 호텔 체인이든 무릉도원이든 간에, 옷장 안에 포식자가 숨어 있을 가능성은 거의 없기 때문이다. 그러나 우리의 뇌가 주변 환경이 익숙하지 않다고 판단하는 데 어떤 감각 신호를 사용하는지는 여전히 의문이다. 냄새? 아니면 특이한 소음이나 문을 두드리는 소리? 파이프가 삐걱거리는 소리 같은 걸까? 여기에 적용할 수 있는 한 가지 센스해킹은 집에서 접하는 감각 신호 일부를 재현하는 것이다. 예를 들어 집에서 사용하는 방향제나 침구용 향수를 여행지에도 가져가는 것이다. 이렇게 하면 각자의 감각을 해킹해 '야간 경비원'이 경비를 조금 느슨하게 서도록 설득할 수 있다. 어떤 장소를 자주 방문하는 사람이라면 항상 같은 호텔, 같은 방에 머무는 것이 좋다(특히 부드러운 푸른색으로 칠해진 방에 머물자. 호텔 체인 트레블로지의 2000여 개 영국 시점에서 실시한 실문조사에서 고객들이 숙면을 취하는 데 가장 도움이 된다고 응답한 색상이다).[30]

사람들이 이미 많이 사용하고 있는 센스해킹 중 하나는 귀마개를 착용해 배경 소음을 막는 것이다. 단 귀마개를 특히 오른쪽 귀에 꼭 맞추라고 제안하고 싶다. 처음에 우뇌가 잠들고 그동안 좌뇌가 경계를 서기 때문이다. 즉 수면을 센스해킹하려면 경계를 유지하는 반구를 방해하는 감각을 최소한으로 줄여 자주 깨지 않도록 해야 한다. 그렇다면 경계를 유지하는 건 '왼쪽' 뇌인데, 왜 귀마개를 '오른쪽' 귀에 꼭 맞게 끼라고 하는 걸까? 대부분의 감각이 반대쪽으로 투영되기 때문이다. 실제로 신체의 한쪽에서 느끼는 감각이나 한쪽 귀로 들어온 소리는 적어도 처음엔 뇌의 반대쪽 반구에서 처리된다. 훨씬 오래전에 진화한 후각만이 유일하게 반대로 투영되지 않는다. 즉 왼쪽 콧구멍은 왼쪽 뇌로 바로 연결된다. 자, 이제 모든 걸 알았다!

다음번에 새로운 장소에서 머물 때 귀마개나 방향제가 도움이 되지 않는다고 해도, 첫날 밤 효과는 이름에서 알 수 있듯이 실제로 단 하룻밤 동안만 지속되니 안심하자. 그 이후에는 평소와 다름없이 잠들 수 있고 시차에도 적응할 수 있다.

수면 부족

새로 아기가 태어나 부모가 된 이들은 첫 몇 달, 심지어 몇 년 동안 만성적인 수면 부족을 견뎌야 한다. 극심한 수면 부족으로 고통받는 사람이라면 분명 2004년 영국 채널4에서 방영된 리얼리티 TV 쇼 〈셰터드Shattered〉('피곤에 찌든'이라는 뜻 - 옮긴이)의 참가자가 된 느낌일 것이다. 이 쇼에서 열 명의 불행한 참가자들은 10만 파운드의 상금을 두고 누가 가장 오래 잠들지 않는지 겨뤘다.* 미국 DJ 피터 트립도 1959년에 이를 시도한 적이 있는데, 그는 201시간, 즉 8일 이상 자지 않아 세계 기록을 세웠지만 결국 신경쇠약으로 고통받았다. 2004년 〈셰터드〉에서는 클레어 서던이라는 열아홉 살 경찰생도가 178시간 동안 안 자고 버틴 끝에 우승자가 되어 상금을 받았다.[31]

수면 부족에 관한 문헌에 따르면, 새로 부모가 된 이들은 공감 능력이 결여될 가능성이 높고, 사회적 상호작용 능력도 심각하게 저하된다. 뿐만 아니라 극도로 짜증이 나고 참을성이 사라지며 집중하지 못하고 피로가 지속되는 경향이 있다.[32] 그런데 센스해킹을 활용하고자 하는 새 부모들에게 좋은 소식이 있다. 밤에 성인들을 제대로 잘 수 있게 해주는 다중감각 조작 대부분이 연령 스펙트럼의 양쪽 끝에 있는 사람들에게 더 잘 작동한다는 점이다.

---

* 기네스북 측은 위험한 행동을 조장할 수 있다는 우려 끝에 이 기록에 대한 인증을 중단했다. 다소 아이러니하게도, 활화산 분화구를 건너는 가장 긴 줄타기 기록은 여전히 인증해주고 있지만 말이다!

예를 들어 아기를 재우기 전에 정기적으로 라벤더 향이 나는 목욕을 시키고 마사지를 해주면 아기의 수면의 질과 수면 시간이 개선되고, 양육자의 기분도 좋아진다. 아기와 부모 모두의 스트레스 수준도 감소한다. 어린 자녀를 둔 부모들의 가장 흔한 관심사가 수면 문제와 관련이 있으며 전체 상담의 20~30퍼센트를 차지한다는 점에서, 이 분야의 효과적인 센스해킹을 개발하는 것은 특히 중요하다.[33] 나 역시도 수년 동안 존슨앤존슨의 감각 대변인으로 일할 때 전 세계를 돌며 소아과 의사와 간호사들을 대상으로 하는 강연에서 신생아와 보호자의 더 나은 수면을 위해서는 둘 사이의 균형 잡힌 다중감각적 자극이 중요하다고 강조했다.[34]

하지만 동시에, 학교에 다니는 아이들은 단순히 잠을 충분히 자지 못하고 있다는 증거가 늘고 있다. 미국수면재단에 따르면, 고등학생 90퍼센트가 권장되는 수면 시간만큼 자지 못하고 있으며, 더 큰 문제는 매년 수면 시간이 감소하고 있다는 것이다. 이는 건강과 학업 성과에 심각한 위협이 되며, 그 결과를 되돌리지 못할 수도 있다는 점에서 더욱 걱정스럽다. 학업 성취도를 개선할 수 있다고 검증된 기술 중 하나로 그저 학교 등교 시간을 늦추는 방법이 있다.[35]

그러나 만성적으로 수면이 부족한, 그리고 등교 시간이 아직 변경되지 않은 청소년을 위해 43분 더 잘 수 있게 해주는 한 가지 해결책이 있다. 인지행동 치료와 함께 매일 잠에서 깨어나기 전 두세 시간 동안 매 20초마다 카메라 플래시와 같은 짧은 섬광을 비춰주는 요법이다. 스탠퍼드대학교의 무작위 임상 시험 결과, 시험 시작후 한 달 이내에 긍정적인 효과가 나타나 아이들을 깨우지 않고 체내 시계를 재설정할 수 있었다. 또 이 집단의 후속 연구에 따르면 빛이 깜빡이는 주기를 기존의 20초가 아닌 8초로 변경하자 일주기 시계가 두 배 더 이동했다.[36] 더 많은 학교 위원회가 등교 시간을 늦추기 전까지는 이 방법이 최선의 해결책일 수 있다.

불안정한 치매 환자를 포함해 연령 스펙트럼의 반대쪽 끝에 해당하는 노인들에게도 라벤더 향이 도움이 되는 것으로 나타났다.[37] 모든 증거가 사람이 나이가 들수록 잠을 덜 잔다고 말해주므로, 효과적인 수면 센스해킹은 특히 나이 든 사람들에게 중요하다. 한 리뷰 논문에 따르면, 고령자의 50퍼센트가 잠에 들거나 수면 상태를 유지하는 데 어려움을 겪는다고 한다. 특히 걱정되는 것은 많은 고령 환자들이 단기간 치료가 목적인 경우에도 수면제를 장기간 복용한다는 사실이다.

잠의 향기

한 연구에서 정신질환을 앓고 있는 노인 환자 네 명을 대상으로 한 중재 결과를 보고했는데, 이 중에서 세 명은 각각 7개월, 1년, 3년간 수면제를 복용했다.* 환자들은 2주 동안 기준선 검사 baseline testing (개

---

* 표본 수가 아주 적다는 점에 유의하자.

별 환자의 뇌가 평소 어떻게 기능하는지 관찰하는 신체 및 인지 검사 – 옮긴이)를 한 뒤 2주 동안 수면제를 중단했다. 예상대로 이들은 평균 한 시간씩 잠을 덜 잤다(반동성 불면증). 그러나 연구 기간의 마지막 2주 동안 야간 병동에 라벤더 향을 퍼뜨리자 놀라운 결과가 나타났다. 환자가 수면제를 복용할 때와 같은 수준으로 잠을 잔 것이다. 이 놀라운 결과를 바탕으로 연구의 저자는 노약자의 수면 문제를 치료할 때 향기에 노출시키는 것, 즉 후각 센스해킹이 약물 복용보다 더 안전할뿐더러 잠재적으로 더 경제적일 수 있다고 주장했다.[38] 피스머와 필킹턴은 2012년까지 발표된 증거들을 체계적으로 검토한 끝에, 라벤더 향의 유익한 효과에 대해 '조심스러운 낙관론'을 제시했다. 하지만 메타분석이 늘 그렇듯, 저자들은 사람들이 휴식과 숙면을 취하는 데 라벤더가 진짜 도움이 되는지 알려면 더 많은 연구가 필요하다고 밝혔다. 수 세기 이전의 희곡과 소설에도 휴식과 수면을 위해 라벤더를 쓰는 장면이 등장하는 걸 보면, 오늘날 이보다 더 구체적으로 말할 수 없다는 게 오히려 놀랍게 느껴진다.[39]

향후 연구는 아마도 라벤더, 리날로올 등 주요 화합물의 약리학적 효과뿐만 아니라, 향기와 관련된 심리적 효과, 그리고 우리가 이전에 경험했을 법한 상황을 입증해 보일 것이다. 기존의 설명을 뒷받침하는 한 연구에서 카페인을 많이 섭취한 쥐가 기화된 라벤더 오일 향에 노출될 때 92퍼센트 덜 활동적인 모습을 보였다. 반면 흥미롭게도, 냄새를 맡을 수 없는 쥐에서는 이런 효과가 나타나지 않았다.[40] 라벤더와 수면/이완 사이의 연관성 등 아로마 테라피의 효과를 평가하고자 할 때 한 가지 문제는 연구자들이 거의 500종에 달하는 라벤더 중 어떤 것을 사용했는지 밝히지 않았다는 점이다. 더욱이 합성 냄새와 천연 에센셜 오일 사이에 유의미한 차이가 있는지의 여부도 명확하지 않다.

꿈 센스해킹

자각몽을 꾸는가? 자각몽이란 꿈을 통제할 수 있는 특별한 능력이다. 자각몽을 꾸는 사람은 자신이 꿈을 꾸고 있다는 사실을 알고 있으며 잠자는 동안 일어나는 일에 영향을 미칠 수 있다. 근거에 따르면 사람들 대부분은 삶의 어느 시점에 자각몽을 꾸지만, 자각몽을 더 자주 경험하고 싶어서 꿈을 센스해킹하려는 애호가들의 커뮤니티가 늘고 있다.

예를 들어 향기를 방출하면 꿈에 영향을 줄 수 있을까? 수년 동안 연구자들은 꿈 내용을 바꿔보려고 사람들이 자는 동안 물을 튀기는 것부터 빛, 소리, 진동, 심지어 흔들림(해먹에서 자고 있는 참가자)을 조정하는 것까지 온갖 방법을 시도해봤다. 그러나 급성장하는 기술과 기법 산업이 자각몽을 강화할 수 있다고 약속하는 데 비해 과학적 증거는 아무리 잘 말해봐야 불확실한 상태다. 더욱이 이런 감각적 개입의 분명한 효과를 연구한 사람들 다수가 연구에서 얻은 통찰을 상품화하기 때문에,* 이해상충에 관한 우려가 불가피하게 따라온다. 반드시 비윤리적인 일이 진행되는 건 아니지만, 나는 이렇게 나온 솔루션에 돈을 펑펑 쓰기 전에, 적절하게 통제되고 독립적으로 동료들의 평가를 받은 연구를 보고 싶다.[41]

정신 차리고 일어나세요, 베이컨 냄새를 맡을 시간입니다!

아침에 처음 듣게 되는 알람시계의 시끄럽고 끈질긴 소리가 두려운가? 여러분만 그런 건 아니다. 설문조사에 따르면 알람은 정기적으로 듣게 되는 소리 중 가장 기분 나쁜 소리에 속한다. 더 나은 방법이 있었을까? 옛날에는 공장 호루라기 소리가 노동자들을 깨웠을 것이고, 그보다 더 전에는 새벽의 단파장 푸른빛이 잠을 깨웠을 것이다. 한때는 영국의 봄철, 새벽에 들려오는 새소리(최근엔 점점 덜 들리지만)가 끈질기게 울리는 자연 모닝콜이었을 것이다. 한동안은 차를 끓이는 알람시계도 있었는데, 기억하는가? 이론상 기분 좋은 향기를 맡으며 깨어나면 갑작스러운 큰 소리에 깰 때보다 짜증이 덜 날 수 있다. 요즘에는 새벽의 밝은 빛을 인공적으로 쪼여주는 다양한 미래지향적 알람도 있다.[42]

＊ 예를 들어 드림라이트DreamLight, 드림링크DreamLink, 노바드리머NovaDreamer, 헌스일렉트릭Hearne's Electric 의 흥미로운 소리를 내는 '드림머신' 같은 제품들이 있다.

현재 젊은 사람들 대부분이 시계로도 사용하는 모바일 기기는 잠을 깨워주는 다양한 옵션이 내장돼 있다.* 2014년 오스카마이어(미국의 유명한 베이컨 브랜드 – 옮긴이)는 베이컨 냄새가 나는 아이폰용 리미티드 에디션 앱을 제작했다. 지글거리는 소리가 나면서 동시에 플러그로 연결된 캡슐에서 베이컨 굽는 냄새가 풍겨 나오는 이 스마트폰 솔루션에 사람들은 열광했다. 약 5000명이 후각을 공략한 이 다중감각적 개입을 경험했고, 이 마케팅은 매체와 온라인에서 수없이 다뤄지며 엄청난 성공을 거뒀다. 하지만 냄새 자체가 잠을 깨워주는 건 아니라는 점에 유의해야 한다. 위 마케팅에 동원된 문구, 즉 '상상력이 꽃피면, 오직 이 향기만이 당신을 가장 상쾌하게 깨울 것입니다'라는 주장과는 반대되지만 말이다.[43]

부모들이 걱정할 만한 이야기인데, 우리를 깨우지 못하는 건 냄새만이 아니다. 깊은 서파수면에 든 아이는 수많은 전통적인 화재 경보기 소리에도 잘 깨지 못한다. 개인별 맞춤 화재 경보가 훨씬 더 잘 작동하는 것으로 나타났다. 예를 들어 한 연구에서 부모 중 한 사람이 반복적으로 아이의 이름을 부르며 "일어나! 침대에서 나와! 방에서 나와!"라고 소리치는 걸 녹음해 아이에게 들려주자 스물네 명 중 한 명만 빼고는 전부 일어난 반면, 전통적인 경보기가 울렸을 땐 절반 조금 넘는 수만 깨어났다. 게다가 어린이들이 탈출 절차를 성

---

* 2011년 조사 결과, 16~34세 응답자의 약 60퍼센트가 시간을 볼 때 주로 휴대전화를 사용한다고 답했다(https://today.yougov.com/topics/lifestyle/articles-reports/2011/05/05/brother-do-you-have-time). 오늘날 이 수치는 훨씬 더 높다.

공적으로 수행한 수가 두 배 이상 차이 났으며, 전자의 경우 소요 시간은 단 20초였다. 전통적인 경보기를 울린 경우엔 평균 3분이 걸렸다. 단순한 센스해킹이지만, 정말로 불이 난 경우라면 그야말로 생사를 가를 수도 있다.[44]

수면 관성

많은 사람들이 잠들기만 힘들어하는 게 아니다. 잠에서 깨는 것도 어려워한다. 더 나쁜 소식은 '수면 관성'이라고 불리는, 또는 한 연구자가 1968년 〈사이언스〉 기고문에서 '수면 만취'라고 이름 붙인, 오래 지속되는 수면 후유증이 존재한다는 것이다. 인지 장애의 기간, 심각성은 최근의 수면 기록과 어느 수면 단계에서 깨어났는지에 따라 달라진다. 여러분도 예상했겠지만, 서파수면에서 깨어난 경우 수면 관성이 더 두드러진다. 〈가디언〉에서 한 평론가는 가벼운 수면 단계에서 깨어나게 해주는 앱을 언급하며 "너무 부드럽고 사랑스러워서 마치 머리를 쓰다듬어주는 인어의 품에서 깨어난 것 같았다"라고 썼다. 한 연구 집단은 여덟 시간 내내 자고 일어났더라도 이후 2~4시간 동안은 수면 관성이 우리의 인지 능력에 해로운 영향을 미친다고 주장했다.[45]

따라서 당연하게도 많은 사람들이 잠이 덜 깬 느낌을 떨치려고 커피를 마신다. 그리고 어떤 이유로든 카페인을 피해야 하는 사람들에게 좋은 소식이 있는데, 디카페인 커피를 마셔도 반응 속도를 높일 수 있다는 것이다. 이전의 치약 이야기로 돌아가, 아침에 처음으로 이를 닦을 때 민트 향 치약을 쓰는 게 수면 관성에 영향을 주는지 알아보면 흥미로울 것 같다. 내 생각에 아마 답은 '그렇다'일 것이다. 혹은 몇 년 전 한 진취적인 스타트업이 출시한, 카페인이 함유된 '파워 에너지 치약'이 더 나을 수도 있다.* 콜게이트 파몰리브(치약을 비롯한 개인위생, 의료 용품을 생산하는 미국 기업 – 옮긴이)도 2013년에 카페인 패치가 내장된 칫솔의 특허를 출원했다. 향이 짙은 보디워시로 샤워하면 각성 측면에서 같은 효과를 낼 수 있지만, 아직까지 특정 '향기 감각' 전략에 대한 연구는 많지 않다.[46]

수면 관성은 우주 비행사와 장거리 비행 조종사와 특히 관련성이 높은 주제다. 고도로 훈련된 이들 두 집단의 조종사들은 종종 갑자기 잠에서 깨어나 예기치 못한 기내 비상 상황에 대처해야 한다. 150명 이상이 숨진 2010년 에어인디아 익스프레스 추락 사고는 낮잠을 자다가 급히 깨어난 기장의 잘못된 판단이 원인의 하나일 수 있다. 스리마일섬과 체르노빌의 원전 사고, 엑손발데스호 원유 유출 사고(여기에서는 술도 일부 원인을 제공했을 수 있다)에도 수면 부족이 관련돼 있고, 챌린저 우주 왕복선 폭발 사고도 그랬다. 잠에서 막 깨어나 야간 근무를 시작한 의사와 간호사가 내린 결정도 비슷한 영향을 받을 것으로 보인다.[47]

---

* 카페인이 위벽보다 잇몸을 통해 더 빨리 흡수되지만, 효과가 지속되는 시간은 더 짧다.

커피를 마시는 것 외에 수면 관성의 영향을 상쇄할 수 있는 또 다른 센스해킹은 바로 좋은 음악을 듣는 것이다. 2020년에 발표된 논문에서 오스트레일리아 멜버른의 과학자들은 음악을 들으면서 일어나면, 아침에 누구나 겪는 주의력 결핍을 줄일 수 있다고 주장했다. 연구팀은 50명을 대상으로 각각 다른 소리를 들으며 일어나게 한 뒤, 온라인 설문조사를 통해 이들이 겪은 수면 관성의 심각도를 평가했다. 듣기 좋은 음악은 최소한 규칙적으로 울리는 알람시계 소리와 비교할 때 장점이 월등했고, 리드미컬한 음악은 집중력을 유지하는 데 도움이 된다고 연구진은 주장했다. 연구팀이 염두에 둔 음악이 궁금하다면, 미국 밴드 비치보이스의 '굿 바이브레이션스'(1966)나 영국 록밴드 더큐어의 '클로즈 투 미'(1985)를 들어보라. 좀 더 고전적인 음악으로 하루를 시작하고 싶다면 베토벤의 '엘리제를 위하여'나 안토니오 비발디의 '사계'도 좋다.[48]

최선의 잠

이와는 별개로, 아침에 밝은 빛에 노출되면 주관적인 기분과 웰빙, 인지 능력에 유익한 효과가 있다는 문헌이 상당히 많다. 한 연구에서는 밝은 인공 광원을 새벽을 모방한 빛과 단색 청색광에 비교했다. 밝은 인공 새벽빛이 인지 기능에 주는 이점은 수면을 여섯 시간으로 제한한 연구 첫날 밤에만 뚜렷하게 나타난 반면, 주관적인 기분과 웰빙 등급은 실험실에서 이틀 밤을 보낸 뒤에 더 높게 나타났다. 한편 단색 청색광에 노출되면 일주기 생체시계의 위상이 재설정되려는 징후가 나타났다. 이 때문에 일부 미래지향적인 공항에서는 장거리 비행을 막 마친 승객들을 환영할 때 푸른 조명을 사용한다. 마지막으로, 무릎 뒤에 밝은 빛을 비추면 신체의 일주기 시계를 재설정할 수 있다는 말을 들어본 독자가 있을 텐데, 그 주장을 뒷받침하는 증거는 없다. 그러니까 당분간 바지는 내리지 마시길.[49]

정기적인 숙면이 사회적·정서적·신체적 웰빙에 미치는 엄청난 혜택이 점점 더 분명해짐에 따라, 일찍 일어나고 적게 자는 것을 숭배하던 기존의 문화가 마침내 사라지기 시작했다. 따라서 수면 효율을 극대화하면서 더 많은 시간을 잠자는 데 쓸 수 있는 최선의 방법을 찾는 것이 점점 더 중요해질 것이다. 내 추측으로는, 앞으로 수면 센스해킹이 인지행동 치료 전략과 결합될 것이다. 그리 머지않아 최신 모바일 기술을 활용해 다양한 수면 단계에서 다중감각적 개입을 하게 될 것이다. 실제로 이런 기능이 탑재된 슬립봇Sleepbot, 솜누바Somnuva, 지즈Zeez, 심바슬립Simba Sleep 같은 수면 앱과 모바일 애플리케이션이 이미 많이 나와 있다.

(전에는) 잠을 못 이뤘던 실리콘밸리 사람들이 좋아하는 또 다른 옵션으로 오우라 스마트 링Oura Smart Ring이 있다. 이 기기는 다양한 생리적 반응을 계속 측정하며 이를 토대로 언제 잠을 자야 하는지 앱이 알려준다. 전 세계를 여행하는 영국 왕실의 해리 왕자가 2018년 오스트레일리아에서 이 기기를 착용하고 있는 모습이 목격된 것도 그

리 놀랄 일은 아니다. 트위터 창립자이자 CEO인 잭 도시도 이 기기의 팬이다. 이런 솔루션은 머지않아 올빼미족이든 종달새족이든 누구나 원할 경우 수면 위생*을 최적화하거나 개인화할 수 있게 해줄 것이다.

정말 그 어느 때보다도 잠이 부족할까?

잠에 대한 이야기를 마치기 전에, 우리가 그 어느 때보다도 심각한 수면 부족을 겪고 있는가라는 질문으로 돌아가보면 좋을 것 같다. 분명 수많은 언론과 수면 연구자들로부터 이런 이야기를 들어봤을 것이다. 물론 우리 모두가 만성적인 수면 부족이라는 주장은 급성장하는 수면 해킹 산업에 도움이 된다. 분명 많은 사람들이 잠에 대해 걱정하고 있고, 충분히 자지 못하면 건강과 웰빙에 끔찍한 일이 일어날 수 있는 것도 사실이다. 그럼에도 불구하고 우리 대다수가 그 어느 때보다 잠이 부족하다는 비관적인 견해는 사실 스티븐 핑커 등이 제시한 개괄적인 관점, 즉 대부분의 기준에서 현재의 삶이 과거 그 어느 때보다 훨씬 낫다는 입장과는 대치된다. 그토록 많은 반대론자들 때문에 우리가 그렇게 믿게 됐지만 말이다. 아리스토텔

---

* 2019년 레너스헬스 사의 조사 결과, 영국인의 거의 4분의 1이 이미 자신의 수면에 대해 기록하고 있다.

레스부터 나폴레옹 보나파르트와 찰스 디킨스까지, 역사를 돌아보면 수면 부족을 호소하는 유명인들은 차고 넘친다.

핵심 질문은 수면이 일반적인 긍정적 트렌드와 반대로 가는지의 여부다. 1974~1975년, 2000~2001년, 2014~2015년에 각각 작성된 영국 거주민 1만 8000명 이상의 수면 일기를 영국 옥스퍼드대학교의 내 동료 연구원들이 세밀하게 분석한 최신 결과에 따르면, 그렇지 않을 수도 있다. 분석 결과, 1970년대에 비해 오늘날에는 밤중에 평균 45분 더 많이 자는 것으로 나타났다. 그렇다면 상황이 생각만큼 나쁜 건 아닐 테다. 또 사전 등록된 최신 코호트 연구 결과에 따르면 밤 시간대 스크린 사용 시간이 아이들의 수면 시간에 미치는 영향은 거의 무시할 수 있는 정도였다.[50] 혜택을 얻으려면 지금보다 잠을 더 자야 한다는 얘기를 하려는 게 아니다. 오히려 이전 세대보다 실제로 그렇게 좋은 경험을 하지 못하고 있다는 사실을 상기하려는 것이다. 그러니 이제 휴대전화와 태블릿을 치우고 잠을 좀 더 즐기시길.

5

출퇴근

알고 보면 아주 위험한 일

하나 분명히 하자면, 운전은 우리가 하는 아주 위험한 일 중 하나다. 내가 심리학 수업에서 여학생들에게도 말했듯, 대학에서 공부하는 동안 가장 가능성이 높은 사망 원인은 남자친구가 운전하는 차에 타는 것이다.[1] 하지만 운전은 수십 년이 지나도록 전혀 빨라지지 않은 몇 안 되는 활동 중 하나이기도 하다.[2] 실제로 전 세계적으로 점점 늘고 있는 메가시티(인구가 1000만 명 이상인 도시)의 평균 이동 속도는 현재 시속 14킬로미터이며, 2030년에는 시속 3.2킬로미터까지 떨어질 것으로 예상된다. 걷거나 자전거를 타는 편이 나을 것이다. 요컨대 자동차로 출퇴근하는 사람들은 당연히 스트레스를 받게 된다.[3] 북미 사람들은 하루 평균 한 시간을 운전석에서 보낸다.[4] 따라서 다른 차량이 하나도 없는 뻥 뚫린 도로에서 새 차를 운전하는 광고 속 광경은 진실과는 정반대다. 실제로는 우리 모두 어딘가에서 교통체증에 갇혀 배기가스를 흡입하며 분노하고 스트레스를 받고 있을 가능성이 훨씬 더 높다.

자동차는 우리가 평생 구매할 수 있는 단일 품목 중 집 다음으로 비싼 물건이다. 당연히 자동차 제조업체는 센스해킹을 능숙하게 활용한다. 외관, 소리, 냄새, 그리고 감촉까지, 모두 정성스럽게 제작되어 꼭 알맞은 인상을 전달한다. 하지만 코로나19로 인한 대중교통 이용량의 변화, 전기차와 하이브리드 자동차, 반*자율주행 자동차, 곧 부상할 무인 자동차 등으로 인해 출퇴근도 상당한 변화를 맞게 될 수도 있다. 곧 하늘을 나는 자동차가 나올지 누가 알겠는가. 그러나 솔직히 말해서, 이런 아이디어를 실현하기 위한 기술적 과제는 매우 빠르게 해결되는 것과 비교해 운전이라는 부자연스러운 활동을 하는 데에는 근본적으로 심리적 장벽이 있다는 걸 잊지 말아야 한다. 우리의 뇌는 결코 운전하도록 진화하지 않았고, 이것이 바로 수많은 사람들이 차멀미를 하는 이유일 것이다.

무엇이 진짜고 무엇이 가짜일까?

자동차는 시각, 소리, 냄새, 촉각을 통해 운전자에게 꼭 맞는 느낌을 전달하게끔 모든 것이 설계된 다중감각 디자인 패러다임 사례다. 자동차 엔진 소리부터 차 문이 닫히는 믿음직스러운 소리, 손에 든 자동차 키의 무게, 멋진 신차 냄새까지 모든 것이 세심하게 설계된다. 제2차 세계대전이 끝난 이래 최적의 다중감각적 운전 경험을 제공하기 위해 그 어떤 환경보다도 운전자의 감각을 해킹하는 수많은 연구가 있었을 것이다. 어떤 분야에서도 센스해킹이 그렇게 훌륭한 예술, 아니 과학으로 발전하지는 못했다. 사실 운전의 다중감각적 경험을 해킹해온 방식을 면밀하게 살펴보면, 이런 센스해킹을 어떻게 다른 부문, 예컨대 1장에서 묘사한 자동차와 기타 사물의 '웃는 얼굴'과 같은 것들에 적용할 수 있을지, 그리고 많은 경우 어떻게 해왔는지에 대한 꽤 유용한 통찰력을 얻을 수 있을 것이다.*

'신차 냄새'부터 시작해보자. 새 차에서 나는 독특한 향기는 아마도 세계에서 가장 긍정적인 가치를 지닌 냄새일 것이다. 이건 어딘가 아이러니한 일인데, 자동차에서 나는 '자연스러운' 냄새는 사실 태양 아래 무더위에서 차 내부의 플라스틱 소재가 뿜어내는 휘발성 유기화합물에서 비롯되는 불쾌한 냄새이기 때문이다. 여러분이 엄청난 부자가 아니라면, 정통 호두나무 테두리와 진짜 가죽 장식은 먼 과거에만 볼 수 있던 것들이다. 요즘 '신차 냄새'는 거의 대부분 향기 연구실에서 만든 인공 혼합물이다. 진짜 가죽을 찾아내더라도 (보통은 진짜보다 얇게 저민 껍데기에 가까운데) 거기엔 합성 소가죽 냄새가 배어 있을 것이다. 자동차 회사들은 내장재 냄새를 제대로 만드는 것을 매우 중요하게 여긴다. 자동차 공장에 별도의 팀이 있어서, 고객이 신차를 처음 받을 때 특유의 쾌적하고 만족스러운 냄새를 맡을 수 있도록 적절한 화학적 혼합물을 실내에 주입한다. 이

---

* 나의 학문 커리어 대부분은 자동차 연구로부터 얻은 통찰력과 혁신을 감자 칩부터 탈취 캔에 이르는 온갖 디자인에 적용하는 것과 관련이 있다.

상하게 들릴지 모르겠지만, 가장 냄새가 좋은 올해의 신차 목록도 있다.

하지만 신차 냄새가 근본적으로 좋은 건 아니다. 그 냄새를 정말 좋아하는 사람은 없을 것이다. 그보다 우리는 보상과 관련된 냄새를 좋아하도록 학습되는데, 음식 냄새의 경우 미각적 보상이 따라 나오고, 자동차 냄새의 경우 고가품이 따라 나오는 것이다. 많은 사람들이 신차 냄새에 매기는 긍정적인 가치는 전형적인 연상 학습의 예시일 뿐이다. 그래도 이걸 제대로 이해하면 실제 경험을 바꿀 수 있다.

이와 관련해 내가 가장 좋아하는 사례는 자신의 자부심이자 기쁨인 롤스로이스 자동차를 수리나 서비스를 위해 영국 미들랜즈로 보낸 소유주들의 일화다. 사람들은 수리된 차를 되찾으며 "와, 새 차 같아!"라고 말한다. 물론 수리가 잘됐고 아마 광택도 났겠지만, 핵심적인 변화는 바로 새 차 냄새였다. 1965년 빈티지 실버 클라우드 모델에서 나는 특유의 향기를 재현하려고 고안한 가죽 냄새와 나무 향의 혼합물이었다. 말하자면, 차를 고객에게 돌려주기 직전에 이 자동차 향수를 차 안에 뿌린 것이다. 롤스로이스 자동차의 차체 부분을 만드는 코치빌더 S. C. 고든 유한회사의 휴 해드랜드 전무이사는 "사람들은 우리가 무얼 했는지 이해하지 못하지만, 자동차가 더 나아져서 돌아왔다고들 한다"라고 말했다. 그러니 다음에 차를 팔 때는 전문가의 조언을 받아보자. 신차 냄새를 뿌리면 시승한 사람이 당신의 차를 더 매력적으로 느낄 것이다. 별 차이가 없어야 할 것 같지만, 연구들은 전부 확실히 효과가 있다고 결론 내렸다.[5] 한 번에 냄새 하나씩, 감각 해킹하기.

부릉부릉, 엔진 소리는 얼마나 중요할까?

자동차 제조업체들은 고가 브랜드 소유주들이 자기 차의 엔진 소리가 경쟁사 브랜드와 뚜렷하게 구분되길 바란다는 걸 너무나 잘 알고 있다. 예컨대 메르세데스는 BMW나 포르쉐와는 다른 엔진 소리를 내야 한다. 그런데 엔지니어링은 자동차 외부에서 무슨 일이 벌어지든 자동차 내부를 음향학적으로 완벽히 차단할 수 있는 수준까지 발전했다. 차에 타고 있는 사람에게 차 소리가 들리지 않는다는 뜻이다. 하지만 이는 운전자가 바라는 바가 아니고, 그러려고 그 비싼 돈을 지불한 게 아니다. 사람들은 엔진의 독특한 소리를 인식하고 싶어 하며, 포효하는 듯한 엔진 소리를 들으며 자신이 얼마나 좋은 걸 샀는지 납득하길 원한다. 당연히 심리 음향학자들은 엔진 소리가 응당 지녀야 할 특성을 식별하느라 많은 노력을 쏟았다.[6] 이 말인즉슨, 엔지니어가 자동차 내부의 모든 소리를 성공적으로 설계한 뒤 또다시 오랜 시간을 들여 소리를 내부에 다시 넣는 방법을 고안한다는 뜻이다. 당신이 듣는 엔진 소리는 인위적인 소리일 가능성이 높다. 실제로 어떤 사람들은 이를 립싱크에 비유했다.

2015년 GM(제너럴모터스)은 엔진 소음을 발생시키는 전자식 방법에 대한 특허를 냈고, 폭스바겐 골프의 일부 모델에는 사운드 액추에이터가 설치됐다. 이 장치는 포효하는 듯한 엔진 소리를 더 강하게 만들어준다. 이제 엔지니어들은 운전자에게 차가 더 강해졌다는 확신을 주기 위해 몇몇 가족용 모델에도 으르렁거리는 엔진 음을 추가하기 시작했다.[7] 예를 들어 푸조 308GTi에는 다양한 주행 설정이 있는데, 운전자가 '스포츠' 모드를 선택하면 엔진이 갑자기 포효하기 시작한다. 뿐만 아니라 차 내부의 배경 조명이 흰색에서 빨간색으로 바뀐다. 이렇게 단순한 변화만으로 과연 운전자는 차가 더 강해졌다고 확신할 수 있을까? 뭐, 일단 연구에 따르면 이런 접근방식이 효과가 있는 것으로 보인다.

자동차 운전 게임을 하는 학생들을 대상으로 한 실험 연구에 따르면, 시끄러운 차가 더 빨리 달리는 것처럼 느껴진다.[8] 또 다른 연구에서는 차량의 소음을 5데시벨 낮췄더니, 이 차의 주행 영상을 본 실험 참가자들이 차의 속도를 실제 시속 60킬로미터보다 10퍼센트 더 느리게 추정했다.[9] 이는 운전자가 엔진 소음을 단서로 삼아 차량 속도를 파악하기 때문일 수 있다. 아니면, 시각적 단서(예컨대 풍경이 지나가는 속도 등)가 다중감각 통합의 결과로 인식되는 방식에 소리가 직접적인 영향을 미칠 가능성도 있다. 빨간색 조명의 경우, 연구에 따르면 빨간 자동차와 빨간 기차의 색상을 인지한 사람들은 다른 색 차량에 비해 이 차량들의 소음을 더 크게 인식했다.[10]

최근 전기차의 위험성에 대한 논쟁이 계속되면서 우리가 듣는 엔진 소리가 '진짜'가 아닐 수도 있다는 인식이 높아지고 있다. 사람들이 도로 교통 소음을 얼마나 싫어하는지를 고려하면 조용한 차가 좋은 것으로 보일 수 있지만, 동시에 조용한 차가 치명적일 수 있다는 사실도 기억해야 한다. 전기차는 저속에서 너무 조용하기 때문에 시각 장애인을 포함한 보행자들이 차가 다가와도 알아차리지 못한다. 실제로 2018년 보고서에 따르면 보행자는 기존 디젤이나 가솔린 자동차보다 하이브리드 또는 전기차에 치일 가능성이 40퍼센트 더 높았다.[11] 이 때문에 현재 많은 국가들은 전기차가 저속에서 인공 엔진 소리를 내도록 요구한다. 하지만 전기차가 정확히 어떤 소리를 내야 하는지는 심리 음향학자와 마케팅 회사가 계속 고민하는 수많은 질문 중 하나일 뿐이다.*

소리로 품질을 알 수 있을까?

차 문 소리는 조금 다르다. 차 문은 조용히 닫히는 법이 없다. 다시 한번 말하지만 광고주들은 이 점을 너무나 잘 알고 있는데, 잘 만들어진 문이 닫힐 때 나는 '철커덕' 하는 견고한 보안의 소리는 전시장에서 눈앞의 차가 얼마나 좋은 제품인지 소비자들을 안심시키는 데 도움이 된다. 단지 거래를 성사시키기 위한 소리일 뿐이라는 얘

---

* 이건 원래 〈스타워즈〉 영화의 세트 디자이너가 했을 법한 질문이다. "광선검에서 무슨 소리가 나야 할까?"

기다.

폭스바겐이나 르노 같은 회사는 차 문의 소리를 오랫동안 설계해왔다. 그리고 폭스바겐은 자기들 생각에 진정 훌륭한 소리를 만들어낸 뒤로 '저스트 라이크 골프Just like Golf' TV 광고에서 이를 끊임없이 재생했다. 이 광고는 폭스바겐 골프의 문에서 나는 독특한 소리가 다른 비슷한 모델에서 나는 소리보다 훨씬 낫다는 것을 전제로 한다. 이 광고는 그야말로 품질을 귀로 들을 수 있다고 주장한다.

하지만 자동차 문 소리 외에 내가 가장 좋아하는 소리 설계 사례 중 하나는 자동차 전시장을 방문하는 사람 중 3분의 1이 꼭 하는 행동과 관련이 있다. 바로 손가락으로 대시보드를 톡톡 두드려 소리를 들어보는 것이다. 상식적인 사람이라면 차를 구매한 뒤에는 하지 않을 행동이다. 그러나 고객이 자동차 전시장에서 어떤 모델을 구매할지 고민하는 순간에는 이런 행동이 모든 걸 가를 수도 있다.[12] 당연히 일부 회사들은 대시보드를 두드렸을 때 괜찮은 소리가 나도록 만들려고 노력 중이다. 놀랍게도 이는 경적 소리와 더불어 자동차 판매를 결정짓는 중요한 요소가 됐다.[13]

사치품 시장에 우연이란 없다. 예를 들어 벤틀리 컨티넨털 GT 모델은 방향 지시등 소리조차 사각 케이스에 든 빈티지 휴대용 시계가 똑딱거리는 소리를 모방해 신중하게 제작됐다. 이 특별한 소리는 역사와 유산, 문화, 계층과의 연관성 때문에 채택됐다.

"손에 착 감기게 만들라"

여기서도 감촉이 중요하다. 손에 든 자동차 키의 무게감을 생각해 보자. 적당한 느낌이어야 하지 않겠는가? 위에 언급한 청각이나 후 각 신호와 마찬가지로, 촉감은 구매로 이끄는 미묘한 감각 신호로 사용될 수 있다. 여기서 대공황 기간 동안 셸던과 아렌스가 제안한 접근방식을 떠올리게 된다. 이들이 저서 《소비자 공학Consumer engineering》 (1932)에서 밝힌 주요 주장은 (약간 말장난인데) "손에 착 감기게 만 들라"는 것이다. 특히 자동차가 주는 느낌의 중요성에 대한 이들의 선견지명은 길게 인용해볼 가치가 있다.

> 손은 눈 다음으로 중요한 검열관이다. 손의 판단이 좋지 않으면 가장 매력적인 물건도 마땅한 인기를 얻지 못할 것이다. 반면 손에 쾌적하 게 디자인된 상품은 결코 마음에 들지 않을 물건이라도 추가 구매를 이끌어낼 수 있다. 소비자가 자동차 구매를 결정하는 핵심 요소는 프 리휠링이나 크롬 액세서리가 아니라 문손잡이, 운전대, 실내 장식에서 느껴지는 감촉이다.[14]

"어떤 색이든 사실 수 있습니다, 검은색이기만 하면 말이죠." 미 국 자동차 제조업자이자 기업가인 헨리 포드가 남긴 유명한 말이 다.* 하지만 자동차의 색상은 생각보다 중요하다. 200만 건이 넘는 온라인 자동차 판매 기록을 분석한 결과, 사람들은 금빛 중고차에는 다른 색 차량보다 훨씬 높은 비용을 지불할 의사가 있는 것으로 밝혀졌다. 노란색 자동차는 아마도 희귀성 때문에 가치가 높게 유지되는 것으로 보인다(몇몇 국가에서는 이 색깔이 다름 아닌 택시를 연상시킬 수도 있다). 한편 흔히 빨간 차가 다른 색 차보다 더 빨리 달리고 더 시끄러운 소음을 낸다고 믿기 때문에, 교통경찰과 실랑이를 해본 사람이라면 빨간 차는 결코 원하지 않을 것이다.[15]

테크노 음악은 교통사고와 어떤 관련이 있을까?

하지만 자동차가 얼마나 빨리 달리는지에 영향을 미치는 건 색상이나 엔진 소리만이 아니다. 적어도 학생들이 다양한 스타일의 음악을 들으면서 비디오 게임이나 시뮬레이터를 운전하는 걸 관찰한 연구 결과에 따르면 그렇다. 속도가 빠른 테크노 음악을 들은 학생들이 좀 더 차분한 음악을 들은 학생들보다 더 빨리 운전하고 가상세계의 교통법을 위반할 거라고 예측했는데, 너무 당연하게도 맞아떨어졌다.[16] 하지만 흥미롭게도 운전자가 흥분되는 상황에서 다른 차들을 아예 주의하지 않는 건 아니었다. 오히려 차량 바로 앞 도로에 시각적인 관심이 훨씬 좁혀지면서 주변 상황을 더 놓치는 경향

---

* 검은색은 사실 무채색이기 때문에 이 문장은 완전히 틀린 것이다. 이 말의 출처도 의문의 여지가 있다.

이 있었다.[17] 이런 결과를 감안하면, 수많은 젊은 남성들이 귀가 먹먹한 수준인 83~130데시벨로 오디오를 들으며 운전한다는 미국의 조사 결과가 걱정스럽다[18](물론 테크노 음악을 좋아하는 사람은 어쨌든 결국 속도를 낼 운전자일 가능성도 있다).

한국의 현대자동차는 운전자의 감각을 해킹해 안전한 운전을 도모하기 위해 도로 위 운전자들의 분노를 누그러뜨리는 편안한 음악을 일부 모델에 삽입하는 방식을 고려하고 있다고 2018 제네바 모터쇼에서 밝혔다. 운전자가 스트레스를 받은 상태임을 감지한 자동차는 스포티파이 같은 음악 스트리밍 서비스에서 '진정시켜주는' 음악을 검색하는 동시에 실내조명을 어둡게 할 수 있다.[19]

기술 때문에 너무 산만해!
운전자의 주의를 집중시키는 방법

운전 중 전화 통화를 하면 사고 위험이 네 배 증가한다. 이는 많은 국가에서 적발 수준의 음주운전을 했을 때와 거의 동일한 수치다.[20] 놀랍게도 휴대전화를 손에 들고 있는지의 여부는 중요한 문제가 아니다. 휴대전화를 손으로 잡고 있든 아니든 위험은 거의 동일하다. 오히려 근본적인 문제는 주의력을 눈과 귀에 효과적으로 나누지 못한다는 것이다. 청각적 주의력을 소리가 나오는 곳(예컨대 모바일 장치)에 초점을 맞추는 동시에 시각적 주의력을 눈앞의 도로 위로 집중하는 건 특히 어려운 일이다. 우리가 보유한 현대 기술의 문제는 서로 다른 방향에서 동시에 다양한 정보 흐름을 제공한다는 점이다.*

우리 뇌는 주의력을 각기 다른 위치로 나누는 걸 어려워한다. 사실 이것은 내가 1990년 학문의 길로 들어섰을 때 연구하기 시작한 바로 그 문제였다.[21] 학부 연구 프로젝트를 통해 사람들은 시끄러운 상황에서 말하는 사람의 목소리, 그리고 입술이라는 시각적 정보가 서로 다른 위치에서 오게 되면 말을 잘 알아듣지 못한다는 것을 알 수 있었다. 즉 사람은 한 곳에서 들어오는 모든 감각 입력에 주의를 기울여 시각과 소리를 통합하고 그 결과로 포식자나 먹을거리에 더 빠르게 대응할 수 있도록 진화했을 것이다. 그러나 아쉽게도 내 경험상 엔지니어들은 인터페이스와 경고 신호를 설계할 때 이 같은 주의력 자원에 대한 인지적 제약을 거의 고려하지 않는다.

2000년대 초 나는 운 좋게 리즈대학교의 릴리 리드 박사와 함께 일하게 되면서 심리학 실험실의 학부 연구를 훨씬 더 현실적인 모양새로 확장할 수 있었다. 우리는 하이피델리티(원음을 충실하게 재생하는 음향기기 - 옮긴이) 운전 시뮬레이터 연구를 수행했는데, 사람들이 가상 도로망을 따라 험난한 경로를 운전하면서 두 음성 중 하나를 선택적으로 따라 말해야 하는 실험이었다. 예컨대 측면에서 나오는 목소리를 무시하면서 정면에서 나오는 목소리가 말하는 걸

---

* 운전자가 승객과 이야기하는 상황도 마찬가지라고 생각한다면, 틀렸다. 승객은 도로 상황을 파악하고 있으므로 운전자가 더 집중해야 할 때를 알고 대화를 조절하거나 잠시 멈출 수 있다.

따라 해야 했고, 종종 반대로 해야 했다. 그 결과 운전을 하면서 동시에 이 같은 이중 작업을 수행하는 능력은, 목소리가 측면이 아닌 정면에서 들려올 때 미미하지만 분명 더 좋았다.[22]

이 연구가 시사하는 바는 명확하다. 어떤 목소리이든 앞 유리에서 나온다면 미래의 운전자가 두 가지 사항에 동시에 주의를 기울이는 것이 훨씬 쉬워질 터이므로, 더 안전하게 운전할 수 있을 것이다. 아쉽게도 이 아이디어는 실현되지 않았다. 한 곳에서 동시에 들어오는 정보를 보고 듣는 것이 누구도 부인할 수 없을 정도로 쉽지만, 도로 상황이 너무 나빠지는 경우엔 운전자가 보고 있는 곳에서 나오는 목소리를 무시하기도 훨씬 더 어렵다는 치명적인 단점 때문이었다.*

"지금 답장하지 않아도 돼"

운전 중 문자 메시지를 보내는 건 가장 무서운 도로 위 살인 행위다. 사람들은 문자 메시지를 보낼 때 얼마나 오랫동안 도로를 주시하지 않는지 잘 인식하지 못한다. 그야말로 치명적인 행동이다. 연구에 따르면 운전대에서 문자 메시지를 보내는 동안 사고를 당할 위험이

---

* 운전하기가 까다로운 상황에서 많은 운전자들이 라디오를 줄이거나 끈다는 사실을 생각해보라.

23배 더 높다.[23] 더 최악인 건, 정작 운전자 본인은 주변에서 벌어지는 모든 일을 인지하고 있다고 착각한다는 점이다. 그러나 실험 연구 결과, 문자 메시지를 보내는 동안 운전자가 도로에서 8초 이상 눈을 뗀다는 사실이 반복적으로 확인됐다. 가장 무서운 점은, 운전자가 문자에 답장할 때 본인이 아주 삼산 눈을 뗀다고 확신한다는 것이다. 이런 수치를 보면 내가 왜 그렇게 자주 정기 학술대회에 참석해 위험을 강조하고 법률 수정을 강하게 주장하는지 이해할 수 있을 것이다. 나만 걱정하는 게 아니다. 10대들이 운전 중 문자 메시지를 보내다 사고를 당해 장애를 갖거나 사망한 사건을 두고 언론이 경고하자 이에 경각심을 느낀 몇몇 모바일 회사들은 자발적으로 열띤 캠페인을 벌여 위험성을 강조했다. 미국 AT&T의 강력한 캠페인 "지금 답장하지 않아도 돼[It can wait]"가 그 예시다.

그러나 여전히 많은 사람들이 운전 중에 문자 메시지를 보낸다. 운전자를 산만하게 하는 모든 기술에 대응할 유일한 방법은 문자 메시지가 얼마나 흥미롭든 운전자가 다시 도로에 주의를 집중하게 만들 수 있는 더 효과적인 경고 신호를 개발하는 것이다. 이를 위해 옥스퍼드대학교 통합감각연구소의 우리 연구팀은 지난 20년 동안 세계 최대 자동차 제조업체와 협력해 운전자의 뇌를 보다 효과적으로 해킹할 수 있는 경고 신호를 설계했다.[24]

예를 들어 우리 연구팀은 산만해진 운전자의 주의를 끄는 데에는 한 번에 한 감각만 자극하는 방법보다 다중감각적 경보가 더 효과적이라는 것을 입증했다. 또 우리의 뇌는 한 방향에서 거의 동시에 오는 여러 감각 신호를 처리하도록 진화해왔을 것으로 보이는데, 이런 종류의 자극을 모방해 설계한 경우 더 효과적이라는 사실도 증명했다. 다시 말하지만, 이런 방식을 택한 엔지니어는 아직 없는 것 같다.

누군가가 살금살금 뒤에서 다가와 갑자기 놀라게 했을 때 사람들이 얼마나 펄쩍 뛰는지 생각해보자. 우리 연구팀은 이런 현상을 새로운 경고 신호로 활용했다. 단순히 헤드레스트에 장착한 스피커를 통해 운전자의 머리 뒤에서 경고 소리가 나게 함으로써 그동안 고안해낸 그 어떤 장치보다 더 효과적으로 운전자가 다시 도로를 주시하게 만들 수 있었다.

그런데 특정 공간에서 나오는 소리가 왜 그렇게 효과적인 걸까? 그건 바로 우리의 뇌 안에 머리 뒤쪽 공간을 모니터링하는 특별한 회로가 있기 때문이다. 머리 뒤쪽 공간은 거울을 활용해야만 볼 수 있는 곳으로, 평소 사람들은 이를 거의 인식하지 않는다. 하지만 인지 신경과학자들이 근후방 신체 주변 공간near-rear peripersonal space이라고 부르는, 머리 뒤쪽 70센티미터 이내 공간에서 광범위한 주파수의 소음이 발생하면 자기도 모르게 방어적 반응을 보이게 된다.[25] 이런 이유로 운전자의 뇌를 해킹하고 다시 도로를 주시하게 할 목적으로 경고 신호를 설계할 때는 머리 바로 뒤쪽 공간이 이상적이다.

졸음운전

졸음운전도 오늘날 도로의 주요 사안이다. 문제의 규모를 이해하기 위해 오스트레일리아 운전자 1000명을 대상으로 실시한 설문조사 결과를 들자면, 80퍼센트는 졸린 상태에서 운전한 적이 있다고 답했으며, 20퍼센트는 비교적 자주 '졸음운전자'가 된다고 답했다.[26] 전체 교통사고의 10~30퍼센트는 운전자가 깜빡 잠이 들 때 일어난다.[27] 따라서 운전자를 효과적으로 깨울 경고 신호가 필요하다. 사람들을 핵 벙커로 대피시키는 것이 가장 시급한 문제였던 시절에 청각적 경고 신호 설계를 최적화하려고 미군이 자금을 지원한 훌륭한 연구가 있었다. 1963년 오이어와 하딕은 고동 소리부터 자동차 경적, 단일 주파수 음에서 백색 소음에 이르기까지 수백 가지 소리의 경고 잠재력을 광범위하게 평가한 연구 결과를 발표했다. 내가 개인적으로 가장 좋아하는 건 코끼리들이 우르르 몰려가는 소리와 아기가 삑삑 우는 소리다. 급히 덧붙이자면, 둘 다 도입된 적이 없다.[28] 일부 경고음이 다른 소리보다 더 효과적이긴 하지만, 주의를 끄는 일이나 잠재적 경고가 단순한 불쾌감을 유발하곤 한다는 게 문제다.[29] 따라서 100데시벨의 경적 소리가 유발하는 불쾌감 없이 운전자를 깨울 수 있는 경고 신호를 만드는 건 무척 어려운 일이다. 특히 일반 대중이 가장 가까운 핵 대피소로 즉시 이동하라는 소리를 듣는 빈도보다 운전자가 이 경고음을 듣게 될 빈도가 훨씬 더 잦을 가능성이 높다는 점을 유념해야 한다. 우리는 자체 연구에서 직관적이고 즉시 인지할 수 있는, 의미론적으로 중요한 신호로서 자동차 경적 소리를 광범위하게 사용했다. 자동차 경적 소리를 듣는 사람은 현재 무언가에 주의를 집중해야 한다는 사실을 효과적으로 깨닫게 된다.[30]

운전자를 깨우기 위해 전기 충격을 주는 방안을 논의하는 사람들도 있다.[31] 지능형 교통 시스템이 차가 차선에서 천천히 이탈하고 있음을 감지할 때, 즉 운전자가 깜빡 잠들었을 때 엉덩이 부분에 진동을 가하는 것이다.[32] 요즘에는 그 어느 때보다 많은 자동차가 운전자에게 진동을 가해서 정보나 경보를 전달한다. 미친 소리처럼 들릴 수도 있지만, 잠시만 생각해보자. 피부는 몸무게의 16~18퍼센트를 차지하는 가장 큰 센서지만, 운전 중에는 거의 사용하지 않는다. 연구자들은 자동차 페달에서부터 좌석 등받이, 안전벨트, 핸들까지 사실상 운전자가 접촉하는 모든 표면을 진동시키려고 했다.

1967년에 발표된, 내가 역대 가장 좋아하는 연구에서 존 W. 센더스는 운전자를 테스트 트랙에 올리고 얼굴 가리개를 준비했다. 운전 중 가리개가 내려와 운전자의 시야를 가렸을 때 센더스는 스톱워치를 작동시켰고, 운전자가 도로를 보지 않은 채 운전을 제대로 지속하는 시간을 측정했다. 그는 또 튼튼한 귀마개로 운전자의 청력을 약화시키고 두꺼운 장갑으로 촉감을 차단했으며 코 클립으로 후각을 가로막았다. 당연하게도 시야를 가린 채 운전할 수 있는 시간은 소리나 촉감, 냄새를 차단하고 운전할 수 있는 시간보다 훨씬 짧았다. 이 연구는 훗날 운전과 관련된 모든 문헌에서 인용되는 통

계를 이끌어냈다. 즉 운전의 90퍼센트가 시각적이라는 것이다.[33]

　이 연구가 무섭게 들릴 수도 있지만, 이후로도 센더스는 운전 숙련도가 미치는 영향을 가늠하기 위해 보스턴의 택시 기사들과 함께 한산한 도로에서 이 실험을 계속 반복했다. 이는 연구윤리위원회가 생기기 이전 시대에만 할 수 있었던 연구나. 하지만 여기서 이렇게 말하는 게 무척 조심스럽다. 센더스의 연구를 이렇게 조롱하다가 곤혹스러웠던 경험이 있기 때문이다. 케임브리지 마이크로소프트사에서 강연을 한 적이 있는데, 센더스의 딸이 청중 속에 앉아 있었던 것이다. 마지막으로 연락했을 때 그 노인은 여전히 건재했고 연구에 관심이 많았으며, 2019년 그가 사망하기 직전까지 우리는 이상한 과학적 질문에 관한 이메일을 계속 주고받았다.

자연 효과를 누리며 운전하기

그러나 졸음운전자를 더 효과적으로 깨우려고 그저 경고 신호를 울리기보다는, 지나가는 풍경을 더 정성 들여 고려하는 방안도 있다. 2018년 영국 도로공사가 고속도로와 주요 도로를 개선하는 데 2021년까지 150억 파운드를 투자하겠다고 밝힌 데는 그들의 직관이 작용했다. 지루한 직선 도로에서는 운전자가 쉽게 잠에 빠진다고 본 것이다. 도로를 더 아름답게 만들면 분명 졸음운전을 줄이는 데 도움이 될 것이고, 논리적으로 봐도 그렇다. 다시 말해 안전 운전을 위해 앞에서 논의한 자연 효과를 이용하자는 것이다. 그런데 운전 중 자연에 노출되는 것은 정확히 어떤 영향을 줄까? 연구에 따르면 자연 속에서 하는 운전이 분명 준도시나 건물이 밀집한 환경을 통과하는 것보다 수행 능력에 덜 해로운 영향을 미친다.

한 연구에서 운전자들은 초목이 적은 공공 도로, 또는 건물이 가득한 도로를 운전하는 영상을 봤을 때보다, 동일한 거리의 숲이 우거진 도로를 따라 달리는 짧은 비디오를 본 직후 난해한 애너그램을 해독하는 데 더 오랜 시간이 걸렸고, 이는 즉 후자의 경우 좌절감을 쉽게 느끼지 않았다는 사실을 암시한다.[34] 한편 또 다른 연구에서 운전자들이 도시의 도로변이 아닌 초목이 있는 영상을 봤을 때 스트레스에서 더 쉽게 회복했을 뿐만 아니라 분노, 공격성, 두려움도 감소했다.[35] 하지만 실제로 운전하는 사람 입장에서는 눈앞의 길에 집중하느라 아무리 예쁜 풍경도 그저 배경으로 스쳐 지나갈 것이라는 우려가 들 수도 있다.[36] 한편 도로교통 당국이 건물 밀집 지역의 교통 소음을 줄이기 위해 만든 '터널' 형태의 도로를 달리는 건 훨씬 더 나쁠 수 있다. 수많은 사람이 이를 가장 불쾌한 경험으로 꼽는다는 것은 주변 풍경이 운전자에게 얼마나 중요한지 잘 보여준다.[37]

자동차가 등장하기 오래전 르네상스 시대의 건축가 레온 바티스타 알베르티는 도로를 '쾌적한 풍경으로 풍요롭게' 만들어야 한다고 썼다.[38] 이 제안에 따라 1920년대 후반 타코닉 주립공원 도로위원회는 뉴욕시를 여러 주립공원과 캐츠킬 및 애디론댁산맥과 연결하는 약 166킬로미터 길이의 고속도로를 건설했다. 애당초 이 도로는 훗날 그 구불구불한 길을 따라 운전할 사람들에게 즐거움을 주려고 지어졌다는 점에서 독특하다. 어느 작가는 "176킬로미터 길이의 엽서다. 내가 아는, 사계절 내내 가장 아름다운 길이다", "타코닉에는 광고판이 없다"라고 묘사했으며, 저널리스트인 마크 힐리Mark Healy는 웨스트체스터에서 컬럼비아카운티까지 이어지는 이 공원 길을 따라 여행한 뒤 〈뉴욕타임스〉에 기고한 글에서 "꿈만 같았다"라고 묘사했다. 힐리가 관찰한 바에 따르면, "끔찍한 휴게소도 없고 통행료도 없고 가드레일도 없고 트럭도 없다. 나무만이 무성하다. 길가를 따라 나무들이 늘어서 있고 중앙에는 참나무, 소나무, 단풍나무 군락이 있다."[39] 요즘은 이런 프로젝트에 돈을 지불할 미친 사람을 상상하기 어렵다는 점을 감안하면, 프랭클린 D. 루스벨트의 지시에 따라 자금을 지원받았던, 이 아이디어를 최초로 낸 사람들의 선견지명에 박수를 보낸다. 운전석에 앉아서 봐도 빼어난 그 풍경들은 자연의 영속적인 매력을 보여준다. 그렇지만 이렇게 경치 좋은 도로와, 동일한 거리의 지루한 도로의 사고율을 비교해보면 흥미로울 것 같다.

사람들의 운전 행동의 변화는 《미국 고속도로와 주변American highways and roadsides》(1938)이라는 책에서 발췌한 다음 인용문에 설명돼 있다. 이 책의 저자 J. L. 거블스는 이렇게 썼다.

A와 B 사이를 잇는 가장 좋은 길은 경제적이고 안전하며 흥미로운 길

이다. 고속도로 통행량의 약 65퍼센트가 즐기기 위한 여정으로 추산되고, 즐거움은 다양성에서 온다. A에서 B까지의 측정 거리가 65킬로미터든 70킬로미터든 자동차 여행자는 무엇에 신경을 쏟을까? 5킬로미터를 추가로 가는 동안 여행자가 멀리 있는 개울의 길고 긴 전경을 볼 수 있다면, 소와 말과 양이 풀을 뜯고 있는 드넓은 계곡을 언덕 위에서 볼 수 있다면, 농부들이 건초를 베고 짙푸른 잔디를 까는 모습을 볼 수 있다면, 머리 위로 드리워진 나무 터널 아래로 그의 눈앞에 펼쳐진 길이 신비롭게 구부러지는 것을 발견할 수 있다면, 몇 분 더 걸린다고 해서 그걸 아까워하지는 않을 것이다.[40]

도시 환경과 자연 경관은 보이는 풍경뿐만 아니라 소리나 냄새도 다르다는 점을 생각하면,* 운전을 통해 얻을 수 있는 즐거움에 상관없이 이런 청각과 후각 신호가 기분과 정신 상태에 영향을 주는지 궁금할 것이다. 어쨌든 타코닉 주립공원 도로의 구불구불한 허드슨밸리를 따라 달릴 때보다 도심 교통 체증에 갇혀 있을 때 대기오염 물질이 콧구멍을 자극할 가능성이 훨씬 더 높다. 연구자들은 로스앤젤레스에서 보고된 도로 교통사고 건수와 대기오염 수준 간에 상관관계가 있다는 사실을 강조했고, 이는 냄새가 정말 중요하

---

* 애플야드, 린치, 마이어가 1965년에 썼듯(해당 원서의 17쪽), "자동차를 운전하는 감각은 주로 연속적인 순서로 느껴지는 움직임과 공간 중 하나다. 소리나 냄새보다는 시야가 주된 감각이다. (…) 보행자가 경험하는 것과 비교해 소리, 냄새, 만지는 느낌, 날씨가 모두 희미해진다."

다는 견해와 일치한다.[41] 잘 생각해보면 그리 놀라운 결과도 아닌데, 다른 조건이 동일하다면 오염 수준이 심할수록 도로에 더 많은 자동차가 있었던 거라고 추정할 수 있기 때문이다.

그러나 반대로 창문을 닫고 에어컨을 최대로 틀면, 향긋한 시골길을 운전할 때조차 자연의 냄새를 맡지 못할 수도 있다. 몇 년 전 한 영국 회사가 차량용 향기 디스플레이를 개발하기로 결정한 이유 중 하나다. GPS로 차량의 위치를 주기적으로 확인하고 기기를 이용해 차 안에 적절한 인공 향을 뿌리는 아이디어였다. 소나무 냄새, 또는 비 내린 직후의 싱그러운 흙냄새를 맡으면서 숲속을 운전한다면 얼마나 즐거울지 상상해보라. 굉장히 흥미로운 아이디어이며, 하나부터 열까지 다중감각적으로 일치한다.

향기 디스플레이에 대한 이 모든 이야기가 다소 얼토당토않게 들린다면, 시트로엥의 예시를 살펴보자. 몇 년 전 시트로엥은 환기 시스템을 통해 작동하는, 아홉 가지 향기 디스플레이가 장착된 C4 모델을 출시했다. 향기는 세 개씩 세 그룹으로 나뉘며, 각 그룹에는 '여행', '활력', 웰빙'이라는 테마가 붙었다.[42] 교체용 카트리지 세 개까지는 무료였다. 즉 6개월 동안 자동차에 향이 나고, 그 이후에 리필을 구매하면 된다. 2014년 메르세데스의 새 모델 일부에도 후각 디스플레이가 제공됐다.[43] 하지만 내 생각에 고객들에게 리필 비용을 지불할 가치가 있다고 설득하기는 결국 어려울 것이다.[44]

합성된 자연의 냄새를 맡자고 첨단 기기를 필요로 하는 사람은 당연히 없다. 수십 년 동안 운전자들은 향기가 나는 소나무 판지를 백미러에 매달고 다녔다. 그러나 이런 해결책에도 문제점이 있는데, 좋은 냄새나 중립적인 냄새에 뇌가 금세 적응한다는 점이다(2장 〈집〉에서 이에 대해 살펴봤다). 따라서 처음 차 문을 열 때는 냄새를 맡을 수 있지만, 그 이후로는 아마 냄새를 거의 인지하지 못할 것이다.[45] 따라서 풍경에 어울리는 향기를 전달할 때 최소한 운전자가 냄새에 주의를 기울이길 바란다면, 향기를 주기적으로 뿌리는 방법이 훨씬 전망이 밝다.

몇 분 주기로 수 초 동안 페퍼민트 향을 뿌리면 지루한 행동 과제는 물론이고, 다양한 반복 과제에 대한 사람들의 인지적 수행 능력이 향상된다(내가 이 중 한 연구의 공저자였기 때문에 이렇게 말할 수 있다).[46] 따라서 내 추측으론, 앞서 살펴본 시끄럽고 불쾌한 청각 경보 대신 향기 디스플레이가 언젠가 졸음운전자를 깨우는 데 쓰일 것이다. 시나몬, 페퍼민트, 로즈메리, 유칼립투스, 레몬 같은 자극적인 향기를 주변에 뿌리는 방법이 분명 훨씬 덜 괴로우면서 동일한 결과를 낸다고 입증될 것이다.

두 가지 감각을 자극하는 게 하나를 자극하는 것보다 더 낫다. 온갖 것을 활용해 졸고 있는 트럭 운전사를 깨우려고 시도한 일본 연구팀을 보자. 핸들을 통해 전달되는 손가락 전기 마사지, 고용량의 산소, 자몽 향, 그리고 대망의(!) 씹기 좋게 잘게 썬 마른오징어도 있었다.* 그럼에도 불구하고, 이 특별한 연구에 참여한 트럭 운전사 아

---

* 아니, 마지막 것도 잘 모르겠다.

홉 명의 구두 보고에 따르면 그저 감각적 신호가 더 많을수록 경계심을 유지하기가 더 좋았다.[47] 물론 피곤하다면 휴식을 취하는 것이 가장 좋다. 하지만 피곤한 운전자들이 실제로 쉴 거라고 확신할 수 있을 때까지는, 운전자의 감각을 해킹하는 데 약간의 후각적 피로 회복제(바른오징어를 잊지 말자)가 가장 효과가 좋을 것으로 판명될 수 있다.

비슷한 맥락에서 라벤더 같은 차분한 향기를 활용해 운전자의 분노를 잠재우려는 시도도 있다.[48] 아로마 테라피 에센셜 오일을 발산하면 스트레스를 받은 운전자가 진정되면서 좀 더 안전하게 운전할 수 있다.[49] 물론 대기오염과 관련한 불쾌한 냄새를 없앨 수 있다면 더욱 좋다.[50] 운전석에 약간의 마사지를 추가하면, 분명 모든 것이 어느덧 제자리를 찾을 것이다.

소위 지능형 교통 시스템은 이제 생리적 신호를 모니터링해 운전자가 얼마나 스트레스를 받았는지, 혹은 긴장이 풀리거나 졸린 상태인지 추적할 수 있다. 운전대를 너무 세게 움켜쥐거나 너무 갑작스럽게 제동하는 행동은 명백한 스트레스 징후다. 눈을 너무 자주 깜빡이는 행동, 그리고 목소리 톤과 모든 음성 반응의 억양 패턴에 나타나는 특징적인 변화는 운전자의 심리 상태를 알려주는 유용한 단서가 된다. 그런데 여기서 운전자의 목소리만 관련이 있는 것은 아니다. 자동차 음성 명령의 목소리만 바꿔도 운전자가 이를 준수할 가능성에 영향을 미칠 수 있다. 우리의 운전 조수가 영화 〈풀메탈자켓〉에 나오는 군사 훈련 교관처럼 갑자기 소리를 지르면서 지시를 내린다면 알렉사나 시리처럼 부드러운 목소리 톤을 가진 경우와는 매우 다른 (즉 더 신속한) 반응을 이끌어낼 것이다.[51]

위험한 해결책

어떤 안전장치가 도입되더라도, 결국 가장 큰 문제는 '위험 보상' 현상에서 비롯된다. 증거에 따르면 사람은 스스로 인지하는 위험이 특정 수준이 될 때까지 운전 행동을 조절하는 경향이 있다. 즉 안전벨트 착용을 의무화하거나 잠금 방지 브레이크를 사용하는 등 안전을 위해 새로운 개입이 발생하면, 운전자는 도로 위에서 뭘 하더라도 자동차가 자신을 (아마도) 보호해줄 것이라고 인식하고 위험을 더 많이 감수한다는 것이다.[52] 내가 가장 좋아하는 해결책은 실제로든 가상으로든 핸들 표면에 뾰족한 스파이크를 박는다는, 다소 직관에 어긋나는 아이디어다.[53] 이를 통해 운전자는 위험을 더 극단적으로 높게 인지하게 되고 결국 더 조심스럽게 운전하게 된다는 것이다. 천재적이지 않은가?

솔직히 말해서 핸들에 금속 스파이크를 박는 게 실용적이지는 않다. 하지만 운전자가 인지하는 위험 관점에서 균형을 맞추기 위해 취할 수 있는 다른 조치가 있는가? 나는 몇 년 전 글로벌 자동차 회사와 함께 이 프로젝트에 착수했다. 우리의 목표는 운전자 모르게 운전자의 뇌가 상황을 조금 더 두려워하게 만드는 것이었다. 아이디어는 무척 간단했다. 운전석 쪽 앞 유리에 무서운 이미지를 몰래 투영시키는 것이다. 인지 신경과학 연구에 따르면, 타인의 흰자위를 보는 것°처럼 무서운 얼굴 이미지를 보게 되면 그게 설사 뇌가 인지하지 못할 만큼 짧은 시간이라도 뇌의 공포 회로가 활성화된다.[64] 하지만 아쉽게도 이 특별한 센스해킹을 실제로 해볼 수는 없었다. 국제 언론은 우리 연구팀으로부터 이 계획을 전해 듣고는 어리둥절해하는 것 같았지만, 좋게 보도해주었다.

괴로운 차멀미

차가 계속 움직이는 동안 신체는 움직이지 않지만, 여러 감각들은 몸이 실제로 움직이고 있다는 사실을 알려준다. 신체부위의 위치를 알려주는 고유수용감각, 그리고 움직임과 관련된 근감각은 뇌에 몸이 멈춰 있다는 신호를 전달하는 반면 전정감각, 즉 내이에 있는 세 개의 반원형 고리 속에 있는 액체의 출렁거림은 몸이 '지금' 진짜로 움직이고 있다는 사실을 뇌에 알려준다. 이런 감각 부조화 또는 감각 충돌은 특정 신경독소를 먹었을 때에도 나타날 수 있는 증상으로, 진화론적 관점에서 보면 마지막에 먹은 것을 토해내 잠재적인

° 더 좋은 방법도 있다. 호러 영화 〈샤이닝〉에서 미치광이 관리인 역할을 맡은 잭 니컬슨이 "쟈니 왔다!"라고 외치는 얼굴을 상상해보라.

독극물을 없애는 것이다.[55] 만약 차멀미를 애당초 피하고 싶다면 지나가는 풍경을 주시해 시각이 평소 담당하는 일을 하게끔 하고, 서로 불일치하는 다른 감각 입력들을 통제함으로써 '모든' 감각이 몸이 진짜로 움직이고 있다고 여기게 만들어야 한다. 진짜로 그렇게 느끼지 못하는 게 불가피해도 말이다.*

사람의 뇌가 운전을 염두에 두고 진화하지 않았다는 점을 고려하면 왜 그렇게 많은 사람이, 특히 탑승객 입장일 때 독서 등 도로 이외의 것에 집중하려고 하면 차멀미를 하게 되는지 설명할 수 있다. 어쨌든 진화적으로 말하자면, 마지막에 먹은 영양분을 토해내는 것은 특별히 분별 있는 행동처럼 보이지는 않을 것이다. 1997년 옥스퍼드대학교에서 가르치기 시작했을 때 나는 미셸 트레이스먼 교수의 연구실을 이어 받았는데, 미셸 교수는 이 부적응 행동에 대한 흥미로운 설명을 제시했다.** 그는 〈사이언스〉에 기고한 글에서, 차멀미를 하는 사람의 25~50퍼센트는 서로 다른 여러 감각에 들어오는 입력 불일치가 원인일 거라고 추측했다.

자기는 차멀미를 하지 않는다고 우쭐한 독자가 있다면, 잠시만

---

* 나는 보통 차멀미를 하지 않는데, 열 살쯤 됐을 때 창문 없는 밴의 뒷좌석에서 뒤를 보고 앉아 리즈에서 일클리까지 거의 10킬로미터를 여행했던 일은 생생하게 기억난다. 휴, 목적지에 도착하자 아프기 시작했다! 하지만 이 경우는 차의 이동과 관련한 시각 정보가 없었다는 점, 그리고 (내가 뒤를 보고 앉아 있었기 때문에) 몸이 느껴야 했던 비정상적인 가속과 감속 패턴 때문이었던 것 같다. 그리고 그런 경험은 한 번이면 족하다! 난 다시는 그런 실수를 하지 않았다. 질병으로 인한 학습 효과는 가장 빠르고 강력한 반응에 속한다.
** 여전히 기억하는 독자들을 위해 말해두자면, 그는 1장에서 언급한 교수가 아니다.

기다리자. 반자율주행차를 몰기 시작하면 이 문제가 곧바로 당신을 배신할 것이다. 상상해보라. 당신은 사람이 직접 차량을 통제해야 하는 혹시 모를 상황에 대비해 차 안에 앉아 있을 것이다. 이건 인지 인간공학 연구자들에겐 꽤나 난감한 문제인데, 운전자가 아무것도 하지 않는 준비 상태로 계속 있으면 몹시 지루할 가능성이 높다.[56] 반면 운전자가 가장 좋아하는 영화나 넷플릭스를 보면 시간은 잘 가겠지만, 갑자기 필요할 때 운전자가 차량 통제권을 넘겨받을 수 있도록 충분히 경고해줘야 한다. 그러나 이는 또한 차멀미를 일으키는 이상적인 조건, 즉 타고 있는 차량의 움직임이 아닌 다른 것에 집중하게 만드는 상황인 셈이다. 물론 전혀 희망이 없는 것은 아니다. 이 문제를 해결할 수 있는 센스해킹 방안을 고안했다고 주장해온 과학자들이 이제 특허를 출원했기 때문이다. 이들은 지능형 안경을 이용해 탑승자의 주변 시야에 빛을 비춰 뇌를 속임으로써 차량 바깥의 움직임을 모방한다. 2035년까지 무인자동차의 전 세계 시장 가치는 630억 파운드(한화 약 97조 원)에 달할 것으로 추산되므로, 이 문제에 대한 효과적인 해결책을 찾는 일이 중요해질 것이다.[57]

갈 길이 멀다

확실한 게 하나 있다면, 출퇴근을 포함한 여행에 향후 몇 년 동안 꿍

장한 혼란이 닥칠 것이란 점이다. 테슬라가 2017년 가장 저렴한 모델3를 내놓은 데 이어 수많은 새 모델들을 출시하면서, 전기차는 이미 우리 생활 속에 들어와 있다. 반자율주행은 현재 북미 여러 주에서 합법이며, 머지않아 전 세계 여러 지역에서 (심각한 사고에도 불구하고) 비슷한 계획이 시행될 전망이다. 큰 변화가 예상되면서 당연한 수순으로, 최대 규모 자동차 회사조차 향후 수십 년 동안 기존 차량을 생산할 여지가 남아 있을지 궁금해하고 있다. 오늘날 포드나 토요타 같은 업계 거물보다는 구글이나 애플, 누토노미, 리프트, 우버 같은 기업들이 개인용 자동차 산업의 혼란을 초래할 확률이 훨씬 더 높다.[58] 전기화, 카 셰어링, 자율주행이 대세가 되면서 자동차 회사들이 수년 동안 많은 돈을 투자해 광고해온 전통적인 브랜드는 점점 취약해지고 있다. 자동차 운행이 점점 더 차량 호출 앱 부문과 닮아간다면, 이들 전통 브랜드는 대세에 발맞추기 위해 더 고군분투해야 할 수도 있다.[59] 하지만 앞으로 상황이 어떻게 변하든, 출퇴근하는 사람들의 뇌를 센스해킹할 가장 좋은 방법을 알아내는 기업이 가장 성공하게 되리라는 점은 자명하다. 우리의 뇌는 직장이나 그 어디로든 운전하게끔 진화하지 않았기 때문이다.

6

직장

병든 건물에서 살아남기

일본에는 말 그대로 일하다가 죽는 경우를 일컫는 단어가 있다. 카로시過勞死(과로사). 이 문제로 2018년 일본 정부는 노동자가 한 달에 100시간 이상, 1년에 최대 720시간 이상 초과근무하지 않도록 제한하는 법안을 도입해야만 했다. 이렇게 오래 근무하는 문화는 다른 나라보다 일본에서 더 일반적이긴 하지만, 전 세계 노동자 대부분 깨어 있는 동안 다른 곳보다 실내에서 더 많이 머문다.

예를 들어 미국에서는 현재 주당 평균 근무 시간이 34시간이 조금 넘는다. 반면 멕시코는 평균 43시간으로 가장 길고, 독일은 평균 26.5시간으로 가장 짧다. 한편 2019년 언론 보도에 따르면 영국은 유럽 국가 중 최장 근무 시간을 기록했으며, "사무실 근무 시간이 길어지면 '시차 적응으로 피곤한 상태'가 될 수 있다"는 게 그 기사의 제목이었다.[1] 이 같은 전국 평균에는 당연히 수많은 개인차가 드러나지 않으며, 많은 사람들이 정기적으로 주 60~70시간 일한다고 보고한다.

실제로 〈하버드 비즈니스 리뷰〉 기사에 따르면, 고소득자 62퍼센트가 주당 50시간 이상 일하고, 35퍼센트는 60시간, 10퍼센트는 80시간 이상 일한다.[2] 여기서 아이러니는, 최소한 스탠퍼드대학교의 존 펜캐블에 따르면, 제1차 세계대전 당시 군수품 공장의 여성 노동자들을 분석한 결과(이 분야의 고전적인 연구다) 주당 70시간씩 강제로 일해야 했던 사람들은 56시간씩 일한 사람들보다 성과가 낮았다는 사실이다.[3]

사람들이 일을 즐긴다면 직장에서 그렇게 오래 있는 게 그리 나쁘지 않을 수도 있지만, 실상은 그렇지 않다. 여러 차례의 설문조사 결과, 노동자들의 스트레스 수준과 이탈이 사상 최고치를 기록하고 있다. 예를 들어 2011~2012년 갤럽 조사에 따르면, 주의 산만이나 이탈 노동자들의 생산성 저하로 인한 손실액이 미국 기업에서만 연간 4500억~5500억 달러에 이른다. 보고서의 저자는 "2012년 말까지 (…) 미국 노동자의 30퍼센트만이 직장에 고용되고 참여했으며 열정을 보이고 헌신했다"라고 밝혔다. 52퍼센트는 고용되지 않았고, 나머지 18퍼센트는 특히 적극적으로 참여하지 않았다고 답했다. 한편 2017년 설문조사에서 오스트레일리아 국민의 70퍼센트 이상이 업무 때문에 스트레스를 받는다고 답했다.[4]

업무와 관련한 스트레스는 심혈관 질환에서 우울증까지, 또 근골격계 질환에서 허리 통증에 이르기까지 오늘날 도시 사회의 수많은 비전염성 질병의 핵심 원인이다. 이런 문제를 해결하고자 일부 트렌디한 사무실에서는 미끄럼틀이나 암벽 등반(영국 런던의 초고층 빌딩인 22비숍스게이트의 유리 등반 벽 참조), 심지어 고카트(지붕과 문이 없는 작은 경주용 자동차 – 옮긴이)와 사격장까지 도입했고, 많은 노동자들은 실제로 이 같은 지원과 인정을 선호한다고 말한다.[5] 또 다른 해결책으로 마사지가 있는데, 미국 플로리다의 티퍼니 필드 박사 팀은 점심시간에 받는 15분의 마사지가 오후 집중력을 향상시킨다는 것을 밝혔다. 이 연구에 참여한 행운의 참가자들은 의학 연구에 종사했으며, 5주 동안 매일 마사지를 받았다. 정말 좋았을 것 같다.[6]

사무실의 감각 불균형

인류가 삶의 90퍼센트를 실내에서 머물도록 진화하지 않았다는 것을 고려하면, 이런 부정적인 결과가 그리 놀라운 일은 아니다. 실내(즉 사람들이 일하는 곳)에서 너무 오랜 시간을 보내면 감각 자극 불균형과 관련된 수많은 건강 문제가 나타난다. 예를 들어 북반구에서는 계절성 정서장애(SAD)가 큰 문제다. 겨울철엔 만성적으로 자연 채광이 부족하며, 근무 중 해가 드는 짧은 시간조차 밖에 거의 나가지 않는 사람들은 쉽게 우울해질 수 있다. 이것이 얼마나 큰 문제인가 하면, 미국 맨해튼에서만 200만 명 정도의 노동자가 겨울철 햇빛 부족으로 인한 부정적인 영향을 겪을 것으로 추산된다. 다행히 이 경우 자연광을 모방한 밝은 인공 빛에 노출하거나 햇살이 비치는 따뜻한 곳으로 이사해서 문제를 해결할 수 있다. 실제로 적절한

조명을 확보하는 것은 직장에서 성과와 웰빙을 향상시키는 가장 간단하고 효과적인 센스해킹임이 입증됐다.[7]

린 디자인 원하는 사람?

세월이 흐르면서 직장의 본질이 바뀌었다. 예컨대 18세기 영국의 산업가 조사이아 웨지우드는 역사상 최초로 작업장을 깨끗하게 유지해야 한다고 생각했다. 사무실 설계에 있어 오늘날 '린Lean' 접근법 (낭비 요소를 최대한 배제해 생산 효율을 극대화하는 방식 – 옮긴이)이 널리 퍼진 것은 바로 그 때문이다.[8] 그러나 2019년에 〈이코노미스트〉에서 언급했듯 사무실 디자인은 계속 변하고 있다.

> 20세기 초 사무실은 초기 미국 경영 컨설턴트인 프레더릭 테일러가 장려한 대로 공장 레이아웃을 모방해 숙련된 속기사와 사무원들을 줄지어 배치함으로써 효율성을 극대화하고자 했다. 1960년대에는 덜 엄격한, 뷔로란트샤프트Bürolandschaft라는 독일식 사무 공간 설계 방식이 영국해협을 건너왔다. 1980년대에는 큐비클 팜(칸막이로 구분된 사무 공간 – 옮긴이)이 생겨났다. 오늘날 개방형 사무 공간과, 지정석이 아닌 '핫 데스크'는 위계질서를 수평화하고 격식을 차리지 않게 하는 것을 목표로 한다.[9]

병든 건물에 대한 논의

새 건물 증후군^{sick building syndrome}을 뜻하는 'SBS'라는 줄임말이 있다. 건강 이상 사례가 예상보다 훨씬 더 많이 나타나는 건물에 붙이는 이름이다. 1982년 세계보건기구(WHO)는 이 상태를 "실내 공기에 문제가 있는 건물의 입주민들이 인지하는 일련의 일반적인 점막 및 피부 증상"으로 정의했다. 가장 흔한 증상은 무기력과 두통, 그리고 코·목·눈에 가해지는 자극이다. 스웨덴의 추정에 따르면 여성 직장인의 약 12퍼센트와 남성 직장인의 4퍼센트가 이 증상으로 고통받고 있다. 21세기 초 무렵 그로 인한 영국의 경제 손실은 연간 약 6억 파운드로 추정되며, 이는 회사가 지불하는 총 임금의 2퍼센트에 해당한다.

SBS는 1970년대 석유 파동 당시 서구에서 처음 보고됐는데, 이때는 사무실 건물의 환기 기준이 낮아진 시기였다. 실제로 SBS는 사람이 창문을 직접 열어 신선한 공기를 마실 수 있는 건물보다 자연환기가 거의 안 되는 밀폐된 사무실에서 더 흔하게 나타나는 경향이 있다. 환기가 적절하게 되지 않으면 사무실 가구와 코팅제에서 방출되는 휘발성 유기화합물(VOCs)이 쉽게 축적된다. 이런 건물에서는 이산화탄소 수치도 적정 수준보다 높은데, 모든 사람이 계속해서 이산화탄소를 내뿜기 때문이다. SBS의 잦은 발생은 대기오염 또는 '이상한'(즉 낯선) 냄새와 연관돼 있지만, 대부분의 설명은 어떤 냄새에 주의해야 하는지에 그치고 있다(이게 올바른 표현이라면).[10]

그림 6 미래 직장인 에마. 빨갛게 충혈된 눈, 구부정한 등, 두통 등 여러 건강 문제를 앓고 있다. 최근 발간된 〈일의 미래〉보고서에 따르면, 직장에서 일하는 방식을 바꾸지 않으면 많은 사람들이 미래에 이렇게 변할 수 있다. 프랑스, 독일, 영국의 노동자 3000명 이상을 인터뷰한 결과, 일하는 환경을 바꾸지 않으면 사무실 노동자의 90퍼센트가 이런 문제로 고통받고 업무를 제대로 수행하지 못할 것이라는 결과가 나왔다. 현재도 이미 인터뷰 대상자의 50퍼센트가 눈 통증, 49퍼센트는 허리 통증, 48퍼센트는 두통을 겪고 있는 것으로 나타났다.

직장 내 SBS에 대한 보고는 최근 몇 년 동안 다소 감소한 것으로 보인다. 더욱이 명확한 인과관계 메커니즘을 정립할 수 없기 때문에 일부 논평가들은 기록이 많이 남아 있는 초기 SBS의 원인이 특정 환경 요인이 아닌 집단 히스테리는 아니었는지 궁금해했다. 실제로 몇몇은 문제의 '아픈sick' 것이 노동자인지 건물인지 의문을 제기했다(건물이 아니라 노동자의 심리적 요소가 문제의 원인일 가능성을 암시한다). 그럼에도 원인이 무엇이든 실내 공기 오염을 낮추기 위해 할 수 있는 모든 조치를 통해 SBS 증상을 줄이고 일터의 생산성

을 높일 수 있다(한 연구에서 타이핑 속도가 6퍼센트 증가한 것으로 나타났다).[11]

그러나 햇빛 부족, 나쁜 공기 질에 대한 인식, 과도한 배경 소음으로 인해 나타나는 이 같은 주요 건강 이상 외에도 각성 수준을 유지하고 스트레스 수준을 낮추고 창의적인 사고를 촉진하기 위해 직장에서 또 어떤 센스해킹을 시도할 수 있을까? 이 책의 앞부분에서 언급한 결과들을 떠올리면, 너무나 당연하게도 많은 연구가 사무실 안에 식물을 들이면 어떤 이점이 있는지에 초점을 맞추고 있다. 하지만 그에 대해 알아보기 전에, 직장에서 사람들의 성과와 웰빙에 영향을 미치는 환경의 다양한 감각적 측면을 살펴보려고 한다.[12] 우리의 방식을 바꾸지 않으면, 사무실 디자인 전문회사 펠로우즈가 최근 발표한 보고서 속 에마처럼 변할 위험이 있다.[13]

에어컨이 성차별을 한다?

성별에 따라 선호하는 에어컨 설정 온도가 다르다는 사실을 아는가? 사무실이 너무 따뜻하면 피로감이 증가할 수 있지만, 보통 여성들은 덥다고 불평하지 않는다. 이들은 정반대로 에어컨 온도가 너무 낮게 설정된 사무실에서 일할 가능성이 훨씬 더 높으며, 이 말인즉슨 체온을 유지하려면 무언가를 걸쳐야 한다는 의미다. 성별에 따라 편안하게 느끼는 온도 차이도 작지 않다. 한 연구에 따르면, 유럽과 북미 등 서구 남성은 섭씨 22.1도를 편안하게 느끼는 반면 일본 여성은 그보다 3.1도 더 높은 온도를 편안하게 느꼈다. 이런 차이가 나타나는 과학적 이유는 열을 더 많이 내는 근육이 보통 남성에게 더 많고, 이로 인해 신진대사가 훨씬 더 빠르기 때문이다(실제로 최대 30퍼센트 빠르다). 안타깝게도 수십 년 전 제정된 건축 지침은 몸무게 약 70킬로그램의 40세 남성이 가장 편안하게 느끼는 온도를 기준으로 삼고 있다. 요즘 여성들은 더 이상 침묵 속에서 몸을 떨고만 있지 않는다. 실제로 현재 냉방 기준이 성차별적이라는 불만이 점점 더 많아지고 있다. 잘 생각해보자. 나이가 들수록 신진대사율이 떨어진다는 점을 고려하면, 더 나이 든 노동자들 역시 더 높은 온도를 선호할 것이다.

한 가지 분명한 해결책은 단순히 설정 온도를 높이는 것이지만, 사무실 내 온도에 관한 한 만족스러운 중간이란 없을 수도 있다. 온도 조절기를 두고 벌어지는 싸움은 단순한 열적쾌적성 이상에 관한 것이지만, 주변 온도가 작업 성과에 영향을 주는 건 사실이다. 500명 이상을 대상으로 한 연구에서 주변 온도가 섭씨 16~31도 범위 안에서 더 높을수록 여성은 수학과 말하기를 더 잘하는 것으로 나타났으며, 남성은 그 반대였다. 하지만 온도를 올렸을 때 여성의 성과가 높아지는 정도가 남성의 성과가 낮아지는 정도보다 더 컸기 때문에(위 연구에서 온도가 1도 상승할 때마다 여성은 수학과 말하기 성과가 1~2퍼센트 증가한 데 반해, 남성은 그보다 적은 0.6퍼센트 저하되는 데 그쳤다), 이 연구의 저자는 남녀가 섞여 있는 사무실의 경우 온도를 올리면 전반적으로 성과가 높아질 것이라고 주장했다(단, 성별 균형이 맞는다고 가정할 때). 하지만 이런 증거에도 불구하고 사무실 건물의 에너지 효율과 관련해 환경에 대한 우려가 커지고 있기 때문에 난방 지출을 늘리는 것의 정당성을 주장하기는 점점 더 어려워지고 있다.[14]

몇몇 혁신적인 디자이너들은 '따뜻한' 느낌의 페인트 및 조명 색상을 활용해 열적쾌적성을 유지하면서도 겨울철 난방비를 줄일 수 있을지 연구해왔다. 실제로 사람들이 차가운 파란색이 아닌 따뜻한 노란색 조명을 받으면 약간 더 낮은 온도에서도 만족한다는 일부 증거가 있다. 그렇긴 해도, 이처럼 시각적으로 유발된 따뜻한 효과(0.4도 상승에 해당)가 실제 환경에서 얼마나 큰 차이를 낼 수 있는지는 여전히 의문으로 남는다.[15] 하지만 따뜻한 색상을 사용하면 단순한 열적 따뜻함을 넘어서는 효과를 볼 수 있으며, 특히 밝은 색상의 페인트와 조명은 기분과 감정에 영향을 줄 수 있다(2장 〈집〉에서 살펴본 것처럼 말이다).[16]

에어컨 온도 조절기를 둘러싼 전쟁이 곧 종결될 것 같지는 않으니 미래형 솔루션 하나를 꼽아보자면, 이미 수많은 고급 자동차에 장착돼 있는 온도 조절 시트가 대안이 될 수 있다. 연구자들은 적외선 모니터링 장치를 사용해 탑승자의 피부 온도를 측정하고 그에 따라 냉난방을 개별적으로 조절할 수 있음을 이미 보였으며, 이 같은 개인별 맞춤 방식을 통해 냉난방 비용을 무려 20~40퍼센트 절감할 수 있었다. 앞으로는 최대한 에너지 효율적인 사무실을 만들

어야 한다는 점에서, 이처럼 비용을 절감할 수 있는 접근방식이 더욱 중요해질 것이다.[17]

누군들 직장에서 피곤하지 않을까?

직장에서 마지막으로 졸음을 느껴본 적이 언제인가? 20세기 초 미국의 3만 명에 달하는 노동자를 대상으로 한 전국 조사에서 '지난 2주 동안 에너지 부족이나 수면 부족이나 피로감을 느꼈습니까?'라는 질문에 응답자의 약 40퍼센트가 그렇다고 답했다. 일주기 리듬을 감안할 때 사람의 각성 정도는 하루 동안 예측 범위 안에서 다양하게 변화하며, 대부분 오전 늦게, 혹은 오후에(특히 점심을 많이 먹었을 때) 졸음을 느끼는 경향이 있다. 심리학자들에 따르면, 사람은 중간 수준의 각성 정도에서 일을 가장 잘한다.

여기서 핵심 질문은 환경 조건이 각성 수준을 조절하거나 관리하는 데 도움이 되는지의 여부다.[18] 밝은 조명이나 배경음악 모두 도움이 되는 것으로 나타났다. 예를 들어 보다 밝은 흰색(즉 다양한 색상이 섞여 있는) 조명은 시간대에 관계없이 주관적으로 느끼는 주의력을 높여준다. 2006년 〈수면〉이라는 적절한 이름의 학술지에 실린 어느 연구에 따르면, 밝은 오후 빛을 약간 쬐면(특수 조명을 이용하면 화창한 날 드넓은 자연에서와 마찬가지로 똑같은 효과를 얻을 수 있다) 점심 식사 후 졸음을 이겨내는 데 도움이 된다.[19] 한편 배경음악을 재생하면 지루함을 줄여주고 공장 노동자와 타자수의 생산성을 10~20퍼센트 높여주는 것으로 나타났다. 하지만 모두가 즐길 수 있는 음악을 찾기란 어려운 일이다. 가능하면 헤드폰을 착용해 각자 좋아하는 음악을 들으라고 권고하는 이유다.[20]

마찬가지로, 페퍼민트나 시트러스처럼 톡 쏘는 듯한 향기는 효과적인 자극제가 될 수 있으며, 라벤더 같은 편안한 향기는 스트레스를 진정시키는 데 도움이 된다. 예컨대 스트레스를 받는 회의를 한 직후에 책상 위의 향기를 바꾸는 것이 중요하다. 이 간단한 센스 해킹은 마음가짐을 다잡는 데 도움이 될 것이다. 그러나 감귤류 같은 기분 좋은 향만으로 어질러진 책상을 덜 어수선해 보이게 할 수는 없다(내 아내는 그걸 바라겠지만).[21]

우리에게 정말 필요한 것은 점심 식사 이후에는 주의력을 유지할 수 있고, 반면 하루 일을 마감하며 퇴근 준비를 할 때는 긴장을 풀 수 있는 직장 환경이다. 환경 자극에 대한 요구가 이처럼 시점에 따라 다르다는 사실을 통해, 고정된 환경 특징이 직장 내 사람들의 웰빙과 생산성을 관리하는 데 별 도움이 안 되는 이유를 일부 설명할 수 있다. 즉 특정 페인트 색상이 각성에는 도움이 될 수 있지만, 하루가 끝날 무렵에는 별로 좋지 않을 수도 있다. 지능형 조명 솔루션은 하루 동안 주변의 자극 패턴을 바꾸는 보다 유연한 수단이다. 사실 이 분야에서 가장 흥미로운 연구는 4장 〈침실〉에서 본 새벽의 푸른빛에 관한 것이다. 이런 단파장(460나노미터) 청색광에 상대적으로 짧은 시간 동안 노출되면 여러 다양한 일에 걸쳐 주의력과 인지 능력이 향상된다.[22] 졸리다고? 이게 완벽한 솔루션이 될 수도 있다.

　나는 지난 15년 동안 페인트 및 향수 기업과 협력해 환경이 사람에게 미치는 영향을 평가하고 직장에서 성과를 높일 수 있는 다중감각적 전략을 설계해왔다. '특정 페인트 색상이 노동자의 생산성을 높일 수 있는가?'는 거의 20년 전 내가 듀럭스페인트사와 연구했던 질문 중 하나였다. 인간의 정신활동의 다양한 측면에 색이 미치는 영향을 조사한 수많은 연구가 있었다.[23] 옥스퍼드에서 우리 연구팀은 특정 페인트 색상이 직장에서 사람들의 생산성을 크게 높일 수 있다는 것을 증명하려고 오랫동안 노력했지만, 그보다는 주변 조명이나 스크린의 색조와 밝기를 바꾸는 것이 거의 항상 더 효과적인 센스해킹이라는 사실을 발견했다. 당연히 조명이 밝을수록 더 각성하기 좋은 환경이다.

　동시에 수많은 기사 헤드라인을 장식했던, 컴퓨터 컬러 스크린 응시 연구는 재현이 어려운 것으로 밝혀졌다(빨간색 화면을 응시하면 맞춤법 검사 점수가 높아지고 파란색 화면을 응시하면 창의적인 문제 해결 능력이 좋아진다는 메타와 주의 주장으로, 2009년 〈사이언스〉에 실렸다).[24]

센스해킹으로 창의력 높이기

창의성을 논하자면, 그동안 초대받았던 수많은 비즈니스 혁신 워크숍에서 내가 느꼈던 절망감을 시인해야 한다. 나는 컨설팅 시간의 대부분을 적당히 화려한 호텔의 창문 없는 지하 방에 갇혀 있었으며, 때론 며칠씩이나 처박혀 있어야 했다. 흰 벽, 각진 표면, 꽉 막힌 사방, 자연광이 아닌 인공조명에 둘러싸인 채 말이다. 자연의 흔적은 분명 없었고, 때로 구석에 처박혀 있는 화분을 발견하기는 했다. 그런 환경에서 혁신적인 사고가 촉진된다고 누가 생각하겠는가? 그런 회의를 조직하는 책임자 대다수가 적당한 사람들을 충분히 오랜 시간 모아놓기만 하면 환경은 그다지 중요하지 않다고 믿는 것 같다. 분명 실수다.

일하는 장소의 물리적 특성은 생각보다 사고방식에 많은 영향을 준다. 각 특성을 개별적으로 보면 효과가 미미할 수는 있지만, 그런 것 하나하나가 다 도움이 된다. 다 합치면 궁극적으로 성과에 큰 영향을 줄 수 있다는 얘기다. 예를 들어 2장 〈집〉에서 살펴봤듯, 여러 사람이 합의에 도달하기를 바라면 둥근 테이블에 앉는 것이 좋으며, 고상한 아이디어를 내고 싶거나 아이디어가 서로 연결되기를 바라면 천장이 높은 방에 모이는 것이 좋다.

나는 이런 비즈니스 혁신 회의를 트렌디한 광고 대행사나 최근 실리콘밸리 기술기업 등에서 자주 볼 수 있는 창의적인 공간과 비교하는 것을 좋아한다. 친한 대학 친구 중 한 명이 로스앤젤레스의 쌍안경처럼 생긴 건물에서 오랫동안 근무했다. 20년 전 가난한 젊은 학자였던 나는 그를 방문했을 때 무척 부러웠다. 사무실 한쪽에 특별히 따로 마련돼 있던, 새로운 아이디어와 창의적인 사고를 위한 전용 공간에 놀랐던 기억이 난다. 울퉁불퉁한 바닥에서 천장까지 이어진 흰색 커튼은 따뜻한 캘리포니아 바람에 사뿐하게 물결쳤고, 엄청 크고 부드러운 하얀 쿠션은 거기에 앉는 사람을 조용히 삼켜버릴 것만 같았다. 이런 환경 변화로 창의적인 사고가 피어나는 걸 상상하기란 너무나 쉬웠다(그리고 증거가 이를 입증하는 것으로 보인다).[25] 하지만 그 공간을 꾸민 책임자는 적막에 대해서는 잘못 생각했을 수도 있다. 루이 메타 연구팀은 약간의 배경 소음(카페테리아의 다양한 사람들이 떠드는 소리, 길가의 교통 소음, 먼 거리에서 들려오는 건설 현장의 소음 등이 뒤섞인 것)이 때론 창의적 인지를 촉진할 수 있다고 주장했다. 다섯 건의 실험에서 연구자들은 소음의 크기가 50데시벨이나 85데시벨일 때에 비해 70데시벨(샤워기나 식기세척기에서 발생하는 소음 정도)일 때 성과가 더 좋다는 사실을 발견했다.[26]

너무 멀리 간 경우도 있다. 구글 취리히 사무실 직원들은 평소 회의를 가짜 스키 슬로프 위에 위치한 곤돌라 안에서 진행하는데, 이게 좋은 아이디어인지 나는 아직 확신할 수 없다. 위워크 같은 회사의 공유 사무실이 늘면서 일반적인 사무실에서는 거의 찾아볼 수 없는, 최근 유행하는 기능이 통째로 제공되는 경향이 생겼다는 사실에 주목해보자.

커피나 차, 기타 카페인 음료는 회의의 필수 준비물이 됐다. 실제로 설문조사에서 노동자 대부분이 회의 때 음료가 제공될 거라고 기대하는 것으로 나타났다. 하지만, 왜일까? 뜨거운 음료는 정말 사람들의 추론 능력을 좋아지게 할까? 많은 사람들이 일하다가 기운을 차리려고 커피나 콜라 같은 각성제를 찾지만, 그룹 환경에서의 협업은 뜨거운 음료나 카페인 음료에 의해 강화된다. 더구나 소비를 줄이려는 사람들에게 희소식은 커피 향만 맡아도 성과를 향상시킬 수 있다는 것이다. 적어도 냄새를 통해 각성할 수 있다고 믿는 경우엔 그렇다.[27] 화학적 감각을 센스해킹하는 것은 생각보다 훨씬 더 중요하다.

개방형 사무실

많은 노동자가 겪는 큰 문제 중 하나는 사무실이 최대 세 명이 쓰는 개별형에서 점점 더 개방형으로 바뀌는 추세라는 것이다. 현재 미국 노동자의 70퍼센트 이상이 이런 상황에 처해 있다.[28] 결정권자들은 종종 개방형 사무실이 비용을 절감하고 동료 간 상호작용도 늘린다고 주장한다. 그러나 증거는 대부분 이와 반대로 나타난다. 몇 번이고 반복해서, 개방형 사무실로의 이전은 스트레스 증가, 대인관계 '저하', 주관적인 웰빙감 감소와 관련됐다.[29] 개방형 사무실로 이전한 결과로 피로와 두통, 스트레스 관련 질병이 늘었다. 노동자의 건강과 성과에 관한 체계적 문헌 고찰 결과, "개방형 사무실에서 일하는 것이 직무 만족도를 감소시킨다는 강력한 증거가 있다." 당연히 신문들은 사무실의 주의 산만 문제를 해결하려는 센스해킹 사례를 자주 다룬다.[30]

최근 건물의 석면 수치가 높게 나오는 바람에 우리 학과 사무실이 갑자기 폐쇄됐을 때 나도 이런 단점을 경험했다. 오래된 건물의 단독 사무실을 쓰던 교수진 대부분은 임시로 새 개방형 사무실로 옮겼다. 뚜렷하게 부정적인 결과가 보였는데, 학생 연구원들이 더 자주 학교 밖으로 나갔고 특히 소음을 주요 문제로 꼽았다. 내 짧은 경험을 돌아보면, 사람들이 개방형 사무실에서 일할 때 여러 방해물로 인해 하루 동안 손해 보는 시간이 86분이라는 숫자가 당연하게 느껴진다. 나와 동료들은 곧 재택근무를 시작했다. 사실 나는 이 책 대부분을 집에서 썼다! 프라이버시는 물론이고 약간의 평화와 고요를 누릴 수 있는 유일한 장소였다.

하지만 모두가 이런 선택권을 누릴 수 있는 건 아니다. 안타깝게도 학계가 소위 '학문적 허브'를 개발하는 데 있어 서서히 대기업의 선례를 따라가면서, 대학 부문 전반에 걸쳐 개방형 사무실이 점점 더 보편화되고 있다.[31] 물론 이상적으로는 개방형 사무실을 완전히 없애고 그 과정에서 직원들의 웰빙과 생산성을 높이는 것이 좋다. 그러나 추세를 보면 가까운 시일 안에 그렇게 될 것 같지는 않다. 개방형 사무실을 도입하면 단기적으로 비용이 절감되고 유연성을 높일 수 있기 때문에 회계 직원이 이에 반대하기는 어렵다.

일단, 창가 쪽 책상을 고르자

운 나쁘게 개방형 사무실을 쓰게 됐다면, 가장 먼저 해야 할 일은 가능한 한 창가 쪽 책상을 고르는 것이다. 만족도를 유지하는 데 정말 큰 도움이 될 것이다. 또 주변의 시각적 산만함을 줄이기 위해 높은 파티션을 설치해 가능하면 사무실 동료와 자신을 분리해야 한다.[32] 그러나 개방형 사무실의 가장 큰 문제는 소음이며, 특히 다른 사람들의 대화 소리가 방해가 된다. 절대적인 침묵은 도서관처럼 느껴질 수 있기 때문에 좋지 않다. 그리고 개방형 사무실에서 일하는 사람들의 25~30퍼센트가 소음 수준에 불만족하는 상황에서 시급히 필요한 건, 소음으로 인한 산만함을 완화할 수 있는 센스해킹이다.

대니얼 레비틴의 저서 《정리하는 뇌》는 배경 소음을 30데시빌까지 줄일 수 있는 귀마개 이야기로 시작한다. 그는 또 노이즈 캔슬링 헤드폰을 사용해 배경 소음을 추가로 소거하라고 권한다. 더 직접적인 방식으로, 동료들에게 방해하지 말아달라고 당부하고, 큰 소리로 떠드는 사람에게는 닥치라고 말하라고 제안한다! 하지만 그런 접근방식이 당신의 평판에 어떤 영향을 줄지 굳이 말할 필요는 없을 것이다.[33]

이 분야에서 이미 쓰이고 있는 또 다른 해결책은 사무실에 갈색 소음을 재생하는 것이다.* 여기서 비결은 갈색 소음을 사람들이 말하는 소리를 가릴 만큼 충분히 크게, 그러나 대화하려고 목소리를 높일 필요는 없을 만큼 조용하게 트는 것이다. 하지만 주파수를 잘

---

* 갈색 소음(브라운 노이즈)은 주파수가 잘못 맞춰진 라디오나 TV에서 들리는, 필터링된 유사 랜덤 소음을 뜻한다. 전체 주파수 스펙트럼에 균등하게 분산돼 있는 백색 소음과 달리, 사람의 음성과 일치하는 주파수를 선택적으로 사용한다.

못 맞춘 라디오 소리나 어쩌면 환풍기 소음 같은 걸 하루 종일 듣는
건 그 누구의 취향도 아닐 것이다.

또 다른 혁신적인 해결책은 자연의 소리를 활용하는 것이다. 앞
장에서 살펴본 내용을 고려하면 이 방법이 효과적이라는 믿을 만한
증거가 있을 것 같다. 이와 관련해 2017년 핀란드의 한 연구에서 개
방형 사무실에 일반적인 갈색 소음과 네 가지 서로 다른 자연 물소
리를 재생한 결과를 비교했다. 자연의 소리는 각각 폭포, 잔잔한 강,
졸졸 흐르는 강, 가끔 새소리가 나는 강을 연상시키도록 제작됐다.
모든 소리는 동일한 44데시벨(시냇물 소리보다 크지 않은 정도)로 최
소 3주 동안 직원 70명에게 재생됐다. 하지만 예상과 달리, 자연의
소리는 사무실에서 이미 사용 중인 갈색 소음에 비해 주관적인 만족
도를 높이거나 산만함을 줄여주지 않는 것으로 나타났다. 다양한 주
관적 만족도와 성과 측정 결과, 실제로 소음을 가리는 측면에서는
갈색 소음이 가장 효과가 높은 것으로 나타났다.[34] 따라서 이런 결
과가 대표적인 정도라면, 연구진은 갈색 소음이 비록 매력적이지는
않지만 개방형 사무실 대부분에 존재하는 청각적 산만함과 관련된
스트레스를 줄이는 데는 최고의 센스해킹일 수 있다고 제안한다.

하지만 이 결과는 적어도 내게는 약간의 의심과 질문의 여지를
남긴다. 자연의 소리가 다른 곳에서는 긍정적인 반응을 이끌어내는
데, 유독 사무실 상황에서는 왜 효과가 없을까? 한 가지 문제는 사
무실 환경에서 단순히 흐르는 물 소리를 재생하는 게 어떤 의미에
서는 부적합하다는 점이다. 이 소리를 들으며 자연을 연상하기보다

누수가 생겼거나 화장실에 문제가 생긴 거라는 생각이 들 수 있다(혹은 소변을 누고 싶다는 생각이 들 수도 있다!). 이와 반대로, 예를 들어 공원에서 교통 소음을 가리려고 물 흐르는 소리를 틀 때처럼 자연의 소리를 외부에서 재생하면 효과가 훨씬 더 좋은 경향이 있었다(3장 〈정원〉에서 살펴봤듯이). 이건 아마도 물소리가 자연적인 야외 환경과 더 잘 어울리기 때문이거나, 최소한 듣는 사람들이 그렇게 생각하기 때문일 것이다.

배경 소리와 소음이 사람들에게 어떤 영향을 미치는지 설명할 때 소리가 만들어내는 마음속 이미지가 음파 자체의 물리적 특성만큼 중요하다. 요점을 설명하기 위해 스웨덴 연구팀이 세 집단의 사람들에게 중간중간 백색 소음을 섞은, 똑같이 애매모호한 핑크 소음을 들려준 2016년 연구를 예로 들어보려고 한다.* 한 집단의 참가자들에게는 아무 말도 하지 않았다. 두 번째 집단에게는 공장 기계 소음이 들릴 거라고 말했고, 세 번째 집단에게는 폭포에서 나는 자연의 소리가 들릴 거라고 말했다. 흥미롭게도 자연의 소리를 듣고 있다고 생각한 사람들은 공장 소음을 듣고 있다고 생각한 사람들보다 주관적인 회복 정도가 훨씬 더 높았다. 그리고 예상대로, 소리의 근원에 대해 아무것도 듣지 못한 대조군의 반응은 그 사이 어딘가에 있었다.[35]

---

* 핑크 소음은 모든 주파수의 세기가 동일하게 들리는 반면, 백색 소음은 고주파 소리가 더 크게 들려 거친 느낌이 든다.

초록 사무실

점심시간에 단 몇 분이라도 자연에 나갈 수 있는 직장인들은 오후 시간에 일이 더 잘 된다고 말한다. 자연에 대한 노출은 스트레스 수준을 줄여줄 뿐만 아니라 다시 책상 앞에 앉았을 때 창의적 문제 해결 능력을 높여준다. 그러나 누구나 근무 시간 동안 자연에 접근할 시간이나 기회가 있는 것은 아니란 점을 아는 게 중요하다. 이들에게 차선책은 창가 가까이 책상을 두는 것이다. 자연광은 물론이고 자연을 볼 수 있는 곳이 더 좋다. 이 두 요소는 주관적인 웰빙과 스트레스 회복력 모두에 긍정적인 영향을 준다.[36]

그러나 이 역시 모두가 선택할 수 있는 사항은 아니다. 자연적 요소를 직장에 들이기 위해 또 무엇을 할 수 있을까? 전통적으로는 화분에 심은 식물이나 자연을 담은 포스터가 쓰였다. 벽에 자연 풍경화나 추상화가 붙어 있는 사무실에서는 남성 직원의 분노와 스트레스 수준이 낮은 경향이 있다.[37]

오랫동안 논의된 직장 내 관목(예컨대 화분)의 효과에 관해서는, 2014년 연구에서 아무것도 없는 사무실과 비교해 녹색의 유익한 효과를 뒷받침하는 지금껏 가장 설득력 있는 증거가 나왔다. 네덜란드와 영국의 커다란 상업용 개방형 사무실에서 수행된 현장 연구 삼총사는 동일한 사무실을 초록 버전과 군더더기 없는 버전으로 바꾸어 각 환경에 대한 노동자들의 주관적 만족도뿐만 아니라 좀 더 객관적인 성과 측정값을 비교했다. 그 결과 식물이 있는 사무실에서 주관적 만족도와 객관적 성과 측정값 모두 뚜렷이 높게 나타났다.[38] 고용주 관점에서도 노동자가 초록 사무실에서 약 25퍼센트 더 빠르게 일했다고 답했다. 한편 직원들은 공기 질이 더 좋게 느껴졌다고 답했으며, 자가보고한 집중력 역시 더 높았다. 즉 윈-윈의 상황인 것이다.

"인조 나무는 뭐가 문제일까?"

1973년 〈사이언스〉에 실린 기사는 이렇게 물었다. 그런데 저자는 자신의 질문에 오히려 변명하듯 다음과 같이 답했다. "내 생각에 인조 나무에는 거의 아무런 문제가 없는 것 같다. 인조 나무 같은 걸 갖고 (실제 나무보다) 훨씬 더 많은 것을 할 수 있기 때문에 대부분의 사람들이 자연을 경험하고 있다는 느낌을 받을 수 있다."[39] 하지만 인조 관목이 실제로 살아 있는 식물을 접할 때와 동일한 이점을 줄까? 인조 나무가 일종의 심리적 혜택을 줄 수는 있지만,* 공기를 정화하지 못하는 건 분명하다. 어쨌든 실내 식물과 뿌리에 있는 미생물 소우주(기본적으로 토양에 숨어 있는 모든 생명체)는 실내 공기 질과 관련된 건강 문제와 새집증후군의 원인으로 의심되는 휘발성 유기화합물을 제거하는 데 도움이 된다.

---

* 하지만 이 문제와 관련해 잘 통제된 실험을 나는 아직 본 적이 없다.

그림 7 미국 시애틀 시내에 위치한 아마존 본사.

실내 식물이나 뿌리에 존재하는 미생물 소우주는 대기로부터 이산화탄소를 흡수해 공기를 상쾌하게 만들어주기도 한다. 예컨대 2007년 한 연구에서 실내 식물은 자연 환기가 되는 건물에서는 최대 25퍼센트, 에어컨이 설치된 사무실에서는 10퍼센트까지 이산화탄소 수치를 낮추는 것으로 나타났다. 그러나 여기에서 이런 작용을 하는 것이 잎 자체인지, 아니면 식물이나 흙에서 발견되는 박테리아인지는 의문의 여지가 있다. 그리고 어떤 품종이 좋을지 고민된다면, 작고 녹색이며 가벼운 향기가 나는 식물이 건강과 웰빙 증진에 효과적이다. 사무실에 빨간 꽃이 만발한 식물은 시각적으로는 매력적일 수 있지만 머지않아 피로해질 수 있으므로 조심하는 게 좋다.[40]

어느 날 내가 차에 관목을 가득 싣고 연구실로 출근했을 때 학생들이 지었던 표정이 기억난다. 학생들은 내가 일종의 심리전을 펼치고 있다는 의견을 분명히 밝혔다. 미적 이유가 아닌 학생들로부터 뽑아낼 논문의 수를 늘릴 요량으로 화분을 가져왔다고 말이다. 학생들의 우려가 옳았을지도 모른다! 어쨌든 잠재적인 성과 향상 효과를 무시해서는 안 된다.

세계그린빌딩협의회에 따르면, 사무실을 더 자주 환기하고 오염물질을 줄이는 것만으로 생산성을 8~11퍼센트 높일 수 있다.[41] 이같은 인상적인 결과를 보면, 아마존이 2018년 초 미국 시애틀 시내에 새로운 본사를 만들면서 일반 사무 건물이 아닌 온실처럼 보이게 한 이유를 설명할 수 있다. 세 개의 유리 돔 안에는 과연 아마존 본사다운 규모로 400종의 식물 약 4만 그루가 자라고 있다![42] 자연 효과를 과다 복용하는 게 가능하다면, 바로 이것이다.

사무실 컴퓨터에 자연의 모든 아름다움을 담았나요?

많은 직장인들은 그 무엇보다 컴퓨터 화면을 가장 오랫동안 본다. 그래서 화면 속에 보이는 것으로도 자연 효과를 유발할 수 있을지 궁금해지는 것이다(윈도우에서 흔히 볼 수 있는, 놀랍도록 아름다운 풍경 배경화면과 화면 보호기를 생각해보라). 요즘 휴식을 취한 뒤 내 컴퓨터 앞으로 돌아올 때마다 끝없이 펼쳐진 멋진 자연 이미지가 나를 환영한다. 그런 이미지를 가끔 몇 분씩 쳐다보는 게 내게 좋을까? 긴장감과 스트레스가 많은 업무 회의 직후, 혹은 최근 내가 겪은 것처럼 장학금 신청서나 학술 논문 게재가 거부됐다는 이메일을 받은 직후에 주의력을 되찾고 회복하는 데 이런 이미지가 도움이 될까? 적어도 충분히 오래 쳐다보면 도움이 될 것 같다.* 물론 여기서 핵심 질문은 얼마나 오래 쳐다봐야 하느냐는 것이다.

이와 관련해 가장 근접한 연구로, 회복 효과가 있을 것 같은 자연 이미지 몇 장을 모니터에 띄우기 전후 인지/주의 성과를 비교한 실험이 있다. 연습 효과를 배제하기 위해 자연 이미지를 본 실험 참가자들의 성과를 도시 이미지, 또는 기하학적 패턴 같은 중립적인 무언가를 본 다른 집단 참가자들의 성과와 비교했다. 그 결과 컴퓨터 화면에서 자연 이미지를 보는 경우** 실제로 주의력을 회복하는 데 도움이 된다는 사실이 확인됐다.[43]

주의력 회복 측면에서 상당한 효과를 얻기 위해 이런 이미지를 최소한 얼마 동안 봐야 하는지는 아직까지 정확하게 계산되지 않았다. 그러나 한 연구에 따르면, 콘크리트 지붕이 아닌 꽃이 만발한 녹색 옥상 정원의 사진을 본 뒤 40초도 채 지나지 않아 성과가 크게 향상됐다는 결과가 나왔다.[44] 하지만 자연 이미지를 볼 때 얻을 수

---

* 여기서 자연이 주는 효과에 대한 두 가지 유명한 설명을 떠올려보자. 하나는 울리히가 최초로 제안한 스트레스 회복 효과이고, 다른 하나는 캐플런과 그의 동료가 주장한 주의력 회복 이론이다. 3장 〈정원〉에서 보았듯 두 이론을 서로 배타적인 것으로 볼 필요는 없다.

** 각 이미지를 7~15초 동안 띄우는 방식으로 한 연구에서는 총 6분 25초 동안, 다른 연구에서는 총 10분 동안 지속했다.

있는 이점은 이미지를 보는 시간뿐만 아니라 스크린 크기에도 좌우될 수 있다. 또 다른 연구에서는 하다못해 모니터가 클수록 더 몰입해서 볼 수 있고, 경미한 스트레스 요인으로부터 더 빨리 회복할 수 있다는 결론을 내렸다. 이 연구에서 실험 참가자들은 공장의 배경 소음을 들으면서 16분 동안 몹시 어려운 산수 문제를 푸느라 스트레스를 받은 터였다.[45]

초대형 모니터를 통해 자연의 모습이 담긴 화면 보호기를 감상한다는 아이디어는 뭐 괜찮긴 하지만, 그렇게 하자면 해야 할 일이 많고, 결국 컴퓨터 화면은 대부분 덜 인상적인 무언가로 채워지게 될 것이다. 그렇다면 창가 자리에 앉을 수 없는 사람들을 위해 자연이 주는 혜택을 직장에서도 누릴 수 있는 또 다른 방법으로 무엇이 있을까? 센스해킹과 관련해 제시된 흥미로운 제안 중 하나는 벽에 가상 창을 배치하는 것이다(예를 들어 자연의 모습을 실시간으로 보여주는 화면 등). 이 방법은 실제 창문을 통해 보는 것과 마찬가지로 직장 내 웰빙을 향상시켜줄까? 시애틀 워싱턴대학교 연구팀이 이 질문에 대한 연구를 진행했다. 연구팀은 가벼운 스트레스 테스트 직후 각각 창문, HDTV 화면, 빈 벽을 볼 때 인지 회복 효과를 비교했다. 결과는 명백했다. 창밖을 본 사람들의 심박 수가 훨씬 더 빠르게 평소 수준으로 돌아왔다. 실망스럽게도 TV 디스플레이는 창밖과 동일한 장면을 보여주었지만, 빈 벽보다 나을 것이 없었다.[46]

모두 알다시피 다중감각적이지 않다면 자연이라 볼 수 없으며, 화면을 통해 보는 것의 명백한 한계 중 하나는 보통 자연의 소리 없이 광경만을 보여준다는 점이다. 이 관점과 일치하는 2013년 파일럿 연구(소수 참가자만 실험했다는 의미다) 결과, 사람들이 자연을 묘사한 가상의 시각과 청각 자극에 노출될 경우 트리어 사회 스트레스 테스트(2장 〈집〉 참고)에서 훨씬 더 빠르게 회복되는 것으로 나타났다.[47] 여기서도 또 한 번, 자연 경관만을 가상으로(아무 소리도 들리지 않는 숲의 형태로) 보는 것은 빈 벽을 응시하는 것보다 낫지 않다는 사실이 밝혀졌다.[*] 이 연구에서 도출된 결론이자, 저자들이 좋아하는 결론 하나는 더 많은 감각으로 자연을 경험하는 게 더 좋다는 것이다.[**] 디지털로 재현된 자연을 보는 게 정확히 언제 도움이 되는지, 해결되지 않은 질문도 남아 있다. 바로 앞에서 살펴본 화면 보호기 연구를 떠올려보라.

더 미래지향적으로 보자면, 자연의 냄새와 느낌을 직장에 도입하는 방식도 재미있을 것 같다. 어쨌든 시트러스나 페퍼민트 같은 향은 사람들의 기분뿐만 아니라 다양한 작업 성과를 향상시켜준다.[48] 숲의 흙냄새가 위 실험 연구에 참여한 사람들이 더 효과적으로 회복하는 데 도움이 될까? 나는 그럴 거라고 생각한다. 아니면 비 온 뒤 특유의 마른땅 냄새 페트리코에서 발견되는 휘발성 물질

---

[*] 흥미롭게도 일부 참가자는 조용한 숲 장면이 약간 위협적으로 느껴진다고 말했다. 뭔가 나쁜 일이 일어날 것 같은 느낌을 받았다는 것이다.

[**] 하지만 비평가는 연구원이 자연의 소리만 있는 조건에서 성과를 평가하는 데 실패했다는 사실을 지적할지도 모른다. 그리고 스칸디나비아 사람들이 다중감각적 사무실 디자인 분야에서 그토록 활동적인 것은 그곳의 길고 어둡고 추운 겨울 밤이 노동자들의 웰빙에 특히 부정적인 영향을 미치기 때문이다.

인 지오스민을 뿌리는 것도 방법이다.

그리고 사무실 의자 위에 질감이 있는 덮개를 걸쳐보자. 의자 덮개는 최소한 배경 소음을 약간은 흡수할 가능성이 높다. 내가 좋아하는 건 책상 위에 돌이나 솔방울, 밤나무, 나무껍질 조각 같은 자연의 사물을 놓는 것이다. 사무실 환경을 채우고 있는 모든 인위적인 매끄러운 표면과 대조되는 자연스러운 느낌의 무언가 말이다. 이렇게 자연을 만지는 것이 자연을 보거나 듣는 것만큼 주관적인 웰빙을 향상시켜준다고 언젠가는 증명될지 의심스럽지만, 이건 출발점이 될 수 있다. 이 책에서 살펴본 바와 같이, 감각들이 일치된 방식으로 결합될 때 건강과 웰빙에 가장 좋은 결과가 나오곤 한다.[49]

구글이 무료로 식사를 제공하는 이유

구글, 픽사, 애플, 야후, 드롭박스 등 실리콘밸리에서 성공한 많은 기술기업들에 최소한 한 가지 공통점이 있다는 건 우연이 아니다. 이들 기업은 직원들에게 식비를 지원하거나 경우에 따라 무료로 음식을 제공한다. 게다가 이런 식사는 종종 기다란 공동 테이블에서 이뤄진다(그러고 보니 옥스브리지 대학 식당과 비슷하다(옥스브리즈는 영국 옥스퍼드대학교와 미국 케임브리지대학교를 함께 일컫는 말로, 이들 식당은 영화 〈해리포터〉에 나온 마법학교의 식당으로 유명하다 – 옮긴이)). 그렇게 후하게 쏠 수 있는 상당한 자금이 있는 것은 분명하지만, 담당자들은 이 비용을 신중하게 평가한다. 적어도 이건 내가 환대산업 콘퍼런스에서 구글의 식품 책임자인 마이클 바커를 마지막으로 만났을 때 그가 한 말이었다. 그런 식사 자리를 마련하는 건 서로를 알 필요가 없는 사람들을 식탁에서든 커피 가판대에서든 우연히 만나게 하기 위해서다.* 최근 몇 년 동안 지식 창출의 가치에 대한 인식이 높아지면서 혁신적인 업무 공간 디자인에 이런 변화가 생겼다.[50]

한 평론가는 잡지 〈포브스〉에 기고한 글에서 구글이 음식을 무료로 제공하는 전략적 목적에 대해 "직원을 속여 캠퍼스에 머물게 하려는 게 아니다. 그 목적은 실제로 혁신적인 사고를 고취시키려는 것"이라고 썼다. 즉 사람들을 상호작용하도록 만드는 것이 목표다![51] 하지만 음식이 너무 인기가 많아지면 문제가 생길 수 있다. 어쨌든 누가 직원 식당에서 오래 줄을 서고 싶겠는가? 흥미롭게도 수많은 일본 사무실 건물을 설계한 시마즈는 이 문제를 해결할 혁신적인 방법을 제시했다. 식당이 작은 경우 직원들의 식사 시간을 분산시키기 위해 환기 시스템을 이용해 사무실 건물의 여러 층에 서로 다른 시각에 음식 냄새를 배출한 것이다. 음식 냄새가 날 때 식욕이 얼마나 당기는지 생각해보면 이는 효과적인 전략이 될 것이다.

동일한 음식을 먹는 사람들은 서로 다른 음식을 먹는 사람들보

---

* 오늘날 밀레니얼 세대 노동자들에게 커피숍이 사교적인 만남의 장소가 되는 경향이 늘면서 이를 코피스coffice라고 부르는 사람들도 있다.

다 신뢰 게임이나 노동 협상 상황에서 협력할 가능성이 더 높다. 즉 비즈니스 협상을 이끌어내기 위해 음식을 전략적으로 제공할 수도 있다. 미국 경영전문대학원 밥슨칼리지의 락슈미 발라찬드라의 연구에서 MBA 학생 132명에게 두 회사 간 가상의 합작법인 투자 계약을 협상하는 임무가 주어졌다. 그 결과 협상 테이블에 음식이 없을 때보다 있을 때 협상 금액이 11~12퍼센트, 약 670만 달러 더 높았다. 함께 식사를 함으로써 이득을 얻을 수 있는 건 창의적인 분야만이 아니다. 적어도 코넬대학교 출신의 브라이언 완싱크와 동료의 연구를 믿을 수 있다면 말이다. 이들은 소방관들이 식사를 함께하면 성과가 높아진다는 사실을 발견했다.[52]

이를 깨달은 몇몇 정치인들은 이제 음식을 훨씬 더 진지하게 받아들이기 시작했다. 예를 들어 힐러리 클린턴은 국무장관 시절 식사에 관심이 많았고, '스마트 외교'라 명명한 것의 일환으로 완전히 새로운 방식으로 음식을 제공하기 시작했다. 미국 정부의 의전심의관 내털리 존스의 말마따나, 실제로 "식탁에서 어려운 협상이 벌어지기 때문에" 음식은 무척 중요하다.[53] 클린턴 국무장관은 국가 원수나 다른 고위 인사가 방문한 식사 자리를 일종의 행사로 취급한 것으로 보이는데, 북미 요리와 현지 농산물을 선보이는 동시에 외국의 취향과 관습을 세심하게 고려할 것을 강조했다. 이를 통해 문화적 이해를 드높이려는 바람이었다.

직장에서 함께하는 식사의 기본적인 기능을 결코 무시해서는 안 된다. 그리고 공짜 점심 같은 건 없을 수도 있지만, 성공적인 근무 환경을 만드는 데 있어서 화학적 감각의 역할을 고려하지 않는 건 실수다. 특히 지식 경제나 창조적인 산업에서 고용주는 이런 실수를 하지 않는 게 좋다. 무엇을 해야 할지 고민되는가? 직원들의 식사에 통 크게 비용을 보조하는 지구상 가장 성공적인 비즈니스와 옥스퍼드·케임브리지 같은 대학의 사례를 참고하자. 직원들이 일하는 환경의 모든 다중감각적인 측면을 신중하게 고려하지 않았다면, 그들은 결코 지금의 지위에 도달하지 못했을 것이다. 이제 일 이야기는 이 정도로 충분하니 마치려고 한다. 오래된 속담(1659년까지 거슬러 올라간다)대로, "일만 하고 놀지 않으면 사람이 우둔해진다."

7

쇼핑

알면서도 당하게 되는 속임수

물건 하나를 사러 갔다가 계획에 없던 다른 물건들까지 잔뜩 사들고 돌아온 경험이 없는 사람이 있을까? 아니면 온라인에서 온갖 종류의 상품을 장바구니에 담았다가 실은 필요하지 않다는 사실을 깨닫고 상당수 취소하는 경우도 있을 것이다. 이는 여러분의 잘못이 아닐 수도 있으므로 그렇게 죄책감을 느낄 필요는 없다. 센스해킹이 예술보다 과학으로 활약하는 곳 중 하나가 쇼핑의 세계이기 때문이다. 최근 수년 동안 기업들은 뉴로마케팅 및 감각 마케팅의 떠오르는 최신 연구 결과를 활용해 사람들을 유혹해왔다.[1] 일단 사람들을 가게 안이나 (온라인 쇼핑의 경우) 웹사이트로 유인하고 나면, 고객들을 조금 더 오래 붙잡아두기 위해 기업은 최선을 다한다. 그들의 바람은 더 많이 사도록 장려하고 더 비싼 물품을 고르도록 유도하는 것이다. 다중감각적인 분위기를 제대로 갖추고 온라인에 물 흐르는 듯한 구매 경험을 제공하고 나면, 결국 고객 모두를 속수무책의 쇼핑 중독자로 바꿀 수 있는 것처럼 보일 것이다.

안타깝지만 알든 모르든 우리의 행동에 변화를 주는 미묘한, 또는 노골적인 영향을 막기 위해 우리가 할 수 있는 일은 거의 없다. 증거에 따르면 사람들은 대부분 본인이 쉽게 흔들릴 수 있다는 사실을 믿지 않는다. 다른 이들이 '반값 세일', '원 플러스 원', '기간 한정 세일' 같은 값싼 속임수에 넘어갈 때 자신은 절대 아닐 거라고 믿는다. 그럼에도 나는, 시장이 고객의 감각을 해킹하는 일에 우리가 지금보다 훨씬 더 관심을 가져야 한다고 생각한다. 나는 지난 25년 동안 크고 작은 기업 및 광고 대행사와 협력한 결과, 고객들로 하여금 탈취제부터 세제까지, 또 커피에서 의류에 이르기까지 무엇이든 더 많이 사게 만들 수 있다는 사실을 안다.[2] 마케팅의 숨겨진 힘에 대해 우려를 표한 사람이 분명 내가 처음은 아니다. 1957년 밴스 패커드의 책《숨어 있는 설득자The hidden persuaders》는 이런 노선을 따라 퍼지는 전형적인 저널리즘 유언비어가 됐다.

쇼핑하는 사람들의 감각을 자극하는 방법에 대한 마케터의 이해는 확실히 많이 발전했다. 이 책에 묘사된, 루이스 체스킨과 에르네스트 디히터 등의 연구가 나온 초창기 시대 이후로 말이다. 이들 초창기 전문가들은 로고, 라벨, 제품 포장에 추상적인 색상이나 모양을 도입해 소비자의 인식과 행동을 편향시킬 수 있다는 사실을 최초로 깨달았다.[3] 체스킨을 모르는 독자를 위해 설명하자면, 그는 세븐업 로고 중앙에 빨간색 원을 도입한 것으로 유명하다. 대부분은 그게 무엇인지 생각해본 적이 없을 것이다.* 체스킨은 맥도날드 로고에 골든아치를 고수하는 게 좋다고도 확신했다.

그림 8 세븐업 로고. 중앙에 있는 빨간색 원은 정확히 어떤 의미일까?

　오늘날 연구자들은 (뉴로마케팅 대신 많은 학자들이 선호하는 이름
인) 소비자 신경과학을 이용해, 후광이 비치는 '구매 버튼'을 찾아
헤매는 쇼핑객들의 뇌를 직접 들여다볼 수 있다. 이렇게 하면 사람
들의 말에 의존할 필요가 없다.[4] 더욱이 머신러닝과 빅데이터 분석
은 한때 매디슨 애비뉴의 마케팅 마술사로 불렸던 체스킨이 지난
세기 중엽에 꿈꿀 수 있었던 그 무엇도 뛰어넘는, 인간 행동의 동인
에 대한 흥미로운 통찰을 제공하기 시작했다.[5]

＊　나중에 이야기할 테니 걱정 마시길.

고객을 멈춰 세우는 향기

일단은 지금까지 수많은 연구가 수행된 장소인 슈퍼마켓부터 살펴보자. 그렇게 된 데는 부분적으로 다중감각적인 마케팅 개입을 위한 이상적인 타깃이 식품 매장에 존재하기 때문이다. 한 가지 이유는 수많은 전시 상품이 고객의 감각을 자극한다는 점이다. 더군다나 반복해서 구매하는 수많은 저렴한 품목들은 풍부한 데이터 소스가 된다. 포인트 적립 카드 시스템을 관리하는 사람들이 너무나 잘 알고 있는 사실이다*(나는 몇 년 전에 모든 포인트 카드를 잘라버렸다). 흔히 슈퍼마켓의 센스해킹을 생각할 때 가장 먼저 떠올릴 수 있는 것은 수많은 지점에서 풍기는 (인공 향으로 추정되는) 빵 냄새다.[6] 그러나 흥미롭게도, 내가 아는 한 이 주제에 관한 연구는 발표된 적이 없다. 연구가 아직 안 끝나서 그런 게 아니다. 알겠지만, 분명 연구는 완료됐다. 그저 슈퍼마켓이 조사 결과를 발표하지 않기로 결정한 것이다. 오프더레코드로 하는 말인데, 수많은 업계 소식통이 이런 주변 향기가 판매에 미치는 극적인 영향을 보여주는 데이터를 숨기고 있다고 내게 확인해주었다.

여기서 바로잡아야 할 것은 매장에서 코를 자극하는 빵 냄새가 인공 향일 가능성은 없다는 점이다. 적어도 아주 최근까지 화학자

---

* 신기하게도 이들이 반드시 슈퍼마켓 직원인 것은 아니다. 믿기 어렵겠지만, 자사 고객의 포인트 카드 내역에 자동으로 접근할 수 없는 여러 슈퍼마켓 체인을 알고 있다.

들은 갓 구운 빵의 맛있는 냄새를 합성으로 만들려고 고군분투하긴 했다. 물론 냄새가 '진짜'라고 해서 별 똑똑한 전략 없이 그저 냄새를 풍기는 것만으로 여러분이 가게에 들어서자마자 혹은 가게 앞을 지나는 순간에 여러분을 유혹할 수 있었다는 의미는 아니다. 〈월스트리트저널〉 기사에 따르면, 페네라 브레드, 시나본, 서브웨이 같은 체인점들은 새 매장을 열 때 쇼핑센터의 계단 가장 아래쪽 근처를 선호한다. 이렇게 하면 특유의 냄새가 더 멀리 퍼질 거라고 보기 때문이다. 뿐만 아니라 이들 체인은 보통 가장 강력한 배기 후드를 사용해 냄새를 내뿜는다. 게다가 시나본 매장에는 시나몬 파우더와 흑설탕이 뿌려진 베이킹 시트가 놓여 있어서 근처에 있는 사람들에게 먹음직스러운 냄새가 확실히 풍기도록 하고 있다.[7] 이 모든 증거를 보아하니, 이 회사들은 실제로 냄새를 사용해 끈질기게 구매를 권하는 것 같다.*

네덜란드 연구원들은 슈퍼마켓에서 인공 멜론 향을 퍼뜨렸을 때 매출이 15퍼센트 증가했다고 보고했다.[8] 향기를 뿌리는 모든 기술은 설치 비용뿐만 아니라 합성 향 리필을 계속 구매하는 비용까지 고려했을 때도 투자 수익률이 나쁘지 않다.[9] 이제 여러분은 다음번에 파리 르봉마르셰 백화점의 식품 코너나 미국의 식료품 브랜드 딘앤델루카, 아니면 영국 하이위컴시의 테스코를 지날 때 신선한

---

* 그리고 왜 백화점에 들어서자마자 늘 향수 진열대가 맞아주는 느낌일까? 후각 마케팅의 또 다른 예시일까?

농산물과 갓 구운 빵의 먹음직스러운 냄새에 군침이 돈다면, 코가 냄새에 이끌려 구매를 하려고 했는지 자문해볼 수 있다. 냄새가 아니었다면 하지 않았을 행동 말이다. 확신하건대, 수많은 공공장소에서 풍기는 주변 냄새가 사람들의 쇼핑 행동, 그리고 허리둘레에 생각보다 훨씬 더 강력한 영향을 준다.

몇 년 전 영국의 유명 초콜릿 가게 체인인 손튼스에 업무상 초대를 받았을 때 전혀 다른 상황에 직면했다. 손튼스 매장에서 눈을 감고 숨을 들이마신다면 어떤 냄새가 날까? 아마도 초콜릿 냄새를 기대할 것이다. 하지만 아무 냄새도 나지 않았다. 휴대전화 판매점에 있다고 해도 이상하지 않을 정도였다. 선물 상자에 들어 있는 모든 초콜릿과 종합 세트는 셀로판 포장지로 밀봉돼 있어서 후각 마케팅 기회가 차단돼 있었다. 한때 세계에서 가장 큰 과자 가게였던 런던 레스터 광장의 엠앤엠스월드에서 초콜릿 향이 풍기던 것과는 사뭇 대조적이다.[10] 초콜릿 냄새가 세상에서 가장 매력적인 향기라는 걸 감안하면 손튼스 매장에서 아무런 냄새가 나지 않는다는 사실은 더욱 놀랍다.[11] 나는 조언을 건넸지만 책임자는 귀담아듣지 않았고(귀가 아니라면 분명 코가 막혀 있었을 것이다), 매장과 직원 수가 꾸준히 감소하더니 2015년 페레로로쉐 초콜릿을 만드는 페레로그룹에 인수됐다.

커피 향도 전 세계인이 열광하는 냄새 중 하나다. 소매상점에서 널리 사용되고 있으며, 인기 음료를 더 많이 팔려는 사람들만 쓰는 것도 아니다. 예컨대 스타벅스가 미국 서점 반스앤노블, 유니클로와 맺은 제휴를 생각해보라.[12] 한 업계 보고서에 따르면 차량 운전자가 주유하는 동안 갓 분쇄한 커피의 합성 향을 내뿜기만 해도 주유소 커피 판매량이 세 배 이상 증가했다고 한다.*[13] 이런 마케팅 접근방식은 내 할아버지도 지지하셨을 것이다. 할아버지는 매일 아침 가장 먼저 당신의 청과물 가게의 카운터 뒤편 바닥에 향기로운 커피 원두를 한 줌씩 뿌리곤 했다. 내가 앞서 쓴 책 《왜 맛있을까》에 언급했던 예시 중 하나다. 그러니까 우리 할아버지는 현대적인 '향기 감각' 마케팅이 나오기 훨씬 이전에 직관적으로 판매를 늘리기 위한 효과적인 센스해킹을 고안한 것 같다.

이런 접근방식을 매우 현대적으로 사용한 예시로 서울 던킨도너츠가 진행한 '향기 나는 라디오' 캠페인이 있다. 도시의 여러 버스에 지능형 향기 디스펜서를 설치하고, 차량 내 라디오에서 던킨도너츠 광고 음악이 나올 때를 인식해 커피 향기를 방출한 것이다. 버스에서 내린 승객들이 던킨도너츠를 우연히 발견하게 되면 구매할 것이라는 아이디어였다. 증거에 따르면, 이 다중감각적 마케팅 전략이 실제로 효과가 있었다. 버스 정류장 근처에 위치한 던킨도너츠 지점의 방문객이 16퍼센트 증가하고 커피 판매도 29퍼센트 증가했다.[14] 이 혁신적인 캠페인이 세계 최고의 광고 시상식 중 하나인 칸 라이온스 페스티벌에서 영예로운 상을 수상한 건 당연한 일이다.

---

* 독립적인 후각 연구에서는 영향이 그리 크지 않았다는 걸 보면, 업계가 후원한 이런 연구 결과는 약간 걸러서 들어야 할 수도 있다.

하지만 이 캠페인이 비용 효율적이었는지(그리고 단연코 윤리적이었는지)는 완전히 별개의 질문이다.

색깔의 냄새를 맡다

사람들은 딸기 같은 독특한 냄새를 맡으면 그 근원과 연관된 물체를 우선 바라보고, 또 독특한 냄새나 소리가 있을 때 관련 물체를 훨씬 빠르게 골라내곤 한다.[15] 즉 주변 향기나 배경음악이 사람들의 기분을 넘어 훨씬 더 다양한 영향을 줄 수 있다는 뜻이다. 감각 마케팅은 또 우리의 시각적 관심을 특정 제품이나 브랜드에 집중시키는 데 사용할 수 있으며, 이것이 아마도 던킨도너츠의 '향기 나는 라디오' 캠페인이 성공한 이유 중 하나일 것이다.

누구나 이런 실험에 동의하는 건 아니다. 미국 캘리포니아에서 광고의 다중감각적 효과를 위해 버스 정류장에 쿠키 냄새를 내뿜은 '우유 있니Got Milk' 캠페인이 시작됐을 때 특히 그랬다. 정류장에서 잠을 청하는 수많은 굶주린 노숙자들에게 극도로 무감각했다는 비판이 나오면서 이 캠페인은 며칠 만에 중단됐다.[16]

하루 뒤에는 이탈리아 주류 브랜드 디사론노에서 후각 마케팅을 펼쳤다. 재기 발랄한 누군가가 이 술의 독특한 향을 런던 지하철에 가득 퍼뜨리면 좋겠다고 생각한 것 같다. 제품 자체는 아마레토(아몬드 향이 나는 달콤한 맛의 이탈리아 증류주 – 옮긴이) 맛이 난다. 이

2주간의 '향기 풍기기' 캠페인이 계획대로 진행됐다면, 환기 시스템을 통해 퍼진 아몬드 향이 지하철 내 모든 사람들의 코에 마력을 발휘했을지도 모르겠다. 하지만 불행히도 이 상황은 테러 활동의 징후를 설명한 영국 최대 일간지 〈데일리 메일〉의 기사 내용과 거의 비슷했다. 이 기사는 특히 지하철을 이용해 출퇴근하는 사람들에게 시안화물(산업 전반에 폭넓게 사용되는 화합물로, 인체에 노출되면 치명적인 중독 증상을 유발한다 – 옮긴이)도 마치 술처럼 아몬드로 만들어지므로 만약 아몬드 냄새가 날 경우 극도로 조심하라고 경고했다! 어쩌면 이렇게 운이 나쁠 수 있을까?[17] 코로나 바이러스가 전 세계를 강타했을 때 유명 멕시코 맥주 브랜드만큼이나 불행했다고 볼 수 있다.

이런 홍보 재난이 있었기에, 수년 전 함께 일했던 런던의 마케팅 대행사 중 하나가 도시를 누비는 택시 안에 전자레인지용 냉동 통감자 구이를 기본으로 하는 매케인 제품의 냄새를 뿌리고도 비슷한 문제가 발생하지 않아서 내가 얼마나 안도했는지 모른다. '진짜 최고로 먹음직스러운' 구운 감자 냄새가 발산되는 3D 비디오 표지판도 몇 개 있었는데, 아무것도 모른 채 출퇴근 시간에 버스 정류장에 있던 사람들을 놀라게 했다.* 어느 해설가의 설명을 인용하자면, "각광고판에는 유리섬유로 만든 감자 조각품과 신비한 버튼이 있다.

---

* 향기로운 버스 정류장이 또! 하지만 이 경우는 위에서 언급한 캘리포니아 예시와는 달리 향이 방출되려면 적극적인 참여가 필요했고, 그 말인즉 누군가 밤새 누워 있었다고 하더라도 괴롭힘을 당하지 않았다는 뜻이다.

버튼을 눌러보면 그 덩이줄기가 '오븐에서 천천히 구워낸 통감자' 냄새를 뿜어낸다."[18]

하지만 이게 다가 아니다. 이탈리아의 한 심리학자 그룹은 특정 냄새와 관련한 물체의 크기도 사람들의 행동에 영향을 줄 수 있다고 보고했다. 연구팀은 마늘 한 쪽이나 피스타치오 같은 뭔가 작은 것의 냄새를 맡으면 인체의 운동 시스템이 작은 물체를 집을 수 있도록 자동으로 준비한다는 사실을 발견했다. 반대로, 오렌지처럼 좀 더 큰 물체의 냄새를 맡으면 손은 큰 물체를 더 쉽게 잡을 수 있게 된다.[19] 하지만 나는 아직 이 연구 결과를 자신들의 캠페인 수상작에 접목한 영악한 마케터를 보거나, 더 좋게 말하자면 냄새도 맡아본 적이 없다. 보석 가게에서 땅콩 냄새를 풍기는 것도 어쩌면 좋은 출발점이 될 것이다(농담이다!).

어떤 음악을 틀어야 할까?

우리가 걱정해야 할 건 슈퍼마켓의 음식 냄새만이 아니다. 알아차리는 사람은 거의 없지만 사람들은 종종 음악 비트를 따라 행동한다. 지금은 고전이 된 연구인데, 뉴올리언스 로욜라대학교 마케팅 교수인 로널드 E. 밀리먼은 어느 이름 없는 미국 남서부 도시의 슈퍼마켓에서 사람들의 움직임을 관찰하고 계산대 영수증을 분석했다. 9주에 걸친 최대 규모 연구에서 빠른 음악보다 느린 음악(각각

108bpm과 60bpm)을 틀었을 때 쇼핑객이 38퍼센트 더 많이 소비하는 것으로 나타났다. 이후 수많은 체인이 이런 발견을 도입했지만, 아니나 다를까, 이것이 고객의 지갑을 더 열기 위해서라는 사실을 기꺼이 밝히려는 체인은 거의 없다. 공공 영역에 진출한 몇 안 되는 사례 중 하나는 멕시칸 그릴 체인인 치폴레다.

밀리먼 교수는 후속 연구를 통해 레스토랑에서는 반대로 빠른 음악보다 느린 음악이 나올 때 사람들이 더 많이 먹고 마시며, 무엇보다 가장 중요하게는 돈을 더 많이 쓴다는 사실을 입증했다(느린 음악이 나오면 손님이 더 오래 머물기 때문이라고 추정했다). 〈비즈니스 위크〉 기사에 따르면, 치폴레는 1500개 매장 전체에 전송되는 음악의 템포를 신중하게 결정한다. 바쁜 시간에는 더 빠른 음악을 틀어서 테이블 회전율을 높이는 동시에 대기 줄을 줄이고자 한다. 반대로 한가한 시간에는 느린 음악을 틀어서 고객들이 더 오래 머물게 함으로써 매장이 너무 비어 보이지 않게 한다. 이 체인의 사내 DJ인 크리스 골루브는 "점심과 저녁 식사 때는 고객들을 계속 움직이게 해야 하므로 템포가 더 빠른 노래를 튼다"라고 말했다. 골루브는 뉴욕시에 있는 여러 지점 중 한 곳에 앉아 음악을 틀고 고객이 어떻게 반응하는지 지켜보는 듯하다. 손님들이 비트에 맞춰 머리를 흔들거나 발을 까닥대면, 이를 신호로 골루브는 그 트랙을 재생목록에 추가한다.[20]

만약 이 이야기가 엘리베이터 같은 데서 나오는 뮤작^Muzak처럼 들린다면, 맞는다. 뮤작은 듣기 쉬운 배경음악의 독특한 스타일을 일컫는 이름으로, 상점이나 공항, 호텔, 심지어 윤락업소 같은 공공장소에서 고객이 긴장을 풀 수 있도록 계속해서 틀어주는 음악을 말한다.[21]

하지만 음악 템포만 별개로 고려해서는 안 된다. 내 연구실에서 박사후 연구원을 지낸 클레멘스 노에페클레와 그의 동료들은 2012 년, 템포(분당 135비트 이상은 빠름, 분당 95비트 미만우 느림)와 선법 (장조 또는 단조)의 상호작용이 쇼핑객의 행동에 미치는 영향을 연구 했다. 연구팀은 느린 템포의 음악이 매출을 높인다는 밀리먼의 주 장이 단조 음악일 때에만 해당한다는 사실을 발견했다. 장조 음악 일 때는 템포가 달라져도 판매에 미치는 영향은 달라지지 않았다.[22] 하지만 음악으로 소비자 행동을 조종하는 연구 가운데 나는 1997 년 에이드리언 노스와 그의 동료들이 최초로 출판한 연구를 가장 좋아한다.[23] 이들은 가격과 당도(드라이/스위트)가 비슷한 프랑스 와 인 네 종과 독일 와인 네 종을 구비한 영국 슈퍼마켓에서 연구를 진 행했다. 2주 동안 스피커를 통해 프랑스 아코디언 음악과 독일식 맥 주홀에서 나오는 움파움파 음악을 매일 번갈아 가며 틀었다. 그 결 과 아코디언 음악이 나올 땐 83퍼센트가 프랑스 와인을 구매한 반 면 독일 음악이 나올 땐 65퍼센트가 독일 와인을 집어 든다는 사실 을 발견했다. 더 주목할 점은, 이들 쇼핑객 중 음악이 자신에게 미친 영향을 인식했다고 답한 사람이 14퍼센트 미만이었다는 것이다. 이

---

* 현재 치폴레에 음악 스트리밍 서비스를 제공하는 회사인 무드미디어의 예전 이름이 뮤 작 코퍼레이션이다.

같은 연구 결과는 단순히 배경음악만 바꾸어도 사람들의 선택을 조작할 수 있음을 시사한다. 물론 그들이 전혀 의식하지 못하는 사이에 말이다.

이 유명한 연구 결과에서 고려해야 할 점이 몇 가지 있다. 첫 번째는 표본의 수가 너무 적었다는 점이다. 데이터는 쇼핑객 82명의 매출뿐이었고, 이 중 44명만이 인터뷰에 동의했다. 위에서는 비율을 언급했는데, 그렇게 하면 실제 수치보다 결과가 더 극적으로 느껴지게 된다. 오늘날 재현성 위기*가 심리학을 뒤흔드는 상황에서 노스 연구팀의 이 중요한 연구를 대규모로 재현해보면 좋을 것이다. 이를 통해 고객들이 1990년대처럼 지금도 여전히 쉽게 조종되고 있는지 밝힐 수 있기를 바란다.

두 번째는 어떤 면에서든 와인이 예외적인 경우인지의 여부다. 어쨌든 와인 판매대는 보통 슈퍼마켓에서도 가장 끊임없이 변하는 시각적으로 가장 복잡한 곳(최소한 브랜드 제품 중에서는)이다 보니 소위 '크리터 브랜드critter brand'라고 불리는, 라벨에 기린이나, 에뮤, 두꺼비, 또 뭐가 있더라, 하여튼 그런 눈에 띄는 생물을 그려 넣은 와인이 출시되기 시작했다. 와인 자체와 동물은 아무런 관련이 없을 수도 있지만, 라벨에 생물을 그려 넣으면 혼란에 빠진 고객이 지난번에 맛있게 마셨던 와인 병을 기억하고 재구매하는 데 도움이 될

---

* 심리학과 신경과학 분야에서 흥미로운 연구를 재현하는 데 수없이 실패한 최근의 상황을 말한다.

거라고 생각해서다. 적어도 아이텔스바허 카르트호이저호프베르크 리즐링 카비넷이나 피스포르터 골드트롭첸처럼 혀 꼬이는 이름을 얘기하며 와인을 찾지 않아도 된다. 그리고 와인 가게에 들어갔을 때 헝가리 품종인 'Cserszegi Fűszeres'를 어떻게 발음하겠는가? 바보같이 굴 필요 없이 그냥 특정 병을 달라고 하면 된다! 그리고 궁금할까 봐 미리 말하는데 저 와인 이름들, 내가 지어낸 거 아니다.

와인은 이전에 먹어보지 않았다면 병을 따기 전까지는 맛이 어떨지 정확히 알 수 없고, 따고 나서는 마음이 바뀌었다 한들 이미 늦다. 반면 슈퍼마켓의 다른 코너에서는 친숙한 브랜드에 의존하거나, 우리가 감각하기 전에 증거를 사용해 농산물의 숙성 정도를 확인하기가 훨씬 더 쉽다. 이 때문에 몇몇 마케팅 전문가는 와인의 경우 구매자 행동에 영향을 미치는 규칙이 다를 수 있다고 주장했다. 한편으로, 사람들이 음식을 선택하는 행동은 배경음악의 민족성에도 영향을 받을 수 있음이 입증됐다. 2017년 뉴저지주 몬트클레어 주립대학교의 데브라 젤너와 그의 동료들은 북미의 대학 식당에서 플라멩코를 연주하면 파에야 판매가 늘고 이탈리아 음악을 연주하면 치킨파르메산 판매가 증가한다는 사실을 발견했다. 또 팝 등 다른 스타일의 음악에 비해 클래식 음악이 연주될 때 소비자들은 와

---

* 피터 F. 메이의 2006년 책 《마릴린 멀롯과 벌거벗은 포도 – 전 세계의 이상한 와인들 Marilyn Merlot and the Naked Grape: Odd Wines from Around the World》에 따르면, 게뷔르츠트라미네르Gewürztraminer와 이르사이 올리베르Irsai Olivér 포도의 교배종인 이 헝가리 포도의 올바른 발음은 '체어-셰기 푸-쉐어-어스'다. 자, 이제 알았을 것이다.

인이나 외식에 돈을 더 많이 쓰는 경향이 있다. 이와 유사한 수많은 결과를 보면, 사람의 행동이 주변의 음향 요소에 얼마나 영향을 많이 받는지 알 수 있다. 무서운 것은 특히 배경음악이 환경 요소 중 가장 조작하기 쉬운 것으로 여겨진다는 점이다.[24]

잠재의식을 파고드는 유혹, 서블리미널

옥스퍼드대학교에서 학문의 길을 걷기 시작했을 때, 내가 몸담고 있던 연구실에 한 글로벌 체인 기업이 쇼핑객이 특정 제품을 구매하도록 무의식적인 메시지를 심는 게 가능한지 문의했다(여러분도 알겠지만, 그저 가설이었다). 아마 여러분도 '코카콜라 사세요', '자체 브랜드 세탁 세제—한 개 가격에 두 개!' 같은 문구에 익숙할 것이다. 매장 내 스피커에서 나오는 배경음악의 중간중간에 이런 메시지를 노출하면 매출이 높아지지 않겠느냐는 이야기였다. 그 기업은 아마도 영화관 스크린에 '콜라 사세요' 같은 문구를 짧게(즉 무의식적으로) 보여줬더니 코카콜라의 매출이 늘었다는 1950년 제임스 비카리의 연구를 보고 의뢰했던 것 같다.*

하지만 우리는 회사를 실망시킬 수밖에 없었다. 무의식을 파고

---

* 이 연구는 비카리의 교묘한 사기로 판명됐기 때문에 실제 메시지가 무엇이었는지는 중요하지 않다. 이런 연구는 수행된 적이 없다.

드는 서블리미널^{subliminal} 감각 신호가 음식이나 음료와 관련된 사람들의 행동을 조종할 수 없기 때문은 아니었다. 분명 그렇게 할 수 있다. 문제는 해당 메시지를 고객 행동에 영향을 줄 만큼 크게, 하지만 동시에 인식하지는 못할 만큼 조용하게 틀 수 있는 기회가 별로 없다는 점이었다. 고객을 무의식적으로 유혹하는 건 시끄러운 일상생활 조건보다는 신중하게 통제된 과학 실험실 조건에서 증명하기가 조금 더 쉽다는 사실이 밝혀졌다. 실험실에서는 개인별로 인식할 수 있는 임계 값에 약간 못 미치는 정도의 감각 자극을 주기가 훨씬 쉬운 것이다. 무의식적 기폭제를 입증하는 측면에서 또 하나 중요한 사실은 그 사람이 우선 그 제품이 필요한 상태(갈증 등)여야 한다는 것으로, 사람들이 다른 브랜드가 아닌 립톤 아이스 음료를 선택하도록 잠재의식을 조종한 네덜란드 연구에서 이를 확인할 수 있다.[25] 그리고 물론 잠재의식 마케팅이라고 하면, 늘 윤리적 문제가 제기된다.

내 관점에서는 수십 년 전에 루이스 체스킨이 세븐업 로고 중앙에 빨간색 원을 도입한 게 훨씬 더 흥미롭다. 빨간색 원은 모두가 수없이 보아왔기 때문에(즉 숨겨져 있지 않기 때문에) 정확히 말하자면 서블리미널은 아니다. 하지만 나는 그 상징이 우리 마음에 전달하는 바를 인지하는 사람이 거의 없다는 점에서 '기능적으로는' 서블리미널이 맞는다고 본다. 빨간색과 둥근 모양은 그 음료처럼 단맛과 관련이 있다. 단맛과 관련된 색과 모양을 보여줌으로써 '단맛'을 전달할 수 있고, 따라서 소비자 마음에 음료의 맛을 담아낼 수 있다.

그림 9 별이 그려진 음료 병. 서블리
미널 상징 메시지의 예다. 사
람들은 별을 보고 무의식적
으로 탄산 기체나 쓴맛을 떠
올린다.

그리고 특정 맛이나 풍미가 마음에 떠오르면 사람들이 그걸 직접
경험할 가능성이 조금 더 높아진다.

　슈퍼마켓 진열대를 살펴보면 그런 모양을 상징으로 쓰는 수많은
마케팅 예시를 볼 수 있고, 일부는 체스킨 이전에 나온 것이다. 예를
들어 하이네켄, 뉴캐슬 브라운 에일, 삿포로, 에스트렐라 같은 맥주
브랜드들과 산펠레그리노 물병을 장식하는 별 모양을 보자. 이 별
들의 역할은 무엇일까? 사람들은 각진 모양을 탄산 기체나 쓴맛과
연관시키며, 따라서 이런 상징은 소비자의 잠재의식에 신호를 보낸
다. 나는 이렇게 기능적으로 서블리미널인, 감각을 교차하는 마케
팅이 제품에 대한 기대치, 제품 선택 여부, 후속 제품 경험에 생각보
다 훨씬 더 많은 영향을 준다고 믿는다. 그런 상징은 언어에 관계없

이 훨씬 더 보편적인 암시 수준에서 메시지를 전달하기 때문이다.[26]

분위기

1974년 북미의 전설적인 마케터 필립 코틀러는 학술지 〈저널 오브 리테일링〉에 분위기와 관련한 영향력 있는 논문을 발표했다. 이 논문에서 그는 소매업자들이 판매하려는 제품의 물리적 형태에만 집중하지 말고 전체 제품 경험에 초점을 맞춰야 한다고 주장했다. 그는 성공한 소매업 설립자들에 대한 설득력 있는 관찰 결과(대체로 일화)를 여러 번 인용했는데, 이들의 성공 원인이 전체 경험, 또는 분위기로 귀결되는 경우들이었다. 코틀러는 매장 분위기를 수많은 감각 요소로 세분화했고, 색상과 조명, 음악과 향기, 심지어 디자인의 촉각 측면에서 무엇을 바꿀 수 있는지 연구했다. 그는 고객 경험 (과 행동)을 유도하는 감각의 힘에 대한 관심을 높였다는 점에서는 시대를 앞섰지만, 그와 그를 추종하는 대다수의 마케터는 감각이 항상 상호작용한다는 사실을 깨닫지는 못했다.[27] 매장에서의 경험이나 분위기를 단 하나의 감각이 좌지우지하는 경우는 드물다. 트릭이 효과를 발휘하는 건 거의 언제나 감각 입력이 합쳐졌을 때다. 다시 말해 분위기란 다중감각적이며, 이를 실현하는 데에는 기회도 있지만 어려움도 수반된다. 하지만 지금까지 수행된 연구 대부분은 개별 단서의 영향을 별도로 다룬 경향이 컸다. 예를 들어 음악의 음량이나 템포 중 하나만 살펴보거나, 주변에 향기가 존재하거나 부재하는 경우를 나눠서 다룬 것이다. 후자의 경우를 살펴보자.

10대의 영혼 같은 냄새

주변 향기 측면에서 식품과 의류의 분명한 차이 중 하나는 의류점에는 가죽 제품을 판매할 때를 제외하고는 슈퍼마켓의 빵 냄새에 해당하는 존재가 없다는 것이다. 그나마 가장 유사한 사례가 뉴욕의 토머스 핑크 셔츠 매장에서 면 제품 진열대를 지나는 고객들에게 갓 풀을 먹인 면직물의 냄새를 뿌린 사례일 것이다. 한편 최근 안느퐁텐 부티크 여성 의류 매장에서는 고객이 상품을 결제하는 동안 쇼핑백 안에 향기로운 향수를 뿌려준다. 보통 옷 위에도 말린 꽃 봉투를 놓아준다. 코코샤넬은 파리 1호점의 판매 직원들에게 판매량을 끌어올리기 위해 매장 입구에서 탈의실까지 부티크 전체에 샤넬 No.5 향수를 뿌리라고 권장했다.[28]

한편 2014년 포르투갈 의류 브랜드 살사는 마이크로캡슐을 이용해 화려한 청바지에 어울리는 향을 더했다. 한 웹사이트에 따르면, "올 여름 여성들이 달콤한 향기를 유지할 수 있도록, 포르투갈 패션 브랜드 살사는 과일 향이 나는 향수 청바지 제품을 선보였다."[29] 세탁을 스무 번이나 해도 블루베리, 오렌지, 레몬, 사과, 딸기 같은 과일 향이 지속된다. 콜롬비아에서 일할 때 우연히 알게 된 의류 소매업체 푼토블랑코에서 옷가게의 향기에 대한 또 다른 흥미로운 해결책을 발견했다. 이 업체는 수많은 자사 상점에 아주 작은 초콜릿 카운터를 설치했다. 초콜릿 판매로 수익을 창출하려는 것이 아니라 고객의 모든 감각을 사로잡는 게 목표였다. 유니클로나 클럽모나코 같은 의류 소매업체들은 거의 같은 이유로 매장 안에 커피숍을 들였고, 아마도 고객들은 주변에 더 머물고 싶어 했을 것이다.

소매업자들에게 좋은 소식은 알맞은 향을 활용하면 의류 판매도 늘릴 수 있다는 것이다. 하지만 여기서 작용하는 몇 가지 뚜렷한 심리적 메커니즘이 있을 수 있다는 점에 유의해야 한다. 예를 들어 다른 감각 신호와 마찬가지로 주변 향기는 고객의 접근 행동을 유도한다. 그런 다음 매장에 들어가고 싶은 마음이 일단 생기고 나면, 좋은 향기 덕분에 기분이 좋아진다. 전문가들은 흔히 고객이 기분 좋을 때 돈을 더 많이 쓴다고 생각한다. 다시 말하지만 향수 자체가 독특하면 시그니처 향이 될 수도 있는데, 향기를 바로 식별할 수 있고 따라서 이와 연관된 특정 브랜드를 떠올릴 수 있기 때문이다.[30] 아베크롬비앤피치 소유의 홀리스터 의류 매장에서 풍기는 독특한 향기를 떠올려보라.

동시에 많은 연구자들이 소매업체가 판매하려는 제품과 향기가 잘 어울려야 한다고 강조한다. 실력 없는 후각 마케터를 위해 추가로 설명하자면, 향기의 의미 또는 향기에서 연상되는 것에는 문화적 차이도 있다. 예를 들어 프랑스와 독일 쇼핑객들은 갓 베어낸 풀이나 오이의 향을 신선하고 활기차다고 느끼는 반면, 멕시코와 중

국의 소비자들은 보통 이런 냄새가 자연스럽긴 하지만 특별히 상쾌하다고 생각하지는 않는다.[31]

하지만 이런 어려움에도 불구하고, 최근 몇 년 동안 옷을 사본 사람이라면 자라, 빅토리아 시크릿, 쥬시꾸뛰르 할 것 없이 수많은 의류 매장이 환기 시스템을 통해 향기를 퍼뜨리고 있다는 사실을 알아차렸을 것이다. 휴고보스는 과일과 시트러스 노트에 약간의 코코아 향이 더해진 향수를 공기 중에 뿌리는 것 같다.[32] 향기를 퍼뜨리는 기술, 특히 맞춤형 향수를 시험하는 데 드는 투자비용은 결코 저렴하지 않다. 좀 더 적당한 가격의 후각 센스해킹 방안을 찾는 사람이라면 카운터에 향기로운 꽃을 놓는 게 더 나을 것이다. 시카고의 앨런 히르시 박사의 예비 연구 결과에 따르면, 실험 참가자들은 공중에 감도는 꽃의 향기가 스며든 스니커즈 한 켤레에 기꺼이 10달러 이상을 추가로 지불할 수 있다고 했고, 구매할 의사가 있다고 자체 보고한 비율은 80퍼센트 이상 증가했다.[33]

이런 관찰 결과와 동일하게, 대도시의 대형 보석 가게에서 고객은 아무 향이 나지 않는 카운터보다 꽃이나 과일 또는 매콤한 향기가 뿌려진 카운터에서 더 오래 머물렀다.[34] 또 다른 예로 삼성 체험형 매장에서는 멜론 냄새가 나며, 소니 스타일 매장에서는 바닐라와 만다린 오렌지 향을 미묘하게 섞은 듯한 향기가 난다. 한편 런던에 있는 햄리스 장난감 가게에서 나는 냄새는 부모들에게 딱 피나 콜라다(럼, 코코넛 크림, 파인애플 주스를 섞어 만드는 칵테일 – 옮긴이)를 떠오르게 한다.[35]

러쉬는 유럽과 북미 등 전 세계에 매장이 있는 목욕 및 퍼스널 케어 제품 체인점이다. 최선을 다해 묘사해보자면, 러쉬의 시그니처 향은 밝고 깨끗한 플로럴 노트다. 하지만 나는 이게 독특한 향 그 자체의 느낌인지, 아니면 단순히 콧구멍을 찌르는 듯한 강렬함에서 오는 인상인지 아직 확신이 서지 않는다. 어쨌든 번화가에 이와 비슷한 냄새는 없다. 러쉬는 영리하게도, 이 독특한 향기가 더 멀리 퍼질 수 있도록 플라스틱이나 포장용기 없이 제품을 판매한다. 이처럼 일부 제품군은 당연히 다른 제품군보다 후각 마케팅을 활용하기 더 쉽다.

머리는 차갑게

촉감 측면에서 분위기에 영향을 주는 가장 분명한 요소는 주변 온도일 것이다. 이걸 알면 아마 놀랄 텐데, 고가의 옷가게는 일부러 매장 온도를 낮춘다. 한 기자가 뉴욕 내 여러 의류 매장의 내부 온도를 기록한 결과, 온도와 가격대가 서로 반비례한다는 사실을 발견했다. 다시 말해 명품 브랜드는 대중적인 체인보다 온도를 낮게 설정하는 경향이 있다. 기자가 기록했듯, "메이시스는 올드네이비보다 저온이지만, 블루밍데일즈보다는 온도가 높다. 그리고 버그도프 굿맨은 이 중 가장 온도가 낮다. 즉 값이 비쌀수록 매장 온도가 낮다. 버그도프 굿맨은 섭씨 21.6도, 블루밍데일즈는 21.5도, 메이시스는

22.8도, 클럽모나코는 23도, 오리지널 리바이스 스토어는 24.8도, 올드네이비는 26.8도였다." 일본 시인 사이토 료쿠가 한때 "우아함은 차다"라고 말했듯, 사람들이 온도가 낮을 때 물건을 더 높이 평가한다는 최신 연구 결과를 보면 분위기에 대한 이런 열적 접근은 의미가 있다.[36] 리사 헤셩은 《건축의 열적 즐거움Thermal delight in architecture》(1979)이라는 책에서 낮은 온도와 배타적 특권 사이의 상관관계는 미국에 에어컨이 처음 도입된 시기, 그러니까 오로지 사장실에만 값비싼 에어컨을 설치할 수 있었던 시기에서 비롯됐을 가능성이 있다고 밝혔다.

쇼핑 경험은 시각, 소리, 냄새, 온도에만 좌우되지 않는다. 직원들 사이, 직원과 고객 사이, 고객과 상품 사이의 물리적 접촉은 그 자체로 강력한 마케팅 도구가 될 수 있다.[37] 나는 흔히 생각하는 것보다 촉감이 훨씬 더 중요하다고 굳게 믿고 있다. 앞으로 이야기할 것이 바로 이 가장 큰 감각, 촉감이다.

"만져보세요"

가게에서 '만져보세요Touch me'라는 안내문을 본 적이 있을 것이다. 이 안내를 따라 한 사람은 아마 마케터들이 이끈 대로 구매까지 했을 가능성이 높다. 위스콘신 매디슨대학교의 조앤 펙과 동료들의 연구에 따르면, 물리적으로 그저 제품을 집거나 그걸 상상하는 것만으로도 물건에 대한 주인의식이 높아진다.[38] 실제로 수치를 보면 마케터가 상품을 만지도록 유도하는 이유를 쉽게 알 수 있다. 예를 들어 이제 월마트의 자회사가 된 아사다는 자체 브랜드 화장지의 플라스틱 포장을 제거해 쇼핑객이 직접 만져볼 수 있도록 했더니 매출이 50퍼센트 증가했다고 밝혔다. 마찬가지로 갭 같은 의류 체인이 성공한 데에는 고객이 지나가면서 옷에 손을 얹어볼 수 있는 적절한 높이의 테이블 위에 상품을 지능적으로 배치한 전략이 한몫을 차지한다.[39]

이런 것들이 무척 간단하다고 생각할 수도 있지만, 놀랍게도 수많은 매장들이 이를 잘못 이해하고 있다. 예를 들어 내 고객들과 소매업체 투어를 하면 종종 테이블 높이가 바닥에서 몇 인치에 불과한 의류 체인들을 마주하곤 한다. 고객이 행동하기 어려울수록 제품을 만지거나 집어 들지 않을 것이라는 사실을 누군가는 반드시 그들(내 고객이 아닌 매장 관리자들)에게 말해줘야 한다. 그리고 이런 효과가 작지만 쌓일 수 있다.[40] 쇼핑객은 촉감의 중요성에 확실히 동의하는 것 같다. 한 설문조사에서 응답자의 35퍼센트가 휴대전화의 촉감이 외관보다 더 중요하다고 답했다. 또 다른 설문조사에서는 80퍼센트 이상의 소비자가 눈으로만 볼 수 있는 제품보다는 보고 느껴볼 수 있는 제품을 선택할 것이라고 답했다.[41]

이런 것이 비단 옷가게에만 있는 건 아니다. 쇼핑객이 상품을 만지고 경험할 수 있는 테이블은 당연히 작은 상품들을 파는 매장의 특성이기도 하다. 하지만 애플 스토어의 모든 맥북 프로 화면이 정확하게 동일한 각도(혹시 궁금한 사람들을 위해 적자면, 70도다)로 기울어져 있다는 사실을 알고 있는가? 최적의 시야각과는 거리가 먼 각도인데, 왜 그렇게 하는 걸까? 한 논평가에 따르면, 쇼핑객은 화면을 더 잘 보기 위해 화면 각도를 조정하고 싶을 것이다. 그렇게 하려면 당연히 제품을 손으로 만져야 한다.[42] 마케터들이 교활하지 않다고 누가 그랬는가?

스웨덴 경제학자 베르틸 홀텐의 연구에 따르면, 쇼핑객이 이케아 매장의 유리 제품을 만질 확률은 주변 조도를 낮추는 것만으로도 높아질 수 있으며,[43] 향기로운 바닐라 향을 더하면 해당 제품의 매출이 급격히 증가(65퍼센트)하는 것으로 나타났다(이 수치는 2회 연속 주말 동안 쇼핑객 약 900명의 매출 데이터를 샘플로 모니터링한 결과다). 나이트클럽 같은 희미한 조명 아래 강렬한 향을 뿜어내는 아베크롬비앤피치의 의류에서도 같은 현상이 나타날까?

뱅앤올룹슨* 리모컨을 만져본 적이 있다면 손에 착 감기는 그 특유의 놀랍도록 무거운 느낌을 잘 알 것이다. 그 촉각 경험에는 고급스러움이 흘러넘친다. 그런데 사람들이 대부분 모르는 사실은, 제품을 그토록 무겁게 만든 데에는 이런 인상을 주려는 것 외에 다른 목적이 없다는 점이다. 즉 기능적 역할은 전혀 하지 않는다. 더욱 놀라운 것은 이런 사실을 알고 난 뒤에도 손에 가해지는 무게의 긍정적인 영향(즉 후광 효과)이 여전히 마법을 부리는 듯 보인다는 점이다.

---

* 이 덴마크 회사는 수년간 가장 비싼 건 물론이고, 매끄럽게 광택이 나는 고급스러운 가전제품을 판매했다.

그렇게 흔한 트릭에 속지 않는다고 자신한다면, 방금 구매한 값비싼 와인이나 립스틱, 미용 크림이 정말 그렇게 무거워야만 하는지 돌아보자. 바로 루이스 체스킨이 언급한 '감각 전이'의 예시다. 우리가 느낀 것에서 연상되는 감각들이 제품의 또 다른 속성에 대한 경험과 애호로 이어진다는 개념이다. 즉 모두가 무게를 직관적으로 품질에 연관시키는 경향이 있다 보니, 자연스럽게 더 무거운 패키지나 용기에 제공되는 제품 역시 더 좋을 것이라고 믿는다. 추측하건대 이를 통해 포장재 무게와 제품 가격 사이의 상관관계를 설명할 수 있을 것이다.

예를 들어 몇 년 전 옥스퍼드대학교에서 동료 연구자 베티나 피퀘라스-피츠만과 함께한 어느 매장의 품질 검사 결과에 따르면, 쇼핑객이 와인 한 병에 1파운드를 추가로 지불할 때마다 평균 8그램의 유리를 더 가져가는 것으로 나타났다.[44]

접촉 오염

나와 비슷한 부류라면, 차곡차곡 쌓여 있는 신문이나 잡지를 살 때 맨 위에 있는 것이 아닌 조금 더 밑에 있는 것을 선택할 것이다. 코로나 바이러스 팬데믹 이전에 이는 매우 비합리적인 행동으로 보였다. 위에 있건 아래에 있건 똑같은 것이기 때문이다. 하지만 많은 사람들이 이렇게 한다. 다소 특이한 이런 행동을 관찰한 소비자 연구자들은 이것이 '접촉 오염'에 대한 무의식적 두려움에서 나온 것이라고 주장한다.[45] 즉 많은 이들은 그저 다른 사람이 이미 만진 제품을 구매하기 싫어하는 것이다. 그렇다면 '만져보세요' 표시에도 단점이 있는 걸까?

마지막으로 새 수건을 샀을 때를 떠올려보자. 사용하기 전에 세탁했는가? 진심으로 그랬기를 빈다. 여러분이 마침내 그 수건을 장바구니에 넣기까지 평균 여섯 명의 쇼핑객이 이미 그걸 만졌을 가능성이 높기 때문이다.[46] 그리고 많은 사람들이 한 표면을 만졌을 때 무슨 일이 벌어지는지 알고 싶은 독자를 위해 이야기하자면, 연구원들이 영국 맥도날드 여덟 개 지점에서 무인 주문기 화면을 조사한 결과 빅맥과 감자튀김을 주문하려던 사람을 제외한 여러 다른 사람들로부터 온 대변 물질을 발견했다.[47] 패스트푸드를 거의 항상 손으로 먹는다는 걸 생각하면 이건 특히 더 유감스러운 일이다. 역겨워라! 생각만 해도 지금 당장 달려가 새 수건은 물론이고 손부터 씻고 싶다!

다중감각적 마케팅은 실제로 초가산적 매출 증대를 이뤄낼까?

분위기를 결정하는 다중감각적 신호를 올바르게 조합하면 거의 확실히 매출이 오를 것이다. 하다못해 이건 호들갑스러운 자칭 마케팅 구루 몇몇이 지난 몇 년 동안 여기저기에 떠들어온 내용이다. 하지만 소비자의 감각을 올바른 방식으로 자극해 판매량을 1200퍼센트 '초가산적superadditive'**으로 증가시킨다는 것은 마케팅 논문에 나온 내용임에도 불구하고 희망사항일 뿐이라고 생각한다.** 이 분야에서 발표된, 잘 통제된 학술 연구 결과를 살펴보면 시각과 청각, 후각을 결합해 다중감각적 분위기를 조성하는 데 따른 매출 상승은 보통 훨씬 더 완만하게 나타나는 경향이 있다. 15퍼센트 상승이 일반적이다.[48]

그렇다면 다중감각적 분위기란 개념은 수년 전 코틀러가 주장했던 것만큼 강력하지 않다는 뜻일까? 다른 관점으로 보자면, 상점들이 이미 통합적인 경험을 제공할 수 있는 다양한 아이디어를 도입했다는 의미일 수도 있다. 이미 서비스를 최적화한 상태라면, 소매업계가 지금까지 달성한 것보다 더 많은 이익을 얻기란 훨씬 어려울 수 있다.[49]

감각이 실제로 상호작용한다는 것은 오늘날 의심할 여지가 없다. 그러나 분위기를 결정하는 신호들 중 어떤 특정 조합이 고객의 감각에 과부하를 주지 않으면서 통합적인 경험을 제공하는지는 답하기 어렵다. 예를 들어 한 연구는 참가자들에게 무향, 덜 자극적인

---

* 초가산성은 원래 신경생리학 분야에서 나온 개념이다. 개별적으로는 효과가 약한 감각 입력이 때때로 개별 입력에 대한 반응의 합보다 훨씬 더 큰 뉴런, 지각, 행동 반응을 유발할 수 있다는 개념이다. 1장에서 간략하게 언급했다.
** 그들의 얼굴이 빨개지지 않도록 이름을 말하지는 않겠다.

향(라벤더), 매우 자극적인 향(자몽) 각각을 음악 없음, 느린 음악, 빠른 음악에 더해 아홉 가지 모든 가능한 조합을 제시했다. 각성 잠재력[arousal potential] 측면에서, 향기와 음악이 적절하게 어우러지는 경우 고객은 해당 매장(선물 가게) 환경을 더 긍정적으로 평가했다. 또 더 많이 접촉하거나 충동구매를 하는 행동을 보였으며, 만족도가 더 높은 것으로 나타났다.[50]

지금까지 쇼핑몰 환경에서 수행된 연구 중 하나는 다중감각적 환경 분야에서 일하는 마케터들이 당면한 잠재적인 문제를 보여준다. 모린과 셰바트는 북미의 쇼핑몰에서 쇼핑객 800여 명의 충동구매 지출을 조사했다. 그 결과 느린 템포의 음악을 틀기만 해도 이런 충동구매 매출이 50퍼센트까지 증가하는 것으로 나타났다. 반대로 시트러스 향을 풍기면 매출이 소폭 감소했다. 그러나 음악과 향기를 모두 제공한 경우엔 쇼핑몰 매출이 크게 줄었다. 이 경우 무엇이 '잘못됐는지' 말하기엔 우리가 아직 모르는 게 너무 많다. 다만 한 가지 가능성은, 음악적 자극과 후각적 자극이 단순히 어떤 차원(아마도 이것들의 각성 값)에서 일치하지 않았을 수 있다는 것이다. 사실 자몽 향이 아마도 쇼핑객들을 자극하는 동안 느린 템포의 음악이 쇼핑객들을 얼마나 편안하게 했을지 쉽게 짐작할 수 있다.[51] 즉 자극적인 향과 편안한 음악이 동시에 제공되면 쇼핑객들은 혼란스러워할 수 있다. 우리는 불일치하는 신호를 처리하는 것을 어려워한다.*

매장 분위기와 관련된 감각 신호를 도입하는 것은 감각적 접점을 늘린다는 관점에서 좋은 아이디어지만, 감각 과부하 위험이 높

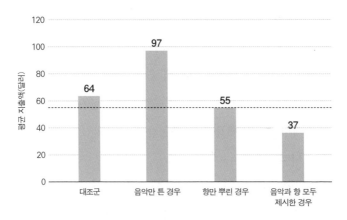

그림 10 쇼핑몰에서 나타나는 저가산성의 예시.

아질 수도 있다. 이는 800명의 실험 참가자를 대상으로 가상의 가게 안을 탐색하게 한 연구에 잘 드러난다. 이 가상의 가게에는 빠른 음악 또는 느린 음악, 라벤더 향 또는 자몽 향, 빨간색 또는 파란색의 조합이 있었다. 두 가지 신호의 조합이 어울리면 결과는 긍정적이었다. 그러나 가상 시나리오에 세 가지 자극이 한꺼번에 도입되자마자 부정적인 영향이 나타나기 시작했다. 홈버그 등 연구진은 이것이 단순히 자극 정도가 너무 강했기 때문이라며, 일종의 감각 과부하를 반영하는 것일 수 있다고 말했다. 물론 실제 매장 환경에서는 어떤 결과가 나올지 알 수 없다.[52]

---

* 우리의 뇌가 불일치하는 입력을 처리할 능력이 떨어진다는 사실은 대개 부정적으로 검증된다. 즉 모린과 셰바트의 데이터가 보여주듯, 우리는 이런 걸 좋아하지 않고 따라서 매출에 큰 도움이 되지 않는다.

조명은 밝게 하고 음악은 줄일 시간?

하지만 쇼핑객의 감각을 한 번에 하나씩 자극하는 것만 고려하면 큰 위험에 빠질 수 있다. 예를 들어 다른 자극이 없다면 쇼핑객의 주의를 끌거나 그들을 매혹할 수 있을 향기가, 빠르고 시끄러운 음악이나 밝은 조명 아래에서는 너무 강렬하게 느껴질 수도 있다. 분위기와 관련된 감각 신호들의 조합은 너무나 쉽게 감각 과부하로 이어질 수 있다는 뜻이다.[53] 홀리스터나 아베크롬비앤피치 매장의 어두운 나이트클럽 같은 실내에서 아이들이 즐겁게 쇼핑하는 동안 밖에 서서 기다리는 수많은 부모들이 시끄러운 댄스 음악과 강렬한 향기에 정신 사납다고 불평하는 이유다. 아마 당신은 "누가 저 소란을 견딜 수 있겠어?"라고 생각할 것이다. 이는 거의 명백하게, 멋지지 않은 노인들의 입장을 막는 것이 일부 목적이다. 2014년 당시 아베크롬비앤피치의 CEO인 마이크 제프리스는 "우리는 쿨하고 잘생긴 사람들을 대상으로 마케팅을 하고 싶다. 그 외 사람들에게는 마케팅하지 않는다"라고 말했다.[54]

하지만 동시에, 이들 매장의 독특하고 활기차고 경쾌한 음악은 매출 증대에도 도움이 된다. 어쨌든 시끄럽고 빠른 음악을 틀면 매출이 30퍼센트까지 증가할 수 있다는 사실은 식음료 업계에 잘 알려져 있다. 옷가게라고 왜 안 그렇겠는가? 하지만 점점 늘어나는 식당 직원들과 마찬가지로, 위험할 정도로 시끄러운 음악에 정기적으로 노출되는 의류 매장 직원들에게 미안한 마음이 들 수밖에 없다.[55]

향기와 소리 모두 의류 혹은 기타 본질적으로는 냄새가 없는 제품(책이나 잡지 등)의 판매를 촉진하는 데 활용된다. 하지만 현재로선 쇼핑객의 모든 감각이 동시에 자극될 때 발생할 수 있는 다중감각 불일치 또는 과부하를 예측하고 방지할 수 있는 간단한 해결책은 없다. 이런 이유로 나는 내 고객들에게 각자의 매장에서 직접 연구를 해보라고 권한다. 이렇게 하면 다른 시간, 다른 장소에서 수행될 수밖에 없었던 연구에 의존하는 대신, 자사 고객을 기반으로 판매를 촉진할 가장 효과적인 방법을 찾을 수 있다.

만약 당신이 러쉬 매장의 경험을 좋아하고 아베크롬비앤피치에 대한 소비자 불만을 이해하지 못하는 사람이라면, 감각 중독자일 가능성이 있다. 이는 다중감각 자극을 원하는 쇼핑객을 설명할 때 사용하는 용어다.[56] 일부 연구자들은 충동적인 쇼핑객과 신중한 쇼핑객을 구별하려고 시도해왔다. 예를 들어 모린과 셰바트에 따르면 전자는 배경음악의 영향을 더 많이 받는 반면 후자는 향기의 영향을 더 많이 받을 수 있다. 감각 중독자가 아닌 사람, 러쉬 매장의 냄새를 맡는 즉시 길 건너편으로 피하는 사람, 아베크롬비앤피치 또는 홀리스터 매장에 한 번도 가본 적이 없는 사람들을 위한 도움의 손길도 있다. 몇 년 전 런던의 셀프리지 백화점은 매장의 다중감각적 자극에 지친 쇼핑객들이 회복할 수 있도록 휴식 공간을 만들었다. 다음번에 쇼핑하러 갈 때는 귀마개를 꽂거나 2장 〈집〉에서 언급한 노즈노즈 장치를 쓰는 것도 한 가지 방법이다.[57]

미래 맛보기

매장 내 시음 경험을 개선하는 것도 현재 수많은 마케팅 대행사와 식음료 브랜드의 주요 관심사다. 예를 들어 2017년에 나는 이 분야의 혁신적인 접근방식에 대한 컨설팅을 진행했고, 우리는 슈퍼마켓 맥락에서 다중감각적 시음 경험을 재창조하기 위해 노력했다. 그 결과로 영국 테스코 매장의 주류 코너를 방문한 쇼핑객들에게 VR 헤드셋을 착용하게 했다. 쇼핑객들은 기네스 드래프트, 홉하우스 13라거, 웨스트 인디스 포터 등 세 가지 맥주를 시음하면서 기네스의 매력적인 마스터브루어인 피터 심슨의 목소리를 통해 브랜드 시음 경험 속으로 빠져들었다. 그들이 각 맥주를 맛볼 때 특별 제작된 360도 시청각 디스플레이가 헤드셋에 연결됐으며, 이때 각각의 요소들은 쇼핑객이 시음하는 술과 어울리도록 설계됐다.

소리, 색상, 모양, 움직임 패턴 등 모든 요소가 시음용 맥주의 풍미 프로파일과 어울리도록 특별히 설계되었으며, 이를 통해 고객의 풍미 경험을 향상시킬 수 있길 기대했다.[58] 이 캠페인은 쇼핑객들의 열광적인 반응을 얻었으며, 기술이 소매점에 도입되는 여러 방법 중 하나를 보여준다.[59] 최신 디지털 기술을 사용해 다중감각적 시음 경험을 센스해킹하는 것은 가벼운 싸구려 플라스틱 컵에 극소량의 음료를 담아 소비자에게 제공해온 전통적인 시음과는 거리가 멀다. 그런 행사를 주최하는 사람들은 뭐든 더 무거운 유리컵에 담아 마실 때 더 맛있게 느껴진다는 사실조차 모르는 걸까?[60]

다중감각적 온라인 쇼핑

2000년대에 들어설 무렵, 소비자들이 절대 온라인에서 옷을 사지 않을 것이라는 예측이 나왔다. 아무리 잘 봐줘도 이제 이런 말은 완전 구식이다.[61] 하지만 그와 동시에, 온라인에서 옷이나 신발을 구매할 때 촉감이나 착용감은 전혀 느낄 수 없다. 당연히 환불 사례가 팬데믹 수준으로 많아졌다.

2017년 〈파이낸셜타임스〉 기사에 따르면 영국에서 반품을 처리하느라 연간 600억 파운드(한화 약 95조 원)의 비용이 든다. 2020년 미국 기업들은 반품 배송료로 5500억 달러(한화 약 614조 원)를 지불할 것으로 보이는데, 이는 2016년보다 75.2퍼센트 늘어난 수치다. 당연히 사람들은 오프라인 상점에서 구매한 상품을 반품하기도 하지만, 온라인 구매의 반품률이 훨씬 더 높다.[62] 폭발적으로 증가하고 있는 소매업계의 개인별 맞춤 상품은 반품 문제를 간단한 방법으로 해결해줄 수 있다. 다시 말해 개인별 맞춤 나이키 에어 혹은 고가의 루이비통 핸드백에 일단 이니셜이 박히고 나면 그걸 반품하는 게 얼마나 어려울지 생각해보라.

현재 수많은 디지털 마케터들은 사람의 감각 중 하나 또는 많아야 두 가지, 그러니까 시각과 때로는 청각까지만 접근할 수 있다는 문제에 직면해 있다. 시청각은 이성과 관련 있는 고등 감각이다. 물론 기술자와 소매업계의 미래학자들은 컴퓨터, 더 최근에는 스마트폰이 머지않아 새 캐시미어 스웨터와 실크 파자마의 부드러운 감촉을 전달할 수 있을 거라고 오랫동안 약속해왔다.[63] 또 기술 발전으로 사고자 하는 향수의 냄새를 맡아보거나, 주문을 할까 말까 고민되는 피자를 맛보게 될 거라는 자신만만한 주장도 나왔다. 누구나 알다시피, 이런 기술은 아직 실현되지 않았다. 더구나 상황이 조만간 바뀔 가능성은 거의 없어 보인다. 사람들에게 이런 꿈을 팔던 회사들은 지금 어떻게 됐을까? 대다수가 몇 년 전에 망했고 이런 사업에 지나치게 열정을 보이던 벤처캐피털의 자금도 휴지조각이 되어버렸다. 심지어 이런 헤드라인도 있었다. 온라인 쇼핑몰에서 제품의 향기를 전송하겠다고 한, 지금은 실패한 한 스타트업에 관한 기사였다. "2000만 달러가 타는 냄새는 어떤 걸까요? 궁금하면 디지센츠DigiScents에 물어보세요!"[64]

사람들이 단순히 온라인에서 구매하길 꺼리는 특정 제품군이 있다는 걸 감안하면, 이건 정말이지 부끄러운 일이다. 못 믿겠다면, 새 향수나 새 면도크림의 냄새를 한 번도 맡아보지 않고 구매하는지 자문해보라. 나라면 절대 안 그럴 것 같다. 기술적 해결책이 아직 등장하지 않았기 때문에 적어도 몇몇 제품군에 있어서는 온라인 소매업의 성장이 제한될 가능성이 높다. 현재 예측 가능한 기술로는 완전한 다중감각 경험을 제공하는 것이 불가능하기 때문이다. 대신에, 아마도 훨씬 더 공감각적인 마케팅(앞에서 언급한 기네스 맥주 예시 같은 것)이나 더 특별한 경험을 제공하게 될 것이다. 마지막 예제에서 살펴보자.

7 쇼핑 – 알면서도 당하게 되는 속임수   **225**

온라인 마케팅의 미래

나는 2018년에 동료들과 함께 글렌모렌지 위스키 업체와 긴밀하게 협력했는데, 이 프로젝트에서 디지털 마케팅의 미래에 대한 힌트를 얻었다. 거기서 우리는 ASMR(자율감각 쾌락반응)을 이끌어낼 최적의 감각 트리거를 디자인했는데, 위스키 생산지인 스코틀랜드가 주제였다. ASMR은 누군가 속삭이거나 종이를 구기는 소리를 들을 때 목 뒤에 나타나는 나른하면서 소름 돋는 느낌을 일컫는 말이다. ASMR을 즐기는 대규모 온라인 커뮤니티 사람들을 인터뷰한 결과, 배경음악 없이 사실적인 소리가 들리는 느리게 진행되는 클로즈업 영상이 ASMR의 핵심 트리거 중 하나임을 알게 됐다. 고음의 소리와 질감도 중요하다는 사실이 밝혀졌다. 이런 자극들과 우리 인터뷰어들이 추천한 기타 자극들을 활용해 토마스 트라움, 줄리 바이츠, 스튜디오 드 크레시 등 세 명의 비디오 아티스트가 '테루아terroir('토양'이란 뜻의 프랑스어로, 예컨대 와인의 경우 포도 재배에 영향을 미치는 모든 환경 요소를 아우르는 용어다 – 옮긴이), 창조, 특질'을 연상시키는 영상을 제작했다. 각각의 영상은 글렌모렌지 위스키의 세 라인업인 오리지널, 라산타, 시그넷에 관한 것이었다.

이 캠페인이 시작됐을 때 소비자들은 자신이 선호하는 글렌모렌지 라인업 한 잔을 직접 따른 뒤, 귀를 덮는 큰 헤드폰을 쓰고 온라인으로 관련 영상 콘텐츠에 접속했다. 디지털 매개 콘텐츠에 대한 힌트를 제공한 이 캠페인은 이 회사의 온라인 마케팅 역사상 가장 성공적인 캠페인으로 남았다. 어쨌든 위스키를 마실 때 척추 아래로 이완되며 기분 좋은 소름이 돋는 건 매우 드문 일이기 때문이다.[65]

글렌모렌지 캠페인은 기네스 사례와 마찬가지로 인식에 대한 새로운 지식과 함께, 최신 디지털 경험으로 어떻게 가정의 온라인이나 매장 내의 다중감각 경험을 해킹할 수 있는지 보여준다. 이런 경험을 디지털 방식으로 전달, 개선, 전파하는 방법을 파악하는 것은 향후 몇 년간 센스해킹 분야의 가장 흥미로운 과제가 될 것이다.

파김치가 될 때까지 쇼핑하기

자, 그래서 감각 중독자든 아니든 쇼핑을 멈추기가 그토록 어려운 이유를 이제 조금 더 잘 알게 됐을 것이다. 무엇보다 센스해킹의 과학은 많은 사람들이 파김치가 될 때까지 쇼핑하는 이유를 설명해준다. 보이는 것부터 소리, 냄새, 촉각, 심지어 온도에 이르는 모든 것이 의도적으로 설계됐거나 신중하게 제어되어 올바른 다중감각적 분위기를 조성한다. 필요보다 더 오래 머물고 더 많은 물건을 사곤 하는 것이 놀랍지 않은 이유다.

하지만 접촉 오염의 위험을 피하려면 집에 돌아오자마자 손 씻기를 잊지 말자. 코로나 바이러스도 그렇지만, 무엇보다 패스트푸드점 터치스크린에서 무엇이 발견됐는지를 기억하자!

8

헬스케어

접촉 상실의 시대

이런 질문으로 시작해보자. 외과의가 당신을 수술하는 동안 음악을 들어도 될까? 아마도 이에 대해 많이 생각해보지 않았겠지만, 사실은 대부분의 수술실에서 음악을 튼다. 2014년 〈영국의학저널〉에 발표된 연구에 따르면, 수술 시간의 62~72퍼센트 동안 음악, 주로 클래식 음악이 흘러나온다.[1] 음악을 들으면 레스토랑 주방에서 감자나 당근 깍둑썰기를 할 때와 마찬가지로 고관절 교체 같은 표준 수술 처치를 할 때 지루함을 줄일 수 있다. 실제로 영국 외과의사 로저 니본이 모더니스트 요리사 요제프 유세프와 공동 저술한 최근 리뷰 논문에 따르면 전문 레스토랑 주방과 수술실에서 일어나는 일은 생각보다 훨씬 더 유사하다.

일의 성과가 음악 비트에 연동됨을 시사하는 수많은 연구를 감안하면, 외과의가 빠른 템포의 음악을 들을 때 더 빨리 일할 수 있는지 자연스레 궁금해진다. 그러나 음악의 속도뿐만 아니라 알맞은 장르를 선택하는 것도 중요하다. 나는 여러분에 대해 잘 모르지만, 만약 나라면 내 외과의가 나를 수술할 때 데스메탈, 혹은 퀸의 'Another One Bites the Dust'(또 한 놈이 죽었다)나 R.E.M의 'Everybody Hurts'(누구나 상처 입는다) 같은 노래를 듣는 게 마냥 편하지는 않을 것 같다. 그리고 간단한 성형수술에 중독된 사람에게는, 성형외과의가 재생목록에 레드핫칠리페퍼스의 'Scar Tissue'(흉터 조직)를 올린다면 좀 둔감해 보일 수 있다.*

환자 집단을 대상으로 적절하게 통제된 연구를 하는 건 윤리적으로 어려울 수 있다. 단, 돼지발을 갖고 훈련하는 성형 외과의사들은 조용히 일할 때보다 좋아하는 음악을 들을 때 수술 상처 봉합을 훨씬 빠르게 하는 것으로 나타났다.[2] 배경음악이 있을 때 상처를 치료하는 시간이 8~10퍼센트 단축됐고, 봉합 자체도 동료들보다 더 잘한 것으로 평가받았다. 한편 앨런과 블라스코비치가 남성 외과의 50명을 대상으로 연구한 결과, 각자 좋아하는 음악을 선택해 들을 수 있었던 경우, 음악을 틀지 못하거나 혹은 연구팀이 제시한 음악을 그냥 들어야 했던 경우에 비해 스트레스가 많은 실험실 일을 처리할 때 심박 수가 덜 증가하고 성과도 더 좋았다.[3] 비싼 수술비를 감안하면, 병원 회계사가 비용을 절감하기 위해 빠른 템포의 음악을 틀라고 권장하는 상황도 충분히 상상해볼 수 있다. 어쨌든 2005년 북미 병원에서 수술 비용은 분당 60달러를 초과했고, 이 말인즉

---

* 자자, 내 도전장을 받으시라. 수술실에서 틀기엔 부적절한, 아무도 듣고 싶어 하지 않을 음악을 몇 개 더 생각해볼 수 있겠는가?

슨 건당 수술 시간을 7분씩만 줄이면 수술 250건을 할 경우 10만 달러 이상을 아낄 수 있다는 뜻이다.[4] 오늘날 이 수치는 훨씬 더 높을 것이다. 연구팀이 말했듯, 아주 작은 것도 다 도움이 된다.

수술[Operation]이라는 이름의, 배터리로 구동되는 어린이 보드게임이 있다. 플레이어는 번갈아 가며 보드에 그려진 불쌍한 환자의 환부에서 다양한 장기와 뼈를 핀셋으로 꺼내야 한다. 실수로 핀셋이 보드에 닿아 캐비티 샘이라는 이름을 가진 이 환자의 몸에 합선이 일어나면, 코가 빨간색으로 깜빡이고 버저가 울린다. 2016년 런던의 임페리얼 페스티벌에서 총 352명의 참가자가 세 개의 사운드트랙 중 하나를 들으면서 이 게임을 플레이했다. 남성의 경우, 사전 녹음된 수술실 소리보다 오스트레일리아 록음악을 들을 때 성적이 더 나빴다. 속도가 상당히 느렸고 실수를 더 많이 했다. 집중하기 어려웠다는 얘기다. 반면에 모차르트를 들은 경우, 놀랍게도 '모차르트 효과'에 대한 이전의 연구들이 주장한 것처럼 더 빨리 해내거나 실수를 덜 하지는 않았고, 다만 음악이 덜 산만하다고 인식할 뿐이었다.[5] 여러분의 외과 수술팀이 들어줬으면 하는 음악에 이렇게 가벼운 연구 결과들이 어떤 영향을 미칠지 판단하는 것은 여러분의 몫으로 남겨두려고 한다.

더 진지하게 수행된 또 다른 연구에서 마취 전문의들은 레게와 팝 음악이 특히 산만하게 느껴졌다고 보고했다.[6] 하지만 어떤 음악이 나오든, 수술실에서 일하는 모든 사람이 선곡에 반드시 만족할 것 같지는 않다. 그리고 실제로 외과의가 절충적인 재생목록을 선택할 때 사람들 사이에 긴장감이 생기는 것으로 알려졌다.[7] 따라서 다음번 정기 수술을 받으러 갈 때는 여러분이 메스 아래에 누워 있는 동안 외과의가 어떤 음악을 들을 계획인지 알아내는 게 도움이 될 것이다. 실제로 주치의와 동료들이 일하는 방식에 큰 차이가 생길 수 있다. 이는 감각을 해킹해 의료 결과를 바꾸는 방법의 한 가지 예시일 뿐이다.

병원은 왜 고급 호텔처럼 변하기 시작했을까?

태어나서 죽기 전까지, 우리 모두는 주기적으로 의료 시스템에 의존해 살아간다. 의료 시스템은 살면서 불가피하게 발생하는 문제들을 다루는 동시에 정상 발달을 촉진할 수 있도록 도움을 제공한다. 전통적으로 우리가 삶의 어떤 단계에 있든지, 치료의 최전선에는 (센스해킹보다는) 의료적 해결책이 있었다.

하지만 흥미롭게도 전설적인 마케터 필립 코틀러는 1974년에 이미 공간 분위기에 대한 자신의 접근법을 정신과 의사 사무실 디자인에 적용하는 방안을 글로 쓰고 있었다.[8] 최소한 영국에서는 이런 개념을 민간 의료 시스템에서 좀 더 흔히 접할 수 있다. 하지만 공공이든 민간이든, 갈수록 전 세계 병원과 의사, 치과 의사, 요양원, 심지어 성형외과 의사들은 의료에 대한 보다 다중감각적인 접근법의 가치를 인지하고 있다. 실제로 점점 더 많은 의료인들이 다중감각적 접근법을 자신들이 제공하는 서비스나 경험의 필수 요소로 여기고 있다. 미국에서는 일부 내과 의사의 최종 급여 일부분이 환자들의 만족도 평가에 따라 결정된다.[9] 이런 만족도 관련 급여는 이미 미국 내과 의사의 총 급여의 40퍼센트 이상을 차지하고 있으며, 이 수치는 더 높아질 것으로 보인다.*

이 같은 주안점의 변화는 적어도 부분적으로는 전 세계 특정 지역의 민간 의료 서비스 제공 업체들 간의 경쟁이 치열해졌기 때문이다. 예를 들어 더 좋은 스캐너나 새 장비를 도입하는 것만으로는 더 이상 잠재 고객이나 이해관계자들에게 유의미하게 차별화된 의료 서비스를 제공할 수 없게 되면, 점점 더 환자가 느끼는 경험의 질로 생각이 옮겨간다. 이 같은 경험적 변화는 기존 의료 시설보다는 고급 호텔처럼 생긴 개인 병원에서 볼 수 있다.

2019년 초 한 언론 기사의 헤드라인은 다음과 같았다. "메이오 클리닉, 호텔처럼 보이지만 이곳은 세계 최고의 병원이다."[10] 이 기사에 따르면, 경험의 질을 중시하는 전 세계 환자들이 이 병원으로 몰려들었다고 한다. 하지만 이는 단순히 겉모습을 꾸미는 것 이상의 문제라는 점에 유의해야 한다. 환자가 평가하는 경험의 질은 실제로 헬스케어의 결과와도 관련이 있다.[11] 즉 환자 만족도에 초점을

---

* 이것이 현재 미국의 '오피오이드 위기opiod crisis'(마약성 진통제 과다복용으로 인한 사망 등이 속출한 피해를 말한다 – 옮긴이)와 관련됐을 수도 있다는 의구심이 남는다. 어쨌든 환자가 간절히 원하는 진통제를 처방해주지 않으면 의사에 대한 평가가 분명 낮아지기 때문이다.

맞출 경우 효과적으로 의료의 질을 높이고 장기적으로는 비용도 절감할 수 있다는 사실이 입증될 것이다. 치료 결과를 개선할 경우 비용도 절감되고 병원 회계사들을 웃게 해준다는 점에서 이는 매우 중요하다.

예를 들어 미국 보건부 산하의 보건의료재정청(CMS)이 미국 병원 3000곳 이상의 위험 조정 데이터를 분석한 2016년 연구 결과에 따르면, 더 나은 환자 경험은 바람직한 임상 결과와 관련이 있었다. 연구 저자에 따르면 "환자 경험에 대한 별점이 높을수록 병원 내 합병증 발생률이 통계적으로 유의미하게 낮았다. 또 환자 경험에 대한 별점이 높을수록 30일 이내 예정에 없던 재입원 비율이 통계적으로 유의미하게 낮았다."[12] 2007년부터 2012년까지 6년 동안 미국의 3767개 병원에서 2만여 건의 사례를 분석한 또 다른 연구 결과에서는 환자 경험이 긍정적이면 수익성이 증가한다는 결론을 내렸다. 반면 환자 경험이 부정적이면 수익성이 훨씬 더 많이 감소하는 것으로 나타났다.[13]

이전 장에서 자연에 대한 노출이 웰빙에 미치는 유익한 효과를 면밀히 살펴보았다. 병원과 요양시설 깊숙한 곳에 힐링 정원이 있는 것처럼, 자연은 오랫동안 의료 서비스에 통합돼왔다. 사실 최초의 서양 병원은 약초와 식물, 그리고 아마도 세속과 멀리 떨어진 정원에 의존해 치료했을 것이다. 오늘날에도 환자와 가족들은 그렇게 고요한 공간에서, 필요한 시간에 편안함과 위안을 얻고 있다. 어느 연구 결과, 고령의 환자가 각자 좋아하는 방에서 한 시간을 보낼 때

보다 요양원 외부 정원에서 한 시간을 보낼 때 집중력이 크게 향상된 것으로 나타났다.[14]

〈사이언티픽 아메리칸〉에 실린 기사에 따르면, 마음을 최고로 진정할 수 있는 정원이란 여러 가지 감각을 사용할 수 있는 곳이다. "보고 만지고 향기를 맡고 들을 수 있는 정원이 가장 좋다." 또 이 기사는 "20세기 동안 정원은 치료의 보완재 정도로 여겨졌지만 정원은 다시 대유행하고 있다. 이제 새로 지어지는 병원 대부분에는 정원도 포함된다"라고 강조했다.[15]

플로렌스 나이팅게일은 1853~1856년 크림전쟁 동안 자신이 돌보는 환자들의 회복에 자연광과 고요함이 주는 유익한 효과를 이미 높게 평가하고 있었다. 나중에 다시 살펴보겠지만, 정말 많은 영감을 주는 이 간호사는 병동에서 의료를 센스해킹하는 것에 관한 한 확실히 시대를 앞서 있었다.

그러나 살루토제네시스salutogenesis에 대한 현대인의 관심을 촉발한 건 소규모 수술 환자 집단의 회복에 전망 좋은 병실이 주는 긍정적인 영향을 발견한 울리히의 1984년 연구였다. 1979년 아론 안토노브스키가 처음 소개한 이 용어는 질병을 일으키는 요인(발병)에만 초점을 맞추기보다 인간의 건강과 웰빙을 강화하는 의료적 접근방식을 말한다. 그런 환경은 환자의 회복을 돕기 위해 다중감각적 특징을 조정한 환경이라고 말할 수 있다.[16]

건강한 맛

살루토제네시스를 따르는 것이 무척 간단하게 들릴지 모르지만, 현재 의료 환경/경험의 감각적 측면이 환자의 웰빙에 부정적인 영향을 주는 빈도는 놀라울 정도다. 수많은 환자가 병동의 소음 때문에 숙면을 취하지 못한다는 걸 생각해보라.[17] 환자들의 식욕을 돋우지 못하고 매일 주방으로 되돌아오는 병원 밥은 또 어떤가. 한 설문조사 결과, 영국 국민보건서비스(NHS) 병원에서 환자에게 제공된 식사의 70퍼센트가 그대로 돌아오는 것으로 나타났다.[18] 잘못된 의료 서비스 사례 중 가장 확실하고 잘 알려진 두 가지 사례만 예로 든 것이다. 이런 일이 생기는 건 아마도 살루토제네시스를 따르기보다 발병 요인만 지나치게 강조하기 때문일 것이다.

건강을 센스해킹하려는 사람들의 핵심 목표는 헬스케어 서비스에 해로운 영향을 줄 수 있는 부정적인 감각 요인을 파악하고, 이를 해결하는 것이다. 앞서 언급한 두 가지 예를 보면 주변 소음을 줄이고 식사의 품질을 개선하려는 노력이 필요하다.*[19] 이런 해결책이 어떤 의미에서는 너무 뻔해 보일 수 있지만, 환자의 웰빙에 무척 유익한 결과를 가져올 수 있다.

예를 들어 영국 병원 여섯 곳의 신탁기금에서 시행한 2년짜리

---

* 그러나 부정적인 요소에 대응하는 동시에, 혁신적이며 더욱 다중감각적인 감각 개입을 적극적으로 제공하는 것에 대한 관심도 커지고 있다. 이런 개입은 어떤 경우엔 개인별 맞춤 식사 사례처럼 개인에 맞게 조정되기도 한다.

NHS 임상 시험에서 노인 환자가 고관절 골절로 인해 병원에서 사망하는 확률이 놀랍게도 절반으로 줄었는데(11퍼센트에서 5.5퍼센트로 감소), 그저 환자들에게 매일 여분의 식사를 제공하고 먹도록 격려했을 뿐이었다. 이 연구 결과를 본 정형외과 의사 도미닉 인먼은 "음식을 아주 저렴한 약으로 생각하자면, 그건 엄청나게 강력한 약이다"라고 말했다.[20] 물론 영양사가 임상 시험에 참여한 환자들에게 매일 아침 뭘 먹고 싶은지 묻고 식사 시간에 함께 앉아 식사를 다 마쳤는지 확인했다. 그러나 이렇게 개인 맞춤 서비스를 제공하는 데 드는 비용은 곧 그 추악한 본모습을 드러낼 것이다. 한편 미국의 내 친구 클라우디아 캄포스 박사와 동료들은 다민족 환자 집단에게 '고혈압 치료를 위한 식이요법(DASH)'을 제공했을 때 나타나는 유익한 효과를 연구했다. 연구팀은 논문에서 식이 지침을 가장 엄격하게 따른 환자들에게서 장기적인 심장병 위험이 상당히 감소했다고 밝혔다.[21]

따라서 여러 해 동안 다양한 저비용의 감각 개입이 어떻게 환자의 식사량을 늘리는 효과적인 수단을 제공했는지 보는 건 흥미롭다. 예를 들어 알츠하이머를 비롯한 치매 환자는 음식과 접시를 구분하는 데 어려움을 겪을 수 있다. 병원에서 주는 으깬 감자나 크림소스, 닭고기, 생선살 같은 허여멀건 음식은 하얀색 그릇에서 눈에 잘 띄지 않을 수 있다. 단순히 식기와 수저, 컵 등을 강렬한 대비를 이루는 밝은 빨간색 또는 파란색으로 바꾸기만 해도 병원과 장기 요양원 모두에서 식사량이 최대 30퍼센트 늘었으며, 최근 몇 년간

이렇게 눈에 잘 띄는 그릇을 일반 대중에게 제공하는 수많은 스타트업이 등장한 이유를 알 수 있다.[22]

식사 시간에 돈을 많이 들이지 않고 상대적으로 간단하게 할 수 있는 센스해킹으로 음악이나 주변 풍광을 활용해 극심한 불안 때문에 음식을 먹기 어려운 환자들의 긴장을 풀어주는 방법이 있다. 이는 수많은 정신과 환자뿐만 아니라 점점 늘어나는 알츠하이머와 치매 환자들이 흔히 겪는 문제다. 흥미롭게도 1970년대부터 바로 이런 이유로 북미의 여러 정신과 병원에서 '갈매기… 휴식과 이완을 위한 음악'이란 제목의 테이프를 재생해왔다.[23] 갈매기가 끼룩대는 소리와 부드럽게 부서지는 파도 소리가 담긴 MP3 플레이어를 생선회 한 접시와 함께 테이블에 제공하는, 세계적으로 유명한 헤스턴 블루멘탈 셰프의 '바다 요리의 소리Sound of the Sea dish' 코스가 나오기 한참 전이었다. 비록 레스토랑의 바람은 고객의 흥분을 진정시키는 게 아니라 긍정적인 향수를 불러일으키는 것이었지만, 두 경우 모두 경험을 센스해킹하는 것이 목적이었다.

몇 년 전 나는 운 좋게도 수상 경력에 빛나는 향기 방출 시스템을 개발하는 일에 컨설턴트로 참여한 바 있다. 바로 음식 냄새가 나는 알람시계다. '오드ode'라는 이 장치(이 프로젝트에 참여한 향기 전문가 오데트 드 투알렛의 이름을 따서 붙였다)는 식사하는 걸 잊곤 하는 사람들을 위해 하루 세 번 식욕을 자극하는 음식 냄새를 방출한다. 제품 출시를 위해 신선한 오렌지 주스, 체리 베이크웰 타르트, 홈메이드 카레, 핑크자몽, 소고기 캐서롤, 블랙 포레스트가토 초콜릿 케이크(대상 연령층에게 친숙한 대표 음식들) 등 여섯 가지 향기를 개발했다. 이 프로젝트의 존경스러운 목표는 바로 초기 단계의 알츠하이머와 치매 환자가 영양실조로 병원에 입원하는 신세가 되지 않고 집에서 조금 더 오래 지낼 수 있도록 하는 것이었다. 50명의 치매 환자와 그 가족을 대상으로 한 10주간의 소규모 파일럿 연구 결과, 이 기기를 사용한 사람들 가운데 절반 이상의 체중이 그대로 유지되거나 아주 조금만 줄었다. 이런 환자 집단이 흔히 겪는 체중 감소량에 훨씬 못 미치는 정도였다. 이는 규칙적으로 먹을 필요가 있는 사람들에게 도움이 될 법한 저렴한 센스해킹 방안 중 하나다.[24]

건강해 보이는 것 – 헬스케어의 예술과 환상

직장과 마찬가지로 자연이 보이는 입원실은 수술 환자가 회복하는 데 도움이 되는 것으로 보인다. 하지만 이는 입원 환자 모두에게 가능한 방안이 아니므로 다른 센스해킹 대안이 필요하다.* 화분에 심은 식물로 시작해볼 수 있다. 스트레스를 줄이고 동시에 병원에 대한 두려움을 덜어주기 때문이다.[25] 벽에 예술 작품을 거는 것도 환자의 경과를 개선하는 데 도움이 될 수 있다. 실제로 영국 보건부 예

---

* 중환자실에 자연광이 없는 경우 노인 환자, 특히 치매 환자가 망상 증세를 보일 위험이 높아진다. 이를 일몰증후군sundowning이라고 한다.

술·건강 그룹의 2006년 보고서에 따르면 예술은 "환자, 서비스 사용자, 직원 등 모두에게 더 질 좋은 건강과 웰빙, 그리고 더 나은 경험을 제공하는 데 분명히 기여하고 있다."[26]

예를 들어보자. 많은 사람들이 '백의 고혈압(의사의 흰 가운을 보면 혈압이 높아지는 증세 – 옮긴이)'이라고 알려진 증상을 보인다. 그런데 흥미롭게도 검사실 벽에 풍경 사진을 걸기만 해도 이 증세를 줄일 수 있다.[27] 한편 예술에 참여하도록 장려받은 환자는 통증이 감소하고 임상 결과가 개선된다.[28]

갈수록 많은 병원이 '고급 호텔'처럼 보이는 것도 아마 병원 곳곳에 걸린 예술 작품들 덕분일 것이다. 여기서 한 가지, 공립병원의 예산이 아무리 부족해도 쉽게 따라 할 수 있는 방법이 있다는 점에 주목하자. 메이오클리닉의 로댕, 앤디 워홀, 데일 치훌리 등의 멋진 컬렉션과 경쟁할 여력이 없더라도 말이다. 거듭, 예술의 치유력을 직관적으로 알고 있던 플로렌스 나이팅게일은 1860년에 이렇게 썼다.

아름다운 대상, 물체의 다양성, 특히 색상의 광채가 주는 효과는 그 진가를 거의 인정받지 못했다. 형태와 색상과 빛이 우리에게 영향을 미치는 방식에 대해서는 거의 모르지만, 이것들이 실제 물리적 효과를 준다는 사실만큼은 안다. 환자에게 제공한 물체의 형태적 다양성, 휘황찬란한 색채는 실제 회복을 돕는 역할을 한다.[29]

병원 벽에 걸린 예술 작품은 의료 결과에 대한 기대치를 높일 뿐만 아니라 분명 병원이 제공하는 치료 과정에도 포함된다. 크로마테라피라고 불리는 색채 치료는 19세기 후반 수십 년 동안 유행했던 센스해킹 접근법이다. 이를 지지하는 사람들에 따르면, 류머티즘 관절염, 염증, 신경 이상, 조현병 또는 기타 정신 질환을 앓는 환자는 특정 색상의 빛을 쪼이는 것만으로도 치료 효과를 볼 수 있다. 지지자 중 한 명인 에드윈 배빗에 따르면, 붉은빛은 육체적 피로와 만성 류머티즘에, 노란빛은 설사와 기관지 장애에, 푸른빛은 염증성 질환에 처방되는 식이었다.[30] 오늘날 주류 의료 전문가들은 색채 치료를 유사과학으로 치부하지만, 색과 빛이 사회적·인지적·정서적 웰빙의 다양한 측면에 중요한 영향을 미친다는 점을 기억할 필요가 있다. 예컨대 동틀 무렵의 푸른빛이 어떻게 사람을 깨우는지 다시 생각해보자. 또 경찰서 유치장을 버블검핑크색*으로 칠하면 흥분한 죄수들을 진정시키는 데 도움이 된다. 피처럼 붉은 벽은 갤러리라면 풍경화를 멋지게 보이게 해주지만, 병원에서는 분명 불안감을 줄 것이다.

따라서 색상과 조명은 분명 벽에 거는 예술 작품과 마찬가지로 병원 디자인에 중요한 역할을 한다.[31] 실제로 가장 좋은 평가를 받는 시설들은 상황에 맞게 설계된 심리적 효과를 불러일으키기 위해 색상을 선택한다. 예를 들어 메이오클리닉의 경우 "특정한 기분을 이끌어내기 위해 심지어 벽 색깔도 신중하게 선택했다. 암 진단

---

* 2장 〈집〉에서 언급한 베이커밀러핑크와 같은 색이다.

실은 평온한 느낌을 주고 스트레스를 낮추기 위해 부드러운 느낌의 파란색, 녹색, 보라색을, 상담실은 파란색으로 칠했는데, 클리닉 연구원들은 이것이 신뢰를 쌓는 데 더 좋다는 것을 발견했다."[32]

병원 환경에서 색의 심리적 사용에 관한 주제를 다루는 동안, 외과 수술복과 병동 커튼이 왜 보통 녹색인지 자문해본 적이 있는가? 이 센스해킹은 온종일 환자의 피투성이 신체 내부를 보는 병원 직원들의 시각적 피로를 줄이는 데 도움이 된다. 오랫동안 무언가를 열심히 쳐다보다가 다른 곳을 보면, 집중하고 있던 것이 무엇이든 부정적인 잔상을 보게 된다. 그리고 녹색은 붉은색의 보색으로, 외과의가 먼 곳을 응시할 때 보게 되는 잔상은 녹색으로 물들게 된다. 그러므로 이 센스해킹을 통해 녹색 표면을 본 외과의는 그런 잔상을 조금 덜 지각하게 되고, 결과적으로 덜 산만해진다는 것이다.

시각적 신호를 사용해 의료 결과를 개선하는 측면에서 훨씬 더 인상적인 결과가 있다. 심리학 실험실이 도입한 약간의 다중감각적 환상을 제공하는 방법을 이용해 여러 환자 집단이 겪는 난치성 만성 통증을 치료할 가능성을 보인 것이다. 통증 완화에 대한 전통적인 접근방식은 이런 환자들에게 숨 돌릴 틈을 주지 않았다. 센스해킹은 이미 환지통이나 복합국소 통증 증후군(CRPS)으로 고통받는 환자들을 도울 수 있는 가능성을 보여주었다.

많이 알려진 심리적 개입 중 하나는 거울 상자다. 이 시각적인(보다 정확하게는 다중감각적인) 환상은 앞서 언급한, 더 이상 존재하지 않는 사지에 느껴지는 극심한 통증인 환지통을 줄이는 데 사용돼왔다.[33] 대부분 큰 통증을 유발하는 사고로 사지를 외과적으로 절단한 환자들이다. 그 부위에 대한 환자의 마지막 기억이 고통스러웠다면, 그 고통스러운 감각의 흔적이 남는다. 그래서 영향을 받은 그 신체 부위가 더 이상 존재하지 않음에도 불구하고, 마지막 고통과는 다른 새로운 감각운동^{sensorimotor}(개인이 환경과 상호작용하는 데 필요한 모든 감각 및 운동 요소 – 옮긴이) 피드백이 전혀 없기 때문에 환자의 뇌가 마지막으로 받은 인상을 갱신하기가 어려워진다. 대신 환자는 움직일 수 없는 고통스러운 환각지에 갇혀 있을 수 있고, 종종 경련이 오는 것처럼 느끼기도 한다.*

거울 상자는 온전한 팔다리를 거울에 비춰 환자에게 사라진 팔다리가 교체된 듯한 착각을 불러일으키는 아이디어다. 사고 영향을 받지 않은 팔다리를 움직일 때, 환자는 거울 속에서 마치 사라진 팔다리가 움직이는 것처럼 본다. 이렇게 모순된 피드백은 고통을 주는 환상 속 기관을 축소시켜 관련 통증을 줄인다. 하지만 후속 연구에서, 절단된 팔다리가 아직 있는 것처럼 보이게끔 환자의 감각을 해킹한 결과가 직접적으로 거울 치료의 효과로 나타난 것인지에 대한 의문이 제기됐다. 몇 년 전 로리머 모슬리 교수가 옥스퍼드에서 일하던 시절 주저자로서 나와 함께 제시한, 이 방식이 효과가 있는 이유에 대한 다른 설명에 따르면, 여기서 실제로 효과를 내는 것은

---

* 오늘날 이에 대해 잘 아는 외과의는 팔다리를 절단하기 전에 먼저 마취가 됐는지 확인한다.

그림 11 환지통을 겪는 환자에게 거울 상자로 절단된 사지를 보게 하는 방법.

환자로 하여금 환상 속 팔다리를 움직이는 것에 대해 생각하게 함으로써 불러일으키는 단순 운동 이미지일 수도 있다.[34]

옥스퍼드의 우리 연구실에서도 복합국소 통증 증후군(CRPS) 환자의 통증을 줄이는 데 도움이 될 만한 극적인 방법을 고안했다. 이 증세는 사고 후 손목 골절 같은 손상을 입은 후 종종 나타난다. 처음에는 완벽하게 정상으로 회복되고 있는 것처럼 보인다. 그러나 6개월 정도 지나면 환자들은 해당 부위에 극심한 통증을 느끼기 시작한다. 게다가 종종 붓는 증상이 나타나기도 하며, 환자의 진술을 통해 의사들은 해당 부위가 다른 곳보다 더 차게 느껴지는 경향이 있음을 알아차렸다. 이는 상태를 가늠하는 데 쓰는 표준 침상검사 중 하나다. 다시 말하지만, 진통제는 보통 효과가 없으며 종종 환자는 극심한 통증을 견디다 못해 수술로 절단해달라고 요청, 아니 거의 사정하다시피 한다. 나의 예전 상사이자, 내가 이 연구 분야에 몸담는 데 지대한 영향을 미친 존 드라이버 교수가 몇 년 전 고속도로 다리에서 스스로 몸을 던졌을 때 CRPS가 유발할 수 있는 실로 끔찍한 영향을 깨닫게 됐다. 그는 모페드(소형 엔진이 붙어 있는 자전거 – 옮긴이)에서 떨어진 이후 다리에 심한 CRPS를 앓고 있었다.

수석 연구원인 로리머 모슬리와 우리 연구팀은 오랫동안 CRPS로 고통받고 있던 열 명의 환자들과 함께 축소 렌즈를 활용해 환부를 더 작아 보이게 만들었다. 마치 쌍안경을 거꾸로 들고 볼 때처럼 말이다. 놀랍게도 이 단순한 센스해킹으로 몇 분 만에 주관적인 통증 등급이 크게 떨어졌다. 더욱이 객관적으로 측정 가능한 상태 지표, 즉 사고를 당한 부위의 부종도 몇 분 만에 감소했다.[35] 이는 장난감 가게에서 파는 고무손으로 한쪽 팔을 대체했다는 사실을 확인시켜주면 사고를 당하거나 교체된 부위의 온도가 급격히 떨어지는 등 생리적 변화가 나타남을 보여준 우리 연구팀의 다른 연구와 일치하는 결과다.[36]

처음에 의료계 일각은 착시를 활용해 이토록 빠른 결과를 낼 수 있을지 회의적이었기 때문에, 이후 다른 여러 연구 집단이 우리 연구팀의 발견을 확인해주자 나는 무척 안심이 되고 기뻤다.[37] 물론 그런 해결책이 자리를 잡고 오래 지속되게 하려면 장기적인 임상 추적이 여전히 필요하지만, 의료 분야의 감각을 해킹하는 데 예술과 환상 모두 높은 가능성이 있음은 분명하다. 그러나 여러 측면에서, 이에 대한 최후의 관문은 환자가 노력할 만한 이점을 스스로 찾느냐의 여부에 달려 있다.

건강한 듣기

의료의 청각적 측면으로 돌아가 보자. 현재 대부분의 문제가 발견된 영역이자, 가장 흥미로운 해결책이 존재하는 분야이기 때문이다. 거듭 말하는데, 150년도 더 전에 플로렌스 나이팅게일은 사태를 정확하게 간파하곤 이렇게 썼다. "불필요한 소음은 환자와 건강한 사람 모두에게 영향을 줄 수 있는, 가장 잔인한 돌봄 결핍이다."[38] 많은 병원의 시각적 환경이 보통 너무 지루하고 재미가 없기 때문에 의료 서비스의 음향 요소는 환자 입장에서 더욱 두드러지는 경험일 수 있다.[39] 병동이나 중환자실에 가본 사람이라면 잘 알겠지만 이 공간들은 유난히 소음이 심한 경향이 있는데, 병동에 끊임없이 울리는 수많은 경보와 알람, 기타 디지털 경고 신호 때문이다.[40]

이렇게 시끄러운 소음은 낮에도 듣기 싫지만 특히 밤에 방해가 될 수 있다. 최근 수십 년 동안 병원 소음의 세기가 지수적으로 증가하고 있다. 세계보건기구(WHO) 가이드라인에 따르면, 병원 병동의 소음은 낮에는 35데시벨A, 밤에는 30데시벨A를 초과하지 않아야 한다.*[41] 참고로 30데시벨A는 속삭이는 소리와 비슷한 수준이다.

그렇다 보니 병원에서 때로 전기톱에서 나는 소리 수준인 80데시벨A 이상의 소음이 들린다는 사실은 충격적이다.[42] 영국의 관찰 연구결과, 중환자실 다섯 곳에서 낮 동안 60데시벨A, 최고 100데시벨A 이상의 소음이 2~3분마다 기록됐다(이는 시끄러운 오토바이나 핸드드릴과 비슷한 수준이다). 물론 밤에는 훨씬 조용해졌지만, 여전히 최고 85데시벨A를 넘는 소음이 시간당 최대 16회 확인됐다.

병원에서 수많은 환자들이 잠을 못 자겠다고 불평하는 게 당연하다. 야간에 심하게 앓는 와중에 6분마다 소음이 들려온다면 분명 의료 결과에 부정적인 영향이 생긴다.[43] 영국 정부의 전 수석과학고문인 데이비드 매카이 경과 관련된 한 가지 가슴 아픈 일이 있었다. 그는 환자로 누워 있는 동안 병동의 끊임없는 소음에 울음을 터뜨렸다. 죽기 전 날 그는 블로그에 이렇게 썼다. "병동은 켜졌다가 꺼졌다 하는 불빛, 수시로 열리는 문, 몇 시간이고 지지직거리는 전기 소음을 내면서 쿵쿵거리는 특수 기계 병상으로 늘 가득 차 있다."**[44]

과도한 소음의 잠재적인 손상 효과가 환자에게만 문제가 되는 건 아니다. 특히 나쁘다고 알려진 정형외과 시술 땐 수술실 직원도 고통을 겪는다. 전기톱질과 드릴링, 망치질이 시작되면 최고 120데

---

* 데시벨A, 즉 A-가중 데시벨은 사람 귀가 듣는 것과 비슷하게 나타낼 수 있도록 음압 레벨에 가중치-A를 더한 것이다.
** 천재가 아니더라도, 숙면을 방해받은 환자들이 밤에 푹 잘 수 있는 환자들만큼 빨리 회복하지 못할 것이라는 사실을 알 수 있다. 또 여기서, 느린 회복이 비용 증가와 얼마나 관련이 있을지도 주목하자. 물론 적절한 영양 섭취를 거부한(여기서 내 말은 맛있는 식사를 의미한다) 사람들에 대해서도 거의 동일한 주장을 할 수 있다.

시벨 이상의 소음이 정기적으로 발생하며, 인공 슬관절 수술과 신경외과 수술이 특히 시끄러운 것으로 알려져 있다. 비교하자면, 군용 제트기의 재연소 장치가 이륙 시 내는 소음은 130데시벨이다. 수술실에서 이 정도 소음에 정기적으로 노출되며 일하는 사람들은 청력이 손상될 수 있다. 이들은 자기 주변의 시끄러운 소음을 잘 인식하지 못하지만, 환자는 더 큰 피해를 받을 수 있다. 수술 중 일상적으로 투여하는 마취제는 등자근을 마비시키는 경향이 있는데, 등자근은 큰 소음에 대한 반응을 약화시켜 귀가 손상되지 않도록 보호하는 근육이기 때문이다.[45]

우리 대부분이 불행히도 너무나 잘 알고 있는 큰 소음 중 하나로 치과의 드릴 소리가 있다.[46] 만약 누군가 윙윙거리는 고음을 제거하거나, 환자에게 노이즈 캔슬링 헤드폰을 제공하거나, 또는 영화를 틀어 환자의 주의를 산만하게 할 수 있다면 충치를 때우는 전체 과정이 덜 힘겨울 것이다. 조금 덜 불쾌한 소리로 바꾸는 것도 도움이 될 수 있다.

2019년 옥스퍼드의 내 연구실을 방문한 애들레이드대학교의 연구원 타샤 스탠턴이 이끈 연구는 위 주장들과 일치하는 결과를 내놓았다. 만성 요통 환자들이 뻣뻣한 등을 구부릴 때, 삐걱거리는 문소리보다는 부드럽고 쾌적한 소리에 움직임이 동기화되면서 유연성이 더 좋아진 것이다.[47] 사실 소리는 통증이나 움직임과 무관하지만, 고통스러운 시술을 받을 때 기분 좋은 소리를 들으면 허리가 좋지 않거나 어금니가 바스러지더라도 상황이 다소 나아진다.

욕심 같아서는, 치과에 가는 걸 덜 고통스럽게 해줄 또 다른 해결책으로 의사가 치료하는 동안 무심코 입을 다물지 않으면서 내 구강이 아닌 다른 데로 주의를 돌릴 수 있는 방법을 개발하고 싶다. 통증 그 자체나 환부에 집중하고 신경을 쓰면 더 불쾌한 경험을 하게 된다. 반면 고통스러운 자극이나 부위가 아닌 다른 곳으로 주의를 돌리면, 자연의 풍경과 소리 또는 다른 세계에 몰입할 때처럼 고통이 더 크게 느껴지는 걸 막을 수 있다.[48] 실제 이런 이유로 요즘에는 상처 드레싱처럼 엄청나게 고통스러운 처치를 할 때 환자의 주의를 분산시키기 위해 VR 헤드셋을 제공하기도 한다.[49]

최근 웰시병원은 또 하나의 극도로 고통스러운 사건인 출산 시에 VR을 활용해 산모의 주의를 돌리기 시작했다.[50] 미디어에서 '통증의 여왕'이라고 부르는 옥스퍼드 누필드 마취과학과 아이린 트레이시 교수는 '궁극의 통증'(몬트리올 통증 척도 10*)을 정의하면서 이렇게 말했다. "나는 출산을 세 번 했는데, 그 이후 지금 내가 생각하는 통증 척도 10은 아이를 갖기 전의 10과는 많이 다르다. 그 척도를 완전히 새롭게 보정하게 됐다."[51] 그런데 병동이나 중환자실, 수술실, 치과 등에서 발생하는 과도한 소음을 넘어, 헬스케어의 맥락에서 귀로 듣는 것은 우리에게 어떤 영향을 미칠까?

---

* 맥길 통증 설문지라고도 부르는데, 통증의 특성과 강도를 파악하기 위해 널리 사용되는 표준화된 자가 보고 척도다.

음악 치료

앞서 외과의가 수술을 하는 데 음악이 어떤 도움을 주는지 살펴봤
는데, 과연 환자에게도 도움이 될까? 그러니까 음악을 사용해 고통
을 완화할 수 있을까? 음악이 진통제 역할을 한다는 주장을 모호하
다고 여기는 사람도 있지만, 다양한 연구는 이것이 실제로 가능하
다는 것을 보여준다. 사실 헬스케어 전 단계에서 음악의 유익한 효
과가 설득력 있게 입증됐다. 이미 살펴본 것처럼 수술 자체, 그리
고 의료진이 주로 혜택을 경험할 수 있는 장소뿐만 아니라 환자의
수술 전후 관리의 모든 단계에서 말이다. 예컨대 음악은 의료적 처
치를 하기 전 환자의 긴장을 풀고 수많은 고통스러운 시술을 할 때
환자의 주의를 분산시키는 데 사용됐다. 유방 생검 결과를 기다리
는 여성 환자들을 진정시키거나 인공호흡기를 사용하는 환자의 고
통을 완화하는 데에도 사용돼왔다.[52] 콘래드와 그의 동료들은 음악
을 활용하면 진정제를 훨씬 덜 쓰고도 환자를 원하는 만큼 진정시
킬 수 있다는 사실을 발견했다.[53] 다른 많은 연구에서도 음악의 진
정 및 진통제 절약 효과가 확인됐다.[54] 현재 의료 분야에서는 음악
의 이점을 강조하는 총 수백 건의 실험과 수많은 코크란 리뷰*가 출
판됐다.

---

* 코크란 정책연구소Cochrane Policy Institute의 이런 독립적인 리뷰는 어떤 의료 주제에 대한 경험
적 증거(주요 결과와 무위 결과 모두)를 판단하는 데 최적 표준으로 여겨진다.

음악은 환자의 불안과 스트레스를 줄이고 고통을 다루는 데 활용될 수 있으며, 그 과정에서 잠재적으로 회복 기간도 줄여준다.[55] 그러나 결정적으로, 적어도 일부 사람들에게는 의료 서비스에서 필수가 아닌 것처럼 보일 수 있는 요소들에 대한 똑 '소리' 나는 비즈니스 사례를 만들어야 한다. 이를테면 아일랜드의 어느 병원에서 열린 라이브 뮤직 공연처럼 말이다.[56] 헬스케어는 엔터테인먼트가 아닌, 질병의 치료와 예방(또는 그 반대)에 주로 초점을 맞춘다. 따라서 음악을 지속적으로 활용하려면 헬스케어 경험의 일부 측면을 센스해킹하는 것이, 비용 절감과 결과 개선에 어떻게 영향을 주는지 그 연관성을 반드시 입증할 수 있어야 할 것이다.

미래를 예상해보자면, 다양한 의료적 상황에 맞춰 스스로 음악을 선택할 수 있는 앱이 머지않아 나올 것이다. 더 나아가 음악이 헬스케어에 그렇게 중요하다면 왜 지금껏 다른 목적이나 상황에 맞춰 작곡된 음악에만 의존해 일을 해왔는지 반드시 자문해봐야 한다.* 헬스케어를 위해 특별히 음악을 작곡하는 건 어떨까? 바로 이런 방식을 따르는 혁신적인 사례가 몇 년 전에 나왔는데, 나쁜 소식을 다루는 사람들을 위해 특별히 곡을 작곡했던 전설적인 음악가 브라이언 이노는 영국 서식스에 있는 몬테피오레 병원의 환자들을 위해 잔잔한 치유 분위기의 소리 풍경을 만들었다.[57]

---

* 여기서 얼마 안 되는 예외 중 하나가 장례식 및 애도와 관련된 음악인 것 같다. 흥미롭게도 전 세계 어디를 가든 항상 저음과 단조의 비슷한 음악적 특성이 나타나곤 한다.

치료하는 손길

많은 사람들이 '접촉' 부족으로 고통받고 있다. 쓰다듬고 애무하거나 마사지를 함으로써 피부를 자극하면 평생 동안 건강상 무척 유익한 효과를 얻을 수 있다. 더구나 간병 중인 사람들에게 특히 중요할 수 있다. 플로리다 기반 연구자이자, 마이애미 밀러 의과대학의 터치연구소 소장인 티퍼니 필드와 그의 동료들은 사람 간 접촉의 치료 효과를 보여주는 수많은 연구를 발표했다.[58] 그럼에도 불구하고 과학계의 많은 사람들이 여전히 회의적이다. 이런 결과를 설명할 수 있는, 신경생리학적으로 그럴듯한 근본 메커니즘이 밝혀지지 않았다는 게 문제다. 하지만 이것도 바뀌기 시작했다. 털이 많은 피부, 즉 발바닥과 손바닥을 제외하고 기본적으로 신체의 모든 피부는 각각 고유한 감각 시스템을 통해 자극을 받는다. 털이 많은 피부에서 최근에 발견된 C-촉각구심성신경C-tactile afferents은 일반적으로 쓰다듬는 속도(초당 약 3~10센티미터)인 느리고 부드러운 자극에 우선 반응한다. 피부를 쓰다듬거나 애무하면 주관적으로 즐거울 뿐만 아니라 옥시토신과 뮤-오피오이드가 방출될 수 있다.[59]

사람과의 접촉을 통해 긴장을 풀고 숙면을 취할 수 있으며, 통증을 완화하고 감염과 싸울 수 있다. 이와 동시에 미리 신중하게 규정된 조건을 제외하고는, 서비스를 제한하는 부적절한 사회적 접촉에 대한 우려가 훨씬 더 커지고 있다. 그러나 접촉은 치료를 위해 정기적으로 환자를 마사지해야 하는 간호사 같은 사람들에게도 큰 피해를 줄 수 있다. 잘 모르는 사람과의 접촉은 정서적으로 중립적인 활동이 아니다. 한 가지 해결책은 로봇 등을 활용해 프로세스를 자동화하거나, 안마의자를 사용하는 것이다. 연구에 따르면 인공 자극은 사람과의 직접적인 접촉과 똑같은 효과를 내지는 않는 것 같지만 말이다. 연구자들은 아직까지 무엇을 놓쳤는지 확실히 알지 못한다. 효과가 있으려면 인공 접촉도 사람 피부처럼 따뜻해야 하기 때문이거나(로봇은 차가운 경향이 있다는 점을 기억하라), 혹은 진정한 정서적 걱정과 관심, 또는 공감이 부재하기 때문일 수도 있다. 물론 만질 수 있을 만큼 가까이에 있는 사람이라면 냄새 역시 맡을 수 있다는 점을 잊지 말자. 후각 또는 페로몬 신호와 부드럽고 따뜻한 촉각 자극이 더해져 시너지 효과를 발휘해 웰빙에 가장 큰 이점을 제공한다는 것이 밝혀질 수도 있다.[60]

내 어머니가 돌아가시기 전까지 지냈던 요양원에서는 간병인들이 주기적으로 올빼미를 데려와 환자들이 쓰다듬을 수 있게 했다. 정확히는 알기 어렵지만, 나의 어머니 노라가 알츠하이머로 인해 갈수록 정신이 온전치 않게 되면서 자연과의 촉각적 상호작용을 주기적으로 즐긴다는 느낌이 들었다. 사실 오늘날 점점 더 많은 미래 지향적인 병원과 치료 시설들이 동물 치료요법을 도입하고 있다. 다른 생명체를 쓰다듬고 상호작용할 수 있다는 것은 정말로 필요한 심리적 위안을 줄 수 있다.[61] 그럼에도 불구하고 소위 털이 많은 피부(실제로 털이 있는지의 여부와 관계없이)를 쓰다듬는 것의 유익한 효과를 보고한 과학적으로 신뢰할 수 있는 새로운 연구들을 고려하면, 오랫동안 방치된 이 피부라는 부위에 마땅한 관심을 기울이고 싶어질 것이다. 다시 말해 피부, 정확히는 C-촉각구심성신경을 자극하는 것은 생물학적 필수이며, 단순히 애지중지 보살핌을 받고 싶은 사람들을 위한 사치는 아니다.

향기 감각 치료

캐러멜이나 바닐라 등 달콤한 냄새를 내는 단순한 것들도 사람들이 고통에 대처하는 데 큰 도움이 되는 것으로 나타났다. 즉 후각 역시 헬스케어에서 굉장히 중요한 역할을 한다(다시 말하지만, 거의 인정을 못 받을 수도 있지만 말이다). 아로마 테라피 마사지의 유익한 효과에서부터, 불쾌한 냄새를 가리는 것까지 다양하다. 이미 1960년대에 한 평론가는 병원들에게 환자의 안전과 웰빙에 대한 느낌을 고취하기 위해 병동에 기분 좋은 향기를 불어넣는 '향기 치료'를 시도해볼 것을 장려했다.[62] 오스트레일리아의 한 연구에서 대학생들은 무향, 불쾌한 냄새(사향), 쾌적하지만 달지 않은 향(애프터셰이브), 캐러멜 향 등 다양한 냄새를 맡으며 업계에서 '냉압박 검사'라고 부르는 얼음 목욕의 고통을 경험했는데, 캐러멜 냄새가 날 때 고통을 훨씬 더 오래 견뎠다.[63] 이 연구는 신생아에게 설탕을 먹이면 발꿈치를 아프게 찔러도 자지러지게 울지 않고 견딘다는 관찰 결과에 기반하고 있다. 즉 맛이든 냄새든 달콤함에는 진통 특성이 있기 때문에 신생

아는 덜 울고 성인은 통증을 견디는 힘이 커진다는 것이다.[64]

얼음물 사례뿐만 아니라, 향기를 이용해 긴장과 스트레스를 해소할 수 있다는 연구가 많다.[65] 예를 들어 충치 충전물에서 나는 전형적인 유제놀(정향) 냄새를 오렌지 향으로 바꾸면 진료를 받는 여성이 불안을 덜 느끼는 것으로 나타났다.[66] 그러나 주의할 것은 유제놀의 특정 향기 자체가 본질적으로 스트레스를 주는 건 아니라는 점이다. 그보다는 이 냄새가 부정적이고 스트레스를 주는 치과 진료 경험과 연관돼 있기 때문이다.* 즉 이 냄새가 나면 곧 불쾌한 감각과 연결되는 경향이 있음을 곧 알아차리게 되며, 무엇이 닥쳐올지 예상되기에 불안을 느끼는 것이다.** 하지만 오렌지 향이 나는 치과 진료를 반복적으로 받은 이후에는 이 향도 부정적인 기억과 연관될 수 있기 때문에, 6개월마다 향을 바꾸는 방안이 아마도 가장 좋은 해결책이 될 것이다.***

---

* 5장 〈출퇴근〉에서 신차 냄새가 고가품 구매를 연상시켜 사람들이 굉장히 좋아한다고 했던 이야기를 떠올려보자.
** 흥미롭게도 이런 수많은 연구에서 여성이 남성보다 주변 냄새에 더 영향을 많이 받는 경향이 있었으며, 이는 아마도 후각 자극에 대한 민감도가 여성에서 더 높다는 의미일 수 있다.
*** 이 접근방식의 한 가지 단점은 헬스케어에 독특한 향을 도입할 기회가 많지 않다는 것이다. 호텔에서 상점에 이르기까지 수많은 상업 환경에서 향기를 쓰는 사례가 늘고 있음을 감안하면, 누군가 머지않아 일부 프리미엄 헬스케어 서비스 업체의 독특한 브랜드 향기를 개발할 것이다. 미국의 공공보험인 메디케이드나 영국의 국가보건서비스에서는 어떤 냄새가 나게 될지 궁금하다.

다중감각적 의학 – 처리 유창성, 그리고 감각 과부하의 위험

헬스케어에 대한 센스해킹 연구는 한 번에 한 가지 감각만 보는 경향이 있는데, 현실 환경에서는 보통 여러 감각 신호가 경쟁적으로 사람의 주의를 끈다. 이처럼 다른 감각에서 벌어지는 일까지 고려하지 않으면 센스해킹의 효과를 제대로 볼 수 없다. 그리고 여러 감각 신호가 더해지면 늘 감각 과부하의 위험이 생긴다. 이를 고려하면 독일의 성형외과 진료실에서 수행된 연구 결과를 설명할 수 있다. 라벤더 향을 뿌리거나 자연의 소리가 들어간 연주 음악을 틀었을 때 진료 대기 중인 환자들의 불안감이 줄었는데, 이런 감각 신호를 결합하자 이점이 사라졌다.[67]

회복을 돕거나 차분하게 해주는 다중감각적 환경에 대한 아이디어는 스누젤렌Snoezelen이라는 개념을 연구하는 이들이 가장 광범위하게 개발해왔다. 네덜란드어의 동사 '탐색하다'와 '이완하다'에서 파생된 이 용어는 긴장을 풀어주고 동시에 자극도 주는 통제된 다중감각 환경 개발에 초점을 맞춘 접근법을 뜻한다. 여기에는 다채로운 패턴과 조명, 향과 음악, 그리고 만질 수 있는 다양한 소재가 포함된다.[68] 처음에 이 아이디어는 심각한 뇌 손상 등으로 고통받는 환자처럼 특별한 도움이 필요한 사람들에게 일종의 흥미롭고도 편안한 자극을 제공하기 위한 것이었다. 이 접근방식은 이후 다른 집단에도 확대됐다. 출산한 산모, 치매 환자, 특정 정신과 환자 등 다양한 환자 집단의 행동에 이렇게 정형적이지 않은 다중감각 환경이

유익한 영향을 줄 수 있다는 주장을 제한적으로 뒷받침하는 연구가 일부 있다.[69]

어떤 면에서 이는 19세기 색채 치료(크로마 테라피) 개념을 떠올리게 한다. 빛과 색은 분명 우리에게 감동을 주지만, 경관과 소리, 촉감, 냄새, 심지어 맛까지 포함되는 전체적인 다중감각 환경이 가장 큰 영향을 줄 것이다.

그리고 누구든지 다음 치료를 받기 위해 병원에 갈 때 자기만의 힐링 음악 목록을 고를 수 있고, 치과 진료실에서 편안한 향기를 맡을 수 있으며, 사랑하는 사람에게 어루만질 수 있는 무언가를 주거나, 더 낫게는 직접 쓰다듬어줄 수도 있다는 사실을 기억하자. 이는 건강과 웰빙을 센스해킹하기 위해 우리가 할 수 있는 최소한의 일이다.

9

운동과 스포츠

승리의 향기, 성공의 맛

운동을 얼마나 성공적으로, 에너지 넘치게 하게 될지를 실제로 결정하는 요소는 무엇일까? 우리의 내적 동기에만 의존할까, 아니면 운동 효과를 높이기 위해 할 수 있는 다른 것이 있을까? 빨간색 옷을 입거나 페퍼민트 향을 맡는 것처럼 단순한 것들을 이용해 뇌를 속일 수 있다면 어떨까? 앞으로 보겠지만 근육과 심장, 폐뿐만 아니라 뇌도 사람의 운동 능력을 근본적으로 제한한다. 내적인 동기가 분명 중요하지만 운동을 하는 다중감각적 환경은 생각보다 더 많은 영향을 준다. 야외의 자연이든, 요즘 여기저기에 생기곤 하는 나이트클럽 테마의 헬스장이든, 운동 환경을 최적화하면 적은 노력으로도 신체적·정신적 웰빙을 바른 방향으로 이끌 수 있다.

즉 감각을 해킹하면 환경 자극을 최적화할 수 있고, 따라서 전 운동 과정에서 더 많은 것을 얻을 수 있다. 마침내는 더 자주 운동하게 될 수도 있다. 시끄럽고 빠르며 동기부여가 되는 음악을 듣는 등 직관적으로 명백한 센스해킹이 일부 있고, 직관적이지 않은 방법들도 있다. 프로 축구 선수들이 주기적으로 터치라인에 와서 스포츠 음료를 한입 물었다가 뱉어내는 이유가 궁금하지 않은가? 몸에 수분이나 에너지를 공급하려면 음료수를 삼켜야 할 텐데 말이다. 이상하게 들릴 수도 있지만, 삼키는 것보다 머금었다 뱉는 것이 더 낫다는 게 과학적 팩트다. 연구자들은 축구 선수의 성적을 높이기 위해 엄밀한 과학을 바탕으로 이들의 감각을 해킹하고 있다. 프로 선수들뿐만 아니라 우리도 그 혜택을 누릴 수 있다.

점점 더 심각해지는 전 세계 비만 위기 해결부터 유산소 운동을 통한 인지 능력 개선까지, 우리 모두가 지금보다 더 많이 운동해야 할 수많은 이유들이 있다.[1] 운동은 현대인의 많은 질병에 효과적으로 대처할 수 있는 수단이 된다. 예를 들어 정신적 자원을 회복하는 데 도움이 될 수 있으며, 적어도 최근 코크란 리뷰 결과에 따르면 우울증을 앓을 가능성도 줄여준다. 한편 옥스퍼드대학교 심리학과 출신의 애덤 체크루드가 최근 발표한 연구에 따르면, 북미 지역에서 나이, 인종, 성별, 가구 소득, 교육 수준을 통제한 120만 명 넘는 사람들 중 운동을 하는 사람들은 운동을 안 하는 사람들과 비교해 정신건강이 좋지 않다고 자가 보고한 일수가 43퍼센트 적은 것으로 나타났다.[2] 하지만 신체적·정신적 웰빙 모두에 유익한 효과를 준다는 광범위하고 강력한 근거에도 불구하고, 사람들 대부분은 운동량이 부족하다.

잉글랜드의 2008년 건강 설문조사에 따르면, 남성의 40퍼센트와 여성의 28퍼센트만이 국가가 권고하는 적당히 강한 신체 활동인

주 5일 최소 30분을 충족했다. 미국은 수치가 훨씬 더 나쁜데, 현재 성인 다섯 명 중 한 명만이 권장 지침대로 운동하고 있다. 그리고 영국의 64~75세 노인의 경우 남성의 17퍼센트와 여성의 13퍼센트만이 권고를 충족하고 있다.[3] 2018년 잉글랜드 건강 설문조사에서는 "성인의 27퍼센트가 중간 또는 격렬한 신체 활동을 주당 30분 미만으로 한다고 보고했으며, 이들은 '비활동적인' 사람으로 분류됐다." 또 보고서는 "성인의 절반 이상(56퍼센트)이 허리둘레와 체질량지수로 인해 만성질환의 위험이 증가했거나, 높거나, 아주 높았다."[4] 모두가 더 건강한 라이프스타일을 찾는 것은 더없이 중요하며, 센스해킹은 이 거대한 도전을 달성하기 위한 가장 좋은 방안이 될 수 있다.

자연 vs 실내, 어디에서 운동하는 게 더 좋을까?

앞에서 살펴본 다양한 자연 효과를 감안하면, 이 질문에 대한 답은 명백해 보일 것이다. 확실히 우리 모두는 동굴처럼 어둡고 축축하고 땀내 나는 헬스장이 아니라, 가능한 한 언제 어디서나 자연에서 운동해야 한다. 하지만 말보다 행동이 어려운 법이다. 현재 도시에 거주하는 유럽인의 75퍼센트는 그저 자연에서 정기적으로 운동할 기회가 없을 수도 있다. 따라서 운동할 때 사실상 야외 도심 환경과 실내 헬스장 중에 선택해야 한다면 아마도 후자가 최선의 대안일 것이다. 대중은 이미 마음을 정한 것으로 보이는데, '퓨어짐'이나

'에너지 피트니스' 같은 헬스장 브랜드의 인기가 점점 높아지고 있기 때문이다. 대부분의 도심에는 항상 새로운 시설이 생겨난다. 〈가디언〉에 따르면 최근 몇 년 동안 이 부문이 기하급수적으로 성장했으며, 영국인 일곱 명 중 한 명은 헬스장 회원이라고 한다.[5] 최신 보고에 따르면 여러 북미 도시에도 비슷한 경향이 나타나고 있다.[6]

하지만 이런 새로운 스타일의 헬스장을 처음 방문한 사람은 그 분위기에 깜짝 놀랄 것이다. 실제로 분위기가 약간 특별하며, 조명이 환한 오래된 전통적인 헬스장과는 전혀 다르다. 요란하게 쿵쾅거리는 빠른 템포의 동기부여 음악이나 무드 조명 같은 요소들로 인해 나이트클럽이나 아베크롬비앤피치 매장과 훨씬 더 비슷해 보인다.[7] 이 헬스장들, 적어도 이 중 가장 좋은 헬스장은 회원들이 운동 목표를 더 잘 달성하도록 돕는(또는 그럴 거라고 주장하는) 세심하게 통제된 다중감각 환경을 약속한다. 하지만 환경이 운동의 질은 물론, 운동 동기에 미치는 영향에 대한 과학적 팩트는 무엇일까? 그리고 어떤 종류의 다중감각 자극이 가장 좋을까? 이는 어느 정도는 운동을 통해 얻고자 하는 것이 무엇인지에 달려 있다. 일단은 실내 운동과 실외 운동의 차이부터 살펴보자.

연구에 따르면 사람들은 실내 러닝머신보다 야외에서 뛰는 것을 더 선호하는 것으로 보이는데, 그래도 정신적(특히 정서적) 회복 면에서 도시 공간보다 공원에서 달리는 것이 훨씬 더 좋다.[8] 주변에 풍부한 자연이 있으면 신체 활동에서 종종 비롯될 수 있는 불쾌한 감각으로부터 주의를 분산시키는 데 도움이 되고, 결국 심리적으로 유익한 효과를 얻을 수 있다. 이 분야에서 수행된 아홉 건의 개별 실험에 관한 체계적인 리뷰에 따르면, 자연에서 운동하는 것이 실내에서 달리는 것보다 더 유익하다는 결론을 뒷받침하는 적절한 증거가 나왔다.[9] 연구자들이 과장해서 말한 게 아니라는 걸 이제 이해할 것이다.

정신적 능력의 회복 면에서는 자연에서 운동하는 게 더 나을 수 있지만, 운동의 강도나 지속 시간을 최대화하는 것이 목표라면 단기적으로는 헬스장이 더 도움이 될 수 있다. 이는 어느 정도 헬스장이 더 통제된 감각 환경을 제공하기 때문이다. 하지만 궁극적으로는 다중감각적 분위기가 어떤 영향을 주는지와 상관없이, 각자 스스로 선택한 운동 프로그램이 무엇이든 지속적으로 하는 게 가장 중요하다. 이런 면에서 통계는 무척 우울한 결과를 보여주는데, 헬스장 멤버십에 가입한 사람 가운데 거의 절반이 1년 이내에 탈퇴한다.[10] 잠재적으로 이와 연관성이 있는 일화적 증거에 따르면, 자연에서 운동할 경우 스스로 정한 프로그램을 장기적으로 지킬 가능성이 조금 더 높을 수 있다.[11]

TV를 보면서 달리기

많은 사람들이 운동하는 동안 지루함을 떨치려고 TV를 본다. 그리고 자연 속에서 똑같이 해보려는 기괴한 시도가 영국의 헬스장 체인 데이비드 로이드에서 나왔다. 2018년 이 회사는 개인 트레이너의 등에 작은 평면 TV를 묶고 회원을 그 뒤에서 뛰게 하는 기발한 아이디어를 선보였다. 무선 헤드폰을 착용한 회원이 자연을 느끼면서 동시에 좋아하는 TV 프로그램도 볼 수 있을 거라는 아이디어였다(지금 진지하게 말하는 거다). 이런 특이한 조건에서도 유익한 '자연 효과'를 여전히 얻을 수 있을까. 만약 아니라면, 이렇게 번거롭게 할 것 없이 그냥 실내에서 운동하는 게 낫다. 영국 로드레이싱 협회 부회장 롤런드 기버드는 더 직설적으로 이를 "무의미한 운동"이라고 설명하면서 "우스꽝스럽고, 야외에서 달리는 가장 중요한 이유를 완전히 무시한 처사라고 생각한다. 러닝머신 위에서 뛰는 게 더 나을 것"이라고 말했다.[12] 나라도 이보다 더 좋게 말할 수는 없었을 것이다.

이 이야기를 처음 들었을 때 솔직히 나는 이게 사기인지 아닌지 확인해봐야겠다고 생각했다. 며칠 뒤 '최신 피트니스 트렌드 – 지혜로운 선조의 운동'[13]이라는 제목의 또 다른 언론 기사를 보았을 때, 더욱 그런 생각이 들었다. 그 기사는 완전히 새로운 '선조들의 건강' 운동법이라며 "인류가 1만 년 전 자연적으로 했던 일을 기반으로 하는 운동 루틴 또는 동물처럼 움직이는 것"을 제안하고 있었다. 음… 이에 대해서는 역시 나도 썩 확신이 없다고 말해야 할 것 같다. 내가 보기에 어떤 사람들은 진화심리학이나 '자연 효과'의 개념을 받아들일 때 지나치게 멀리 가는 것 같다. 사실 데이비드 로이드의 사례는 사람들의 운동 방식을 바꾸려는 진지한 시도라기보다 미디어 노출을 위한 마케팅의 냄새를 더 많이 풍긴다.

또 다른 사람들은 기술이나 엔터테인먼트를 자연으로 가지고 나가는 게 아니라 반대로 자연 또는 가상의 자연을 실내로 들이려고 노력해왔다. 예를 들어 일리노이대학교의 아트 크레이머는 대형 디스플레이 두 대를 활용해 사람들이 실내 러닝머신에서 달리는 동안 자연 풍경을 볼 수 있게 했다. 한편 또 다른 기업은 VR 헤드셋을 사용해 더 몰입감 있는 '실외' 환경을 제공했다.[14] 스크린과 헤드셋을 통해 전달되는 디지털 풍경의 움직임은 러닝머신의 움직임과 연동된다.* 흥미롭게 들린다. 하지만 여전히 드는 의문은, 통제된 실내 환경에서 운동하는 것의 이점이 실제로 자연 효과와 결합될 수 있는가 하는 것이다. 하지만 안타깝게도 이런 초기 버전의 첨단 솔루션에는, 플로렌스 윌리엄스가 저서 《자연이 마음을 살린다》(2017)에서 지적했듯 이런저런 초창기 문제가 있었다. 저자는 아트 크레이머의 자연 시뮬레이션에 필요한 최신 기술을 시도했는데, 윙윙거리는 배경음이 시끄러웠고 갑작스레 모니터를 재설정하라는 알람이 뜨기도 했다고 한다.[15] 이 두 가지 요인은 실내에서 운동하는 사람이 가상 환경에 몰입할 가능성을 망쳐버릴 수도 있다. 최첨단에 이런 문제가 반드시 수반된다면, 운동하는 상황에서 가상 자연이 주는 잠재적인 이점을 아직 완전히 보지 못한 것이라고 주장할 수 있다.

---

* 여기서도 아주 현실적인 위험이 따른다는 것을 짐작할 수 있다. 조심하지 않으면 러닝머신에서 떨어질 수 있다!

무드음악, 비트에 맞춰 움직이기

수많은 스포츠에서 운동선수의 기분 및 불안 수준과 운동 성과 사이의 연관성이 잘 확립돼 있다. 한 연구에 따르면, 엘리트 남성 장거리달리기 선수들의 성적 차이 중 45퍼센트는 기분과 불안감 차이로 설명할 수 있다.[16] 이런 연구는 엘리트 육상 및 프로 스포츠 세계에서 가장 광범위하게 이뤄졌지만, 평범한 사람들이 하는 운동에서도 약하든 격렬하든 비슷한 관계가 적용되는 것처럼 보인다.[17] 이것이 실제로 의미하는 바는 긴장을 풀어주고 기분을 좋게 만드는 감각적 개입이 결국 (스포츠) 성취도를 높일 수 있다는 것이다. 우리는 이미 이전 장에서 음악을 전략적으로 트는 것부터 주변에 향기를 방출하는 것까지 모든 다양한 감각 개입이 사람의 기분과 각성 수준에 어떤 영향을 주는지 살펴봤다. 감각 자극을 활용하는 또 다른 방법 중 하나는 운동하는 동안 느낄 수 있는 지루함, 피곤함 또는 고통으로부터 주의를 분산시키는 것이다.[18] 하지만 먼저 음악의 도움을 받아 운동을 최대한 활용하는 방법을 살펴보자.

운동 센스해킹에 관한 한 음악은 아마도 가장 중요한 단일 감각 신호일 것이다. 음악은 동기를 부여하며, 심지어 우리의 행동을 음악의 리듬과 맞추는 데(동기화) 사용할 수 있다. 예상할 수 있듯 당연히 시끄럽고 빠른 음악이 가장 효과가 좋다. 음악은 기분과 감정을 조절하는 매우 효과적인 수단이며, 이는 신체 활동에 영향을 줄 수 있다. 실제로 행동을 음악에 동기화하면 호르몬이 방출돼서 긴장감은 줄고 긍정적인 감정 경험은 확장된다. 지금까지 발표된 수많은 연구에 따르면, 그런 음악을 들으면서 운동하면 성과는 좋아지고 힘들다는 느낌은 줄어든다.[19] 효과가 작은 것도 아니다. 한 연구에 따르면, 퍼렐 윌리엄스의 노래 'Happy'(행복)를 들으며 달린 사람들은 아무것도 듣지 않으면서 운동한 사람들보다 28퍼센트 더 즐겁다고 보고했다.[20] 그러니 실내에서 운동하든 밖에서 운동하든 동기부여에 최대한 도움이 되는 음악을 선택하는 게 어떨까? 단 어딘가 경치가 좋은 곳에서 운동할 때는 음악이 오히려 자연 효과의 이점을 '감소'시킬 수 있음을 기억하자.

음악은 스포츠에 참여하는 동안 동기를 부여해주지만, 큰 행사를 앞뒀을 때에는 기분 전환에 도움이 되기도 한다. 어느덧 졸업한 지 30년이 흘렀지만, 옥스퍼드대 학부생 때 정기적으로 강 하류까지 가곤 했던 시절을 아직도 생생하게 기억하고 있다. 당시 옥스퍼드의 조정 경기인 토피즈와 서머에이츠가 시작되기 전, 동료들과 팀워크를 다지기 위해 으레 뭉쳐서 연습 경기를 하곤 했다. 근육이 별로 없어 보이던 북미 출신의 도브 세이드먼 코치는 늘 영화 〈록키 3〉의 유명한 주제곡 'Eye of the Tiger'(호랑이의 눈) 같은 음악을 틀었다. 좀 웃기게 들릴지 모르지만, 역대 최다 올림픽 메달리스트인 수영 선수 마이클 펠프스는 수영장에서 늘 엄청 요란하고 공격적인 힙합을 들었다는 사실을 기억하자. 그에게 효과가 있었다면, 우리 같은 사람들이라고 안 될 이유가 없잖은가?

미국의 뉴에이지 음악가 케니 지의 발라드나 새벽녘 새들이 지저귀는 소리를 들으며 흥을 북돋우기는 당연히 어려울 것이다. 침묵도 목적에 알맞지 않을 것 같다. 물론 그렇다고 소리가 클수록 좋다는 의미는 아니다. 어쨌든 많은 사람들이 실제로 청력을 손상시킬 정도의 소음에 노출되고 있다는 증거가 있기 때문이다.[21] 스피닝 수업 때 음악을 너무 쩌렁쩌렁하게 트는 강사들이 있는데, 진짜 누군가는 이 사실을 말해줘야 한다. 내가 그저 늙고 고루한 사람이라서가 아니다.

더 큰 소리가 항상 좋은 건 아니라는 증거들이 있다. 크로이츠와 그의 동료들은 일렉트로닉 댄스 배경음악의 음량을 65데시벨에서 최대 85데시벨까지 높이면서 남성들에게 에르고미터(실내 자전거 모양의 운동 부하 검사 장치 - 옮긴이)를 타게 한 결과, 숙련자든 미숙련자든 인지하는 노력 정도와 실제 성과가 음량의 영향을 받지 않았다.* 반면 템포를 10퍼센트 빠르게 하면 10퍼센트 느리게 할 때보다 훨씬 더 열심히, 더 빠르게 자전거를 타며 경험을 즐기는 것으로 나타났다.[22] 따라서 헬스장에서 음악을 이용해 감각을 해킹하고 싶다면, 특히 지구력을 훈련할 때나 강도가 다소 약한 스포츠에 참여할 때에는 빠른 템포의 음악을 너무 시끄럽지 않게 트는 것이 좋다.[23]

이제 러닝머신에서 운동하는 상황을 구체적으로 살펴보면, 시끄

---

* 수많은 스피닝 클래스가 음악을 100데시벨 이상으로 트는 데 비하면 85데시벨은 그보다 훨씬 낮은 음량이라는 점에 주목해볼 만하다. 하지만 책임감 있는 연구자라면 시끄러운 음악이 청력을 손상시킬 수 있다는 점을 감안해 참가자들에게 그런 음악을 들려줘서는 안 된다는 윤리적 제약이 있다. 스피닝에 미쳐 있는 분들은 참고하시길.

럽고 빠른 음악을 들을 때 성과가 좋아진다는 결과가 다시 한번 나타난다.[24] 달리기처럼 리드미컬한 활동의 경우, 움직임과 동기화될 수 있는 음악을 듣는 것이 가장 좋다.[25] 프리츠와 그의 동료들의 연구에 따르면 '음악에 대한 통제'가 핵심이다. 즉 자신의 행동으로 인해 지금 듣고 있는 음악의 리듬이 만들어진다고 믿게 되면, 사람들은 운동을 더 잘하게 될 것이다. 연구팀은 피트니스 기계에 음을 처리하는 소프트웨어를 설치했다. 그러고는 운동하는 사람의 움직임을 이용해 합성음 생성을 제어해서, 그들의 행동에 대한 일종의 음악적 피드백이 나오도록 했다. 하지만 실험 참가자들에게 이 리듬을 다른 사람이 만든 것이라고 말하자, 곧 음악을 들을 때의 이점이 사라졌다. 연구팀은 음악 창작을 촉진하는 행위에서 통제[agency]의 역할을 통해 먼 옛날 노래와 음악의 출현을 설명할 수 있을 거라고 제안한다. 한때 북미에서 사슬에 묶여 강제 노역을 하던 죄수들이 다 함께 동시에 구호를 외치는 독특한 특징 역시 아마도 이를 통해 설명할 수 있을 것이다.[26]

템포와 음량에서부터 음악 자체의 스타일이나 유형에 이르기까지, 사람들의 선호도는 서로 다르다.[27] 따라서 다양한 음악적 선호도는 물론 음악이 운동 성과에 미치는 명백한 영향력을 감안할 때, 머지않아 음악 스트리밍 서비스는 개인을 돕는, 심지어 땀을 더 많이 흘리거나 칼로리를 더 많이 태우도록 보장하는 개인 맞춤형 재생목록을 제공할 것이다. 실제로 스포티파이는 이미 이런 서비스로 옮겨가기 시작했다. 내가 보기에 이건 당연한 결정이었다. 누구인들 운동을 더 쉽고 즐겁게 할 수 있는 센스해킹을 마다하겠는가?

또 음향화^{sonification}(데이터를 소리로 바꾸어 보여주는 방식 – 옮긴이)를 주제로, 실시간 청각 피드백을 (예컨대 운동선수에게) 제공하는 내용을 언급하는 새로운 문헌도 있다. 소리 피드백이 때로는 언어나 색상 신호 같은 다른 유형의 피드백보다 경기력 향상에 더 효과적이다.[28] 대체로 스포츠 성과 향상을 위한 센스해킹 중 가장 효과적인 단일 수단을 청각이 제공한다고 주장할 수 있다. 게다가 이건 신중하게 선택한 음향이 자연의 소리보다 더 효과적이라고 밝혀진 상황 중 하나다. 우리가 방금 본 것처럼 음악을 듣는 것은 주의를 산만하게 하는 것부터 행동을 리듬에 동조시키는 것까지, 그리고 음향화의 이점을 누리는 것부터 기분을 나아지게 하는 것까지 우리에게 여러 가지 다양한 영향을 미친다.

하지만 많은 경쟁적인 스포츠에서 보통은 선수 본인이나 관중이 내는 소리만을 듣게 된다. 이런 소음도 스포츠 경기력에 영향을 줄까? 그보다 중요한 건, 그런 소리를 조작해서 경쟁 우위를 점할 수 있을까?

테니스 선수들은 왜 포효하는 소리를 지를까?

테니스 선수들이 코트에서 왜 기합 소리를 내는지 궁금한 적이 있는가? 예를 들면 마리아 샤라포바, 윌리엄스 자매, 라파엘 나달, 노박

조코비치 같은 선수들은 괴성을 지르기로 유명하다.[29] 샤라포바는 약물 검사에서 적발돼 추락하기 전까지 코트에서 100데시벨이 넘는 괴성을 질렀고, 동료 테니스 선수 그레그 루세드스키는 샤라포바의 괴성이 "747제트기 소음보다 더 크다"라고 말했다(물론 이는 비행기와 얼마나 가까운 곳에 서 있는지에 따라 완전히 달라진다).[30] 이런 소음은 단순히 선수의 신체적 분투의 결과물이기도 하지만, 상대 선수가 공 맞는 소리를 잘 듣지 못하게 하는 전략적인 역할도 할 수 있다.

나는 독일 예나대학교의 동료들과 함께 실험 참가자들에게 TV 테니스 경기를 보여주다가 공이 코트에 떨어지기 직전 갑자기 장면을 멈추는 실험을 통해, 참가자들이 예측한 공의 착지 지점이 어느 정도는 그들이 귀로 들은 소리에 따라 달라짐을 입증했다. 라켓이 공을 때릴 때 나는 소리의 크기를 증폭하자, 실험 참가자들이 공이 상대편 코트의 더 먼 곳에 떨어질 거라고 확신한 것이다. 참가자들은 공이 라켓에 맞는 장면을 명확하게 볼 수 있었고, 연구팀은 그저 참가자들에게 공이 어디에 떨어질 것 같은지를 코트 그림에 표시하라고 요청했을 뿐이었다. 그러니까 사실 공이 라켓에 맞는 소리는 참가자들에게 부여한 과제와는 무관했다. 그러나 이 책에서 반복해서 봤듯 사람의 뇌는 특히 두 가지 감각 입력이 함께 오는 것처럼 보이는 경우, 눈으로 보는 것과 귀로 듣는 것을 통합하게 돼 있다. 이 경우에는 공의 궤적을 판단하기 위해 신호가 통합됐다.[31] 눈과 귀의 정보를 모두 활용한 다중감각적 판단은 보통 이 중 하나만으로 내린 판단보다 더 정확하다. 대부분의 상황에서 감각 두 개가 한 개보다 실제로 더 낫다. 우리 연구에서는 눈과 귀 사이에 충돌을 일으키려고 의도적으로 소리를 왜곡했다. 이는 감각과 상호작용을 연구하는 과학자들이 가장 좋아하는 테크닉이다.

아직까지는 테니스 선수들이 라켓으로 공을 때릴 때 나는 소리를 바꿀 수는 없지만, 공을 치자마자 큰 소리로 괴성을 지르는 건 가능하다. 타이밍을 제대로 맞추면, 상대방은 이 소음 때문에 공이 라켓에 맞는 소리를 제대로 들을 수 없고, 따라서 공이 떨어질 위치를 제대로 판단할 수 없으며, 이로써 괴성을 지른 선수는 불공정한 이득을 얻게 된다.[32] 예나대학교 동료들은 후속 연구를 통해 이 소음이 공이 날아가는 거리에 대한 판단은 방해하지만 각도에 대한 예측까지 어렵게 하는 건 아니라는 사실을 발견했다. 연구팀은 이를 주의 산만이 아닌, 감각 통합의 관점으로 설명한다.[33]

해설자들이 으르렁거리거나 괴성을 지르는 선수들에 대해 이야기하며 경기를 본인에게 유리하게 이끄는 이런 행위를 불평하는 것도 당연하다. 세계 랭킹 1위였던 마르티나 나브라틸로바는 이런 괴성이 "속임수이며 멈춰야 한다"라고 솔직하게 주장했다.[34] 즉 소리는 흔히 생각하는 것보다 더 중요하다. 테니스 역사상 최고의 선수 중 한 명인 안드레 애거시는 2009년 윔블던 센터 코트의 새 지붕 아래에서 첫 경기를 치르곤 이를 인정했다. "놀라웠어요. 이곳에서 울리는 공 소리는 선수들에게 엄청나게 강렬한 기세를 더해줄 겁니다."[35]

소리가 중요한 건 테니스만이 아니다. 프로 농구 선수들은 코트에서 움직이는 소리를 들을 수 있을 때 상대방의 의도를 더 잘 예측

한다.[36] 골프를 즐기는 독자가 있다면 티샷을 완벽하게 타격하고 난 뒤 이어 들리는 금속 클럽의 감미로운 울림 소리를 아주 잘 알고 있을 것이다. 그 소리가 들리면 공이 좋은 위치(벙커 허용 범위)에 떨어졌는지 확인해볼 필요조차 없다. 그러나 골퍼들은 테니스 선수들과 같은 방식으로 경쟁하는 게 아니기 때문에 함께 경기하는 사람들의 샷 소리를 가린다고 해서 얻을 만한 이점이 없다. 고함지르는 프로 골퍼를 못 본 건 단지 우연이 아니다.

관중의 소리를 들어라

선수만 시끄러운 것도 아니다. 양 팀 관중의 함성 소리도 굉장히 자주 들린다. 사람들이 종종 홈 어드밴티지를 이야기하는데, 이게 관중의 함성 소리와 정확히 어떤 연관이 있을까? 흥미롭게도 축구 심판의 판정은 군중이 얼마나 소음을 많이 내는지에 영향을 받는다. 소음이 클수록 심판은 공격하는 선수에게 주의를 줄 가능성이 높아진다.[*] 이는 팀 스포츠에서 홈 어드밴티지에 대한 한 가지 이유가 될 수 있는데, 선수 한 명이 파울을 당했을 때 홈 관중은 단순히 수적 우위로

---

[*] 코로나19 팬데믹 기간 동안 팀 스포츠가 무관중으로 재개됐을 때, TV와 라디오 중계에서는 관중의 함성 소리를 인위적으로 삽입했다. 이는 적어도 이 아이디어를 반긴 사람들에겐 훌륭한 센스해킹임이 입증됐다. 텅 빈 경기장에서 홈 어드밴티지와 심판의 명백한 홈 편향이 사라졌는지 알아보면 재미있을 것이다. 특히 선수들의 이익을 위해 크리켓 경기 때 텅 빈 경기장에 관중 소음을 방송했다는 점이 흥미롭다.

인해 원정 팬들보다 더 큰 소리로 항의하기 때문이다. 관중의 함성 소리는 실제로 경기장에서 벌어지는 일에 영향을 미칠 수 있다.[37]

흥미롭게도 관중 소음은 홈 팀의 경기력보다 심판들의 판정에 더 많은 영향을 준다. 한 연구에서 독일 축구 심판들에게 경기 영상 클립을 보여줬는데, 소리를 작게 틀었을 때보다 크게 틀었을 때 옐로카드를 더 많이 꺼내 들었다. 한편 지난 100년 동안 열린 모든 유럽 챔피언십 복싱 경기를 분석한 결과, 대등하게 시합한 선수들 간 녹아웃(KO)의 57퍼센트가 홈 파이터의 공격이었다(녹아웃은 두 선수의 상대적인 능력을 합리적이고 객관적으로 알 수 있는 척도다).

반면 심판이 판정했을 때 홈 파이터가 승리할 확률은 테크니컬 녹아웃(TKO)의 경우 66퍼센트, 점수 기반 판정의 경우 71퍼센트까지 높아졌다.[38] 즉 복싱에서 홈 어드밴티지는 최소한 복서들에게 미치는 영향만큼 심판에게도 영향을 미친다. 사실 홈 어드밴티지는 역도나 쇼트트랙 스피드스케이팅처럼 객관적인 기준에 따라 승부가 결정되는 경우보다 체조나 피겨스케이팅처럼 심판이 최종 결정을 내리는 스포츠에서 더 분명하게 나타나는 경향이 있다.

승리의 향기, 성공의 맛

기분 좋은 향기를 뿌리면 헬스장에 풍기는 땀에 젖은 체취를 가리는 데 도움이 되며, 적절한 에센셜 오일을 활용할 경우 운동 성과도 높일 수 있다. 미국에서 실시한 연구에 따르면 운동선수 40명의 코 밑에 페퍼민트 오일을 주입한 접착 스트립을 붙이자, 아무것도 없을 때보다 평균 2.25퍼센트 더 빠르게 달린 것으로 나타났다. 반면 동일한 향기가 농구 자유투의 정확성에는 아무런 영향도 미치지 않았는데, 여기서 주목할 것은 후자의 경우 힘이나 지구력보다 기술이 중요한 과제였다는 점이다.[39] 격렬한 운동을 한 뒤에는 몸이 아프거나 근육통이 있을 수 있고, 관절도 뻣뻣할 수 있다. 그렇다면 감각을 해킹해 운동 후 회복을 도울 수 있을까? 일종의 '감각적 치유'로 말이다.[40] 하지만 내 생각에는 아로마 테라피의 유익한 효과에 대한 몇몇 고무적인 예비 결과가 있음에도 아직 그런 주장을 강력하게 뒷받침할 증거는 충분하지 않다.

내가 좋아하는 또 다른 연구 중 하나로 스포츠 심리학자인 닐 브릭과 동료들의 발견이 있다. 연구팀은 운동할 때 미소를 지으라는 지시를 받은 클럽 레벨의 원거리 선수들은 신체를 훨씬 더 효율적으로 움직일 수 있었고, 예상 달리기 경제성(같은 속도나 거리를 달리는 데 필요한 에너지. 숫자가 작을수록 효율적으로 달린 셈이다-옮긴이)을 2퍼센트 이상 개선할 수 있었다고 보고했다. 이런 결과를 보면, 2019년 10월 최초로 마라톤 두 시간 장벽을 무너뜨린, 세계에서 가장 빠른 마라토너 엘리우드 킵초게가 경기할 때 항상 웃는 것처럼 보이는 이유를 설명할 수 있다.[41] 최고의 축구 감독인 조제 무리뉴 특유의 시무룩한 표정이 선수들의 경기력에 어떤 영향을 미칠지 궁금한 독자도 있을 것 같다.

운동 후 근육을 만들고 빠르게 회복하기 위해 영양 및 단백질 보충제를 먹으라고 홍보하는 업계가 있다. 그러나 스포츠 성과를 높이는 데 맛과 풍미의 역할이라는 측면에서 진짜 내 관심을 끌었던 건, 그것이 에너지 드링크로 입안을 헹구는 엘리트 사이클 선수들에게 미치는 영향이었다.[42] 고에너지 탄수화물 음료가 사이클 선수들의 경기력을 향상시켰다는 사실은 이미 밝혀져 있는데, 이는 에너지 드링크가 체내에 저장된 포도당의 일종인 글리코겐을 대체해 에너지를 방출하는 데 도움을 주는 것으로 알려져 있기 때문에 그다지 놀라운 결과는 아니다.[43]

하지만 놀랍게도, 이후 데이비드 존스 교수와 그의 동료들은 사이클 선수가 매 7~8분마다 포도당이나 말토덱스트린 탄수화물 음료를 입안에 물고 빙빙 돌리면(그렇게 해서 너무 배불러지는 걸 피한다), 60분 동안 진행된 타임 트라이얼에서 성과가 크게 향상된다는 사실을 발견했다. 단순히 탄수화물을 몇 초 동안 '맛보기'만 해도 사이클 선수의 운동 성과가 2~3퍼센트 향상됐다. 팀 스포츠 선수들이 휴식 시간에 음료를 뱉어내는 건 아마도 이런 이유일 것이다.

그러나 실제로 아무것도 삼키지 않는데 어떻게 사이클 선수의 경기력이 향상될 수 있을까? 성과를 높여주는 것은 에너지 드링크 자체가 아닌 것일까(단순히 포도당을 혈류에 직접 주입하는 것도 유익한 효과는 없다)?[44] 이에 대한 한 가지 가능성은 예측 코딩으로 알려진 현상이다. 즉 우리의 뇌는 입안에서 탄수화물이 감지될 때 에너지가 들어올 것을 예측하고 일종의 자기충족 예언을 한다. 지구력 훈련을 받은 운동선수는 곧 위장을 통해 제공될 것으로 예상되는 에너지를 기반으로 신체의 성능을 최적화한다. 흥미롭게도 신경 영상 연구에 따르면 뇌섬/이마덮개, 안와전두피질, 줄무늬체를 포함해 보상 및 운동 조절과 관련된 뇌 영역이 모두 탄수화물 맛에 반응해 밝아지는 것으로 나타났다. 이렇게 하면 운동이 좀 더 즐겁거나, 적어도 조금 더 쉽게 느껴질 수 있다.[45]

사람의 내장 또는 뇌가, 혹은 둘 다 이런 트릭을 결국 알아차리게 될지는 향후 연구 과제다. 마찬가지로 이런 방식으로 혜택을 얻는 엘리트 선수가 더 적어질지 여부는 현재로선 알 수 없다. 그럼에도 탄수화물로 입안을 행굴 때 생기는 이점이 현재 여러 연구에서 재현됐기 때문에 이런 발견은 미뢰味蕾를 해킹하려는 사람들에겐 유망한 시작점이 된다. 종합해보면 이런 결과는 사람의 운동 능력을 근본적으로 제한하는 것은 근육이나 심장이나 폐가 아니라, 바로 뇌라는 가설을 뒷받침한다. 이게 사실이라면 더욱이 감각을 해킹해 성과를 향상시킬 수 있다고 볼 여러 근거가 있다.[46]

맛 해킹에 대한 이야기라면 껌도 언급해야 할 것이다. 많은 사람들이 스트레스를 조절하는 데 도움이 될 것으로 믿고 껌을 씹지만, 연구 결과에 따르면 반복적인 저작 운동보다는 껌의 향미 활성 성분이 효과를 내는 것이라고 한다.[47] 그래서 아마 깨닫지 못하는 사이에 우리는 다시 민트 향의 이점을 누리게 되며, 민트 맛 껌은 인기가 가장 좋다. 하지만 입에 넣는 것 이상으로 스포츠 성과에 놀라운 영향을 준다고 입증된 것은 바로 옷이다.

옷이 가진 힘

노벨상 수상 작가 아이작 바셰비스 싱어가 언젠가 〈옷에는 얼마나 이상한 힘이 있는가〉라는 글을 썼을 때, 그는 분명 뭔가를 알아채고 있었다. 운동할 때 입는 옷은 우리의 운동 방식에 실제로 중요한 material('옷감'이라는 뜻도 있다. 여기서 저자는 중의적 표현을 사용하면서 말장난을 하고 있다 – 옮긴이) 차이를 주지만, 아마도 여러분이 생각하는 이유 때문은 아닐 것이다. 사람들은 입고 있는 옷을 거의 인식하지 않는데, 그 이유는 부분적으로는 보통 옷을 입자마자 피부에 닿는 느낌을 의식하지 않게 되기 때문이다. 사실 내가 방금 이 주제를 꺼내기 전까지는 입고 있는 옷의 느낌을 생각조차 하지 않았을 것이다. 그러나 사람들이 배경에 숨어 있는 이 촉각 자극에 신경을 안 쓴다고 해서 옷이 아무런 영향을 안 주는 건 아니다. 나이키 같은 스포츠웨어 브랜드는 의류의 기능을 강조하며, 올바른 복장이 각자의 스포츠 포부를 달성하는 데 도움이 될 거라고 선전한다. 하지만 옷의 기능이 운동 능력에 영향을 주는 분명한 방식 외에도, 고려할 만한 놀라운 심리적 효과가 많이 있다.

옷 색깔의 중요성을 암시하는 증거로, 영국의 축구 천재 웨인 루니의 일화가 있다. 맨체스터 유나이티드와 잉글랜드 국가대표팀의 공격수였던 그는 다음 날 팀이 어떤 색깔의 유니폼을 입게 될지 미리 알지 못하면 화를 냈다. 맨체스터 유나이티드가 원정 경기를 뛸 때 때론 빨간색, 때론 파란색을 입는 것이 문제였다. 루니는 큰 경기를 앞둔 전날 저녁이면 자신이 완벽한 골을 넣는 상상을 했는데(뭐, 실체로 그렇게 해낸 건 그중 일부이겠지만), 공격수인 자신이 필드에서 뛰는 모습을 떠올리려면 어떤 색 유니폼을 입게 될지 알아야 했던 것이다.

나는 준비 과정 중 하나로, 장비 담당자한테 가서 내일 입을 유니폼이 빨간색 상의에 하얀색 반바지인지, 양말은 흰색인지 검은색인지 물어본다. 그러고는 경기 전날 밤 침대에 누워 골을 넣거나 경기를 잘 뛰고 있는 내 모습을 상상한다. 나 자신을 그 순간에 밀어 넣고 스스로를 준비시켜서, 경기 전 '기억'을 갖추기 위해 노력하는 것이다. 이걸 시각화라고 하는지, 꿈꾸기라고 부르는지는 모르겠지만, 나는 늘 이렇게 해왔다. (…) 더 많이 할수록 효과가 더 좋다. 경기장 어디에 누가 있는지 전부 알아야 한다. 모든 것을 봐야 한다.[48]

물론 유니폼 색깔처럼 별로 중요하지 않은 요소가 골을 얼마나 많이 넣는지에 영향을 줘서는 안 될 것이다. 특히 루니처럼 골을 많이 넣는 세계적인 공격수라면 말이다. 그러나 논리를 반대로 적용할 수도 있다. 아마도 이 영국 최고의 득점왕은 게임을 앞둘 때마다 센스해킹, 즉 모든 감각적 준비를 했기에 그렇게 골을 많이 넣은 거라고 말이다.

확신하건대 어떤 사람들은 루니의 이런 시각화 접근방식을 미신적인 의식에 불과하다고 생각할 수도 있다. 그러나 적어도 지역 클럽 레벨 선수들에게는 감각 및 운동 이미지를 구성하는 것이 단순히 더 오랜 시간 연습하는 것보다 이점이 더 많다는 증거가 늘고 있다. 어쨌든 전문가들은 이미 이런 트레이닝을 충분히 해왔을 것이다. 예컨대 연구에 따르면 코트에서 슛을 성공시킬 것이라고 상상하는 농구 선수는 코트에서 같은 시간 동안 연습한 선수보다 더 많은 자유투를 득점하며 더 뛰어난 활약을 하는 경향이 있었다.[49]

옷의 특정 색상은 시각화 역할을 넘어 선수끼리 접촉하는 수많은 스포츠에서 경쟁자의 성과에도 영향을 준다. 예를 들어 프로 아이스하키와 미식축구의 경우 검은색 유니폼을 입는 팀이 다른 색을 입는 팀보다 더 공격적인 경향이 있다. 게다가 검은색 옷으로 바꿔 입는 즉시 반칙 페널티를 더 많이 받기 시작한다.[50] 여기에 몸동작을 크게 취하는 것이 힘과 행동 성향에 대한 자기 인식에도 영향을 준다는 사실까지 더해보면,[51] 뉴질랜드 럭비 유니온 국가대표팀인 올블랙스가 경기 직전 하카(뉴질랜드 마오리족의 전통 춤 – 옮긴이)를 추는 이유를 설명할 수 있다. 자, 이 작은 섬나라의 럭비 팀이 얼마나 자주 세계 최고 순위에 오르는지 궁금해졌다면, 여러분은 이제 다음과 같은 사실을 알고 있는 것이다. 센스해킹이 최고라는 사실 말이다.

승리의 빨강

자주 인용되는 한 연구에서, 더럼대학교의 인류학 연구자들은 2004

년 아테네 하계 올림픽 남자 격투 스포츠 네 개 부문(복싱, 태권도, 그 레코로만 레슬링, 프리스타일 레슬링)의 모든 결과를 분석했다. 올림픽에서 이 모든 대회의 선수들은 임의로 파란색 또는 빨간색 유니폼을 받는다. 분석 결과 빨간색 옷을 입은 선수는 파란색 옷을 입은 선수보다 미미하지만 분명히 이길 가능성이 더 높았다. 게다가 예상했던 대로 서로 대등하게 경기하는 대회에서 이런 이점이 분명하게 나타났다. 선수 간 기술 차이가 너무 크면 유니폼 색상은 효과가 없었다. 이런 불균형한 상황에서는 당연히 재능 그 자체가 그날 경기를 지배했다.[52]

연구팀은 다른 경쟁 스포츠인 축구의 성과도 계속 조사했다. 이번에는 포르투갈에서 열린 유로 2004 토너먼트의 모든 경기를 분석했다. 예비 증거에 따르면, 평소 빨간색 유니폼을 입는 다섯 개 팀은 다른 색 상의와 비교해 으레 하던 대로 빨간색 상의를 입고 뛸 때 약간 더 잘했다. 하지만 이 분석은 표본의 수가 너무 적었다. 그러나 1946~1947 시즌까지 거슬러 올라가는 잉글랜드 축구 리그 결과를 장기 분석하자, 확실한 증거가 나타났다.[53] 빨간색 유니폼을 입은 팀이 다른 색 유니폼을 입은 팀보다 일관되게 우수한 성적을 거둔 것이다.

실제로 리그의 모든 디비전에서 동일한 결과가 관찰됐다. 빨간색 유니폼을 입은 팀은 리그에서 우승할 가능성도 더 높았다. 원정 경기를 할 때는 종종 유니폼을 바꿔서 경기를 뛰어야 한다. 연구팀은 이 사실을 통해 해당 팀의 고유한 특성이 아닌 옷의 색깔 때문에 모든 것이 달라졌다는 것을 입증할 수 있었다. 즉 '빨간' 팀은 원정 경기(빨간색 유니폼을 입지 않은 경우)가 아닌 홈경기에서 예상보다 더 좋은 성적을 거뒀다.

　장비 색상에 영향을 받는 건 선수들뿐만이 아니다. 심판도 영향을 받는다. 한 연구에서 뮌스터대학교의 연구원들은 그래픽 소프트웨어를 사용해 태권도 스파링 라운드를 촬영한 4초짜리 영상 클립에서 선수들이 착용한 보호 장비의 색깔을 서로 바꿨다. 실험에 참여한 42명의 전문 심판들은 동일한 클립에서 동일한 선수가 파란색 장비를 착용했을 때보다 빨간색 장비를 착용했을 때 점수를 평균 13퍼센트 더 높게 매겼다.[54] 빨간색 효과를 가시성 차이로 설명하는 대안적 해석은 이제 배제됐다는 점을 고려할 때, 가장 놀랍지만 얼핏 흔해 보이는 이 빨간색 효과에 대한 심리적·호르몬적 설명이 더 가능성이 높아 보인다.[55]

　게다가 이 색상은 스포츠 경기 결과에만 영향을 주는 것도 아니다. 빨간 펜으로 IQ 테스트를 완료하는 것과 같은 성취 맥락의 다양한 상황에서도 사람들의 성과를 저하시키는 것으로 나타났다. 이로 인해 일부 연구자들은 '빨간색을 보는 것'이 소위 회피 동기라고 알려진 현상을 유발할 수 있다는 결론을 내렸다.[56] 여기서 얻을 수 있는 교훈은, 미묘한 감각 신호가 프로 스포츠의 결과를 바꿀 수 있으며 더 나아가 그런 감각의 영향이 엘리트 운동선수에게만 제한적으

　＊　물론 여기서는 앞서 살펴본 '홈 경기장 관중의 함성'이 주는 이점도 고려해야 한다.

로 적용된다고 볼 이유가 없다는 것이다.

항상 그렇듯 이런 발견을 둘러싼 멋진 진화적 스토리가 있다.* 자연에서 빨간색의 존재와 강도는 진화적으로 지배력, 각성 및 공격성과 관련한 중요한 신호로 작동하는 것으로 보인다. 힐과 바턴이 언급했듯 "빨간색은 성적으로 선택된 테스토스테론 의존적 신호로, 다양한 동물에서 수컷의 자질을 나타낸다." 따라서 지배적인 수컷은 평균적으로 더 빨갛게 보이는 반면 순종적이거나 겁에 질린 개체는 비교적 더 창백해 보이기 때문에, 빨간색 옷을 입은 사람은 자기 자신이나 상대방의 뇌를 속여 좀 더 지배적이라고 생각하게 된다. 이와 일치하는 증거로, 2004년 올림픽에서 선수끼리 몸을 접촉하는 종목의 여성 경쟁자들 사이에서는 빨간색의 이점이 관찰되지 않았다.[57] 더욱이 인간의 삼색 시각 시스템이 가시광선 스펙트럼 가운데 다른 어떤 색보다 피부의 홍조 또는 창백함과 관련된 색조에 더 민감하다는 관찰 결과를 보면, 피부 색조의 이런 미묘한 변화를 '읽을' 수 있는 능력이 진화론적으로 중요함을 알 수 있다.[58]

미군도 옷에 대한 연구를 수행했다. 오늘날엔 상상하기 어렵지만, 한때 특정 숙소에는 이런 믿음이 퍼져 있었다. 빨간 팬티를 입으면 어떤 전투병이라도 대담해진다고…. 당연히 아니었다! 여러분도 분명 짐작했겠지만, 신중하게 통제된 과학적 연구는 이런 특정한 센스해킹을 뒷받침하는 근거를 찾는 데 실패했다.[59] 적군이 상대방

---

* 사실 진화심리학자들이 설명할 수 없는 것이 있는지 궁금해하는 사람도 종종 있다.

의 속옷 색깔을 볼 수 없는 상황에서 이 특별한 빨간색 계략이 먹혀들 리 없을 것이다. 혹시 궁금할까 봐 말하는데, 슈퍼맨이 바지 위에 빨간 팬티를 입고 돌아다니는 이유가 아마 이 때문일 것이다. 곰곰이 생각해보면 그리 어리석은 아이디어도 아니다!

그래도 심리를 북돋고 싶은 사람들을 위한 좋은 팁이 있다. 이는 '복식 효과enclothed cognition'라는 새로운 분야에서 나온, 이상하지만 (아마도) 진정한 과학적 발견의 최신 분과에서 온 것이다.[60] 이 용어는 옷차림이 생각하는 방식에 영향을 미친다는 개념과 관련이 있다. 물론 타인이 나에게 반응하는 방식에도 영향을 미친다. 한 대중적인 과학 연구 결과를 기반으로 추론해보자면, 슈퍼맨 티셔츠를 입고 스포츠 경기에 임하면, 설사 다른 사람들이 그 사실을 모를 때조차 다른 셔츠를 입고 뛸 때보다 더 잘하게 된다. 기초 연구 결과, 학생들이 슈퍼히어로 복장을 입으면 자존감이 높아졌고 더 무거운 것을 들 수 있다고 생각했다. 이 논리를 확장해 스파이더맨 옷을 입으면 암벽도 더 잘 타게 되는지 궁금한 사람도 있을 것이다. 언론이 이런 '슈퍼맨 효과'를 광범위하게 다루긴 했지만,[61] 적어도 내가 아는한 피어 리뷰 저널에는 아직 실리지 않았다는 점을 명심해야 한다. 즉 요즘 과학의 재현성 위기, 그리고 앞서 살펴본 빨간 속옷이 아무런 효과가 없었다는 사실을 감안할 때, 좋아하는 슈퍼히어로 복장을 입고 근처 암벽을 기어오르려는 시도는 잠시 미루는 게 좋을 것이다.

감각으로 운동하기

이 장에서 소개한 대부분의 연구가 한 번에 한 가지 감각만 해킹한다는 것을 감안할 때, 미래로 눈을 돌려 다양한 센스해킹을 결합해보면 정말 흥미로울 것이다. 성과를 높여주는 페퍼민트 향의 속성을 빠른 템포의 음악과 결합할 수 있을까? 향후 몇 년 동안은 동시에 여러 감각 입력을 체계적으로 조작하는 더 많은 연구가 필요할 것이다. 예컨대 성적 향상 효과와 지구력 향상 효과 가운데 어떤 게 더 큰지 알아내기 위해서 말이다. 이런 이점들이 곧 쌓이기 시작할 것이라고 확신한다.

빨간 속옷에 투자할 필요는 없지만, 레슬링이나 축구 같은 경쟁적인 스포츠를 할 때에는 색상을 신중하게 고르는 것이 좋다. 본인 체급 수준보다 반드시 더 잘하게 되는 건 아니지만, 대등한 선수를 상대로 하는 경우엔 경쟁 우위를 점할 수 있다. 신체 단련이나 건강, 또는 정신적 웰빙 중 어떤 걸 위해서든 결국 감각을 해킹해야 운동의 이점을 극대화할 수 있다. 포도당으로 입안을 헹구고, 너무 창피하지 않다면 슈퍼맨 복장도 입자. 훨씬 더 잘하게 될지 누가 알겠는가?

10

데이트

사람이 아니라 환경에 끌린 것이다

오늘날 뷰티 산업은 거대한 비즈니스다. 더 매력적으로 보이고 싶지 않은 사람이 어디 있겠는가? 그러나 앞으로 보겠지만, 매력이란 단순히 피상적인 것 이상이다. 아주 실제적인 의미에서 그것은 다중감각적인 생각이다.[1] 그런데 아름답다는 느낌을 전달한다는 관점에서 어떤 감각이 더 중요할까? 사람들은 잠재적인 짝을 평가할 때 눈과 귀, 코를 정확히 어떻게 사용할까? 남성과 여성은 동일한 방식으로 감각에 의존할까? 상충되는 정보를 감각하게 되면 어떻게 해야 할까? 일상적인 예를 들어보자. 외모는 멋있는데 그다지 좋지 않은 냄새를 풍기는 사람을 만난다면 기분이 어떨까? 앞으로 이처럼 흥미로운 질문들을 많이 다룰 것이다.

진화심리학자들에 따르면 사람은 적합성, 즉 진화적 적합성에 끌린다. 건강해 보이는 사람이 더 매력적으로 느껴지는 이유는, 생식 잠재력이라는 측면에서 생물학적으로 더 나은 전망을 보여주기 때문이다. 이제 운명이 쥐어준 유전이라는 카드패에 대해, 부모를 탓하는 것 외에 할 수 있는 일은 별로 없다. 그리고 매력을 높이기 위한 수많은 센스해킹이 진화적 적합성의 자연적 신호를 강조하거나 과장하고(립스틱, 아이라이너, 하이힐, 빨간 옷, 푸시업 브라 등), 경우에 따라 가림으로써(향수, 탈취제, 면도기 등) 효과가 있다고 추측하는 건 자명하다. 그러나 성형수술이나 보톡스와 달리, 이 장에서 살펴보게 될 제안들은 해마다 계속돼야 한다.[*] 흥미롭게도 인간은 판단에 가장 큰 영향을 미치는 감각적 신호를 종종 인식하지 못하는 것으로 나타났다. 그 모든 이야기를 하기 전에 먼저, 매력적인 외모를 만들기 위해 쓰는 가장 간단한 센스해킹 사례에 대해 살펴보자.

흥분

자신의 매력을 높이는 가장 효과적인 방법은 다른 사람을 자극하는 것이다. 아니, 그런 자극 말고! 이 아이디어는 사람들은 자기가 흥분한 원인을 제대로 파악하지 못한다는 사실에서 출발한다. 사람들은 자신을 변화시킨 실제 환경적 자극보다는 그 순간에 상호작용한 사람 때문에 흥분한 거라고 오인하곤 한다. 예를 들어 1974년에 발

---

[*] 보톡스를 인간에게만 쓴다고 생각하면 오산이다. 2018년 사우디아라비아의 낙타 소유주 열두 명은 자기들의 스타 낙타의 입술을 더 부풀리려고 보톡스 주사를 맞힌 사실이 적발돼 대회에서 실격당했다(www.theguardian.com/world/2018/jan/24/saudi-camel-beauty-contest-judges-get--hump-botox-cheats).

표된 사회심리학 분야의 고전적인 연구에서,[2] 캐나다 연구자들이 섭외한 젊은 여성 면접관들이 혼자 다리를 건너는 남성에게 접근해 짧은 설문지를 작성하도록 했다. 실험은 다리 두 곳에서 진행됐다. 한 곳은 공포심을 유발하는 흔들리는 현수교였고, 다른 한 곳은 그보다 훨씬 튼튼한 다리였다. 설문을 완료하자 면접관은 모서리를 찢어내 자기 이름과 전화번호를 적어주면서, 나중에 전화하면 연구에 대해 더 설명해주겠다고 말했다. 연구팀은 다리 종류에 따라 이후 전화를 거는 남성의 수가 달라지는지 알고 싶었다(젊은 남성들이 연구 내용보다는 여성 면접관과 데이트하는 데 더 관심이 많을 것으로 예상했다).* 결과는 분명했다. 무서운 다리를 건넌 열여덟 명 가운데 아홉 명이 전화를 했고, 튼튼한 다리를 건넌 열여섯 중에서는 단 두 명만 전화를 했다.**

또 다른 연구에서 롤러코스터에서 내리는 사람들과 롤러코스터에 막 타려는 사람들을 비교한 결과, 비슷하게 흥분을 유발하는 매력 효과가 입증됐다.[3] 자극적인 영화를 볼 때에도 커플 사이의 친밀감이 높아진다.[4] 내 생각엔 붐박스가 달린 차를 타고 난폭하게 운전하는 젊은 남자들이 비슷한 전략을 사용하고 있는 것 같다. 비록 경험적 증거보다는 직관에 따른 행동이겠지만 말이다. 어쨌든 시끄러

---

* 이 연구는 앞으로 이 장에서 보게 될 다른 대부분의 연구와 마찬가지로 이성애적(헤테로섹슈얼) 매력에 초점을 맞추고 있다. 아쉽지만 역사적으로 이런 연구의 대부분이 이성애를 중심으로 수행됐다.

** 이런 농담을 싫어할 사람도 있겠지만, 그 남자들은 '무서운 다리' 앞에 놓인 기회에 무섭게 달려든 셈이다.

운 음악과 마찬가지로 위험천만한 운전은 동승자를 자극할 가능성이 있다. 하지만 적어도 최초의 무서운 다리 실험 결과만 놓고 보면, 이들이 시간 낭비를 하는 것일 가능성도 있다. 젊은 여성이 아닌 젊은 남성들만 흥분의 원인을 오해했기 때문이다. 그럼에도 불구하고 나음빈 비행에서 매력적인 승객 옆에 앉게 되면 난기류를 만난 뒤에 행동에 나서라고 권하고 싶다. 이 경우는 난기류가 거칠수록 좋다. 또한 은밀한 동기를 품고 극장 데이트를 하는 거라면 스릴러 영화를 보는 것이 좋다.

빈 출신의 내 동료 연구자 헬무트 레더는 사람들이 음악을 들을 때 느끼는 흥분의 원인도 오인하는 경향이 있음을 발견했다. 레더와 동료 연구자들은 실험 참가자들에게 중립적인 표정으로 포즈를 취한 낯선 이성의 사진들을 보여주면서 매력을 평가해달라고 요청했는데, 한번은 침묵 속에서, 한번은 19세기 피아노 음악을 들으면서 평가하게 했다. 이는 즐거움과 흥분 측면에서 다양한 환경이었다. 여성 참가자들은 고요한 환경보다는 음악을 들은 뒤에 남성의 얼굴을 더 호의적으로 평가하는 경향이 있었다. 게다가 매우 흥분되는 음악은 얼굴 매력도와 데이트 선호도 모두에 가장 큰 영향을 미쳤다.[5] 그러나 남성 참가자들은 음악적 개입의 영향을 받지 않았다.

별 수 없이 궁금해진다. 이런 결과를 통해 젊은이들 사이에서 클럽이 인기를 끄는 이유를 설명할 수 있을까? 그 모든 시끄럽고 자극적인 음악(난폭 운전을 하는 젊은 남성들을 다시 떠올려보라)이 남성을 좀 더 매력적으로 보이게 해서 사회적 상호작용을 촉진할까? 어쩌면 꽤나 그럴 것이다.[6] 함께 춤추며 같은 속도로 회전하는 것도 도움이 된다.[7] 진화심리학자들은 짝 선택에 춤이 중요한 역할을 한다고 오랫동안 주장해왔다.[8] 그렇다면 댄스 스텝을 익혀 가능성을 높이고 싶은 사람들은 정확히 뭘 해야 할까? 좋은 소식은, 이제 여러 진지한 과학적 분석을 통해 최대한 매력적으로 보이게끔 몸을 흔드는 정확한 방법을 알게 될 것이라는 점이다.[9] 하지만 명심하자. 남성과 여성은 다소 다른 걸 찾는 경향이 있다.

여성에게 어필하려는 남성은 목과 몸통이 움직이는 변동성과 진폭에 유의해야 하며, 제일 중요하게는 특히 오른쪽 무릎이 움직이는 속도에 신경 써야 한다(여러분이 지금 뭐라고 말하는지 다 들린다. 적어도 나는 춤추는 요령을 터득하지 못한 게 그렇게 아쉽지는 않다). 움직임이 다양하고 뚜렷할수록 좋다. 분명 여성들은 이를 건강, 활력, 힘을 나타내는 유전적 특성의 신호로 여긴다. 반면 남성은 여성의 엉덩이 스윙이 잦을수록(콜롬비아 가수 샤키라가 이 사실을 아는 게 분명하다), 허벅지 움직임이 더 비대칭일수록, 그리고 팔 움직임이 적당히 비대칭일 때 매력을 느끼는 경향이 있다. 자, 이제 댄스 플로어에서 잠재적 짝의 감각을 해킹하기 위해 뭘 해야 할지 알게 됐다! 하지만 다음번에 행운이 찾아온다면, 멋진 춤동작 못지않게 음악도 여러분을 더 밀어줄 수 있음을 기억하자.

또 연구자들은 디스코텍(또는 클럽) 맥락에서 성적인 신호를 조사했다. 어느 흥미로운 분석에 따르면, 빈에 사는 여성들을 조사한 결과 배란 기간 중 파트너 없이 외출하는 경우 조금 더 도발적인 옷을 입는 것으로 나타났다.[10] 또 임신 가능성이 가장 높을 때 얼굴이 약간 더 매력적으로 보이는 경향이 있으며,[11] 아마도 이를 토대로 전문 랩 댄서가 월경 중일 때보다 배란기에 팁을 거의 두 배나 많이 받는 이유를 설명할 수 있다.[12]

그러나 흔들리는 현수교와 자극적인 음악만 효과가 있는 건 아니다.[**] 나는 젊었을 때 친하게 지내던 운 좋은 여성들을 위해 아주 매운 음식을 요리하곤 했다. 이에 대한 통계 분석을 수행할 기회가 없었음을 이제는 인정해야겠다. 또 안타깝지만 실험의 표본 수도 약간 적었던 것 같다.[***] 어쨌든 내가 만든 전설적으로 매운 태국식 그린커리나 불타는 듯한 아라비아타 파스타를 맛본 사람에게서 흔히 나타나는 홍조, 발한, 심장 두근거림, 동공 확장 같은 반응으로 인해 내 여자 친구들의 뇌가 지금 혼란스러울 것이라고 생각하곤 했다. 그렇게 괴로워한 사람들은 아마도 그토록 특이한 신체 감각이나 증상이 나타난 이유가 요리 때문이 아니라 그날 저녁의 매력적이고 유쾌한 요리사 때문이라고 오해했을 것이다. 미식물리학gastrophysics에서 영감을 얻은 이런 유혹 전략은 대개 효과가 있는 것처럼 보였다. 사실 효과가 너무 좋아서, 헤스턴 블루멘탈 셰프의 밸런

---

* 이 발견은 아마도 다른 지역의 여성들에게도 적용될 것이다. 그리고 의상이 얼마나 도발적인지 평가하기 위해 연구원들이 정확히 어떻게 했는지 궁금해할 수 있는데, 연구팀은 이렇게 밝혔다. "디지털 분석을 통해 피부 노출, 옷이 비치는 정도, 꽉 끼는 정도를 분석했다."

** 스펜스 부인, 가급적 이 문단은 건너뛰시죠!

*** 다시 생각해보니 '실험'이라고 해서는 안 될 것 같다. 내가 재직 중인 대학교의 윤리위원회에서 내 숨통을 조이고는 연구 윤리 승인을 심사하자고 나올 것이기 때문이다!

타인데이에서 영감을 얻은 TV 영화 〈로맨스 레시피^{Recipe for Romance}〉를
컨설팅할 때 이를 최고의 팁 중 하나로 제공했다.

'사랑의 외양'

잠재적인 파트너의 어떤 점을 보고 매력적이라고 느끼는가? 이미
언급했듯 이는 진화적 적합성에 달려 있다. 로맨틱과는 너무나 거
리가 먼 말이라 미안하지만, 진화심리학 분야에서 수십 년에 걸쳐
이뤄진 연구의 피할 수 없는 결론이다. 남녀 모두에게, 그리고 성적
지향에 관계없이, 얼굴이 대칭일수록 더 매력적으로 보인다.[13] 왼쪽
과 오른쪽의 대칭은 진화적 적합성을 암시하는 중요한 신호다. 분
명 눈으로 보기에 더 편안할 뿐만 아니라 잠재적으로 건강한 짝이
라는 신호이기 때문에, 사람들은 대칭을 선호한다. 반면 얼굴이나
체형의 비대칭은 불행한 환경적 영향을 받았음을 나타내는 경우가
많다. 말하자면 그들의 신체가 손상된 것처럼 보인다. 불균형은 나
이, 질병, 감염, 기생충 감염과 관련이 있으며, 이 중 무엇도 이 책에
서는 특별히 매력적이지 않다. 만약 내가 여러분의 얼굴을 잡고 양
쪽의 평균을 내서 좀 더 대칭적으로 보이게 할 수 있다면, 여러분은
더 매력적이라는 평가를 받을 것이다. 완전 간단하다.*
　미소는 건강하다는 표시이므로, 따라서 더 매력적으로 여겨진
다.[14] 2010년 보고에 따르면 1952년 메이저리그 야구 프로 선발 당

시 사진 속에서 활짝 웃고 있던 선수들이 차분한 미소를 짓고 있던 선수들보다 더 오래 사는 경향이 있었다.[15] 하지만 다른 모든 조건이 동일할 때 행복한 사람이 더 오래 살 수 있다는 이런 주장은, 훗날 학술지 〈랜싯〉에 보고된 대규모 연구 결과에 의해 반박됐다. 영국 전역의 여성 70만 명 이상을 분석한 결과, 전반적인 건강과 수면의 질 같은 다른 요인을 통제했을 때 행복 자체가 이들의 수명을 늘렸다는 증거는 발견되지 않았다.[16]

자신의 인상을 개선하고 싶은 사람들을 위한 또 다른 팁은 다른 사람을 쳐다보거나 카메라를 응시할 때 눈을 맞추는 것이다. 이렇게 하면 시선을 맞추지 않을 때보다 더 자극적이고 관심을 끌 수 있다. 뿐만 아니라 신경 영상 연구에 따르면 다른 사람을 직접 바라볼 경우, 심지어 사진이나 화면을 통해 보기만 해도, 보상 예측과 관련된 뇌 영역인 배쪽줄무늬체가 활성화됐다.[17]

짝짓기에서 경쟁 우위를 확보하는 또 다른 방법은 기타를 연주하거나,** 최소한 연주하는 것처럼 보이는 것이다. 한 소규모 온라인 연구에서 남학생이 기타를 들고 사진을 찍었을 때 여학생이 그의 페이스북 친구 요청을 수락할 가능성이 높아졌다.[18] 잘 생각해보면 이런 결과가 그리 놀라운 건 아닌데, 음악을 연주한다는 건 창의성과 손재주가 어느 정도 있음을 의미한다는 점에서 진화적 적합성의

---

* 하지만 슬프게도 동일한 방식으로 목소리를 더 매력적으로 합성할 수는 없다. 서로 다른 음성 주파수의 평균을 내면 불쾌한 고조파가 많이 남기 때문이다.

** 이 센스해킹은 다른 악기인 경우에도 아마 효과가 있을 것이다.

그림 12 빌렌도르프의 비너스. 여성의 유방, 복부, 둔부를
과장되게 표현한 조각상. 출산과 풍요를 기원하며
만들어진 것으로 추정된다.

신호로 여겨지기 때문이다.[19] 찰스 다윈은 짝 고르기에 숨겨진 성
선택을 통해 남성이 가진 특정한 특징이 어떻게 진화했는지 설명할
수 있다고 믿었다. 음악 연주가 바로 여기에 꼭 들어맞는다는 점에
주목하자. 감정과 복잡도가 전부 다른, 다양한 구애 표시로서 말이
다.[20] 흥미롭게도 음악이 복잡할수록 연주하는 사람이 더 멋있고 매
력적으로 보인다. 최소한 배란기의 여성에게 물어보면 그렇다.[21] 하
지만 동시에 창의성은 남녀 모두에서 부족한 신체적 매력을 보완해
줄 수 있다.[22]

　이성애자 남성의 관점에서 봤을 때 출산하기 좋은 큰 엉덩이와
자식을 먹일 수 있는 큰 가슴은 (물론 두 사람의 관계가 거기까지 진행
되어야 하는 거지만) 오랫동안 보편적인 생식 능력의 징후로 여겨져

왔다. 인류 초기 생식의 상징 중 하나인 빌렌도르프의 비너스의 풍만함을 보라. 확실히 비너스가 조만간 굶주릴 가능성은 거의 없어 보인다.

그러나 여성의 경우엔 잠재적인 짝의 외모에 관심이 덜하고 그보다는 냄새와 소리에 우선순위를 두는 경향이 있다고 주장돼왔다.[23] 최소한 이 부분에 있어서는 남성은 화성에서 왔고 여성은 금성에서 온 게 맞는다. 이게 완전히 앞뒤가 맞는 말인 게, 진화심리학 관점에서 볼 때 남성은 젊음과 건강으로 귀결되는 배우자의 잠재적인 특성을 눈으로만 평가하는 데 능숙하다(하지만 곧 살펴보겠지만, 후각 신호도 중요하다고 밝혀졌다). 반면 여성에게는 잠재적 짝의 자연스러운 체취가 그의 면역학적인 특성을 암시하는 가장 중요한 감각 신호이며, 이를 통해 아마도 무의식중에 자손의 생존 능력을 평가할 것이다. 그리고 명백한 사실을 잊지 않도록 덧붙이자면, 부자가 되는 것도 남성의 번식 기회를 훼손하지는 않는 것 같다.[24]

남성적인 얼굴이나 목소리, 혹은 둘 다를 가진 남성은 여성에게 매력적으로 보이는 경향이 있다. 그래서 흔히 2D:4D 숫자 비율로 알려진, 넷째 손가락이 둘째 손가락에 비해 특히 길 때 섹시해 보인다고 한다. 이 지표를 통해 임신 초기 테스토스테론 노출에 따라 결정된 남성성을 추정할 수 있기 때문이다. 남성의 약지가 검지보다 길면 2D:4D 비율이 1 미만으로 떨어진다. 평균 비율은 0.98이다. 이 비율이 낮을수록 태아기 때 테스토스테론 수치가 높았다는 뜻이며, 그 사람은 더욱 남성적인 특성을 보이게 된다.[25] 이 비율이 낮을수록 1회 사정 때 정자 수도 많다.[26] 연구에 따르면, 장거리 달리기 선수와 최정상 뮤지션은 모두 이 비율이 평균보다 낮다. 이런 이유로 이성애자 여성이 2D:4D 비율이 낮은 짝을 찾아야 한다고 믿을 수도 있지만, 태아기 때 테스토스테론이 높은 경우 잠재적인 단점도 많다는 점에 유의해야 한다. 자폐증, 난독증, 편두통, 면역체계 저하 같은 위험성이 증가한다.[27] 이런 상충관계를 보면, 아마도 이처럼 성적으로 이형적인 기호(여성보다 남성에서 더 뚜렷하게 보이는 것)가 단순히 '섹시'하지만은 않은 이유를 설명할 수 있다. 하지만 대부분의 문화권에서 넷째 손가락에 반지를 끼며, 그것이 약혼이나 결혼을 했거나 최소한 그런 척하고 있음을 의미한다는 건 우연이 아니다.

여성의 향기 – 섹시한 냄새

여성에게서 자연스럽게 나는 체취는 월경 주기 전반에 걸쳐 미묘하게 변한다.[28] 남성은 여성이 월경 중일 때보다 난포기(즉 가임기)일 때 겨드랑이 냄새가 더 기분 좋고 매력적이며 덜 강렬하다고 느낀다.[29] 다시 말해서 이 분야의 몇몇 연구 저자들이 묘사했듯, '전달'되

---

* 이런 관습은 고대 이집트인들에게서 기원한 것 같다. 이들은 왼손 네 번째 손가락에 혈액을 심장으로 곧바로 운반하는 대정맥이 있다고 잘못 믿었기 때문이다.

거나 '누출'될 가능성이 있는 감각 정보가 우리 생각보다 더 많다.

놀랍게도 인간은 체취만 맡고도 그 사람의 성격, 즉 외향성인지 신경성인지(빅5 성격 유형 중 두 가지) 혹은 지배성인지(빅5 성격 유형이란 심리학에서 정립된 다섯 가지 성격 특성으로 '외향성', '신경성', '친화성', '성실성', '경험에 대한 개방성' 등이 포함된다. 지자가 참고한 논문에서는 빅5 성격 유형에 더해 '지배성'을 추가로 분석했다 - 옮긴이)에 대한 유용한 정보를 알아낼 수 있다.[30] 여성 냄새의 매력도와 쾌적함 외에도 남성과 여성 모두 질병 초기의 화학적 감각 신호가 포함된 선천적인 면역반응의 냄새를 맡을 수 있다.[31] 체취로 나이를 추론하는 것도 가능하다.[32] 심지어 냄새를 통해 그 사람이 춤 동작을 얼마나 잘하는지도 알아낼 수 있다. 실제로 내가 좋아하는 냄새를 풍기는 사람은 내가 매력적이라고 생각하는 신체적 움직임을 보여주는 경향이 있다.[33]

남성과 여성 모두 주조직 적합성 복합체major histocompatibility complex라고 불리는 타인의 DNA 부위에 민감하다. 누군가의 향기가 자신과 너무 비슷하면 로맨틱하게 이끌리지 않는다는 주장이다. 이를 통해 다양한 짝짓기 파트너들이 유리한 고지를 점하게 되고, 근친교배를 피하는 데 도움이 된다.[34] 하지만 사람들은 보통 자신과 다른 인종의 냄새를 덜 매력적이라고 느끼기 때문에 그런 다양성이 늘 민족 테두리 너머까지 확장되는 건 아니다. 사실 얼굴의 매력도 마찬가지다. 사람은 보통 자신과 비슷하게 생긴 사람에게 더 끌린다. 이 모든 것을 알고 나면, 사람들이 향 제품으로 체취를 없애느라 왜 그토록 많은 시간을 소비하는지, 그리고 사람들이 그렇게 애쓰는 바람에 향수 산업이 수십억 달러 규모의 비즈니스가 됐다는 사실이 이상해 보일 수 있다.[35]

왜 사람들이 각자 다른 향수를 좋아하는지 궁금한 적이 있는가? 이건 단순히 무작위 차이일까? 아니면 우리가 선택한 향수가 각자의 자연스러운 냄새를 어느 정도 증폭시켜줄 가능성이 있는 걸까? 몇 년 전 어느 산업 콘퍼런스에서 한 강사는 사람들이 선택한 향수가 각자의 몸 냄새와 관련이 있을 수 있다고 주장했다. 그런 주장이 일부 사실이라면, 모든 사람은 생각보다 자기 자신을 훨씬 더 잘 드러낼 수 있다. 레노초바와 그의 동료들의 연구 결과, 흥미롭게도 사람들은 누군가가 선호하는 향수가 그의 체취와 섞인 경우, 무작위로 할당된 향수를 뿌린 경우보다 더 상쾌하다고 평가했다. 각각의 향수를 상쾌함 척도로 평가했을 때에는 별 차이가 없었다.[36]

링스 효과

25년 이상 유니레버에서 가장 많이 팔린 데오도란트 브랜드에는 '링스^{Lynx} 효과'라는 문구가 따라 붙어왔다.* 마케팅 캠페인이 아주 효과적이었기 때문에 책임자들은 그 주장이 사실인지 조사하고자 하

---

* 영국 외의 지역에서 이 브랜드는 악세^{Axe}로 통한다.

는 욕구가 거의 없었다. 젊은 남성 집단에서 이 캠페인이 얼마나 성 공했냐면, 학교 교사들이 매일 아침 10대 교실에서 진동하는 이 데오도란트 냄새에 질린 나머지 다양한 온라인 포럼에서 불만을 쏟아냈다.[37] 하지만 열여섯 살의 뉴질랜드 소년 제이미 에드몬즈의 이야기를 들으면 인타까운 마음이 들 것이다. 그는 링스를 사용해 차의 대시보드를 닦고 문 안쪽의 페인트 얼룩을 제거했다. 그러고는 한밤중에 사각팬티를 입고 차에 가서 담배를 피우며 라디오를 들었다. 그건 정말이지 나쁜 생각이었다. 링스는 다른 많은 에어로졸과 마찬가지로 가연성이 높다. 곧 차는 화염에 휩싸였고, 제이미는 병원에 3일 동안 입원하고 9일이나 더 학교를 쉰 끝에 회복할 수 있었다. 그에겐 분명 운 나쁜 날이었다.[38]

나는 몇 년 동안 애먹은 끝에 마침내 링스 효과를 경험 테스트로 검증하는 연구에 대한 승인을 받았다. 남성 매력의 전체 스펙트럼(예컨대 작고 뚱뚱한 코미디언 존 벨루시부터 키가 크고 훤칠한 영화배우 조지 클루니까지)이 포함되게끔 신중하게 고른 익명의 얼굴 사진 데이터베이스를 활용해 젊은 여성들에게 사진의 매력도를 평가하게 했다. 비록 우리가 실험 참가자들에게 컴퓨터 화면에 잠깐 반짝이는 얼굴을 보고 매력을 평가해달라고 요청하긴 했지만, 그럼에도 참가자들의 판단은 주변 향기에 따라 편향됐다. 아무런 냄새가 나지 않거나 불쾌한 냄새(합성 암내 또는 고무 타는 냄새)가 풍길 때보다 링스 데오도란트 냄새가 나는 경우에 미미하지만 분명히 사진 속 얼굴을 더 매력적으로 평가했다. 짐작하겠지만 실험 결과에 대한 이런 분석을 보고 광고 스폰서들은 한없이 기뻐했다. 거기까진 좋았다. 하지만 연구 결과 장미 향 역시 남성의 매력에 거의 같은 영향을 미치는 것으로 밝혀졌다. 다시 말해 링스 효과는 사실이지만, 상대방이 쾌적하게 느낄 만한 향기라면 어떤 것이든 나의 매력도를 높이는 데 도움이 된다는 것이 간결한 결론이었다.[39]

맛있는 냄새 종류인 구르망 노트가 최근 인기를 끌고 있다.[40] 몇 년 전 유니레버는 초콜릿 향이 나는 링스 제품군으로 이 시류에 뛰어들었다. 나는 이 특별한 냄새가 링스 연구에서 평가에 어떤 영향을 줄지 궁금해진다. 특히 〈이코노미스트〉에 실린 한 국가의 총 섹스 횟수와 초콜릿 소비량 사이에 양의 상관관계가 있다는 밸런타인데이 보고서를 보면 말이다.[41] 물론 상관관계가 곧 인과관계는 아니라는 점을 잊지 말아야 한다.

뇌 스캐너를 이용한 후속 행동 연구에서 링스의 쾌적한 향기를 맡을 때 남자 얼굴의 매력도를 처리하는 여성의 뇌 부위의 신경이 활성화된다는 사실이 입증되었다.[42] 이 연구를 위해 먼저 매력적인 남성 얼굴에 반응하는 안와전두피질 내 특정 영역을 식별했다. 그런 다음 얼굴 전체 범위에 대한 뇌 반응을 분리해 주의 깊게 분석했다. 그 결과 잘생긴 얼굴을 볼 때 안와전두피질 중앙을 향한 국소적인 신경 활성화가 관찰됐다. 반면 덜 매력적이라고 분류된 얼굴을 볼 때는 이런 활성의 초점이 뇌 구조의 주변부로 이동했다. 결정적으로, 쾌적한 향기가 나는 경우엔 보상과 관련된 뇌 영역 가운데 매력적인 얼굴을 볼 때 관여되는 동일한 부위 쪽으로 신경 반응이 이동했다. 하지만 이 연구의 영향력이 가장 커진 건 아마 베스트셀러 남성 잡지 〈맥심〉에서 기사를 내면서일 것이다. 그 기사는 약 900만 명에 달하는 젊은 남성 독자들에게 여성의 뇌에서 어떤 부위를 목표로 삼아야 하는지 언급했다(당연히 안와전두피질을 말한 것이다).[43] 영향력 있는 연구에 대해 이야기하라!

하지만 수많은 젊은이들이 향이 강할수록 더 효과적이라고 믿는 반면, 캘리포니아에서 수행된 연구에 따르면 종종 그 반대다. 실제로 주변 향기는 사람들이 냄새가 난다는 것을 의식하지 못할 때, 즉 인지 한계 바로 직전 강도로 제시될 때 더 효과적이다.[44] 현실에서 이는, 공기 중에 아무 냄새가 안 나는 것 같아도 잠재적으로는 코가 포착하는 수많은 것들에 영향을 받고 있을 가능성을 암시한다.

육체적 매력만이 냄새의 영향을 받는 건 아니다. 적절한 향을 더해서 사진 속 인물들을 더 남성스럽거나 여성스럽게, 또는 더 호의적이거나 감정적으로 보이게 만들 수 있다. 옥스퍼드대학교의 우리 연구팀은 여성들이 조금 더 젊어 보일 수 있게 도왔다. 일본 향수 전문 기업 다카사고와 협력해 단순히 이 회사의 '젊음' 테마의 향수를 사용함으로써 중년 여성의 나이를 약 6개월 젊어 보이게 만들 수 있었다.

지금까지 향기와 매력에 대한 대부분의 연구는 낯선 사람의 정적인 얼굴 사진을 사용해왔다. 이제 이런 사진은 온라인 데이트 사이트에서 흔히 볼 수 있게 됐지만(향기를 지원하는 데이트 앱의 인기가 높아지고 있다), 보다 익숙하고 역동적인(즉 움직이는) 얼굴을 평가할 때에는 향기가 덜 중요할 수도 있다. 미래에 연구해야 할 중요한 질문 중 하나다.

매력적인 빨간색

물론 외모뿐만 아니라 무엇을 입는지도 중요하다. 당연히 옷은 내가 타인에게 얼마나 매력적으로 보이는지, 그리고 내가 스스로에 대해 어떻게 느끼는지에 중요한 역할을 한다. 남성이 시각에 더 많이 의존한다는 점을 고려하면, 여성의 복장이 가장 자주 진지한 과학적 연구 대상이 된다는 게 그리 놀라운 일은 아니다. 실제로 그리스케비시우스와 켄릭은 "전 세계 여성들이 자신의 매력을 높여주는 옷, 액세서리, 메이크업 색조를 고르느라 많은 시간과 에너지와 돈을 소비한다"라고 밝혔다.[45] 참 공교롭게도 수많은 남성 연구자들에 따르면, 여성은 보통 빨간색을 입을 때 더 매력적이고 섹시하다는 평가를 받는다. 남성은 또한 빨간색 옷을 입은 여성에게서 성적 의도를 더 많이 읽어내지만, 가장 자극적인 이 색채의 효과를 꼭 인식하는 건 아니다.[46] 적어도 몇 년 전 안식년에 옥스퍼드 통합감각연구소를 방문한 앤드루 엘리엇 교수에 따르면, 이런 종류의 센스해킹은 보통 인식 밖에서 일어난다. 여성이 평가하는 경우에는 상대가 남성이든 여성이든 빨간색 옷의 착용 여부가 전혀 영향을 주지 않았다.[47]

또 다른 곳에서는 연구원들이 웨이트리스가 받는 팁의 액수를 여성적 매력을 판단하는 대강의 척도로 삼았다. 여기서도 빨간색 옷(이 경우는 티셔츠였다)을 입은 웨이트리스가 검은색이나 흰색, 파란색, 녹색, 노란색 티셔츠를 입은 웨이트리스보다 저녁 영업 종료까지 팁을 더 많이 받는 경향이 나타났다.[48] 추가 분석에 따르면, 셔츠의 색상은 팁을 주는 남성의 행동에만 영향을 미쳤다. 웨이트리스가 화장을 하고 머리에 꽃을 꽂으면 팁의 액수가 더 커진다.[49] 적어도 레스토랑에서 받는 팁으로만 판단했을 때, 화장을 한 경우에도 매력도가 높아진 것이다.[50] 하지만 최근 연구에 따르면 화장품을 이용해 얻을 수 있는 매력 상승분이 물론 의미는 있지만, 전문가에게 화장을 받은 경우라 할지라도 타고난 아름다움의 차이에 비하면 그 효과가 작은 경향이 있었다. 이 연구의 실험 중 하나는 유튜브 모델 33명을 대상으로 했고, 다른 연구는 슈퍼모델 45명을 대상으로 실험했다.[51]

흥미롭게도 엘리엇과 니에스타는 여성이 나온 사진의 주변을 빨간색으로 칠하면 흰색, 녹색, 회색, 파란색 또는 녹색으로 칠했을 때와 비교해서 남성들이 그 여성을 더 매력적이고 섹시하게 느낀다는 것을 발견했다(여성들은 그렇지 않았다). 한편 대만 연구자들의 보고에 따르면, 남성들은 빨간 노트북을 들고 다니는 여성을 검은색이나 은색, 파란색 노트북을 든 여성보다 더 예쁘고 섹시하다고 평가했다. 즉 남성의 판단을 해킹하는 데 활용할 수 있는 건 단순히 빨간 옷이나 배경뿐만이 아니었다.[52]

직관적으로 사람들은 '매력적인 빨간색' 현상에 대해 이미 수천 년 전부터 알고 있었다. 어쨌든 여성들은 고대 이집트 시대 이후 최소 약 1만 년 동안 빨간 연지와 립스틱을 발랐다. 게다가 '빨간 옷을 입은 여인'은 영화, 노래, 심지어 시리얼에도 자주 등장하는 비유다. 진 와일더의 1984년 로맨틱 코미디 〈우먼 인 레드〉를 떠올려보자. 〈다이얼 M을 돌려라〉, 〈욕망이라는 이름의 전차〉, 〈제저벨〉 같은 희곡과 영화에서 욕정이나 섹슈얼리티를 표현할 때 사용된 빨간 드레스도 있다.[53] 영국의 싱어송라이터 크리스 드 버그는 1986년 'The Lady in Red'(빨간 옷을 입은 여인)라는 노래를 발표했고, 켈로그 시리얼인 스페셜 K 상자 측면에는 빨간 드레스를 입은 여성의 사진이 실려 있다. 심지어 〈누가 로져 래빗을 모함했나〉 속 캐릭터 제시카는 빨간 드레스로도 모자라 머리카락까지 빨간색이다.

이토록 인기는 좋지만, '매력적인 빨간색' 현상이 실적 압박에 시달리는 사회심리학자들이 점점 더 많이 내놓고 있는, 그저 미디어 친화적인 효과 중 하나라는 사실이 밝혀지고 있다. 실제로 이 글을 쓰는 동안 여러 연구 집단이 830명이 넘는 네덜란드 및 북미 남성을 포함한 대규모 표본을 대상으로 위 연구를 재현하려고 시도했지만, 실패했다. 그리고 빨간색 옷을 입는다고 웨이트리스가 받는 팁의 액수가 항상 증가하는 건 아니었다.[54] 그렇다면 빨간 옷을 입은 남자에게도 끌릴까? 솔직히 무슨 말을 해야 할지 모르겠다. 기본 아이디어는 분명 진화적으로 말이 된다. 즉 빨간 옷은 사람이 흥분했을 때 피부에 나타나는 홍조를 극단적인 형태(예컨대 캐리커처와 같이)로 보여준다는 점이다. 하지만 빨간색이든 그 어떤 색이든 간에, 의미가 상황에 따라 달라진다는 점을 명심해야 하며, 이런 이유로 빨간색 옷이 항상 원하는 효과를 내는 건 아닐 수도 있다. 문헌에 보고된 주요 연구 상당수가 표본의 크기가 너무 작아 신뢰하기 어렵다는 것도 사실이다.[55] 사람들은 아직 이 문제에 대해 결론을 내리지 못했지만, 일단은 이렇게 말하고 싶다. 여기저기 널려 있는 나의 빨간색 바지들을 아직은 포기할 마음이 없다고. 센스해킹 만세!

킬힐

하이힐이 많은 여성들의 삶에 골칫거리라고 들었다. 어떤 사람들은 여성이 하이힐을 신으면 키가 커져 더 세련되고 매력적으로 보인다고 주장한다. 빨간색이 이 종의 수컷들에게 미치는 영향을 고려하면, 크리스찬 루부탱 브랜드가 신발 밑창에 넣은 특유의 붉은색을 지키려고 최근 몇 년 동안 그토록 열심히 싸우고 있는 이유를 잘 알 수 있다. 하지만 여기서 합리적으로 확실한 경험적 증거로 뒷받침되는 가장 최근의 진화 이야기에서 또 하나 중요한 건, 하이힐을 신으면 허리를 약간 젖히게 돼 요추 곡률이 커진다는 것이다.[56] 허리와 엉덩이 사이의 최적 각도는 약 45.5도라고 한다. 이 자세는 많은 종에서 성적 매혹을 암시하는 전형적인 척추전만 자세와 비슷하기 때문에 남성들에게 무척 매력적으로 느껴진다.

하지만 동시에 이 자세는 이족 보행을 하는 종이 임신했을 때 걸을 수 있게 해준 형태학적 적응을 반영한 것일 수도 있다. 이것이 바로 '태아의 하중'이라고 알려진 것이다. 다시 말해 여성의 요추 만곡이 커지면 척추에 손상을 입지 않고 여러 번 임신할 가능성이 커지는 동시에 임신 후기 먹을 것을 찾는 능력이 높아지기 때문에 남성에게 매력적으로 느껴지는 것일 수 있다.[57] 발뒤꿈치 하이힐을 이용해 요추 곡률을 강조하기 훨씬 이전에, 마지막 요추부터 세 번째 요추까지 휘어지게 만드는 진화를 통해 이미 목표가 달성됐다.[58] 원인이 무엇이든 소설가 존 업다이크는 그의 작품 《비둘기 깃털과 다른 이야기들Pigeon feathers and other stories》에서 이 신호의 중요성을 완벽하게 포착해냈다. "여자의 아름다움은, 특화된 부분에 대한 어떤 과장도, 황금비 또는 이와 유사한 심미적 미신을 통해 알 수 있는 일반적인 조화도 아닌, 바로 척추의 아라베스크에 있다."

마음에 들면 오른쪽으로 스와이프! 온라인 데이트를 위한 팁

다른 어느 곳보다도 온라인에서 가장 많은 데이트가 이뤄질 것이다. 전 세계에서 사랑(또는 정욕)을 찾는 사람들을 위한 틴더, 그라인더, 애슐리 매디슨 같은 사이트와 앱이 있다. 한 여론조사에 따르면 관계를 찾는 열 명 중 일곱 명은 온라인 데이트를 아직 한 번도 해본 적은 없지만 의향은 있다고 답했다.[59] 내가 듣기로는, 그렇게 외롭진 않지만 그저 함께 커피를 마시거나 대화할 사람을 찾는 이들, 혹은 좀 더 많은… 뭐라고 말하면 좋으려나, 아, 재미(!)를 즐기고 싶은 이들이 이런 사이트를 이용한다고 한다. 그러나 여러분의 온라인 프로필을 보는 사람들은 본질적으로 한 가지 감각만 사용한다. 즉 프로필 사진을 통해 여러분의 외모만 보기 때문에 당연히 괜찮은 비주얼을 만들기 위해 모든 것을 해야 하며, 누군가는 여러분에게 시선이 꽂힐 것이다. 결국 사람은 10분의 1초 만에 마음을 결정한다. 그보다 오래 사진을 본다고 당신에 대한 시각적 인상이 바뀌지는 않으며, 그저 당신에 대한 판단에 스스로 확신을 가질 뿐이다.[60]

하지만 예컨대 '잘생겼다'는 인상을 주고 싶을 때 자신이 가장 매력적으로 보이는 사진을 올리고 있는가? 최근 오스트레일리아에서 이뤄진 한 연구 결과에 따르면 대답은 아마도 '아니요'일 것이다. 연구팀은 600명 이상의 실험 참가자들에게 본인 사진을 몇 장 올리게 한 뒤, 자기 사진과 연구에 참여한 다른 사람들의 사진에 순위를 매기게 했다. 진짜 너무나 놀랍게도, 젊은 참가자들 대부분이 다른 사람들이 골라준 자기 사진을 선택하지 않은 것으로 나타났다. 다음번에 사진을 올릴 때는 친구들을 크라우드소싱해서 사진을 골라달라고 요청해보자.* 결과적으로 조금 더 인기를 얻거나 '좋아

---

* 사실 이건 무척 좋은 아이디어처럼 보였다. 그래서 나는 동료 과학자 두 명과 함께 프로그램을 개발했다. 온라인에 올린 자기 사진 중 가장 잘 나온 사진이 어떤 것인지 다른 사람들에게 평가받은 뒤, 그 대가로 몇 센트씩 지불할 수 있게 한 프로그램이었다.

요'를 더 많이 받게 될 수도 있다.[61] 그리고 잊지 말자. 카메라를 똑바로 쳐다봐야 한다.

굴은 정말 사랑의 음식일까?

많이 알려진 신화이긴 한데, 과연 정말일까? 사실이라면 그 이유는 뭘까? 굴의 감각적 특성과 관련이 있을까, 아니면 여성과 닮았다는 점과 연관된 상징주의와 관련이 있을까? 유명한 음식 작가인 M. F. K. 피셔는 두 장의 껍데기가 달린 이 연체동물(이매패류)이 '향과 밀도 그리고 아마도 기묘함' 때문에 정력제로 인기를 끌게 된 거라고 확신했다.[62] 혹은 어쩌면 전통과 민속, 전설이 더해진 결과일 뿐일까?

아니면 굴의 가격과 관련이 있을까? 어쨌든 남성은 매력적인 여성이 있을 때 더 비싼 음식을 선택하는 경향이 있으니 말이다.[63] 음, 하지만 한때 굴이 가장 값싼 음식 중 하나였다는 점을 감안하면 적어도 역사적 맥락에서 이는 가능성이 거의 없어 보인다. 굴과 정력 사이의 연관성은 최소 고대 그리스까지 거슬러 올라가며, 훗날 프란스 반 미리스(1635~1681)의 〈굴과 와인을 곁들인 점심 식사〉 같은 그림에서도 발견된다. 이 음흉해 보이는 녀석이 뭘 염두에 두고 있는지 분명하다. 내 생각에 링스가 나오기 전에는 굴이 최선의 선택이었을 것이다!

그림 13 17세기 네덜란드 화가 프란
스 반 미리스의 〈굴과 와인을
곁들인 점심 식사〉. 반 미리
스는 당대 부르주아들의 일
상을 현실적으로 묘사했다.

　카사노바는 굴이 가진 유혹의 힘도 믿었다. 그는 일을 운에 맡기
는 대신, 매일 아침 식사로 굴을 50개씩 먹은 뒤 온종일 고되게 사
랑을 나누곤 했다. 안타깝게도 내가 아는 한, 정기적으로 굴을 섭취
했을 때 유혹 성공률이 높아지는지를 확인하려고 '무작위 대조 실
험'을 한 사람은 아직 아무도 없다. 입증되지 않은 연관성이지만, 굴
과 정액 모두에서 아연이 발견된다. 이런 측면에서 지금까지 이탈
리아 과학자 집단이 그나마 가장 엄밀한 연구들을 활발하게 수행했
는데, 굴에 몇 가지 특이한 아미노산이 풍부하다는 것을 입증한 내
용이었다. 중요한 건, 가열을 하면 산 농도가 낮아지므로 굴은 날로
먹는 것이 좋다는 점이다. 이 화합물을 수컷 쥐에 주입하면 테스토

스테론이 더 많이 생성된다. 한편 정자 수가 증가했다고 보고한 논문도 있었는데, 누구의 정자였냐면, 바로 수토끼였다. 하지만 기운 넘치는 쥐와 흥분한 토끼를 대상으로 한 연구에서 인간의 로맨스로 건너뛰는 건 지나친 비약이다. 어쨌든 이런 일반적인 주장이 사실이더라도 늘 식중독의 위험이 도사리고 있다. 한 조사에 따르면 영국 전체 굴의 70퍼센트는 잠재적으로 노로 바이러스에 오염돼 있다고 한다. 아마 이런 점 때문에 굴을 얼마나 많이 먹든, 이 연체동물이 유발한 정열이 한풀 꺾이는 것일 테다.

남성이 맥주를 아주 많이 마신 경우, 여성을 더 매력적으로 느낀다고 한다. 확실히 남자들은 가게가 문 닫을 시간이 가까워질수록 여성을 더 매력적이라고 생각하는 경향이 있다.[64] 이른바 '맥주 고글' 효과인데, 할 일 없는 심리학자들이 그 진실 여부를 평가했다.[65] 그 결과 효과가 실재한다는 것이 입증됐다. 이 영향을 받은 남성들은 여성들, 특히 평범해 보이는 여성들을 더 매력적이라고 느꼈다. 흥미롭게도 이런 상승효과는 여성에게만 해당되는 것이 아니다. 맥주 고글 효과로 수수한 풍경화의 매력도 역시 높아지는 것으로 나타났다.[66] 하지만 이 '뷰티 드링크'를 섣불리 주문하기 전에, 셰익스피어의 《맥베스》에서 문지기가 맥더프에게 한 말을 상기해보자. "술은 욕정을 불러일으키지만, 그 능력을 빼앗아 가기도 합니다."[67]

욕정의 목소리 – 아름다움이란 정말
보는 사람의 귀에 달려 있을까?

누군가와 전화 통화를 할 때 상대방의 사랑스러운 목소리에 그의
외모가 얼마나 매력적일지를 상상하면서 식섭 만나고 싶다는 생각
에 사로잡힌 적이 있는가? 그런데 이게 말이 될까? 목소리만 듣고
도 상대방이 어떻게 생겼는지 유의미하게 추론할 수 있을까? 혹은
다른 말로 해보면, 육체적 매력에 대한 판단은 정말로 감각 전반에
걸쳐 관련이 있을까?

여성의 입장에서는 말이 될 수도 있다. 테스토스테론 수치가 남
성의 목소리에 영향을 미치고 얼굴 형태도 바꾸기 때문이다. 소년
의 목소리가 사춘기에 얼마나 굵어지는지 떠올려보라. 또 수렵채
집 민족을 분석한 결과, 저음의 목소리를 가진 사람들이 생식 성공
률이 더 높은 경향이 있었다.[68] 여성들이 남성의 목소리를 바탕으로
남성성을 판단한 결과는, 이와 별도로 이뤄진 얼굴 순위 평가와 상
관관계가 있었다(피임약을 복용한 경우 이런 판단에 방해를 받았을 수는
있다).[69] 자연적으로 순환하는 여성의 목소리는 월경 주기 중 우연히
어디에 있는지를 나타내는 함수로서 미묘하게 변한다.[70]

흥미롭게도 다양한 종의 수컷들은 대립하거나 경쟁해야 하는 짝
짓기 상황에서 상대보다 더 커 보이려고 부르짖거나 으르렁거리는
목소리의 음조를 낮춘다.[71] 작은 개도 이런 인상을 주기 위해 다리
를 곧추세우고 오줌을 더 높이 눈다.[72] '부정직한 신호'의 두 가지 예

시다. 한 가지 감각 신호는 이렇게 쉽게 조작 가능해서 인지 방식도 바꿀 수 있다. 우리가 다중감각 판단에 의존하는 것이 더 나은 이유일 것이다. 다중감각은 그야말로 더 신뢰할 수 있다(여러 감각을 동시에 '조작'하는 것이 훨씬 더 어렵기 때문이다).

체취의 반전

몇 년 전 글래스고에서 활동하는 클라라 우르시티라는 예술가가 옥스퍼드대 통합감각연구소에서 6개월을 보냈다. 옥스퍼드에 오기 전까지 클라라는 향기 기반의 다양한 설치예술 작품을 만들었는데, 종종 온갖 특이한 장소에서 합성 정액 냄새를 퍼뜨리기도 했다. 이는 클라라가 우리 연구팀과 함께 있을 때 가장 좋아했던 파티 속임수 중 하나였다. 연구팀이 식당에서 저녁 식사를 할 때 클라라는 병에 담긴 무언가를 불쑥 꺼내 슬그머니 냄새를 퍼뜨렸다. 다른 테이블에서 식사 중인 사람들이 아주 재미있는 표정을 서로 교환했다. 진짜다! 다행스럽게도 사람들은 보통 주변 냄새의 원인을 잘 파악하지 못하기 때문에, 그 이상한 냄새가 어디에서 나는 건지 아무도 알아내지 못했다.

또 다른 프로젝트에서 클라라는 실험 참가자들에게 며칠 동안 같은 티셔츠를 입고 무향 제품으로 씻도록 했다. 그러고는 셔츠를 가방에 담은 뒤 데이트 상대/애인 후보자를 초대해 냄새를 맡게 했다.

코를 이용한 스피드 데이트라고나 할까. 사람들은 차례대로 셔츠 냄새를 맡은 뒤 가장 만나고 싶은 사람 세 명을 골랐다. 이 이벤트의 이름은 페로몬 카페였다. 체취가 정말 섹시하다고 생각한 사람을 실제로 확인했을 때, 특히 털이 많은 다른 남성의 티셔츠를 고른 이성애자 남성은 셔츠의 주인이 자신이 상상한 매력적인 여성이 아니라는 것을 확인하곤 엄청나게 놀랐다.

저항할 수 없을 만큼 매력적으로 보이는 사람이어도, 후각적 증거로 매력이 약화될 수도 있다. 내 친구 중 하나는 정말 아름답지만 체취가 그다지 좋지 않은 여성과 데이트를 하곤 했다. 뭘 해야 될까? 궁극적으로 나는 코에게 최종 결정권을 줘야 한다고 보지만, 시각적 우위를 무시하기란 어려울 수 있다. 특히 남자라면.

온 감각으로 당신을 사랑합니다

지금까지 몇 개 부문에서 살펴본 것을 종합하면 외모, 냄새, 소리* 등 각각의 감각이 파트너의 짝짓기 잠재력에 대해 얼마나 유용한 정보를 주는지 분명해졌을 것이다.[73] 매력에 대한 핵심 신호는 얼굴과 신체 외양, 목소리, 그리고 냄새에서 비롯된다. 하지만 남성과 여성은 감각 신호 중에서 우선하는 것이 다소 다른데, 이는 아마도 짝 선

---

* 접촉은 유대감을 형성하는 데 매우 중요한 역할을 하지만, 여기서는 해당되지 않는다.

택의 목표가 다르기 때문일 것이다.

다양한 매력 신호를 통합해서 얻을 수 있는 적응적 이점을 어떤 진화론적 가설이 가장 잘 설명해주는지 현재로선 분명하지 않다. 그중 하나는, 각각의 감각이 잠재적 배우자에 대한 상대적으로 독립적인 단서, 또는 진화적 의미에서 '적합성'을 나타내는 정보의 원천을 제시한다는 설명이다. 앞서 언급한, 냄새를 맡을 수는 있지만 보거나 들을 수 없는 주조직 적합성 복합체를 생각해보라. 이것이 바로 다중 메시지 가설multiple messages hypothesis이다. 하지만 감각은 적어도 부분적으로는 중복되는 정보를 전달하는 것으로 간주된다. 앞서 살펴본, 남성성을 판단할 수 있는 청각 및 시각 신호의 연관성을 떠올려 보라. 이건 말 그대로 중복 신호 가설redundant signals hypothesis이라고 부른다.

한편 세 번째 설명에 따르면 개인의 유전적 우수함은 건강과 생식력을 각각 암시하는 다양한 표현형*의 조합으로 나타난다.[74] 여기엔 다소 복잡한 문제가 있는데, 이런 이론이 꼭 상호 배타적인 것은 아니며, 어느 이론이 적용되는 정도는 어떤 성격 특성이나 자질을 평가하는지에 따라 달라질 수 있다는 점이다. 그럼에도, 가까운 곳에서 벌어지는 일을 알려주는 감각 신호(냄새)와 먼 곳에서 오는 정보(시각과 청각)를 결합함으로써, 근거리(체취)뿐만 아니라 원거리(목소리와 시각적 외양)에서도 긍정적인 특징을 감지할 수 있게 된다.

---

* 표현형이란 자신의 유전자와 환경의 상호작용에서 비롯된다고 여겨지는, 외양이나 행동과 같은 관찰 가능한 특성을 말한다.

인간이나 동물이 감각 하나를 해킹하는 건 비교적 쉬울 수 있다 (시각을 위한 화장, 체취를 가리기 위한 향 제품, 혹은 좀 더 마초스러운 목소리를 내기 위해 톤을 낮추는 남성들을 떠올려보라). 그러나 모든(또는 몇몇) 신호를 동시에 바꾸는 것은 상당히 어려울 것이다.

하지만 궁극적으로는, 누구든 다른 사람에게 보이는 자신의 다중감각적 매력을 최적화하기 위해 감각들을 해킹할 수 있다. 다중감각적 매력의 일부는 타고난 자질, 일부는 자기 신념, 일부는 건강한 유전자의 문제지만, 근거에 따르면 누구든 감각을 최대한 활용해 다른 사람에게 자신을 더욱 매력적으로 보이게 할 수 있다.[75] 모든 감각을 다룰 때 얻을 수 있는 효과는 잠재적으로 보톡스보다 낫다. 필러도 필요 없다! 따라서 데이트 사이트에 올릴 사진을 찍을 때는 카메라를 바라보면서 미소를 지어보자. 기타를 들고 찍는 것도 나쁘지 않을 것이다. 또 사진에서 빨간색이 얼마나 많이 보이는지 잘 살펴보고, 업로드한 사진을 친구들에게 보여주길 바란다. 기회가 된다면 공기 중에 기분 좋은 향기를 뿌리는 것도 좋다.

이렇게 일상생활의 센스해킹을 둘러봤으니 이제부터는 지금까지 반복적으로 언급한 핵심 주제를 요약하고 센스해킹의 미래가 어떻게 될지 논의해보자.

11

감각의 미래

센스해킹, 센시즘, 다중감각

센스해킹의 미래는 어떻게 될까? 이전 장에서 감각을 더 잘 이해하고 감각 사이에 존재하는 다양한 연결을 파악한 혁신적인 사람들과 조직들이 사람들의 감각을 해킹한 방법을 살펴봤다. 우리가 차를 타고 있든 직장에 있든 쇼핑을 하든, 이제 센스해킹은 거부할 수 없는 현실이다. 내 생각에는 향후 몇 년 동안 센스해킹이 의료 환경, 심지어 집의 사생활 영역에서도 점점 더 많아질 것이다.

센스해킹과 관련한 수많은 최신 통찰은 우리가 약 없이도 더 잘 자고, 배를 곯지 않으면서도 덜 먹고, 성형 수술을 하지 않고도 더 매력적으로 보이고, 더 안전하게 운전하고, 하기 싫고 따분한 느낌 없이 최대한 즐겁게 운동하는 데에 이미 사용되고 있다. 그저 감각이 전해주는 고요한 영향에 주의를 기울임으로써 이 모든 것, 그리고 이보다 훨씬 더 많은 것을 달성할 수 있다. 감각을 더 많이 훈련하거나 가르칠수록 삶에서 더 많은 것을 얻을 수 있다.[1] 감각에 신경을 쓰면 누구나 이익을 얻을 수 있다. 그러니 2001년 페어리 주방 세제 마케팅 캠페인이 내세운 매혹적이고 감각적인 제목 그대로 '감각에 빠져들어 Indulge your senses' 보는 건 어떨까?

감지하는 것, 그리고 이를 통해 느끼는 감각은 근본적으로 즐거운 것이다.[2] 어떤 이유로든 이에 대해 의문이 생긴다면 선천성 청각 장애를 가진 아이가 새로운 인공 와우를 켜서 처음 소리를 듣는 순간 자연스럽게 기쁨의 눈물을 터뜨리는 모습을 지켜보자. 바로 수긍하게 될 것이다.[*] 온라인에는 이처럼 감정이 자연스레 폭발하는, 마음이 따뜻해지는 예시가 많이 있다. 이는 시각이나 소리에 대한 센스해킹처럼 새로운 감각 채널을 경험하는 것과 관련이 있는, 거의 본능적으로 북받치는 기쁨이다.

감각 박탈

CIA가 가장 좋아하는 합법적 고문은 뭘까? 맞다. 감각 박탈이다. 원초적인 감각은 분명 무척 즐거운 것이지만 강제적인 부재, 즉 감각 박탈은 절대적인 고문이 될 수 있다. 센스해킹의 일종이라고 볼 수 있지만, 좋은 건 아니다. 눈을 가리고, 귀를 막고, 후각과 미각, 촉각을 모두 최소화한다. 이렇게 외부 자극을 차단하는 경우 물리적 상처를 남기지 않지만, 이에 따른 심리적 손상은 영구적일 수 있다.

---

* www.youtube.com/watch?v=ZLRhGUhxKrQ 참고.

그림 14 관타나모 수용소의 수많은 소위 '고가치' 수감자들이 감각을 박탈당했다. 유죄 판결을 받은 테러 용의자 호세 파디야가 검게 칠해진 고글과 귀마개를 착용하고 있다. 이는 기본적인 박탈 도구로, 감각을 전혀 느끼지 못하게 해서 수감자들의 정신을 누그러지게 하는 것이 목적이다. 감각에 대한 접근을 막아 범죄자를 처벌한다는 이런 아이디어는 사실 훨씬 오래 전인 1846년, 독일 의사 루트비히 프로리프가 발표한 논문에서 나왔다(Jütte (2005); Salon, 7 June 2007, www.salon.com/2007/06/07/sensory_deprivation/).

며칠 지나지 않아 부족한 외부 자극을 보완하기 위해 생생하고 풍부한 시각 및 청각 환각을 경험하기 시작한다. 종종 정신병으로 이어지며 그 뒤에는 완전한 정신 쇠약이 뒤따른다. 그 결과가 너무 심각하기 때문에 이런 관행이 제네바 협약에 위배되지 않는지 의문을 갖는 사람도 있다.

긍정적인 면을 보자면, 수많은 대체 치료 센터는 현대 생활의 감각 과부하로 고통받는 사람들에게 약간의 자발적인 감각 박탈을 체험할 기회를 제공하고 있다. 절대적인 침묵과 완전한 어둠 속에서 체온과 비슷한 온도의 욕조에 잠시 몸을 담그기만 해도 감각을 재

충전할 수 있다는 아이디어다. 하지만 너무 오래 머무르지는 말자. 뇌는 진공을 싫어하며, 곧 감각 환각이 시작될 것이다. 사람은 외부에서 발생한 감각을 선호하지만, 어떤 이유로든 이것이 불가능해지면 뇌는 기꺼이 행동에 나서서 그것을 제공하려고 한다. 때로 몇 시간이 채 안 걸리기도 한다.[3]

감각 과부하로 고통받고 있나요?

감각 박탈은 확실히 고문으로 사용될 수 있지만, 그 반대인 감각 과부하 역시 똑같은 고통을 유발할 수 있다. 실제로 많은 사람들이 여러 기술 때문에 너무 오랜 시간 산만함을 느끼며 감각 과부하 증상으로 고통받고 있다. 실리콘밸리의 기술기업 거물조차도 참을 만큼 참았다고 말했으니, 이제 상황이 전환점에 도달했다는 걸 알 것이다. 이제는 '도파민 단식'이라고 알려진 방법을 이용해 '감각 과부하'를 피하려는 트렌드가 점점 더 인기를 끌고 있다.*[4]

여기에는 모든 형태의 사회적 접촉을 단기간 끊는 과정이 포함된다. 예를 들어 직접 눈을 마주치는 것은 너무 자극적이기 때문에 무슨 일이 있어도 피해야 한다. 동시에 먹고 마실 때 느껴지는 감각

---

* 그러나 한 논평가가 지적했듯 '도파민 단식'이라는 용어는 약간 잘못된 이름이다. 실제로는 '자극 단식'에 더 가깝다.

과 같은 다른 모든 형태의 자극도 제한된다. 이토록 절제하는 과정을 거치면 후에 감각이 다시 돌아왔을 때 더 큰 즐거움을 느낄 수 있을 것이며 이를 관리하기도 더 쉬울 것이라는 기대다.[5] 뭐, 옆에 없으면 더 애틋해진다고 하지 않는가. 그리고 기술기업가들이 이를 해결하려 애쓰게 되면, 특수한 요구를 가진 장애인이나 또는 점점 그 수가 늘고 있는, 의학적으로 공식 진단되는 감각 처리 장애를 가진 사람들의 일상생활에서 '감각에 가해지는 시각 및 청각적 공격'이 어떤 의미일지 상상할 수 있게 될 것이다.[6]

휴대용 기술 중독은 확실히 감각 과부하를 유지하는 역할을 한다. 어쨌든 사람들은 정보가 너무 많다고 불평하는데, 기술이 제공하는 모든 걸 사용해 멀티태스킹을 하려고 들기 때문이다.[7] 동시에 전 세계적으로 인구가 1000만 명을 초과하는 대도시가 급격히 증가하면서 문제가 악화될 수도 있다. 1960년대에 권위에 대한 복종 실험으로 유명한 예일대학교 심리학자 스탠리 밀그램*은 확실히 그렇게 생각했고, 1970년대에 이렇게 썼다. "우리가 경험한 바와 같이, 도시 생활은 계속해서 과부하를 맞닥뜨리게 한다."[8] 자고로 〈섹스 앤 더 시티〉 아니냐고? 아니, 만약 내게 묻는다면 '감각 과부하 앤 더 시티'라고 말하고 싶다. 더 시끄러운 소음, 더 심한 공해 말고 도시 생활에서 뭘 더 기대할 수 있는가? 어쩌면 최근 TV에서 가공

---

* 밀그램은 권위자의 지시를 받으면 사람들이 너무도 쉽게 확신에 차서 타인에게 점점 더 센 강도의 전기충격을 가할 수 있다는 실험을 수행했다. 실제로 전기충격을 준 건 아니었고 배우가 고통을 실감나게 연기했다. 그러나 실험 참가자들은 그 사실을 몰랐다.

된 자연 방송을 보면서 애틋하게 회상했을, 회복을 도와주는 자연의 풍경과 소리와 냄새는 이제 희미한 기억에 지나지 않는다. 인간 스스로가 만든 '센소리엄'의 현대적 변화는, 확실히 건강과 웰빙, 인지 기능에도 문제를 일으키고 있다.[9]

특히 도시인들이 삶의 약 95퍼센트를 실내에서 보낸다는 점을 고려하면 우리를 둘러싼 다중감각적 환경을 최적화하는 것이 그 어느 때보다 중요하다. 2010년 기준 전 세계적으로 농촌 지역에 사는 사람보다 도시에 사는 사람의 수가 더 많다.[10] 유엔이 최근 내놓은 예측에 따르면 2050년까지 세계 인구의 68퍼센트가 도시 지역에서 살게 될 것이며, 이 중 대부분이 대도시(메가시티)에 거주할 것으로 보인다.[11] 우리가 직장, 집, 건강, 운동, 수면 등에 대해 이야기하든 말든 문제는, 인간이 스스로를 위해 만든, 자연광이 대부분 제거된 부자연스러운 실내 환경에서 오는 부정적인 결과를 모든 사람이 보고(냄새를 맡고, 귀로 듣고) 있다는 점이다.[12] 수많은 대기오염 물질과 소음에 지속적으로 노출되고 있음은 말할 것도 없다. 계절성 정서 장애와 새집증후군의 발병률은 우리의 바람보다 계속 높게 나타나고 있다.[13] 동시에 현재 많은 사람들의 삶을 황폐화시키는 만성 수면 장애 또한 적어도 부분적으로는 우리가 자발적으로 유지하는 감각 자극의 나쁜 식습관에서 기인한다.[14] 이 모든 것들이 앉아서 생활하는 방식과 결합하게 되면, 특별히 비만을 유발하는 환경에 처하지 않더라도 이 또한 전 세계적으로 증가하고 있는 비만 위기의 원인 중 하나가 된다.

원초적 쾌락 – 자연 효과

자연의 풍경과 소리, 냄새와의 접촉이 건강과 정신적 웰빙에 얼마나 유익한지 보여주는 새 연구가 매주 나오는 것 같다. '자연 효과'는 진짜이며, 모두 이를 기억하면 좋을 것이다.[15] 실제로 초기 인류 역사를 어떻게든 가장 먼저 떠오르게 하는 감각적 트리거의 힘이 너무나 강력하기 때문에, 여러분도 알다시피 우리는 결국 약 500만 년 전 인류가 진화한 에티오피아 고원의 기후에 맞춰 집 안의 온습도를 설정하게 된다.[16] 그렇다면 이제 한 가지 바람은 우리 모두가 감각을 해킹해서 다중감각적 환경과 개입을 설계할 수 있게 되는 것이다. 이를테면 열적 쾌적성이 실내 온도뿐만 아니라 눈으로 보는 것에 의해서도 부분적으로 좌우된다는 사실을 알면, 따뜻한 색상을 사용해 에너지 소비를 줄여 기후 변화 같은 글로벌 위기를 해결하는 데 도움이 될 수 있다.[17]

폭발적으로 증가하는
감각 마케팅의 세계에 온 것을 환영합니다!

이 책에서 여러 번 살펴봤듯 감각 마케팅 담당자는 많은 사람들에게 영향을 미치는 감각 과부하에 일부분 책임이 있다.[18] 그들은 수년 동안 매장에서 사람들의 관심을 끌려고 경쟁적으로 모든 감각 접촉 포인트를 마음대로 사용해왔다. 이제 우리는 무엇을 찾아야 하는지 알게 됐고, 따라서 이런 트릭이 얼마나 만연해 있는지도 알 수 있다. 다시 말해 요즘에는 감각을 유혹하는 것부터 상쾌하게 하는 것까지, 모든 것을 약속하는 제품과 경험에 대한 자극적이고 흥미진진하며 취하게 만드는 광고가 넘쳐난다. 마케터들은 사람들의 모든 감각을 이끌어내려는 열정으로 오만 가지 수단을 다 동원하는 것 같다.

하지만 마케터들은 약속을 너무나 자주 못 지킨다. 내 생각에 그들은 사람들의 감각을 끌어들이는 것에 대한 논의는 하지만, 균형 잡힌 감각 자극을 주는 데는 자주 실패한다. 수년간 JWT 광고대행사에서 감각 마케팅의 글로벌 책임자로 일한 경험을 바탕으로 이야기하는 것이다.[19] 그럼에도 급성장하는 다중감각 지각 분야의 최신 신경과학적 증거를 고려하면, 사람들의 모든 감각을 활용하려는 마케터의 직관적인 욕구를 이해할 수는 있다.[20] 결국 강렬한 다중감각을 빼면 인생에서 가장 즐거운 경험이 뭐가 남겠는가?*

우리를 이쪽 아니면 저쪽으로 밀어 넣기 전에 이미 감각의 힘을 사용해 우리를 매장으로 유인하는 이 모든 회사들을 누가 비난할 수 있을까? 나는 시장에서 일어나는 그런 다중감각적 조작에 윤리적 문제가 있다는 점을 처음으로 인정했다. 이런 감각적 트리거가 일상생활의 거의 모든 측면에 미치는 영향은 말할 것도 없고, 우리

---

* '뭐가 있지?'라고 생각하고 있다면, 음식과 섹스를 떠올려보라.

가 이를 거의 인식하지 못한다는 점을 고려하면 특히 그렇다. 감각이 각각 개별적으로, 그리고 더 중요하게는 감각이 서로 결합될 때 (생각해보면 거의 항상 그렇다) 그 힘이 얼마나 우리를 지배하는지 깨닫게 된다는 것은 두려운 일일 수 있다. 그러나 일단 명백하게 우리에게 와 닿는 감각의 영향력을 인지하게 되면 정말로 되돌릴 수 없다. 즉 누구나 자기의 이익을 위해 자기 자신뿐만 아니라 사랑하는 주변 사람들의 경험을 센스해킹할 수 있다. 적어도 내가 아는 한, 각자가 감각의 힘을 사용하는 걸 막아야 할 타당한 이유는 없다. 이걸 '감각으로 밀어 넣기'라고 볼 수 있다. 최소한 센스해킹의 목표가 사회적 선일 때 말이다.[21] 그리고 웰빙을 위해 감각을 사용하는 경우라면….

센시즘, 감각에 대한 주의 깊은 접근

우리 모두는 지금보다 감각에 더 주의를 기울일 필요가 있다. 내가 선호하는 용어인데, 감각에 대한 주의 깊은 접근을 센시즘Sensism이라고 한다.[22] 거의 20년 전에 출판된 업계 보고서에서 처음 등장한 단어다. 센시즘이란 근본적으로 웰빙 향상의 핵심을 제공하는 것으로, 감각을 총체적으로 고려해 감각이 상호작용하는 방식을 이해하고 그 이해를 일상생활에 통합함으로써 이룰 수 있다. 감각 마케터가 사람들의 감각적 경험을 큐레이팅하는 면에서는 선두일지 모르

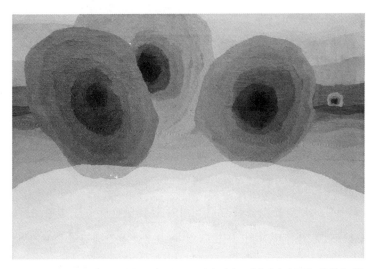

그림 15　아서 도브의 〈안개 고동Fog Horns〉, 1929. 그림 속 원의 크기와 색의 짙은 정도를 통해 저음
의 시끄러운 경고음이 거의 공감각적으로 전달된다.

지만, 그들이 모든 해답을 갖고 있는 건 아니다. 오히려 그 반대다.
지난 반세기 동안 최고의 마케터 중 한 명으로 꼽히는 필립 코틀러
는 3000년간의 마케팅을 리뷰한 기사에서 이렇게 밝혔다. "감각은
우리가 세상을 경험하는 수단이지만, 의문은 남는다. 무언가를 '경
험한다'고 말하는 것, 그리고 그 경험이 만족스러웠는지 아닌지 말
하는 것은 어떤 의미일까?"**23**

　수많은 마케터가 직면한 근본적인 문제 중 하나는, 감각을 개별
적으로 다루었을 때는 감각의 힘을 분명하게 인식했지만, 감각 사
이에 얼마나 많은 상호작용이 일어나는지 파악하는 데에는 거의 실
패했다는 점이다. 이 책에서 내내 봤듯이 다중감각이 없다면 지각

은 아무것도 아니다. 너무나 자주, 보는 것에 따라 느낌이 달라지고, 느끼는 것에 따라 냄새가 달라지며, 듣는 것에 따라 보는 게 달라진다. 그렇게 계속된다. 센스해킹은 이런 감각적 상호 연결에 대한 이해를 기반으로 한다. 최근 몇 년 동안 광고주들은, 종종 놀랍지만 그럼에도 널리 공유되는 감각 사이의 연결이나 관련성을 센스해킹함으로써 사람들과 소통하기 시작했다.[24] 이는 작곡가와 예술가, 디자이너가 수 세기 동안 직관적으로 해온 것이다. 칸딘스키와 스크랴빈, 또는 이들보단 덜 유명하지만, 아서 도브도 그런 예술가다.[25]

당신의 감각 균형은 괜찮은가요?

궁극적으로 센시즘은 일상생활에서 감각 자극의 올바른 균형을 찾는 것이다. 수많은 사람들이 불평하는 감각 과부하가 실제로는 더 이성적인 감각, 즉 눈과 귀에만 영향을 준다는 사실을 알아야 한다. 지금까지 봤듯 너무나 많은 사람들이 촉각, 미각, 후각 같은 보다 정서적인 감각을 소홀히 해서 고통받고 있다.[26] 수십 년 동안 플로리다의 티퍼니 필드 박사 같은 사람들은 우리 사회, 특히 서구 사회가 집에서든 의료 시설에서든 '접촉에 대한 갈망'이라는 증상으로 고통받고 있다고 주장해왔다.

피부는 너무 오랫동안 무시당해왔다. 우리의 가장 거대한 감각 기관을 자극하는 것이 얼마나 중요한지 거의 고의적으로 모른 체해온 것이다.[27] 아로마 마사지나 연인 간의 애무를 통해 피부를 자극해야 한다는 주장은 너무 오랫동안 비과학적인 것으로 여겨졌다. 그러나 사회, 인지 및 감정적 신경과학의 최신 발견들은 피부를 쓰다듬는 것의 유익한 효과를 점점 더 강조하는 추세다. 게다가 아기가 세상과 처음 만나는 경험에서부터, 사람들이 주름진 피부를 만지길 꺼리는 데서 비롯되는 노인들의 감각 경험 결핍을 채우는 것까지, 모든 것을 확장해주는 이점이 존재한다.[28] 자, 그러면 과학자들이 최적의 자극 매개변수를 발견했으니, 우리 모두가 피부 또는 촉각을 좀 더 지능적으로 센스해킹할 때가 된 게 아닐까?

우리는 모두 각기 다른 정도의 감각 자극을 좋아한다. 어떤 사람들(감각 추구자 또는 '감각 중독자')은 감각적 자극을 무척 갈망하는 한편 어떤 사람들은 감각 자극을 훨씬 덜 좋아한다.[29] 우리 모두는 자기만의 감각 세계에 살고 있다. 궁극적으로 우리 각자에게 최적인 자극 정도에는 옳고 그름이 없으며, 단지 다양한 세계가 존재할 뿐이다. 그런 점에서 감각 디자인 연구자들이 사람들이 좋아하거나 다룰 수 있는 감각의 그러데이션을 점차 인식하는 과정을 지켜보는 것은 무척 가슴 벅찬 일이다. 좋은 소식은, 다양한 상황에서 이것이 사람들의 다양한 감각 세계를 인식하는 센스해킹 설계에 대한, 보다 다가가기 쉽고 포괄적인 접근법으로 이어진다는 점이다.[30] 여러분이 경험한 세상은 다른 사람들의 경험과는 미묘하게(또는 그리 미묘하지 않게) 다를 것이라는 사실을 기억하자.

나는 우리 모두가 현대 사회에서 시각의 지배력 또는 헤게모니에 의문을 가져야 한다고 생각한다. 현재 우리가 지닌 이 특정한 감각 체계가 우리 자신을 위한 것인지 아니면 우리가 살고 있는 사회를 위한 것인지 되물어야 한다. 더 중요한 건, 문화와 역사 전반을 돌이켜 봤을 때 항상 다양한 감각 체계가 많이 존재해왔다는 점이다.[31]

잠깐 생각해보자. 눈으로 시계를 보는 게 아니라 귀로 교회 종소리를 듣고 시간을 알게 된 지는 그리 오래되지 않았다. 꽃이나 과일을 크기와 균일성이 아닌 향기와 맛을 위해 재배한 지도 그리 오래되지 않았다.[32] 나는 내가 어느 쪽을 선호하는지 알고 있고, 여러분도 마찬가지일 거라고 생각한다(이토록 많은 사람들이 원하는 걸 슈퍼마켓은 왜 안 주는 걸까?). 그렇다면 우리는 한 개인으로서, 그리고 우리가 살고 있는 사회를 위해 감각 자극이 어떤 균형을 이루길 원하는 걸까? 이것이 바로 우리 모두가 스스로에게 던져야 할 질문이다.

팬데믹 시대의 사회적 고립

코로나 바이러스 팬데믹으로 인한 사회적 거리두기와 장기간의 고립으로 인해, 그리고 실제로 뒤이어 올 다른 것들로 인해 우리의 정서적 웰빙이 불가피한 타격을 입으면서 이 감각적 불균형이 악화되기만 할까 봐 두렵다.[33] 이런 맥락에서 나는 '접촉에 대한 갈망'을 보완하는 수단으로 디지털 촉각 자극 아이디어에 특히 관심이 많다.

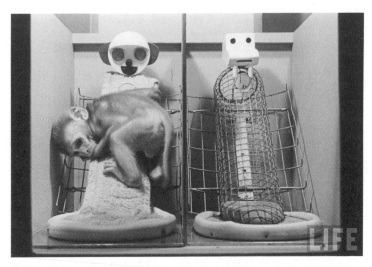

그림 16 1950년대 해리 할로는 사회적으로 고립된 새끼 원숭이가 먹이를 주는 철사 원숭이보다
털 질감의 '엄마'를 붙잡는 걸 더 좋아한다는 일련의 충격적인 실험을 했다. 즉 생존보다
감각을 더 선호한 것이다.

예를 들어 인터넷을 통해 멀리 있는 사랑하는 사람에게 애무나 포
옹을 보낼 수 있다면 많은 사람들이 겪고 있는 사회적 고립감을 일
부 개선할 수 있을까? 촉각 자극을 타인에게 전달할 수 있는 의류는
오래전부터 있었고, 이른바 허그 셔츠는 〈타임〉에서 2006년 최고
의 발명품 중 하나로 선정했다. 아니면 어느 때보다도 힘든 이 시기
에 여러분이 원하는 건 204킬로그램짜리 개조 연구 로봇인 '허기봇
HuggieBot' 같은, 좀 더 안심할 수 있는 꽉 잡아주는 손길일까?[34]

그러나 문제는 8장 〈헬스케어〉에서 봤듯 이런 종류의 디지털·기
계적·매개적 접촉이 실제 대인 접촉과 동일한 사회적·정서적·인지
적 이점을 주지 못한다는 점이다. 어쩌면 이건 단순히 온도 문제일

그림 17　큐트서킷의 허그셔츠에는 모터 10개가 들어 있으며 블루투스 기술을 이용해 원거리에서 '개인적인' 접촉을 전달한다.

수도 있다. 사람 간의 접촉은 보통 따뜻하지만, 기계적 접촉은 열적으로 중립적이거나 차가운 경향이 있기 때문이다. 아니면 10장 〈데이트〉에서 살펴본 바와 같이, 페로몬의 화학적 감각 신호와 관련된 적절한 냄새가 필요한 것일 수도 있다. 또는 대인관계의 보살핌 속에 숨겨진 감정적 연결처럼 단순히 따라 할 수 없는 요소도 있을 수 있다. 적어도 이 경우라면 '움직이는 것'만으로는 충분하지 않다. 궁극적으로 촉각이 단순히 피부 표면에서 일어나는 일만이 아니라는 걸 알아야 한다. 타인을 만지거나 혹은 타인이 나를 만지는 경험은 우리가 보고 듣고 냄새 맡는 것의 영향을 받는다. 그렇다면 그건 삶의 다른 모든 것과 마찬가지로 다중감각적인 현상이다.[35] 지각의 다중감각적 본질을 인정해야만 감각을 성공적으로 해킹할 수 있다.

　책 초반부에서 플라스틱 식물이 생화만큼 좋은지, 자연을 찍은 영상이 전망이 좋은 방만큼 효과적인지 여부를 판단할 때, 매개된 감각의 본질에 관해 거의 동일한 문제를 제기한 것을 기억할 것이다.[36] 팬데믹 시대 고립된 상태에서도 인터넷 기반 디지털 공생을 통해 사회적 관계를 유지하려는 사람들에게는 이런 문제가 여전히 고민거리일 것이다.[37]

새로운 감각을 센스해킹하다

이 책에 나오는 대부분의 센스해킹 사례는 주요 오감과 관련이 있지만, 자연이 제공한 것 이상을 원하는 바이오해커가 적지만 점점 늘어나고 있다. 예를 들어 카탈루냐의 전위예술가이자 사이보그 활동가(그러니까 매일 만날 수 있는 보통 사람은 아니다)인 문 리바스는 지진 감각을 지니고 있다. 그녀는 팔에 삽입한 이식물을 통해 지구의 지진 활동을 느낄 수 있으며, 지구상 어느 곳에서든 지진이 발생할 때마다 팔꿈치에 있는 센서가 진동한다.[38] 그리고 카탈루냐에서 심각한 색맹으로 나고 자란 영국 예술가 닐 하비슨도 있다. 그는 스스로를 인간 사이보그 또는 아이보그eyeborg라고 부르며, 여권 사진에 실제로 신체 확장 장치가 보이는 유일무이한 사람이다. 그는 외과 수술을 통해 두개골에 카메라를 부착했고, 이 카메라가 찍은 색

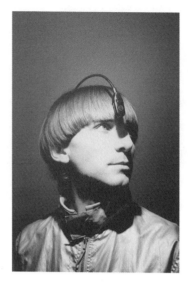

그림 18 인간 사이보그, 아니 '아이보그'인 닐 하비슨. 그는 두개골에 부착한 카메라를 통해 색상을 인식하고, 색상을 진동과 소리로 변환해 느낀다.

상을 진동과 소리로 변환하는 칩도 갖고 있다.* 이 장치를 통해 스펙트럼의 적외선과 자외선 끝 부분을 포함해 다른 사람들은 감지할 수 없는 색깔을 '들을' 수 있다는 점에서 센스해킹이라기보다는 감각을 대체한 예로 볼 수 있다. 하비슨에 따르면, 그의 안테나는 몸에 더한 테크놀로지가 아니라 그 자체로 감각기관으로 간주해야 한다.[39]

새로운 감각을 경험하는 아이디어가 마음에 든다면 런던에 본사를 두고 있는 사이보그네스트가 딱 맞을 것이다. 이 회사는 현재 센스해킹 분야의 최전선에 있으며, 몇 년 동안 노스센스$^{North Sense}$라는

---

* 한번은 공항 보안 검색대에서 어쩌다 그의 뒤에 서게 됐는데…. 정말 엄청난 혼란이 벌어졌다!

장치를 상업적으로 판매해왔다. 지구 자기장의 북쪽을 향할 때마다 가슴에 부착된 가로세로 2.5밀리미터 정사각형의 실리콘 내장 자석이 짧게 진동한다. 이 장치는 신체 외부에 위치하는데, 피부 아래에 이식한 한 쌍의 역기 모양 피어싱에 들러붙는 원리다. 침습적인 방식이라고? 글쎄, 이건 일종의 아이디어다. 자, 그럼 언젠가 노스센스 같은 장치가 널리 보급되면 인간의 감각 능력에서 '사이보그' 진화가 촉발될까?

사이보그네스트의 설립자인 스콧 코언과 리비우 바비츠에 따르면 2017년에 장치가 출시된 이후, 전 세계의 오픈 마인드를 가진 다양한 사람들에게 수백 대가 이미 배송됐다. 이 회사의 CEO인 바비츠는 사람들이 추가 감각을 가질 수 있다고 입증될 경우 어떤 일이 벌어질지, 몇 가지 거대한 아이디어를 갖고 있는 것이 분명하다. 그는 심지어 한 인터뷰에서 이렇게 말하기도 했다. "우리가 창조한 모든 것은, 감각이 있기 때문에 창조한 것이다. 만약 우리가 더 많은 감각을 갖게 된다면, 인류의 창조 유리천장이 기하급수적으로 높아질 것이다."[40]

북쪽을 지각하는 경험이란 어떤 것인지, 그런 장치를 착용했을 때 시간이 지남에 따라 감각이 어떻게 변할지 현재로서는 알 수 없다. 하지만 이런 장치 중 하나를 장착한 러시아 노보시비르스크의 한 IT 괴짜가 표현한 희망은 분명했다. "언젠가는 이게 진짜 느낌으로 성장할 것 같아요. 진동 대신 방향 그 자체를 느끼게 될 겁니다." 그는 언젠가 그것이 진짜 여섯 번째 감각이 될 거라고 믿는다. 사실

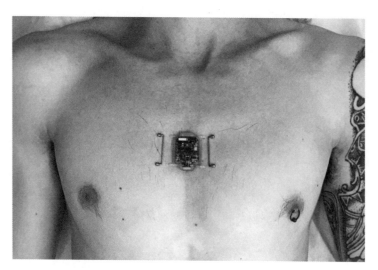

그림 19 사이보그네스트의 노스센스.

이 바이오해커는 너무 열정적인 나머지 나중에는 아내도 이식하면 좋겠다고 말했다! 그가 일단 아내의 허락을 구하길 바란다. 바이오닉 남자들은 결국 바이오닉 여자를 원하는 걸까?[41] 그러나 궁극적으로 바이오해커들이 좋아하는 임플란트나 장착물이 더 열렬한 공부벌레와 트랜스휴머니스트*들이 주장하는 것처럼 실제로 사용자에게 '새로운 감각'을 제공할지 여부는 여전히 불투명하다.[42] 그럼에도 감각이 무엇인지(언젠가 무엇이 될 수 있을지)의 한계에 도전하려는 그들의 시도는 센스해킹의 미래에 빛을 비춘다.

---

* 트랜스휴머니즘은 과학적 진보를 통해 인체를 개선할 수 있다는 믿음에서 출발한 운동의 이름이다.

마지막으로, 여기에서 더 먼 미래를 내다보면 오히려 감각과 몸을 완전히 우회하고 제어 센터, 즉 두뇌로 바로 가는 사람들이 있다. 테슬라와 스페이스X를 설립한 억만장자 기업가인 일론 머스크는 2017년 뉴럴링크라는 새 회사를 차렸는데, 이는 앞으로 일어날 일들의 징조다. 캘리포니아에 등록된 이 기업은 작은 칩을 뇌에 직접 이식하는 연구를 하고 있다.[43] '뉴럴 레이스neural lace'라고 불리는 이 아이디어는 사람들이 자신의 생각을 컴퓨터에 업로드하거나 다운로드할 수 있게 하는 개념이다. 언젠가 제품이 상업적으로 실행 가능해질 경우 인간이 더 높은 수준의 인지 기능을 달성할 수 있을 것이라는 기대다. 그리고 언젠가는 그런 뇌 이식이 우리의 현실 인식을 센스해킹하는 데 사용될지도 모른다. 20여 년 전 할리우드의 흥행작 〈매트릭스〉(1999)가 정확히 담아낸 것처럼 말이다.

만약 네가 말한 그 가상현실 장치가 모든 감각과 연결돼 감각을 완전히 통제한다면, 가상세계와 현실세계를 구별할 수 있을까?

진짜란 무엇이지? 진짜를 어떻게 정의할 수 있나? 느끼고 맛보고 냄새 맡고 보는 것? 이 모든 감각은 뇌가 해석한 전기 신호일 뿐이다.

감각의 미래

미래를 내다볼 때 나는 센스해킹이 언젠가 일상생활의 '따분한' 경험을 바꾸는 것만이 아니라 진정한 혁신의 잠재력을 지닌 놀라운 경험을 제공하게 될지 특히 기대된다. 또 바이오해커와 공부벌레들이 안으로부터의 센스해킹을 통해 자기장 감각, 지진 감각, 그리고 이보다 훨씬 더 기이한 감각 등 새로운 감각을 가능케 할 수 있는지도 정말이지 궁금하다. 우리는 감각에 대한 더 깊은 이해와 각자가 살고 있는 독특한 감각 세계에 대한 인식을 바탕으로 감각과 색다른 관계를 맺게 될 것이다. 그 목표는 분명 최신 감각 과학과 그 사이에 존재하는 수많은 상호작용을 통해 달성할 수 있을 것이다.

또 궁극적으로 센스해킹의 미래는, 이상적으로 감각의 과학을 흥미롭고 매력적인 다중감각 경험으로 바꾸고 감각 체계에 관한 현상에 의문을 제기하는 예술가와 건축가, 디자이너 들이 바꿔나갈 것이다. 결국 봉쇄령이 아니어도 도시인들이 얼마나 많은 시간을 실내에서 보내는지를 고려하면 우리의 사회적·인지적·정서적 웰빙을 향상시킬 수 있는 다양한 다중감각 환경을 만드는 데 건축가와 도시 계획자의 역할이 막중하다.[44] 그러나 동시에 센스해킹은, 점점 늘어나는 감각 역사학자, 감각 인류학자, 감각 사회학자 집단이 제공하는 맥락을 고려한 감각 및 간접적인 센소리엄으로부터 분명 이득을 볼 것이다. 이들은 최근 다른 사람들과 마찬가지로 '감각의 전환'을 맞이하고 있다.[45]

자, 여기까지 내가 아는 센스해킹의 몇몇 비밀을 여러분과 공유했다. 감각이 제공하는 것을 최대한 활용해 사회적·정서적·인지적 웰빙을 향상시킬 만한 영감을 얻기를 바란다. 또 감각이 여러분에게 어떤 영향을 주는지 더 많이 이해하게 되면, 영악한 마케터들이 여러분의 감각을 해킹하기가 좀 더 어려워질 것이다.

- 좋은 냄새가 나는 수건이 더 부드럽게 느껴진다.(43~44쪽)

- 식탁보를 깔면 음식 맛이 10퍼센트 더 좋아지고 50퍼센트 더 먹게 된다.(53~54쪽)

- 샤워를 좋아한다면 냉수 샤워를 해보자. 병가 일수를 29퍼센트 줄일 수 있다(이 수치를 이해하기 위해 덧붙이자면, 규칙적인 운동을 하는 경우 병가를 35퍼센트 줄일 수 있다).(60쪽)

- 주름을 (일시적으로) 제거하는 페이스 크림의 주요 기능은 편안한 느낌을 주는 향이다.(61쪽)

- 자연의 소리는 평온한 느낌을 주며(이건 그리 놀랍지 않다), 새소리가 더 많이 들릴수록 더 평온하게 느껴진다.(76쪽)

- 옆집이 시끄럽다면? 그들과 같은 걸 들으면 더 잘 자게 될 것이다.(102~103쪽)

- 잠을 잘 못 자는데 귀마개가 하나뿐이다? 오른쪽 귀에 꽂아야 한다.(110쪽)

- 목욕을 좋아한다면, 목욕 후 숙면을 취하는 데 도움이 되는 이상적인 수온이 섭씨 40~42.5도라는 점을 알아두자.(105쪽)
- 가족용 자동차는 '스포츠' 모드에서 빨간색 조명을 켜고 엔진 소음을 키운다. 성능 자체는 거의 변화가 없는 경우가 많다.(132쪽)
- 실내 식물은 사무실 공기 오염을 25퍼센트까지 줄일 수 있고, 깨끗한 공기는 업무 생산성을 8~11퍼센트까지 높일 수 있다.(180~181쪽)
- 여성은 신진대사율이 낮아 사무실에서 추위를 타는 경우가 많다. 온도를 1도 높일 때 남성의 성과는 0.6퍼센트 감소하고 여성의 성과는 1~2퍼센트 증가하므로, 온도를 높이는 게 좋다.(165~166쪽)
- 직장에서 스트레스가 많이 쌓이는 회의를 했다면, 다른 냄새를 맡아 정신 상태를 다잡아보자.(169쪽)
- 개방형 사무실에서는 여러 방해로 인해 하루 평균 86분을 손해 본다. 집에서 일할 수 없는 경우, 배경음악을 들으면 생산성을 10~20퍼센트 높일 수 있다.(168~169, 174쪽)
- 뻔하지만, 가게나 패스트푸드점에서 빵 굽는 냄새를 풍기면 고객들이 구매할 가능성이 높아진다.(195쪽)
- 쇼핑객은 빠른 음악이 나올 때보다 느린 음악이 나올 때 돈을 38~50퍼센트 더 많이 쓴다.(200~201, 219~220쪽)
- 더 열심히 운동하고 싶다면? 음악 속도를 10퍼센트 빠르게 해보자. 즐거움도 더 커진다.(272쪽)
- 테니스에서 경쟁 우위를 원하는가? 포효가 실제로 도움이 된다.(275~276쪽)

- 관중의 소음은 주심이 옐로카드를 내밀 가능성에 영향을 미친다. 더 크게 소리쳐라.(277~278쪽)
- 운동할 때 웃으면 달리기 경제성을 2퍼센트 이상 향상시킬 수 있다.(279쪽)
- 운동 중 7~8분마다 한 번씩 탄수화물을 몇 초간 맛보기만 해도 (예컨대 스포츠 음료를 입안에 머금었다가 뱉기) 운동 능력이 2~3퍼센트 증가한다.(280~281쪽)
- 스포츠 팀의 장비 색상을 선택한다면? 검은색이 승리를 가져다줄 것이다.(284쪽)
- 영화관 데이트? 스릴러를 보면 데이트의 결말이 좋을 가능성이 높아진다.(295~296쪽)
- 냄새로 사람의 나이를 알 수는 있지만,(304쪽) 젠더는 알 수 없다.(319~320쪽)

미주

1 일상의 감각들 – 모든 것은 감각을 통해 전달된다

1 Galton (1883), p. 27.

2 Bellak (1975); Malhotra (1984).

3 www.accenture.com/_acnmedia/accenture/conversionassets/microsites/documents17/accenture-digital-video-connected-consumer.pdf.

4 Colvile (2017).

5 Spence (2002).

6 Montagu (1971).

7 Classen (2012); Denworth (2015); Field (2001); Gallace and Spence(2014).

8 Cohen et al. (2015); Goldstein et al. (2017).

9 Sekuler and Blake (1987); US Senate Special Committee on Aging(1985– 6), pp. 8–28.

10 Classen et al. (1994); Herz (2007); *Touching the rock: An experience of blindness*. London: Society for Promoting Christian Knowledge, www.brighamsuicideprevention.org/single-post/2016/05/08/Paving-the-path-to-a-brighter-future.

11 *Financial Times*, 4 June 2013, 1; *New Yorker*, 26 October 2012, www.newyorker.com/magazine/2015/11/02/ accounting-for-taste.

12 www.johnsonsbaby.co.uk/healthcare-professionals/science-senses.

13 Ho and Spence (2008); Spence (2012a).

14 *Businesswire*, 27 July 2015; www.businesswire.com/news/home/20150727005524/en/Research-Markets-Global-Cosmetics-Market-2015-2020-Market.

15 *Guardian*, 30 October 2017, www.theguardian.com/lifeandstyle/2017/oct/30/sad-winter-depression-seasonal-affective-disorder;Ott and Roberts (1998). 실내 환경을

더 생산적이고 건강하게 설계하기 위해 페인트 회사 Dulux, 향수 회사 Quest와 협력한 나의 초기 연구는 Spence(2002)를 참조하면 된다. 이와 관련한 최신 리뷰는 Spence(2020f) 참조.

16 Adam (2018); Huxley (1954); Walker (2018).

17 Cutting (2006); Monahan et al. (2000); Kunst-Wilson and Zajonc (1980).

18 Hepper (1988); Schaal and Durand (2012); Schaal et al. (2000).

19 Hoehl et al. (2017); LoBue (2014).

20 Dobzhansky (1973).

21 Batra et al. (2016); *New York Times*, 16 May 2014, www.nytimes.com/2014/05/17/sunday-review/the-eyes-have-it.html.

22 Karim et al. (2017); *New York Times*, 27 November 2008, B3, www.nytimes.com/2008/11/28/business/media/28adco.html.

23 Salgado-Montejo et al. (2015); Wallace (2015); Windhager et al. (2008).

24 Spence (2020c).

25 Sheldon and Arens (1932).

26 Croy et al. (2015); Field et al. (2008).

27 Cheskin and Ward (1948); Martin (2013); Packard (1957); Samuel (2010).

28 Fisk (2000); Spence (2002).

29 Gori et al. (2008); Raymond (2000).

30 Hutmacher (2019); Meijer et al. (2019).

31 Howes (2014); Howes and Classen (2014); Hutmacher (2019); Schwartzman (2011).

32 McGurk and MacDonald (1976).

33 Wang and Spence (2019).

2 집 – 편안함을 느끼기 위한 조건

1 Dalton and Wysocki (1996); *Financial Times*, 3 February 2008 (House and Home), 1.

2 Glass et al. (2014); Spence (2003); Weber and Heuberger (2008).

3 *Independent*, 14 May 2018, www.independent.co.uk/news/long_reads/sick-building-syndrome-treatment-finland-health-mouldnocebo-a8323736.html.

4 Quoted in Corbin (1986), p. 169.

5 *Crafts Report*, April 1997, https://web.archive.org/web/20061020170908/ www.

craftsreport.com/april97/aroma.html; *Ideal Home*, 15 March 2018, www.idealhome. co.uk/news/smells-sellyour-home-scents-197937; McCooey (2008); *The Times*, 19 March 2014, 5.

6   Haviland-Jones et al. (2005); Huss et al. (2018).

7   Baron (1997); Holland et al. (2005).

8   Herz (2009).

9   Haehner et al. (2017); Spence (2002).

10 Le Corbusier (1948).

11 Spence (2020e).

12 Fich et al. (2014).

13 Clifford (1985); McCooey (2008).

14 Appleton (1975), p. 66; Manaker (1996).

15 Dazkir and Read (2012); Thömmes and Hübner (2018); Vartanian et al. (2013).

16 Lee (2018), p. 142; McCandless (2011).

17 Zhu and Argo (2013).

18 'Music makes it home', http://musicmakesithome.com, in Lee (2018), p. 253.

19 Spence et al. (2019b).

20 Baird et al. (1978); Meyers-Levy and Zhu (2007); Vartanian et al. (2015).

21 Oberfeld et al. (2010).

22 Bailly Dunne and Sears (1998), p. 3; Crawford (1997); *New York Times International Edition*, 31 August – 1 September 2019, 13; http://antaresbarcelona.com.

23 Pallasmaa (1996).

24 Etzi et al. (2014); Dematt et al. (2006).

25 Imschloss and Kuehnl (2019).

26 Itten and Birren (1970); Le Corbusier (1972), p. 115; Le Corbusier (1987), p. 188; Wigley (1995), pp. 3–8.

27 Küller et al. (2006); Kwallek et al. (1996).

28 Costa et al. (2018).

29 Evans (2002), p. 87; Jacobs and Hustmyer (1974); Valdez and Mehrabian (1994).

30 Quote from Oberfeld et al. (2009), p. 807; Reinoso-Carvalho et al. (2019); Spence et al. (2014a).

31 Mavrogianni et al. (2013); US Energy Information Administration (2011), www.eia.gov/consumption/residential/reports/2009/air-condition ing.php.

32 Just et al. (2019); The Times, 20 March 2019, 13.

33 Quoted in Steel (2008).

34 Jütte (2005), pp. 170–72.

35 Spence (2015).

36 Alter (2013); Changizi et al. (2006); *The Times*, 3 February 2017, www.thetimes.co.uk/article/think-pink-to-lose-weight-if-you-believe-hype-over-science-9rxlndnpv.

37 Genschow et al. (2015).

38 Cho et al. (2015). https://dishragmag.com/ (2019, Issue 2): Blue.

39 Jacquier and Giboreau (2012); Essity Hygiene and Health, 'What's your colour?' (2017), www.tork.co.uk/about/whytork/horeca/.

40 Bschaden et al. (2020); Garc a-Segovia et al. (2015); Liu et al. (2019).

41 Watson (1971), p. 151.

42 *Smithsonian Magazine*, February 1996, 56–65; *Wall Street Journal*, 23 October 2012, https://www.wsj.com/articles/SB10001424052970203406404578074671598804116#articleTabs%3Darticle.

43 *The Times*, 26 April 2019 (Bricks and Mortar), 6.

44 Attfield (1999); Bell and Kaye (2002); Steel (2008).

45 Quote from p. 42, cited in Steel (2008), p. 197.

46 https://fermentationassociation.org/more-u-s-consumers-eating-at-home-vs-restaurant/; Spence et al. (2019-a).

47 Bailly Dunne and Sears (1998), p. 107; *Guardian*, 23 August 2017, www.theguardian.com/lifeandstyle/shortcuts/2017/aug/23/bath-or-shower-what-floats-your-boat.

48 *Daily Mail*, 19 October 2017, 19.

49 *i*, 24 March 2017, 33; Hoekstra et al. (2018); Kohara et al. (2018).

50 Buijze et al. (2016).

51 *Guardian*, 23 August 2017, www.theguardian.com/lifeandstyle/shortcuts/2017/aug/23/bath-or-shower-what-floats-your-boat; Golan and Fenko (2015).

52 Churchill et al. (2009).

3   정원 – 다른 세계로의 초대

1   Wilson (1984); 윌슨이 《바이오필리아》를 썼을 때는 이미 퓰리처상을 두 차례 수상

한 뒤였다. '바이오필리아'라는 용어는 윌슨이 1979년(*New York Times Book Review*, 14 January, 43)에 처음 도입했다. Kahn (1999), Kellert and Wilson (1993), Townsend and Weerasuriya (2010), Williams (2017)도 참조.

2 Treib (1995).

3 Daily Telegraph, 12 July 2009, www.telegraph.co.uk/news/uknews/5811433/ More-than-two-million-British-homes-without-a-garden.html.

4 *Globe Newswire*, 18 April 2018, www.globenewswire.com/news-release/2018/04/18/ 1480986/0/en/Gardening-Reaches-an-All-Time-High.html.

5 Ambrose et al. (2020); de Bell et al. (2020).

6 Steinwald et al. (2014).

7 Glacken (1967).

8 Olmsted (1865b), www.yosemite.ca.us/library/olmsted/report.html; cf. Olmsted (1865a).

9 Li (2010); Miyazaki (2018); Morimoto et al. (2006). See also Park et al. (2007).

10 E.g. Ulrich et al. (1991).

11 Louv (2005); Pretty et al. (2009).

12 Mackerron and Mourato (2013).

13 Wilson (1984); Nisbet and Zelenski (2011).

14 Kaplan (1995, 2001); Kaplan and Kaplan (1989).

15 Berman et al. (2008).

16 Knopf (1987); Ulrich et al. (1991).

17 Kühn et al. (2017).

18 Seto et al. (2012). See also Fuller and Gaston (2009).

19 Wilson and Gilbert (2005).

20 Nisbet and Zelenski (2011).

21 Ulrich (1984).

22 Moore (1981).

23 *New Yorker*, 13 May 2019, www.newyorker.com/magazine/2019/05/13/is-noise-pollution-the-next-big-public-health-crisis; Passchier-Vermeer and Passchier (2000).

24 Alvarsson et al. (2010).

25 Slabbekoorn and Ripmeester (2008).

26 Fuller et al. (2007); Ratcliffe et al. (2016).

27 Dalton (1996).

28 Hill (1915).

29 Lee and DeVore (1968), p. 3.

30 Koga and Iwasaki (2013).

31 Kaplan (1973).

32 흥미롭게도, 앤더슨 등(1983)은 새소리가 들리는 경우 나무가 우거지고 식물이 무성한 친자연적인 도시 환경에 대한 사람들의 평가가 높아지긴 하지만, 도시 풍경에 대한 평가를 실제로 가장 많이 높인 것은 교통 소음, 즉 풍경과 일치하는 소리였다는 사실을 발견했다.

33 Anderson et al. (1983); Benfield et al. (2010); Mace et al. (1999); Weinzimmer et al. (2014).

34 Hedblom et al. (2014).

35 Collins (1965); Romero et al. (2003).

36 Matsubayashi et al. (2014).

37 Carrus et al. (2017); Han (2007); Twedt et al. (2016).

38 Ames (1989); Frumkin (2001).

39 Seligman (1971). Wilson (1984)에도 〈뱀〉이라는 제목의 흥미로운 챕터가 있다. Ulrich (1993) 참조.

40 Diamond (1993).

41 Hagerhall et al. (2004); Joye (2007); Redies (2007).

42 Joye and van den Berg (2011), p. 267.

43 Greene and Oliva (2009); Reber, et al. (2004); Reber, et al. (1998).

44 이 지면에서 다 리뷰하지 못할 만큼 수많은 연구들이 있다. 자세한 내용은 Hartig et al.(2011) 참조. 메타 분석 결과에 따르면, 지금까지 제기된 건강에 대한 특정 주장들 중 일부는 더 많이 연구할 필요가 있다. 이에 관련해서는 Bowler et al. (2010) 참조.

45 Bratman et al. (2015).

46 Kabat-Zinn (2005).

4 침실 – 잘 자기 위한 노력들은 효과가 있을까?

1 Kochanek et al. (2014); *Guardian*, 24 September 2017, www.theguardian.com/lifeandstyle/2017/sep/24/why-lack-of-sleep-health-worst-enemy-matthew-walker-why-we-sleep.

2 Hafner et al. (2016); www.aviva.com/newsroom/news-releases/2017/10/Sleepless-citiesrevealed-as-one-in-three-adults-suffer-from-insomnia/; www.nhs.uk/live-well/sleep-and-tiredness/why-lack-of-sleep-is-bad-for-your-health/.

3 Morin (1993); Walker (2018).

4 Hafner et al. (2016); Lamote de Grignon P rez et al. (2019); Roenneberg (2012); Taheri et al. (2004).

5 *Guardian*, 24 September 2017, www.theguardian.com/lifeandstyle/2017/sep/24/why-lack-of-sleep-health-worst-enemy-matthew-walker-why-we-sleep; Hafner et al. (2016); Roenneberg (2013); Walker (2018).

6 Hafner et al. (2016); Understanding sleep, *Raconteur*, 4 July 2014.

7 Gibson and Shrader (2014); Sleep will never be a level playing field, *Raconteur*, 4 July 2014.

8 Harvard Medical School (2007). Twelve simple tips to improve your sleep, http://healthysleep.med.harvard.edu/healthy/getting/overcoming/tips; Wehrens et al. (2017).

9 www.nhs.uk/apps-library/sleepio/; Arbon et al. (2015); Kripke et al. (2012); Walker (2018).

10 Harvey (2003); Harvey and Payne (2002).

11 *Huffington Post*, 29 June 2015, www.huffingtonpost.co.uk/entry/smartphone-behavior-2015_n_7690448?ri18n=true.

12 Chang et al. (2015).

13 Fighting the blue light addiction, *Raconteur*, 4 July 2019.

14 Park et al. (2019).

15 *Guardian*, 21 January 2019, www.theguardian.com/lifeandstyle/2019/jan/21/ social-jetlag-are-late-nights-and-chaotic-sleep-patterns-making-you-ill.

16 Chamomile tea, will you help me sleep tonight? Office for Science and Society, 8 March 2018, www.mcgill.ca/oss/article/health-and-nutrition/chamomile-tea-will-you-help-me-sleep-tonight.

17 Basner et al. (2014); World Health Organization (2011).

18 Arzi et al. (2012); Schreiner and Rasch (2015); Wagner et al. (2004).

19 Haghayegh et al. (2019).

20 Kräuchi et al. (1999); Maxted (2018); Muzet et al. (1984); Raymann et al. (2008); Walker (2018), pp. 278–9.

21 Chellappa et al. (2011); Czeisler et al. (1986); Lockley et al. (2006).

22 Perrault et al. (2019).

23 이 제안은 적어도 잡지 〈엘르 데코Elle Decor〉와 〈식물의 즐거움The Joy of Plants〉 기사에 실려 있다. 기사는 미국항공우주국(NASA)과 미국 알레르기천식면역학회(American College of Algergy, Asthma, and Immunology)가 학술지 〈원예가The Plantsman〉에 발표한 기초 연구를 바탕으로 했다.

24 Wolverton et al. (1989).

25 Holgate (2017).

26 Jones et al. (2019).

27 Facer-Childs et al. (2019).

28 Molteni (2017). www.wired.com/story/nobel-medicine-circadian-clocks/.

29 Agnew et al. (1966); Branstetter et al. (2012); Rattenborg et al. (1999); Tamaki et al. (2016).

30 'Best bedroom colors for sleep' (2020), 4 February, https://ours leepguide.com/ best-bedroom-colors-for-sleep/; Costa et al. (2018).

31 *Guardian*, 4 September 2018, www.theguardian.com/lifeandstyle/2018/sep/04/ shattered-legacy-of-a-reality-tv-experiment-in-extreme-sleep-deprivation; 하지만 실제로는 참가자들이 정기적으로 45분씩 낮잠을 잤다는 사실이 나중에 밝혀졌다.

32 Kyle et al. (2010).

33 Field et al. (2008); Mindell et al. (2009).

34 Johnson's *Science of the senses* report (2015), www.johnsonsbaby.co.uk/healthcare-professionals/science-senses.

35 미국소아과학회(AAP), 청소년들의 학교 시작 시간, 정책 성명, 2014년 8월. www.startschoollater.net/success-stories.html. 미국수면재단(2006), Walker(2018)도 참조.

36 Kaplan et al. (2019).

37 Holmes et al. (2002). See also Burns et al. (2002).

38 Crowley (2011); Hardy et al. (1995).

39 Fismer and Pilkington (2012).

40 Harada et al. (2018); Spence (2003).

41 Stumbrys et al. (2012); *Wired*, 31 March 2014, www.wired.co.uk/news/archive/ 2014-03/31/touch-taste-and-smell-technology.

42 Lovato and Lack (2016).

43 https://today.yougov.com/topics/lifestyle/ articles-reports/2011/05/05/ brother-do-you-have-time; Badia et al. (1990); *AdWeek*, 6 March 2014, www.adweek.com/adfreak/wake-and-smell-bacon-free-alarm-gadget-oscar-mayer-156123; Carskadon and Herz (2004);

Guardian, 6 March 2014, www.theguardian.com/technology/2014/mar/06/wake-up-and-smell-the-bacon-scented-iphone-alarm-clock; *Intelligencer*, 29 November 2018, http://nymag.com/intelligencer/2018/11/iphone-bedtime-features-has-hidden-alarm-sounds.html.

44 Smith et al. (2006).

45 Broughton (1968); Jewett et al. (1999); Trotti (2017).

46 Fukuda and Aoyama (2017); Hilditch et al. (2016); *Vice*, 21 December 2015, www.vice.com/en_us/article/3dan5v/ caffeinated-toothpaste-is-the-closest-youll-ever-get-to-mainlining-coffee.

47 Anderson et al. (2012); Government of India, Ministry of Civil Aviation, *Report on Accident to Air India Express Boeing 737-800 Aircraft VT-AXV on 22nd May 2010 at Mangalore*, www.skybrary.aero/bookshelf/books/1680.pdf; Schaefer et al. (2012); Tassi and Muzet (2000); Walker (2018).

48 McFarlane et al. (2020).

49 Gabel et al. (2013); Wright and Czeisler (2002).

50 Lamote de Grignon Pérez et al. (2019); Morosini (2019); Pinker (2018); Przybylski (2019).

5 출퇴근 – 알고 보면 아주 위험한 일

1 Redelmeier and Tibshirani (1997).

2 Colvile (2017).

3 Novaco et al. (1990).

4 www.volpe.dot.gov/news/ how-much-time-do-americans-spend-behind-wheel.

5 Aikman (1951).

6 할리데이비슨은 심지어 그들 오토바이의 독특한 엔진음(세 박자의 말발굽 소리와 유사하다. 영어로는 'potato-potato-potato'라고 표현한다 – 옮긴이)을 보호하려고 했지만, 결국 실패했다. Michael B. Sapherstein, 〈할리데이비슨의 트레이드마크 등록 가능성: 멀티미디어 분석〉, http://bciptf.org/wp-content/uploads/2011/07/ 48-THE-TRADEMARK-REGISTRABILITY- OF-THE-HARLEY.pdf.

7 *Sunday Times*, 12 June 2016. See also Washington Post, 21 January 2015.

8 Hellier et al. (2011).

9　Horswill and Plooy (2008).

10　Menzel et al. (2008).

11　*The Times*, 7 May 2018, 6.

12　Montignies et al. (2010).

13　BBC News, 14 January 2005, http://news.bbc.co.uk/go/pr/fr/-/2/hi/uk_news/wales/4174543.stm.

14　Sheldon and Arens (1932), pp. 100–101.

15　Guéguen et al. (2012); Hanss et al. (2012). 다음도 참고하시오. Feldstein and Peli (2020).

16　Brodsky (2002); North and Hargreaves (1999).

17　Beh and Hirst (1999).

18　Ramsey and Simmons (1993).

19　*The Times*, 7 March 2018, 17.

20　Redelmeier and Tibshirani (1997).

21　Spence (2014).

22　Spence and Read (2003).

23　*New York Times*, 27 July 2009, www.nytimes.com/2009/07/28/technology/28texting.html; Driver distraction in commercial vehicle operations, Technical Report No. FMCSA-RRR-09–042, Federal Motor Carrier Safety Administration, US Department of Transportation, Washington, DC, 2009.

24　Ho and Spence (2008).

25　Ho and Spence (2009).

26　Obst et al. (2011).

27　Ashley (2001); Graham-Rowe (2001); Mitler et al. (1988); Sagberg (1999).

28　Oyer and Hardick (1963).

29　McKeown and Isherwood (2007).

30　Ho and Spence (2008).

31　*The Times*, 19 January 2018, 35.

32　Ho and Spence (2008).

33　Senders et al. (1967); Sivak (1996).

34　Cackowski and Nasar (2003).

35　Parsons et al. (1998).

36　이는 분명 Gibson과 Crooks(1938)의 직감이었다.

37　Bijsterveld et al. (2014).

38 *De re aedificatoria* (1485), quoted in Lay (1992), p. 314.

39 *New York Times*, 5 July 2002, F1, www.nytimes.com/2002/07/05/travel/driving-just-drive-said-the-road-and-the-car-responded.html.

40 Gubbels (1938), p. 7.

41 Ury et al. (1972).

42 *New Atlas*, 26 January 2005, https://newatlas.com/go/3643/.

43 2014 Mercedes-Benz S-Class interior is 'the essence of luxury', https://emercedesbenz.com/autos/mercedes-benz/s-class/2014-mercedes-benz-s-class-interior-is-the-essence-of-luxury/.

44 Spence et al. (2017).

45 Forster and Spence (2018).

46 Ho and Spence (2005); Warm et al. (1991).

47 Fruhata et al. (2013); *Wall Street Journal*, 6 May 1996, B1, B5.

48 Fumento (1998); James and Nahl (2000); *2011 AAMI Crash Index*, www.yumpu.com/en/document/view/51279966/2011-aami-crash-index.

49 Mustafa et al. (2016).

50 Schiffman and Siebert (1991).

51 Ho and Spence (2013).

52 Evans and Graham (1991); Peltzman (1975); Wilde (1982).

53 Spence (2012a).

54 Whalen et al. (2004).

55 Treisman (1977).

56 Körber et al. (2015).

57 *The Times*, 24 January 2018, 26.

58 Deloitte, *Driving connectivity. Global automotive consumer study: Future of automotive technologies*, https://www2.deloitte.com/content/dam/Deloitte/uk/Documents/manufacturing/ deloitte-uk-driving-connectivity.pdf, March 2017.

59 Where to, sir? *The Investor*, 95 (2017), 7–10.

6 직장 – 병든 건물에서 살아남기

1 *Daily Mail*, 30 March 2006.

2   Hewlett and Luce (2006).

3   *The Economist*, 22 December 2018, www.economist.com/ finance-and-economics/2018/12/22/why-americans-and-britons-work-such-long-hours; Pencavel (2014); *Wall Street Journal*, 29 June 2018.

4   *The Australian*, 7 December 2017; *Business Journal*, 11 June 2013, www.gallup.com/businessjournal/162953/tackleemployees-stagnating-engagement.aspx; Pencavel (2014).

5   *The Australian*, 7 December 2017; Béjean and Sultan-Taïeb (2005); *The Times*, 19 June 2017, 3.

6   Field et al. (1996).

7   Rosenthal (2019); Terman (1989).

8   Dolan (2004); Hirano (1996).

9   *The Economist*, 28 September 2019, www.economist.com/business/2019/09/28/redesigning-the-corporate-office; ibid., www.economist.com/leaders/2019/09/28/even-if-wework-is-in-trouble-the-office-is-still-being-reinvented; Haslam and Knight (2010); Knight and Haslam (2010).

10   Burge et al. (1987); Wargocki et al. (2000).

11   *Independent*, 14 May 2018, www.independent.co.uk/news/long_reads/sick-building-syndrome-treatment-finland-health-mould-nocebo-a8323736.html; Wargocki et al. (1999).

12   Baron (1994).

13   www.fellowes.com/gb/en/resources/fellowes-introduces/work-colleague-of-the-future.aspx; The work colleague of the future: A report on the long-term health of office workers, July 2019, https://assets.fellowes.com/skins/fellowes/responsive/gb/en/resources/work-colleague-of-the-future/download/WCOF_Report_EU.pdf. See also https://us.directlyapply.com/future-of-the-remote-worker.

14   Chang and Kajackaite (2019); Kingma and van Marken Lichtenbelt (2015).

15   Spence (2020d).

16   Küller et al. (2006).

17   Kozusznik et al. (2019); Pasut et al. (2015).

18   Pencavel (2014).

19   Kaida et al. (2006); Souman et al. (2017).

20   Fox and Embrey (1972); Oldham et al. (1995); Ross (1966); *Time*, 10 December 1984, 110–12.

21 Spence (2002, 2003).

22 Gabel et al. (2013); Lehrl et al. (2007).

23 Kwallek and Lewis (1990); Mikellides (1990).

24 *New York Times*, 5 February 2009, www.nytimes.com/2009/02/06/science/06color.html; Steele (2014).

25 *Wired*, 13 February 2019, www.wired.co.uk/article/how-workplace-design-can-foster-creativity.

26 Mehta, Zhu and Cheema (2012).

27 Einöther and Martens (2013); *Guardian*, 5 January 2014, www.theguardian.com/money/shortcuts/2014/jan/05/coffice-future-of-work; Madzharov et al. (2018); Unnava et al. (2018).

28 BBC News, 11 January 2017, www.bbc.com/capital/story/20170105-open-offices-are-damaging-our-memories.

29 Bernstein and Turban (2018); Otterbring et al. (2018).

30 De Croon et al. (2005), p. 128; *The Times*, 10 October 2017, 6–7.

31 *Guardian*, 16 October 2015, www.theguardian.com/higher-education-network/2015/oct/16/the-open-plan-university-noisy-nightmare-or-buzzing-ideas-hub.

32 Yildirim et al. (2007).

33 Levitin (2015). *Forbes*, 21 June 2016, www.forbes.com/sites/davidburkus/2016/06/21/why-your-open-office-workspace-doesnt-work/#188f073a435f; Evans and Johnson (2000); *The Times*, 10 October, 6–7.

34 Hongisto et al. (2017).

35 Haga et al. (2016).

36 Leather et al. (1998); Mitchell and Popham (2008).

37 Bringslimark et al. (2011); Kweon et al. (2008).

38 Nieuwenhuis et al. (2014).

39 Krieger (1973), p. 453. 다음도 참고하시오. Wohlwill (1983).

40 Qin et al. (2014), 공기 중 휘발성유기화합물(VOCs) 제거와 관련해 사무실 식물들의 실익에 의문을 제기하는 최근 증거는 Cummings and Waring(2020) 참조.

41 Guieysse et al. (2008); Wood et al. (2006).

42 *Raconteur*, 24 April 2019, 8, on the benefits of biophilic office design.

43 Berman et al. (2008); Berto (2005).

44 Lee et al. (2015).

45 De Kort et al. (2006).

46 Kahn et al. (2008).

47 Annerstedt et al. (2013).

48 Spence (2002).

49 Gillis and Gatersleben (2015); Spence (2002).

50 Spence (2016).

51 *Forbes*, 2 July 2015, www.forbes.com/sites/davidburkus/2015/07/02/the-real-reason-google-serves-all-that-free-food/#7e426b603e3b.

52 Balachandra (2013); Kniffin et al. (2015); Woolley and Fishbach (2017).

53 *New York Times*, 2 July 2012, D3, www.nytimes.com/2012/07/04/dining/secretary-of-state-transforms-the-diplomatic-menu.html?_r=0

7 쇼핑 – 알면서도 당하게 되는 속임수

1 *Marketing Week*, 31 October 2013, www.marketingweek.com/2013/10/30/sensory-marketing-could-it-be-worth-100m-to-brands/; Hilton (2015).

2 *Financial Times*, 4 June 2013, 1.

3 Samuel (2010).

4 Renvoisé and Morin (2007); Kühn et al. (2016).

5 Aiello et al. (2019) for a recent analysis of 1.6 billion fidelity card transactions; *Venture Beat*, 11 February 2019, https://venturebeat.com/2019/02/11/second-measure-raises-20-million-to-analyze-companies-sales-and-growth-rates/.

6 *Independent*, 16 August 2011, www.independent.co.uk/news/media/advertising/the-smell-of-commerce-how-companies-use-scents-to-sell-their-products-2338142.html; *Time*, 20 July 2011, http://business.time.com/2011/07/20/nyc-grocery-store-pipes-in-artificial-food-smells/.

7 *Wall Street Journal*, 20 May 2014, www.wsj.com/articles/SB10001424052702303468704579573953132979382; Spence (2015).

8 Leenders et al. (2019).

9 Spence et al. (2017).

10 *Independent*, 16 August 2011, www.independent.co.uk/news/media/advertising/the-smell-of-commerce-how-companies-use-scents-to-sell-their-products-2338142.html.

11 Ayabe-Kanamura et al. (1998).

12 Spence and Carvalho (2020).

13 *NACS Magazine*, 8–9 August 2009, www.scentandrea.com/MakesScents.pdf.

14 *The Atlantic*, 26 July 2012, www.theatlantic.com/technology/archive/2012/07/the-uture-of-advertising-will-be-squirted-into-your-nostrils-as-you-sit-on-a-bus/260283/.

15 Knoeferle et al. (2016); Spence (2019a).

16 *AdAge*, 6 December 2006, http://adage.com/article/news/milk-board-forced-remove-outdoor-scent-strip-ads/113643/.

17 *Independent*, 14 November 2002, www.independent.co.uk/news/media/whiff-of-almond-falls-victim-to-terror-alert-133417.html;Lim (2014), p. 84.

18 *CityLab*, 9 February 2012, www.citylab.com/design/2012/02/inside-smellvertising-scented-advertising-tactic-coming-bus-stop-near-you/1181/; McCain은 세계 최초로 감자 향이 나는 택시를 만들었다. 5분 안에 차내에서 껍질째 구운 뜨거운 통감자를 무료로 제공한다! 2013년 11월 9일 보도 자료, Metcalfe(2012) 참조.

19 Castiello et al. (2006).

20 *Businessweek*, 17 October 2013, www.businessweek.com/articles/2013-10-17/chipotles-music-playlists-created-by-chris-golub-of-studio-orca; Milliman (1982, 1986); 다음도 참고하시오. Mathiesen et al. (2020).

21 Lanza (2004).

22 Knoeferle et al. (2012).

23 North, Hargreaves and McKendrick (1997).

24 Spence et al. (2019b); Zellner et al. (2017).

25 Karremans et al. (2006).

26 *Economist 1843 Magazine*, April/May 2019, www.1843magazine.com/design/ brand-illusions/why-stars-make-your-water-sparkle; Spence (2012b).

27 Kotler (1974); Lindstrom (2005).

28 *AdWeek*, 5 March 2012, www.adweek.com/brand-marketing/something-air-138683/.

29 *Wall Street Journal*, 24 November 2000; www.springwise.com/summer-jeans-embedded-aroma-fruit/.

30 Minsky et al. (2018).

31 Ayabe-Kanamura et al. (1998); Trivedi (2006).

32 AdWeek, 5 March 2012, www.adweek.com/brand-marketing/something-air-138683/.

33 나이키 후각 예비 연구 결과는 미국 시카고의 후각–미각치료연구재단Smell and Taste

Treatment and Research Foundation이 1990년 11월 16일 자로 배포했다. *Marketing News* 25,
4 February 1991, 1-2 참조. 하지만 〈시카고 트리뷴〉 2014년 1월 19일 자 기사 www.
chicagotribune.com/lifestyles/health/ct-met-sensa-weight-loss-hirsch-20140119-story.
html도 확인하자.

34 Knasko (1989); *Wall Street Journal*, 9 January 1990, B5.

35 *USA Today*, 1 September 2006; Trivedi (2006); *Independent*, 16 August 2011, www.
independent.co.uk/news/media/advertising/the-smell-of-commerce-how-companies-use-
scents-to-sell-their-products-2338142.html.

36 *New York Times*, 26 June 2005, www.nytimes.com/2005/06/26/fashion/sundaystyles/
shivering-for-luxury.html; Park and Hadi (2020); quote appears in Tanizaki (2001), p.
10.

37 Martin (2012).

38 Peck and Shu (2009).

39 Ellison and White (2000); Spence and Gallace (2011).

40 Gallace and Spence (2014), Chapter 11.

41 Does it make sense? *Contact: Royal Mail's Magazine for Marketers*, Sensory marketing
special edition, November 2007, 39; Solomon (2002).

42 *Forbes*, 14 June 2012, www.forbes.com/sites/carminegallo/2012/06/14/why-the-new-
macbook-pro-is-tilted-70-degrees-in-an-apple-store/#784de2f65a98.

43 Hultén (2012).

44 Piqueras-Fiszman and Spence (2012).

45 Argo et al. (2006).

46 Underhill (1999), p. 162.

47 *Newsweek*, 28 November 2018, www.newsweek.com/ mcdonalds-touchscreen-machines-
tested-have-fecal-matter-investigation-finds-1234954.

48 de Wijk et al. (2018); Helmefalk and Hultén (2017).

49 Roschk et al. (2017); Schreuder et al. (2016).

50 Mattila and Wirtz (2001).

51 Morrin and Chebat (2005).

52 Homburg et al. (2012).

53 Malhotra (1984); Spence et al. (2014b).

54 Quoted in *Mail Online*, 23 May 2014, www.dailymail.co.uk/femail/ article-2637492/
Lights-sound-clothes-Abercrombie-Fitch-tones-nightclub-themed-stores-bid-win-

disinterested-teens.html.

55 Spence et al. (2019b) for a review.

56 Dunn (2007).

57 Malhotra (1984); *Canvas 8*, 18 January 2013, www.canvas8.com/public/2013/01/18/
no-noise-selfridges.html.

58 Spence (2019b); *The Drum*, 18 May 2017, www.thedrum.com/news/2017/05/18/
guinness tantalises tesco shoppers with vr tasting experience; *VR Focus*, 20 May 2017,
www.vrfocus.com/2017/05/vr-in-the-supermarket-with-guinness-vr-tasting-experience/.

59 Petit et al. (2019).

60 Kampfer et al. (2017).

61 Gallace and Spence (2014).

62 *RFID Journal*, 14 September 2017, www.rfidjournal.com/articles/pdf?16605;
ShopifyPlus, 27 February 2019, www.shopify.com/enterprise/ ecommerce-returns.

63 Jütte (2005).

64 Spence et al. (2017).

65 Spence (2020a,b); Spence et al. (2020).

8 헬스케어 – 접촉 상실의 시대

1 EurekAlert, 20 December 2014, www.eurekalert.org/pub_releases/2014-12/bmj-
woy121014.php; Ullmann et al. (2008).

2 Lies and Zhang (2015).

3 Allen and Blascovich (1994).

4 Shippert (2005).

5 Fancourt et al. (2016).

6 Hawksworth et al. (1997).

7 Gatti and da Silva (2007).

8 Kotler (1974).

9 *Forbes*, 18 June 2018, www.forbes.com/sites/brucejapsen/2018/06/18/more-doctor-pay-
tied-to-patient-satisfaction-and-outcomes/#567c0db1504a.

10 *Telegraph*, 22 June 2019, www.telegraph.co.uk/health-fitness/body/looks-like-hotel-best-
hospital-world-opening-doors-london/.

11 Richter and Muhlestein (2017). See also https://blog.experientia.com/reinventing-cancer-surgery-by-designing-a-better-hospital-experience/.

12 Trzeciak et al. (2016).

13 Richter and Muhlestein (2017).

14 Ottoson and Grahn (2005); Ulrich (1999).

15 Franklin (2012).

16 Antonovsky (1979); Zhang et al. (2019); Nightingale (1860); Ulrich (1991).

17 Spence and Keller (2019).

18 Spence (2017).

19 Ziegler (2015).

20 *Telegraph*, 12 January 2019, www.telegraph.co.uk/news/2019/01/12/giving-elderlyhospital-patients-one-extra-meal-day-cuts-deaths/.

21 Campos et al. (2019).

22 Spence (2017).

23 Palmer (1978).

24 *Smithsonian Magazine*, 3 May 2018, www.smithsonianmag.com/smithsonian-institution/could-our-housewares-keep-us-healthier-180968950/; *Wired*, 3 October 2015, www.wired.co.uk/magazine/archive/2015/11/play/lizzie-ostrom-smell.

25 Dijkstra et al. (2008).

26 Lankston et al. (2010).

27 Harper et al. (2015).

28 Tse et al. (2002); Staricoff and Loppert (2003).

29 Nightingale (1860); *Telegraph*, 22 June 2019, www.telegraph.co.uk/ health-fitness/body/looks-like-hotel-best-hospital-world-opening- doors-london/.

30 Pancoast (1877); Babbitt (1896).

31 Dalke et al. (2006).

32 *Telegraph*, 22 June 2019, www.telegraph.co.uk/ health-fitness/body/looks-like-hotel-best-hospital-world-opening-doors-london/; www.philips.co.uk/healthcare/consulting/experience-solutions/ambient-experience;www.itsnicethat.com/news/g-f-smith-most-relaxing-colour-survey-miscellaneous-100419.

33 Ramachandran and Blakeslee (1998); Senkowski et al. (2014).

34 Moseley et al. (2008a).

35 Moseley et al. (2008c).

36 Moseley et al. (2008b).

37 Barnsley et al. (2011); Mancini et al. (2011); Wittkopf et al. (2018).

38 Katz (2014).

39 Rice (2003).

40 Darbyshire (2016); Darbyshire and Young (2013).

41 Berglund et al. (1999).

42 Yoder et al. (2012).

43 *Telegraph*, 30 March 2016, www.telegraph.co.uk/news/science/science-news/12207648/
    critically-ill-patients-disturbed-every-six-minutes-at-night-in/.

44 *Telegraph*, 15 April 2016, www.telegraph.co.uk/science/2016/04/15/cambridge-
    professor-reduced-to-tears-by-noisy-hospital-before-de/.

45 Rybkin (2017); Siverdeen et al. (2008).

46 Carlin et al. (1962).

47 Stanton et al. (2017).

48 Diette et al. (2003); Villemure et al. (2003).

49 댄 애리얼리의 책《상식 밖의 경제학》(2008) 첫 장에 아주 생생하게 담겨 있다.

50 *Wired*, 2 November 2018, www.wired.com/story/opioids-havent-solved-chronic-pain-
    maybe-virtual-reality-can/; Li et al. (2011).

51 *Guardian*, 25 January 2017, www.theguardian.com/science/2017/jan/25/how-doctors-
    measure-pain/.

52 Spence and Keller (2019).

53 Conrad et al. (2007).

54 Graff et al. (2019); Spence and Keller (2019) for a review.

55 See Spence and Keller (2019) for a review.

56 Moss et al. (2007).

57 *Independent*, 18 April 2013, www.independent.co.uk/arts-entertainment/art/news/
    from-roxy-music-to-the-cure-brian-eno-composes-soundscapes-to-treat-hospital-
    patients-8577179.html.

58 Field (2001); *The Conversation*, 24 May 2016, https://theconversation.com/touch-
    creates-a-healing-bond-in-health-care-59637.

59 Ellingsen et al. (2016).

60 Gallace and Spence (2014).

61 Crossman (2017).

62 Hamilton (1966).

63 Prescott and Wilkie (2007).

64 Blass and Shah (1995).

65 Holmes et al. (2002).

66 Lehrner et al. (2000).

67 Fenko and Loock (2014).

68 Hulsegge and Verheul (1987).

69 http://go.ted.com/bUcH for why multisensory palliative care is such a good idea.

9 운동과 스포츠 – 승리의 향기, 성공의 맛

1 Hillman et al. (2008).

2 Mead et al. (2009); Chekroud et al. (2018).

3 Craig et al. (2009).

4 NHS Digital, Health Survey for England 2018, https://digital.nhs.uk/ data-and-information/publications/statistical/ health-survey-for-england/2018.

5 *Guardian*, 8 May 2017, www.theguardian.com/lifeandstyle/shortcuts/2017/may/08/the-budget-gym-boom-how-low-cost-clubs-are-driving-up-membership.

6 *CityLab*, 2 January 2018, www.bloomberg.com/news/articles/2018-01-02/the-geography-of-the-urban-fitness-boom.

7 나중에 보겠지만, 시끄러운 음악보다는 빠른 음악이 이런 효과를 내는 것일 수 있다. Kreutz et al. (2018) 참조.

8 Bodin and Hartig (2003).

9 Thompson Coon et al. (2011).

10 Deloitte, *Health of the nation* (2006), cited in Thompson Coon et al. (2011).

11 RSPB, Natural fit. Can green space and biodiversity increase levels of physical activity? (2004), http://ww2.rspb.org.uk/Images/natural_fit_full_version_tcm9-133055.pdf.

12 *Mail Online*, 13 May 2018, www.dailymail.co.uk/news/article-5723627/David-Lloyd-launches-personal-trainers-TV-screens-backs.html.

13 *The Times*, 12 May 2018, www.thetimes.co.uk/article/the-latest-fitness-trend-the-cavewoman-workout-38jgqjsfg.

14 Plante et al. (2006).

15 Williams (2017), pp. 176–8.

16 Morgan et al. (1988).

17 Raudenbush et al. (2002).

18 Barwood et al. (2009); North et al. (1998).

19 Karageorghis and Terry (1997).

20 Bigliassi et al. (2019); Suwabe et al. (2020).

21 Beach and Nie (2014); *Chicago Tribune*, 17 February 2014, www.chicagotribune.com/lifestyles/health/chi-gym-loud-music-20150218- story.html.

22 Waterhouse et al. (2010).

23 Patania et al. (2020).

24 Edworthy and Waring (2006).

25 Terry et al. (2012).

26 Fritz et al. (2013).

27 North and Hargreaves (2000); Priest et al. (2004).

28 Schaffert et al. (2011).

29 *Guardian*, 17 January 2018, www.theguardian.com/sport/2018/jan/17/ noise-over-grunting-cranks-up-once-again-after-crowd-mocks-aryna-sabalenka.

30 *Mail Online*, 7 June 2018, www.dailymail.co.uk/news/article-5818615/Greg-Rusedski-says-women-tennis-players-louder-747-aeroplane.html.

31 Cañal-Bruland et al. (2018).

32 Sinnett and Kingstone (2010).

33 Müller et al. (2019).

34 Quoted in Sinnett and Kingstone (2010).

35 BBC News, 17 May 2009, http://news.bbc.co.uk/sport1/hi/tennis/7907707.stm.

36 Camponogara et al. (2017); Sors et al. (2017).

37 Unkelbach and Memmert (2010).

38 Balmer et al. (2005).

39 Raudenbush et al. (2001); Raudenbush et al. (2002).

40 Romine et al. (1999).

41 Brick et al. (2018); www.bbc.co.uk/sport/athletics/50025543.

42 Chambers et al. (2009).

43 옥스퍼드 연구원들은 심지어 산소를 근육으로 직접 운반하는 신체 능력을 향상 시키는 새로운 스포츠 음료를 개발했다. *The Times*, 5 May 2020, www.thetimes.

co.uk/article/is-an-energy-drink-that-supplies-oxygen-to-the-muscles-the-ultimate-performance-booster-cmhm6stgq.

44 Carter et al. (2004).

45 Ibid.

46 Ataide-Silva et al. (2014).

47 Hollingworth (1939); Scholey et al. (2009); though see Walker et al. (2016).

48 Guardian, 17 May 2012, www.theguardian.com/football/2012/may/17/wayne-rooney-visualisation-preparation.

49 Wrisberg and Anshel (1989).

50 Frank and Gilovich (1988).

51 Huang et al. (2011).

52 Hill and Barton (2005).

53 Attrill et al. (2008).

54 Hagemann et al. (2008).

55 Barton and Hill (2005); Rowe et al. (2005).

56 Elliot et al. (2007).

57 Hill and Barton (2005).

58 Changizi et al. (2006).

59 Phalen (1910), cited in http://history.amedd.army.mil/booksdocs/spanam/gillet3/bib.html.

60 Adam and Galinsky (2012).

61 *Telegraph*, 31 May 2014, www.telegraph.co.uk/news/science/ science-news/10866021/Wear-a-Superman-t-shirt-to-boost-exam-success.html.

10 데이트 – 사람이 아니라 환경에 끌린 것이다

1 Groyecka et al. (2017).

2 Dutton and Aron (1974).

3 Meston and Frohlich (2003).

4 Cohen et al. (1989).

5 Marin et al. (2017).

6 May and Hamilton (1980).

7   Hove and Risen (2009).

8   Byers et al. (2010).

9   Hugill et al. (2010); McCarty et al. (2017); Neave et al. (2011).

10 Grammer et al. (2004).

11 Roberts et al. (2004).

12 Miller et al. (2007).

13 Rhodes (2006).

14 Jones et al. (2018); Mueser et al. (1984).

15 Abel and Kruger (2010).

16 Liu et al. (2015).

17 Kampe et al. (2001).

18 Tifferet et al. (2012).

19 Miller (2000).

20 Darwin (1871).

21 Charlton et al. (2012).

22 Watkins (2017).

23 Havlíček et al. (2008); Herz and Cahill (1997); Buss (1989).

24 Nettle and Pollet (2008).

25 Baker (1888); Manning and Fink (2008).

26 Manning et al. (1998).

27 Geschwind and Galaburda (1985).

28 Havlíček et al. (2006); Kuukasjärvi et al. (2004).

29 Lobmaier et al. (2018).

30 Sorokowska et al. (2012).

31 Olsson et al. (2014).

32 Mitro et al. (2012).

33 Roberts et al. (2011).

34 Winternitz et al. (2017).

35 Herz and Cahill (1997)에 따르면, 향수에 매년 50억 달러(한화 약 5조 9천억 원) 이
상이 소비된다.

36 Lenochová et al. (2012); Milinski and Wedekind (2001).

37 *Guardian*, 24 March 2006, www.theguardian.com/education/2006/mar/24/schools.uk3.

38 *New Zealand Herald*, 19 February 2007, www.nzherald.co.nz/nz/news/article.cfmc_

id=1&objectid=10424667.

39 Demattè et al. (2007).

40 *Perfumer and Flavorist*, 1 April 2016, www.perfumerflavorist.com/fragrance/trends/
A-Taste-of-Gourmand-Trends-374299261.html.

41 *The Economist*, 14 February 2008, www.economist.com/news/2008/02/14/food-of-love.

42 McGlone et al. (2013).

43 *Maxim*, March 2007, 132–3.

44 Li et al. (2007).

45 Griskevicius and Kenrick (2013), p. 379.

46 Elliot and Niesta (2008); Guéguen (2012).

47 Beall and Tracy (2013); Elliot and Pazda (2012).

48 Guéguen and Jacob (2014).

49 Stillman and Hensley (1980); Jacob et al. (2012).

50 Gu guen and Jacob (2011).

51 Jones and Kramer (2016).

52 Lin (2014); though see Pollet et al. (2018).

53 Greenfield (2005).

54 E.g. Lynn et al. (2016); Peperkoorn et al. (2016).

55 *Slate*, 24 July 2013, www.slate.com/articles/health_and_science/science/2013/07/
statistics_and_psychology_multiple_comparisons_give_spurious_results.html.

56 Lewis et al. (2017).

57 Lewis et al. (2015).

58 Whitcome et al. (2007).

59 Tobin (2014). Online dating services, http://yougov.co.uk/news/2014/02/13/seven-ten-
online-dating-virgins-willing-try-findin/.

60 Willis and Todorov (2006).

61 White et al. (2017).

62 *Guardian*, 11 February 2011, www.theguardian.com/lifeandstyle/wordofmouth/2011/
feb/11/aphrodisiacs-food-of-love.

63 Otterbring (2018).

64 Gladue and Delaney (1990).

65 Jones et al. (2003).

66 Chen et al. (2014).

67 See note 62 above.

68 Apicella et al. (2007).

69 Feinberg et al. (2008).

70 Pavela Banai (2017).

71 Ratcliffe et al. (2016).

72 McGuire et al. (2018).

73 Groyecka et al. (2017).

74 Miller (1998).

75 Roche (2019); *Independent*, 10 August 2017, www.independent.co.uk/life-style/11-scientific-ways-to-make-yourself-look-and-feel-more-attractive-a7886021.html.

11 감각의 미래 – 센스해킹, 센시즘, 다중감각

1 Ackerman (2000); Rosenblum (2010).

2 Cabanac (1979); Pfaffmann (1960).

3 Merabet et al. (2004); Motluck (2007).

4 *Science Alert*, 20 November 2019, www.sciencealert.com/dopamine-fasting-is-silicon-valley-s-latest-trend-here-s-what-an-expert-has-to-say.

5 *New York Times*, 7 November 2019, www.nytimes.com/2019/11/07/style/ dopamine-fasting.html; The Times, 19 November2019, 27.

6 Kranowitz (1998); Longman (2019). *New York Times*, 1 November 2019, www.nytimes.com/2019/11/01/sports/football/ eagles-sensory-disorder-autism.html.

7 Colvile (2017); see also https://www.nielsen.com/us/en/insights/article/2010/ three-screen-report-q409/.

8 Milgram (1970), p. 1462; 다음도 참고하시오. Blass (2004).

9 Barr (1970); Diaconu et al. (2011).

10 UN-Habitat, *State of the world's cities 2010/2011: Bridging the urban divide*, https://sustainabledevelopment.un.org/content/documents/11143016_alt.pdf.

11 현재 인구의 약 55%가 도시 지역에 살고 있다. 1950년에는 30%였다. www.un.org/development/desa/en/news/population/2018-revision-of-world-urbanization- prospects.html.

12 Guieysse et al. (2008); Ott and Roberts (1998).

13 *New Yorker*, 13 May 2019, www.newyorker.com/magazine/2019/05/13/ is-noise-pollution-the-next-big-public-health-crisis; Velux YouGov Report, 14 May 2018, https://press.velux.com/down load/542967/theindoorgenerationsurvey14may2018-2.pdf.

14 Walker (2018).

15 National Trust press release, 27 February 2020, www.nationaltrust.org.uk/press-release/national-trust-launches-year-of-action-to-tackle-nature-deficiency-; Williams (2017).

16 Just et al. (2019).

17 Spence (2020d).

18 Malhotra (1984).

19 *Financial Times*, 4 June 2013, www.ft.com/content/3ac8eac6-cf93-11dc-854a-0000779fd2ac; New Yorker, 26 October 2012, www.newyorker.com/magazine/2015/11/02/accounting-for-taste.

20 Bremner et al. (2012); Calvert et al. (2004); Stein (2012).

21 Spence (2020b).

22 Kabat-Zinn (2005); Spence (2002).

23 Achrol and Kotler (2011), p. 37.

24 *The Conversation*, 2 August 2018, http://theconversation.com/the-coded-images-that-let-advertisers-target-all-our-senses-at-once-98676; *The Wired World in 2013*, November 2012, 104–7.

25 Balken (1997); Haverkamp (2014); Marks (1978); Zilczer (1987).

26 Spence (2002).

27 Field (2001); Harlow and Zimmerman (1959); *The Times*, 17 February 2020, www.thetimes.co.uk/article/ how-to-greet-in-2020-what-is-and-what-isnt-appropriate-qq7jqxrrv.

28 Denworth (2015); Sekuler and Blake (1987).

29 Cain (2012); Zuckerman (1979).

30 Longman (2019); Lupton and Lipps (2018).

31 Hutmacher (2019); Le Breton (2017); Levin (1993); McGann(2017).

32 Keller (2008); Smith (2007).

33 *New Yorker*, 23 March 2020, www.newyorker.com/news/our-columnists/how-loneliness-from-coronavirus-isolation-takes-its-own-toll.

34 Block and Kuchenbecker (2018); Cute Circuit, https://cutecircuit.com/media/the-hug-shirt/; Time, Best inventions of 2006, http://content.time.com/time/specials/packages/

article/0,28804,1939342_1939424_1939709,00.html; *The Times*, 12 June 2018, www.
thetimes.co.uk/article/ strong-and-non-clingy-robots-give-the-best-hugs-study-reveals-
huggiebot-pdx566xk0; Geddes (2020).

35 Gallace and Spence (2014).

36 Kahn et al. (2009); Krieger (1973).

37 Spence et al. (2019a).

38 *Smithsonian Magazine*, 18 January 2017, www.smithsonianmag.com/innovation/
artificial-sixth-sense-helps-humans-orient-themselves-world-180961822/; www.
cyborgarts.com/.

39 Neil Harbisson, I listen to colour, TEDGlobal, June 2012, www.ted.com/talks/neil_
harbisson_i_listen_to_color.html; Gafsou and Hildyard (2019).

40 Bainbridge (2018).

41 *Mail Online*, 16 May 2017, www.dailymail.co.uk/news/article-4509940/Man-compass-
implanted-chest.html.

42 Kurzweil (2005); O'Connell (2018).

43 *Wall Street Journal*, 27 March 2017, www.wsj.com/articles/elon-musk-launches-
neuralink-to-connect-brains-with-computers-1490642652.

44 Spence (2020f).

45 Howes (2004); Howes (2014); Howes and Classen (2014); Schwartzman (2011).

참고 문헌

Abel, E. L. and Kruger, M. L. (2010). Smile intensity in photographs predicts longevity. *Psychological Science*, 21, 542–4

Achrol, R. S. and Kotler, P. (2011). Frontiers of the marketing paradigm in the third millennium. *Journal of the Academy of Marketing Science*, 40, 35–52

Ackerman, D. (2000). *A natural history of the senses*. London: Phoenix

Adam, D. (2018). *The genius within: Smart pills, brain hacks and adventures in intelligence*. London: Picador

Adam, H. and Galinsky, A. D. (2012). Enclothed cognition. *Journal of Experimental Social Psychology*, 48, 918–25

Agnew, H. W., Jr et al. (1966). The first night effect: An EEG study of sleep. *Psychophysiology*, 2, 263–6

Aiello, L. M. et al. (2019). Large-scale and high-resolution analysis of food purchases and health outcomes. *EPJ Data Science*, 8, 14

Aikman, L. (1951). Perfume, the business of illusion. *National Geographic*, 99, 531–50.

Allen, K. and Blascovich, J. (1994). Effects of music on cardiovascular reactivity among surgeons. *Journal of the American Medical Association*, 272, 882–4

Alter, A. (2013). *Drunk tank pink: And other unexpected forces that shape how we think, feel, and behave*. New York: Penguin

Alvarsson, J. J. et al. (2010). Nature sounds beneficial: Stress recovery during exposure to nature sound and environmental noise. *International Journal of Environmental Research and Public Health*, 7, 1036–46

Ambrose, G. et al. (2020). Is gardening associated with greater happiness of urban residents?

A multiactivity, dynamic assessment in the Twin-Cities region, USA. *Landscape and Urban Planning*, 198, 103776

Ames, B. N. (1989). Pesticides, risk, and applesauce. *Science*, 244, 755–7

Anderson, C. et al. (2012). Deterioration of neurobehavioral performance in resident physicians during repeated exposure to extended duration work shifts. *Sleep*, 35, 1137–46

Anderson, L. M. et al. (1983). Effects of sounds on preferences for outdoor settings. *Environment and Behavior*, 15, 539–66

Annerstedt, M. et al. (2013). Inducing physiological stress recovery with sounds of nature in a virtual reality forest–results from a pilot study. *Physiology and Behavior*, 118, 240–5

Antonovsky, A. (1979). *Health, stress and coping*. San Francisco: Jossey-Bass

Apicella, C. L. et al. (2007). Voice pitch predicts reproductive success in male hunter-gatherers. *Biology Letters*, 3, 682–4

Appleton, J. (1975). *The experience of landscape*. New York: John Wiley & Sons (repr. 1996)

Appleyard, D., Lynch, K. and Myer, J. R. (1965). *The view from the road*. Cambridge, MA: MIT Press.

Arbon, E. L. et al. (2015). Randomised clinical trial of the effects of prolonged release melatonin, temazepam and zolpidem on slow-wave activity during sleep in healthy people. *Journal of Psychopharmacology*, 29, 764–76

Argo, J. et al. (2006). Consumer contamination: How consumers react to products touched by others. *Journal of Marketing*, 70 (April), 81–94

Ariely, D. (2008). *Predictably irrational: The hidden forces that shape our decisions*. London: HarperCollins

Arzi, A. et al. (2012). Humans can learn new information during sleep. *Nature Neuroscience*, 15, 1460–65

Ashley, S. (2001). Driving the info highway. *Scientific American*, 285, 44–50

Ataide-Silva, T. et al. (2014). Can carbohydrate mouth rinse improve performance during exercise? A systematic review. *Nutrients*, 6, 1–10

Attfield, J. (1999). Bringing modernity home: Open plan in the British domestic interior. In I. Cieraad (ed.), *At home: An anthropology of domestic space*. New York: Syracuse University Press, pp. 73–82

Attrill, M. J. et al. (2008). Red shirt colour is associated with long-term team success in English football. *Journal of Sports Sciences*, 26, 577–82

Ayabe-Kanamura, S. et al. (1998). Differences in perception of everyday odors: A Japanese— German cross-cultural study. *Chemical Senses*, 23, 31–8

Babbitt, E. D. (1896). *The principles of light and color*. East Orange, NJ: Published by the author

Badia, P. et al. (1990). Responsiveness to olfactory stimuli presented in sleep. *Physiology and Behavior*, 48, 87–90

Bailly Dunne, C. and Sears, M. (1998). *Interior designing for all five senses*. New York: St. Martin's Press

Baird, J. C. et al. (1978). Room preference as a function of architectural features and user activities. *Journal of Applied Psychology*, 63, 719–27

Baker, F. (1888). Anthropological notes on the human hand. *American Anthropologist*, 1, 51–76

Balachandra, L. (2013). Should you eat while you negotiate? *Harvard Business Review*, 29 January, https://hbr.org/2013/01/ should-you-eat-while-you-negot

Balken, D. B. (1997). *Arthur Dove: A retrospective*. Cambridge, MA:MIT Press

Balmer, N. J. et al. (2005). Do judges enhance home advantage in European championship boxing? *Journal of Sports Sciences*, 23, 409–16

Barnsley, N. et al. (2011). The rubber hand illusion increases histamine reactivity in the real arm. *Current Biology*, 21, R945–R946

Baron, R. A. (1994). The physical environment of work settings: Effects on task performance, interpersonal relations, and job satisfaction. In B. M. Staw and L. L. Cummings (eds.), *Research in organizational behaviour*, 16, pp. 1–46

——— (1997). The sweet smell of helping: Effects of pleasant ambient fragrance on prosocial behavior in shopping malls. *Personality and Social Psychology Bulletin*, 23, 498–505

Barr, J. (1970). *The assaults on our senses*. London: Methuen

Barton, R. A. and Hill, R. A. (2005). Sporting contests—seeing red? Putting sportswear in context—Reply. *Nature*, 437, E10-E11

Barwood, M. J. et al. (2009). A motivational music and video intervention improves high-intensity exercise performance. *Journal of Sports Science and Medicine*, 8, 435-42

Basner, M. et al. (2014). Auditory and non-auditory effects of noise on health. *The Lancet*, 383, 1325–32

Batra, R. et al. (eds.) (2016). *The psychology of design: Creating consumer appeal*. London: Routledge

Beach, E. F. and Nie, V. (2014). Noise levels in fitness classes are still too high: Evidence from 1997–1998 and 2009–2011. *Archives of Environmental and Occupational Health*, 69, 223–30

Beall, A. T. and Tracy, J. L. (2013). Women are more likely to wear red or pink at peak fertility. *Psychological Science*, 24, 1837–41

Beh, H. C. and Hirst, R. (1999). Performance on driving-related tasks during music. *Ergonomics*, 42, 1087–98

Béjean, S. and Sultan-Taïeb, H. (2005). Modeling the economic burden of diseases imputable to stress at work. *European Journal of Health Economics*, 6, 16–23

Bell, G. and Kaye, J. (2002). Designing technology for domestic spaces: A kitchen manifesto. *Gastronomica*, 2, 46–62

Bellak, L. (1975). *Overload: The new human condition*. New York: Human Sciences Press

Benfield, J. A. et al. (2010). Does anthropogenic noise in national parks impair memory? *Environment and Behavior*, 42, 693–706

Berglund, B. et al. (1999). *Guidelines for community noise*. Geneva: World Health Organization

Berman, M. G. et al. (2008). The cognitive benefits of interacting with nature. *Psychological Science*, 19, 1207–12

Bernstein, E. S. and Turban, S. (2018). The impact of the 'open' workspace on human collaboration. *Philosophical Transactions of the Royal Society B*, 373, 20170239

Berto, R. (2005). Exposure to restorative environments helps restore attentional capacity. *Journal of Environmental Psychology*, 25, 249–59

Bigliassi, M. et al. (2019). The way you make me feel: Psychological and cerebral responses to music during real-life physical activity. *Journal of Sport and Exercise*, 41, 211–17

Bijsterveld, K. et al. (2014). *Sound and safe: A history of listening behind the wheel*. Oxford: Oxford University Press

Blass, E. M. and Shah, A. (1995). Pain reducing properties of sucrose in human newborns. *Chemical Senses*, 20, 29–35

Blass, T. (2004). *The man who shocked the world: The life and legacy of Stanley Milgram*. New York: Basic Books

Block, A. E. and Kuchenbecker, K. J. (2018). Emotionally supporting humans through robot hugs. *HRI'18: Companion of the 2018 ACM/IEEE International Conference on Human–Robot Interaction, March 2018*, 293–4

Bodin, M. and Hartig, T. (2003). Does the outdoor environment matter for psychological restoration gained through running? *Psychology of Sport and Exercise*, 4, 141–53

Bowler, D. E. et al. (2010). A systematic review of evidence for the added benefits to health of exposure to natural environments. *BMC Public Health*, 10, 456

Branstetter, B. K. et al. (2012). Dolphins can maintain vigilant behavior through echolocation for 15 days without interruption or cognitive impairment. *PLOS One*, 7, e47478

Bratman, G. N. et al. (2015). Nature experience reduces rumination and subgenual prefrontal cortex activation. *Proceedings of the National Academy of Sciences of the USA*, 112, 8567–72

Bremner, A. et al. (eds.) (2012). *Multisensory development*. Oxford: Oxford University Press

Brick, N. et al. (2018). The effects of facial expression and relaxation cues on movement economy, physiological, and perceptual responses during running. *Psychology of Sport and Exercise*, 34, 20–28

Bringslimark, T. et al. (2011). Adaptation to windowlessness: Do office workers compensate for a lack of visual access to the outdoors? *Environment and Behavior*, 43, 469–87

Brodsky, W. (2002). The effects of music tempo on simulated driving performance and vehicular control. *Transportation Research Part F*, 4, 219–41

Broughton, R. J. (1968). Sleep disorders: Disorders of arousal? *Science*, 159, 1070–78

Bschaden, A. et al. (2020). The impact of lighting and table linen as ambient factors on meal intake and taste perception. *Food Quality and Preference*, 79, 103797

Buijze, G. A. et al. (2016). The effect of cold showering on health and work: A randomized controlled trial. *PLOS One*, 11, e0161749

Burge, S. et al. (1987). Sick building syndrome: A study of 4373 office workers. *Annals of Occupational Hygiene*, 31, 493–504

Burns, A. et al. (2002). Sensory stimulation in dementia: An effective option for managing behavioural problems. *British Medical Journal*, 325, 1312–13

Buss, D. M. (1989). Sex differences in human mate preferences: Evolutionary hypotheses tested in 37 cultures. *Behavioral and Brain Sciences*, 12, 1–49

Byers, J. et al. (2010). Female mate choice based upon male motor performance. *Animal Behavior*, 79, 771–8

Cabanac, M. (1979). Sensory pleasure. *Quarterly Review of Biology*, 54, 1–22

Cackowski, J. M. and Nasar, J. L. (2003). The restorative effects of roadside vegetation: Implications for automobile driver anger and frustration. *Environment and Behavior*, 35,

736–51

Cain, S. (2012). *Quiet: The power of introverts in a world that can't stop talking.* New York: Penguin

Calvert, G. A. et al. (eds.) (2004). *The handbook of multisensory processing.* Cambridge, MA: MIT Press

Camponogara, I. et al. (2017). Expert players accurately detect an opponent's movement intentions through sound alone. *Journal of Experimental Psychology: Human Perception and Performance,* 43, 348–59

Campos, C. et al. (2019). Dietary approaches to stop hypertension diet concordance and incident heart failure: The multi-ethnic study of atherosclerosis. *American Journal of Preventive Medicine,* 56, 89–96

Cañal-Bruland, R. et al. (2018). Auditory contributions to visual anticipation in tennis. *Psychology of Sport and Exercise,* 36, 100–103

Carlin, S. et al. (1962). Sound stimulation and its effect on dental sensation threshold. *Science,* 138, 1258–9

Carrus, G. et al. (2017). A different way to stay in touch with 'urban nature': The perceived restorative qualities of botanical gardens. *Frontiers in Psychology,* 8, 914

Carskadon, M. A. and Herz, R. S. (2004). Minimal olfactory perception during sleep: Why odor alarms will not work for humans. *Sleep,* 27, 402–5

Carter, J. M. et al. (2004). The effect of glucose infusion on glucose kinetics during a 1-h time trial. *Medicine and Science in Sports and Exercise,* 36, 1543–50

Castiello, U. et al. (2006). Cross-moda interactions between olfaction and vision when grasping. *Chemical Senses,* 31, 665–71

Chambers, E. S. et al. (2009). Carbohydrate sensing in the human mouth: Effects on exercise performance and brain activity. *Journal of Physiology,* 587, 1779–94

Chang, A.- M. et al. (2015). Evening use of light-emitting eReaders negatively affects sleep, circadian timing, and next-morning alertness. *Proceedings of the National Academy of Sciences of the USA,* 112, 1232–7

Chang, T. Y. and Kajackaite, A. (2019). Battle for the thermostat: Gender and the effect of temperature on cognitive performance. *PLOS One,* 14, e0216362

Changizi, M. A. et al. (2006). Bare skin, blood and the evolution of primate colour vision. *Biology Letters,* 2, 217–21

Charlton, B. D. et al. (2012). Do women prefer more complex music around ovulation?

PLOS One, 7, e35626

Chekroud, S. R. et al. (2018). Association between physical exercise and mental health in 1.2 million individuals in the USA between 2011 and 2015: A cross-sectional study. *Lancet Psychiatry*, 5, 739–46

Chellappa, S. L. et al. (2011). Can light make us bright? Effects of light on cognition and sleep. *Progress in Brain Research*, 190, 119–33

Chen, X. et al. (2014). The moderating effect of stimulus attractiveness on the effect of alcohol consumption on attractiveness ratings. *Alcohol and Alcoholism*, 49, 515–19

Cheskin, L. and Ward, L. B. (1948). Indirect approach to market reactions. *Harvard Business Review*, 26, 572–80

Cho, S. et al. (2015). Blue lighting decreases the amount of food consumed in men, but not in women. *Appetite*, 85, 111–17

Churchill, A. et al. (2009). The cross-modal effect of fragrance in shampoo: Modifying the perceived feel of both product and hair during and after washing. *Food Quality and Preference*, 20, 320–28

Classen, C. (2012). *The deepest sense: A cultural history of touch*. Chicago: University of Illinois Press

Classen, C. et al. (1994). *Aroma: The cultural history of smell*. London: Routledge

Clifford, C. (1985). New scent waves. *Self*, December, 115–17

Cohen, B. et al. (1989). At the movies: An unobtrusive study of arousal-attraction. *Journal of Social Psychology*, 129, 691–3

Cohen, S. et al. (2015). Does hugging provide stress-buffering social support? A study of susceptibility to upper respiratory infection and illness. *Psychological Science*, 26, 135–47

Collins, J. F. (1965). The colour temperature of daylight. *British Journal of Applied Psychology*, 16, 527–32

Colvile, R. (2017). *The great acceleration: How the world is getting faster, faster*. London: Bloomsbury

Conrad, C. et al. (2007). Overture for growth hormone: Requiem for interleukin-6? *Critical Care Medicine*, 35, 2709–13

Corbin, A. (1986). *The foul and the fragrant: Odor and the French social imagination*. Cambridge, MA: Harvard University Press

Costa, M. et al. (2018). Interior color and psychological functioning in a university residence hall. *Frontiers in Psychology*, 9, 1580

Craig, R. et al. (2009). *Health survey for England 2008, vol. 1: Physical activity and fitness*. NHS Information Centre for Health and Social Care: Leeds, www.healthypeople. gov/2020/ topics-objectives/topic/ physical- activity

Crawford, I. (1997). *Sensual home: Liberate your senses and change your life*. London: Quadrille Publishing

Croon, E. et al. (2005). The effect of office concepts on worker health and performance: A systematic review of the literature. *Ergonomics*, 48, 119–34

Crossman, M. K. (2017). Effects of interactions with animals on human psychological distress. *Journal of Clinical Psychology*, 73, 761–84

Crowley, K. (2011). Sleep and sleep disorders in older adults. *Neuropsychology Review*, 21, 41–53

Croy, I. et al. (2015). Reduced pleasant touch appraisal in the presence of a disgusting odor. *PLOS One*, 9, e92975

Cummings, B. E. and Waring, M. S. (2020). Potted plants do not improve indoor air quality: a review and analysis of reported VOC removal efficiencies. *Journal of Exposure Science and Environmental Epidemiology*, 30, 253–61

Cutting, J. E. (2006). The mere exposure effect and aesthetic preference. In P. Locher et al. (eds.), *New directions in aesthetics, creativity, and the arts. Amityville*, NY: Baywood Publishing, pp. 33–46

Czeisler, C. A. et al. (1986). Bright light resets the human circadian pacemaker independent of the timing of the sleep-wake cycle. *Science*, 233, 667–71

Dalke, H. et al. (2006). Colour and lighting in hospital design. *Optics and Laser Technology*, 38, 343–65

Dalton, P. (1996). Odor perception and beliefs about risk. *Chemical Senses*, 21, 447–58

Dalton, P. and Wysocki, C. J. (1996). The nature and duration of adaptation following long-term odor exposure. *Perception and Psychophysics*, 58, 781–92

Darbyshire, J. L. (2016). Excessive noise in intensive care units. *British Medical Journal*, 353, i1956

Darbyshire, J. L. and Young, J. D. (2013). An investigation of sound levels on intensive care units with reference to the WHO guidelines. *Critical Care*, 17, R187

Darwin, C. (1871). The descent of man, and selection in relation to sex. In E. O. Wilson (ed.) (2006), *From so simple a beginning: The four great books of Charles Darwin*. New York: W. W. Norton

Dazkir, S. S. and Read, M. A. (2012). Furniture forms and their influence on our emotional responses toward interior environments. *Environment and Behavior*, 44, 722–34

de Bell, S. et al. (2020). Spending time in the garden is positively associated

with health and wellbeing: Results from a national survey in England. *Landscape and Urban Planning*, 200, 103836.

de Wijk, R. A. et al. (2018). Supermarket shopper movements versus sales, and the effects of scent, light, and sound. *Food Quality and Preference*, 68, 304–14

Demattè, M. L. et al. (2006). Cross-modal interactions between olfaction and touch. *Chemical Senses*, 31, 291–300

Demattè, M. L. et al. (2007). Olfactory cues modulate judgments of facial attractiveness. *Chemical Senses*, 32, 603–10

Denworth, L. (2015). The social power of touch. *Scientific American Mind*, July/August, 30–39

Diaconu, M. et al. (eds.) (2011). *Senses and the city: An interdisciplinary approach to urban sensescapes*. Vienna, Austria: Lit Verlag

Diamond, J. (1993). New Guineans and their natural world. In S. R. Kellert and E. O. Wilson (eds.), *The biophilia hypothesis. Washington*, DC: Island Press, pp. 251–74

Diette, G. B. et al. (2003). Distraction therapy with nature sights and sounds reduces pain during flexible bronchoscopy: A complementary approach to routine analgesia. *Chest*, 123, 941–8

Dijkstra, K. et al. (2008). Stress-reducing effects of indoor plants in

the built healthcare environment: The mediating role of perceived attractiveness. *Preventative Medicine*, 47, 279–83

Dobzhansky, T. (1973). Nothing in biology makes sense except in the light of evolution. *American Biology Teacher*, 35, 125–9

Dolan, B. (2004). *Josiah Wedgwood: Entrepreneur to the enlightenment*. London: HarperPerennial

Dunn, W. (2007). *Living sensationally: Understanding your senses*. London: Jessica Kingsley

Dutton, D. G. and Aron, A. P. (1974). Some evidence for heightened sexual attraction under conditions of high anxiety. *Journal of Personality and Social Psychology*, 30, 510–17

Edworthy, J. and Waring, H. (2006). The effects of music tempo and loudness level on treadmill exercise. *Ergonomics*, 49, 1597–610

Einöther, S. J. and Martens, V. E. (2013). Acute effects of tea consumption on attention and mood. *American Journal of Clinical Nutrition*, 98, 1700S–1708S

Ellingsen, D.- M. et al. (2016). The neurobiology shaping affective touch: Expectation, motivation, and meaning in the multisensory context. *Frontiers in Psychology*, 6, 1986

Elliot, A. J. and Niesta, D. (2008). Romantic red: Red enhances men's attraction to women. *Journal of Personality and Social Psychology*, 95, 1150–64

Elliot, A. J. and Pazda, A. D. (2012). Dressed for sex: Red as a female sexual signal in humans. *PLOS One*, 7, e34607

Elliot, A. J. et al. (2007). Color and psychological functioning: The effect of red on performance attainment. *Journal of Experimental Psychology: General*, 136, 154–68

Etzi, R. et al. (2014). Textures that we like to touch: An experimental study of aesthetic preferences for tactile stimuli. *Consciousness and Cognition*, 29, 178–88

Evans, D. (2002). Emotion: *The science of sentiment*. Oxford: Oxford University Press

Evans, G. W. and Johnson, D. (2000). Stress and open-office noise. *Journal of Applied Psychology*, 85, 779–83

Evans, W. N. and Graham, J. D. (1991). Risk reduction or risk compensation? The case of mandatory safety-belt use laws. *Journal of Risk and Uncertainty*, 4, 61–73

Facer-Childs, E. R. et al. (2019). Resetting the late timing of 'night owls' has a positive impact on mental health and performance. *Sleep Medicine*, 60, 236–47

Fancourt, D. et al. (2016). The razor's edge: Australian rock music impairs men's performance when pretending to be a surgeon. *Medical Journal of Australia*, 205, 515–18

Feinberg, D. R. et al. (2008). Correlated preferences for men's facial and vocal masculinity. *Evolution and Human Behavior*, 29, 233–41

Feldstein, I. T. and Peli, E. (2020). Pedestrians accept shorter distances to light vehicles than dark ones when crossing the street. *Perception*, 49, 558–66

Fenko, A. and Loock, C. (2014). The influence of ambient scent and music on patients' anxiety in a waiting room of a plastic surgeon. *HERD: Health Environments Research and Design Journal*, 7, 38–59

Fich, L. B. et al. (2014). Can architectural design alter the physiological reaction to psychosocial stress? A virtual TSST experiment. *Physiology and Behavior*, 135, 91–7

Field, T. (2001). *Touch*. Cambridge, MA: MIT Press

Field, T. et al. (1996). Massage therapy reduces anxiety and enhances EEG pattern of alertness and math computations. *International Journal of Neuroscience*, 86, 197–205

Field, T. et al. (2008). Lavender bath oil reduces stress and crying and enhances sleep in very young infants. *Early Human Development*, 84, 399–401

Fisk, W. J. (2000). Health and productivity gains from better indoor environments and their relationship with building energy efficiency. *Annual Review of Energy and the Environment*, 25, 537–66

Fismer, K. L. and Pilkington, K. (2012). Lavender and sleep: A systematic review of the evidence. *European Journal of Integrative Medicine*, 4, e436–e447

Forster, S. and Spence, C. (2018). 'What smell?' Temporarily loading visual attention induces prolonged inattentional anosmia. *Psychological Science*, 29, 1642–52

Fox, J. G. and Embrey, E. D. (1972). Music: An aid to productivity. *Applied Ergonomics*, 3, 202–5

Frank, M. G. and Gilovich, T. (1988). The dark side of self-and social perception: Black uniforms and aggression in professional sports. *Journal of Personality and Social Psychology*, 54, 74–85

Franklin, D. (2012). How hospital gardens help patients heal. *Scientific American*, 1 March, www.scientificamerican.com/article/naturethat-nurtures/

Fritz, T. H. et al. (2013). Musical agency reduces perceived exertion during strenuous physical performance. *Proceedings of the National Academy of Sciences of the USA*, 110, 17784–9

Fruhata, T. et al. (2013). Doze sleepy driving prevention system (finger massage, high density oxygen spray, grapefruit fragrance) with that involves chewing dried shredded squid. *Procedia Computer Science*, 22, 790–99

Frumkin, H. (2001). Beyond toxicity: Human health and the natural environment. *American Journal of Preventative Medicine*, 20, 234–40

Fukuda, M. and Aoyama, K. (2017). Decaffeinated coffee induces a faster conditioned reaction time even when participants know that the drink does not contain caffeine. *Learning and Motivation*, 59, 11–18

Fuller, R. A. and Gaston, K. J. (2009). The scaling of green space coverage in European cities. *Biology Letters*, 5, 352–5

Fuller, R. A. et al. (2007). Psychological benefits of greenspace increase with biodiversity. *Biology Letters*, 3, 390–94

Fumento, M. (1998). 'Road rage' versus reality. *Atlantic Monthly*, 282, 12–17

Gabel, V. et al. (2013). Effects of artificial dawn and morning blue light on daytime cognitive performance, well-being, cortisol and melatonin levels. *Chronobiology International*, 30, 988–97

Gafsou, M. and Hildyard, D. (2019). H+. *Granta*, 148, 94–128

Gallace, A. and Spence, C. (2014). *In touch with the future: The sense of touch from cognitive neuroscience to virtual reality*. Oxford: Oxford University Press

Galton, F. (1883). *Inquiries into human faculty and its development*. London: Macmillan

García-Segovia, P. et al. (2015). Influence of table setting and eating location on food acceptance and intake. *Food Quality and Preference*, 39, 1–7

Gatti, M. F. and da Silva, M. J. P. (2007). Ambient music in emergency services: The professionals' perspective. *Latin American Journal of Nursing*, 15, 377–83

Geddes, L. (2020). How to hug people in a coronavirus-stricken world. *New Scientist*, 5 August, www.newscientist.com/article/mg24732944-300-how-to-hug-people-in-a-coronavirus-strickenworld/#ixzz6UKxBNFzI

Genschow, O. et al. (2015). Does Baker-Miller pink reduce aggression in prison detention cells? A critical empirical examination. *Psychology, Crime and Law*, 21, 482–9

Geschwind, N. and Galaburda, A. M. (1985). Cerebral lateralization. Biological mechanisms, associations, and pathology: A hypothesis and a program for research. *Archives of Neurology*, 42, 428–59, 521–52, 634–54

Gibson, J. J. and Crooks, L. E. (1938). A theoretical field-analysis of automobile-driving. *American Journal of Psychology*, 51, 453–71

Gibson, M. and Shrader, J. (2014). Time use and productivity: The wage returns to sleep. UC San Diego Department of Economics Working Paper

Gillis, K. and Gatersleben, B. (2015). A review of psychological literature on the health and wellbeing benefits of biophilic design. *Buildings*, 5, 948–63

Glacken, C. J. (1967). *Traces on the Rhodian shore: Nature and culture in Western thought from ancient times to the end of the Eighteenth Century*. Berkeley, CA: University of California Press

Gladue, B. and Delaney, H. J. (1990). Gender differences in perception of attractiveness of men and women in bars. *Personality and Social Psychology Bulletin*, 16, 378–91

Glass, S. T. et al. (2014). Do ambient urban odors evoke basic emotions? *Frontiers in Psychology*, 5, 340

Golan, A. and Fenko, A. (2015). Toward a sustainable faucet design: Effects of sound and vision on perception of running water. *Environment and Behavior*, 47, 85–101

Goldstein, P. et al. (2017). The role of touch in regulating inter-partner physiological coupling during empathy for pain. *Scientific Reports*, 7, 3252

Gori, M. et al. (2008). Young children do not integrate visual and haptic information. *Current Biology*, 18, 694–8

Graff, V. et al. (2019). Music versus midazolam during preoperative nerve block placements: A prospective randomized controlled study. *Regional Anesthesia and Pain Medicine*, 44, 796–9

Graham-Rowe, D. (2001). Asleep at the wheel. *New Scientist*, 169, 24

Grammer, K. et al. (2004). Disco clothing, female sexual motivation, and relationship status: Is she dressed to impress? *Journal of Sex Research*, 41, 66–74

Greene, M. R. and Oliva, A. (2009). The briefest of glances: The time course of natural scene understanding. *Psychological Science*, 20, 464–72

Greenfield, A. B. (2005). *A perfect red: Empire, espionage, and the quest for the color of desire*. New York: HarperCollins

Griskevicius, V. and Kenrick, D. T. (2013). Fundamental motives: How evolutionary needs influence consumer behavior. *Journal of Consumer Psychology*, 23, 372–86

Groyecka, A. et al. (2017). Attractiveness is multimodal: Beauty is also in the nose and ear of the beholder. *Frontiers in Psychology*, 8, 778

Gubbels, J. L. (1938). *American highways and roadsides*. Boston, MA: Houghton-Mifflin

Guéguen, N. (2012). Color and women attractiveness: When red clothed women are perceived to have more intense sexual intent. *Journal of Social Psychology*, 152, 261–5

Guéguen, N. and Jacob, C. (2011). Enhanced female attractiveness with use of cosmetics and male tipping behavior in restaurants. *Journal of Cosmetic Science*, 62, 283–90

——— (2014). Clothing color and tipping: Gentlemen patrons give more tips to waitresses with red clothes. *Journal of Hospitality and Tourism Research*, 38, 275–80

Guéguen, N. et al. (2012). When drivers see red: Car color frustrators and drivers' aggressiveness. *Aggressive Behaviour*, 38, 166–9

Guieysse, B. et al. (2008). Biological treatment of indoor air for VOC removal: Potential and challenges. *Biotechnology Advances*, 26, 398–410

Gupta, A. et al. (2018). Innovative technology using virtual reality in the treatment of pain: Does it reduce pain via distraction, or is there more to it? *Pain Medicine*, 19, 151–9

Haehner, A. et al. (2017). Influence of room fragrance on attention, anxiety and mood. *Flavour and Fragrance Journal*, 1, 24–8

Hafner, M. et al. (2016). Why sleep matters – the economic costs of insufficient sleep. A cross-country comparative analysis. Rand Corporation, www.rand.org/pubs/research_

reports/RR1791. html

Haga, A. et al. (2016). Psychological restoration can depend on stimulus-source attribution: A challenge for the evolutionary account. *Frontiers in Psychology*, 7, 1831

Hagemann, N. et al. (2008). When the referee sees red. *Psychological Science*, 19, 769–71

Hagerhall, C. M. et al. (2004). Fractal dimension of landscape silhouette outlines as a predictor of landscape preference. *Journal of Environmental Psychology*, 24, 247–55

Haghayegh, S. et al. (2019). Before-bedtime passive body heating by warm shower or bath to improve sleep: A systematic review and meta-analysis. *Sleep Medicine Reviews*, 46, 124–35

Hamilton, A. (1966). What science is learning about smell. *Science Digest*, 55 (November), 81–4

Han, K. (2007). Responses to six major terrestrial biomes in terms of scenic beauty, preference, and restorativeness. *Environment and Behavior*, 39, 529–56

Hanss, D. et al. (2012). Active red sports car and relaxed purple-blue van: Affective qualities predict color appropriateness for car types. *Journal of Consumer Behaviour*, 11, 368–80

Harada, H. et al. (2018). Linalool odor-induced anxiolytic effects in mice. *Frontiers in Behavioral Neuroscience*, 12, 241

Hardy, M. et al. (1995). Replacement of drug treatment for insomnia by ambient odour. *The Lancet*, 346, 701

Harlow, H. F. and Zimmerman, R. R. (1959). Affectional responses in the infant monkey. *Science*, 130, 421–32

Harper, M. B. et al. (2015). Photographic art in exam rooms may reduce white coat hypertension. *Medical Humanities*, 41, 86–8

Hartig, T. et al. (2011). Health benefits of nature experience: Psychological, social and cultural processes. In K. Nilsson et al. (eds.), *Forests, trees and human health*. Berlin: Springer Science, pp. 127–68

Harvey, A. G. (2003). The attempted suppression of presleep cognitive activity in insomnia. *Cognitive Therapy and Research*, 27, 593–602

Harvey, A. G. and Payne, S. (2002). The management of unwanted pre-sleep thoughts in insomnia: Distraction with imagery versus general distraction. *Behaviour Research and Therapy*, 40, 267–77

Haslam, S. A. and Knight, C. (2010). Cubicle, sweet cubicle. *Scientific American Mind*, September/October, 30–35

Haverkamp, M. (2014). *Synesthetic design: Handbook for a multisensory approach*. Basel: Birkhäuser

Haviland-Jones, J. et al. (2005). An environmental approach to positive emotion: Flowers. *Evolutionary Psychology*, 3, 104–32

Havlíček, J. et al. (2006). Non-advertised does not mean concealed: Body odour changes across the human menstrual cycle. *Ethology*, 112, 81–90

Havlíček, J. et al. (2008). He sees, she smells? Male and female reports of sensory reliance in mate choice and non-mate choice contexts. *Personality and Individual Differences*, 45, 565–70

Hawksworth, C. et al. (1997). Music in theatre: Not so harmonious. A survey of attitudes to music played in the operating theatre. *Anaesthesia*, 52, 79–83

Hedblom, M. et al. (2014). Bird song diversity influences young people's appreciation of urban landscapes. *Urban Forestry and Urban Greening*, 13, 469–74

Hellier, E. et al. (2011). The influence of auditory feedback on speed choice, violations and comfort in a driving simulation game. *Transportation Research Part F: Traffic Psychology and Behaviour*, 14, 591–9

Helmefalk, M. and Hultén, B. (2017). Multi-sensory congruent cues in designing retail store atmosphere: Effects on shoppers' emotions and purchase behaviour. *Journal of Retailing and Consumer Services*, 38, 1–11

Hepper, P. G. (1988). Fetal 'soap' addiction. *The Lancet*, 11 June, 1347–8

Herz, R. (2007). *The scent of desire: Discovering our enigmatic sense of smell*. New York: William Morrow

——— (2009). Aromatherapy facts and fictions: A scientific analysis of olfactory effects on mood, physiology and psychology. *International Journal of Neuroscience*, 119, 263–90

Herz, R. S. and Cahill, E. D. (1997). Differential use of sensory information in sexual behavior as a function of gender. *Human Nature*, 8, 275–86

Heschong, L. (1979). *Thermal delight in architecture*. Cambridge, MA: MIT Press

Hewlett, S. A. and Luce, C. B. (2006). Extreme jobs: The dangerousallure of the 70-hour workweek. Harvard Business Review, December, https://hbr.org/2006/12/ extreme-jobs-the-dangerous-allure-of-the-70-hour-workweek

Higham, W. (2019). *The work colleague of the future: A report on the long-term health of office workers*. Report commissioned by Fellowes, July, https://assets.fellowes.com/skins/ fellowes/responsive/gb/en/ resour ces/work-colleague-of-the-future/download/WCOF_

Report_ EU.pdf

Hilditch, C. J. et al. (2016). Time to wake up: Reactive countermeasures to sleep inertia. *Industrial Health*, 54, 528–41

Hill, A. W. (1915). The history and functions of botanic gardens. *Annals of the Missouri Botanical Garden*, 2, 185–240

Hill, R. A. and Barton, R. A. (2005). Red enhances human performance in contests. *Nature*, 435, 293

Hillman, C. H. et al. (2008). Be smart, exercise your heart: Exercise effects on brain and cognition. *Nature Reviews Neuroscience*, 9, 58–65

Hilton, K. (2015). Psychology: The science of sensory marketing. *Harvard Business Review*, March, 28–31, https://hbr.org/2015/03/the-science-of-sensory-marketing

Hirano, H. (1996). *5 pillars of the visual workplace: The sourcebook for 5S implementation*. New York: Productivity Press

Ho, C. and Spence, C. (2005). Olfactory facilitation of dual-task performance. *Neuroscience Letters*, 389, 35–40

——— (2008). *The multisensory driver: Implications for ergonomic car interface design*. Aldershot: Ashgate

——— (2009). Using peripersonal warning signals to orient a driver's gaze. *Human Factors*, 51, 539–56

——— (2013). Affective multisensory driver interface design. *International Journal of Vehicle Noise and Vibration* (Special Issue on *Human Emotional Responses to Sound and Vibration in Automobiles*), 9, 61–74

Hoehl, S. et al. (2017). Itsy bitsy spider: Infants react with increased arousal to spiders and snakes. *Frontiers in Psychology*, 8, 1710

Hoekstra, S. P. et al. (2018). Acute and chronic effects of hot water immersion on inflammation and metabolism in sedentary, overweight adults. *Journal of Applied Physiology*, 125, 2008–18

Holgate, S. T. (2017). 'Every breath we take: The lifelong impact of air pollution' – a call for action. *Clinical Medicine*, 17, 8–12

Holland, R. W. et al. (2005). Smells like clean spirit. Nonconscious effects of scent on cognition and behavior. *Psychological Science*, 16, 689–93

Hollingworth, H. L. (1939). Chewing as a technique of relaxation. *Science*, 90, 385–7

Holmes, C. et al. (2002). Lavender oil as a treatment for agitated behaviour in severe dementia: A placebo controlled study. *International Journal of Geriatric Psychiatry*, 17, 305–8

Homburg, C. et al. (2012). Of dollars and scents – Does multisensory marketing pay off? Working paper, Institute for Marketing Oriented Management.

Hongisto, V. et al. (2017). Perception of water-based masking sounds–long-term experiment in an open-plan office. *Frontiers in Psychology*, 8, 1177

Horswill, M. S. and Plooy, A. M. (2008). Auditory feedback influences perceived driving speeds. *Perception*, 37, 1037–43

Hove, M. J. and Risen, J. L. (2009). It's all in the timing: Interpersonal synchrony increases affiliation. *Social Cognition*, 27, 949–61

Howes, D. (ed.) (2004). *Empire of the senses: The sensual culture reader*. Oxford: Berg

——— (2014). *A cultural history of the senses in the modern age*. London: Bloomsbury Academic

Howes, D. and Classen, C. (2014). *Ways of sensing: Understanding the senses in society*. London: Routledge

Huang, L. et al. (2011). Powerful postures versus powerful roles: Which is the proximate correlate of thought and behaviour? *Psychological Science*, 22, 95–102

Hugill, N. et al. (2010). The role of human body movements in mate selection. *Evolutionary Psychology*, 8, 66–89

Hull, J. M. (1990). *Touching the rock: An experience of blindness*. London: Society for Promoting Christian Knowledge

Hulsegge, J. and Verheul, A. (1987). *Snoezelen: another world. A practical book of sensory experience environments for the mentally handicapped*. Chesterfield: ROMPA

Hultén, B. (2012). Sensory cues and shoppers' touching behaviour: The case of IKEA. *International Journal of Retail and Distribution Management*, 40, 273–89

Huss, E. et al. (2018). Humans' relationship to flowers as an example of the multiple components of embodied aesthetics. *Behavioral Sciences*, 8, 32

Hutmacher, F. (2019). Why is there so much more research on vision than on any other sensory modality? *Frontiers in Psychology*, 10, 2246

Huxley, A. (1954). *The doors of perception*. London: Harper & Brothers

Imschloss, M. and Kuehnl, C. (2019). Feel the music! Exploring the cross-modal correspondence between music and haptic perceptions of softness. *Journal of Retailing*, 95, 158–69

Itten, J. and Birren, F. (1970). *The elements of color* (trans. E. van Hagen). New York: John

Wiley & Sons

Jacob, C. et al. (2012). She wore something in her hair: The effect of ornamentation on tipping. *Journal of Hospitality Marketing and Management*, 21, 414–20

Jacobs, K. W. and Hustmyer, F. E. (1974). Effects of four psychological primary colors on GSR, heart rate and respiration rate. *Perceptual and Motor Skills*, 38, 763–6

Jacquier, C. and Giboreau, A. (2012). Perception and emotions of colored atmospheres at the restaurant. *Predicting Perceptions: Proceedings of the 3rd International Conference on Appearance*, pp. 165–7

James, L. and Nahl, D. (2000). *Road rage*. Amherst, NY: Prometheus Books

James, W. (1890). *The principles of psychology* (2 vols.). New York: Henry Holt

Jewett, M. E. et al. (1999). Time course of sleep inertia dissipation in human performance and alertness. *Journal of Sleep Research*, 8, 1–8

Jones, A. L. and Kramer, R. S. S. (2016). Facial cosmetics and attractiveness: Comparing the effect sizes of professionally-applied cosmetics and identity. *PLOS One*, 11, e0164218

Jones, A. L. et al. (2018). Positive facial affect looks healthy. *Visual Cognition*, 26, 1–12

Jones, B. T. et al. (2003). Alcohol consumption increases attractiveness ratings of opposite-sex faces: A possible third route to risky sex. *Addiction*, 98, 1069–75

Jones, S. E. et al. (2019). Genome-wide association analyses of chronotype in 697,828 individuals provides insights into circadian rhythms. *Nature Communications*, 10, 343

Joye, Y. (2007). Architectural lessons from environmental psychology: The case of biophilic architecture. *Review of General Psychology*, 11, 305–28

Joye, Y. and van den Berg, A. (2011). Is love for green in our genes? A critical analysis of evolutionary assumptions in restorative environments research. *Urban Forestry and Urban Greening*, 10, 261–8

Just, M. G. et al. (2019). Human indoor climate preferences approximate specific geographies. *Royal Society Open Science*, 6, 180695

Jütte, R. (2005). *A history of the senses: From antiquity to cyberspace*. Cambridge: Polity Press

Kabat-Zinn, J. (2005). *Coming to our senses: Healing ourselves and the world through mindfulness*. New York: Hyperion

Kahn, P. H., Jr (1999). *The human relationship with nature: Development and culture*. Cambridge, MA: MIT Press

Kahn, P. H., Jr et al. (2008). A plasma display window? The shifting baseline problem in a technologically mediated natural world. *Journal of Environmental Psychology*, 28, 192–9

Kahn, P. H., Jr et al. (2009). The human relation with nature and technological nature. *Current Directions in Psychological Science*, 18, 37–42

Kaida, K., et al. (2006). Indoor exposure to natural bright light prevents afternoon sleepiness. *Sleep*, 29, 462–9

Kampe, K. K. et al. (2001). Reward value of attractiveness and gaze. *Nature*, 413, 589

Kampfer, K. et al. (2017). Touch-flavor transference: Assessing the effect of packaging weight on gustatory evaluations, desire for food and beverages, and willingness to pay. *PLOS One*, 12(10), e0186121

Kaplan, K. A. et al. (2019). Effect of light flashes vs sham therapy during sleep with adjunct cognitive behavioral therapy on sleep quality among adolescents: A randomized clinical trial. *JAMA Network Open*, 2, e1911944

Kaplan, R. (1973). Some psychological benefits of gardening. *Environment and Behavior*, 5, 145–52

Kaplan, R. and Kaplan, S. (1989). *The experience of nature: A psychological perspective*. New York: Cambridge University Press

Kaplan, S. (1995). The restorative benefits of nature: Toward an integrative framework. *Journal of Environmental Psychology*, 15, 169–82

——— (2001). Meditation, restoration, and the management of mental fatigue. *Environment and Behavior*, 33, 480–506

Karageorghis, C. I. and Terry, P. C. (1997). The psychophysical effects of music in sport and exercise: A review. *Journal of Sport Behavior*, 20, 54–168

Karim, A. A. et al. (2017). Why is 10 past 10 the default setting for clocks and watches in advertisements? A psychological experiment. *Frontiers in Psychology*, 8, 1410

Karremans, J. C. et al. (2006). Beyond Vicary's fantasies: The impact of subliminal priming and branded choice. *Journal of Experimental Social Psychology*, 42, 792–8

Katz, J. (2014). Noise in the operating room. *Anesthesiology*, 121, 894–9

Keller, A. (2008). Toward the dominance of vision? *Science*, 320, 319

Kellert, S. R. and Wilson, E. O. (eds.) (1993). *The biophilia hypothesis*. Washington, DC: Island Press

Kingma, B. and van Marken Lichtenbelt, W. D. (2015). Energy consumption in buildings and female thermal demand. *Nature Climate Change*, 5, 1054–6

Kirk-Smith, M. (2003). The psychological effects of lavender 1: In literature and plays. *International Journal of Aromatherapy*, 13, 18–22

Knasko, S. C. (1989). Ambient odor and shopping behavior. *Chemical Senses*, 14, 718

Kniffin, K. M. et al. (2015). Eating together at the firehouse: How workplace commensality relates to the performance of firefighters. *Human Performance*, 28, 281–306

Knight, C. and Haslam, S. A. (2010). The relative merits of lean, enriched, and empowered offices: An experimental examination of the impact of workspace management. *Journal of Experimental Psychology: Applied*, 16, 158–72

Knoeferle, K. et al. (2012). It is all in the mix. The interactive effect of music tempo and mode on in-store sales. *Marketing Letters*, 23, 325–37

Knoeferle, K. et al. (2016). Multisensory brand search: How the meaning of sounds guides consumers' visual attention. *Journal of Experimental Psychology: Applied*, 22, 196–210

Knopf, R. C. (1987). Human behavior, cognition, and affect in the natural environment. In D. Stokols and I. Altman (eds.), *Handbook of environmental psychology*, vol. 1. New York: John Wiley & Sons, pp. 783–825

Kochanek, K. D. et al. (2014). Mortality in the United States, 2013. *NCHS Data Brief*, 178, 1–8

Koga, K. and Iwasaki, Y. (2013). Psychological and physiological effect in humans of touching plant foliage – using the semantic differential method and cerebral activity as indicators. *Journal of Physiological Anthropology*, 32, 7

Kohara, K. et al. (2018). Habitual hot water bathing protects cardiovascular function in middle-aged to elderly Japanese subjects. *Scientific Reports*, 8, 8687

Körber, M. et al. (2015). Vigilance decrement and passive fatigue caused by monotony in automated driving. *Procedia Manufacturing*, 3, 2403–9

Kort, Y. A. W. et al. (2006). What's wrong with virtual trees? Restoring from stress in a mediated environment. *Journal of Environmental Psychology*, 26, 309–20

Kotler, P. (1974). Atmospherics as a marketing tool. *Journal of Retailing*, 49, 48–64

Kozusznik, M. W. et al. (2019). Decoupling office energy efficiency from employees' well-being and performance: A systematic review. *Frontiers in Psychology*, 10, 293

Kranowitz, C. S. (1998). *The out-of-sync child: Recognizing and coping with sensory integration.* New York: Penguin Putnam

Kräuchi, K. et al. (1999). Warm feet promote the rapid onset of sleep. *Nature*, 401, 36–7

Kreutz, G. et al. (2018). In dubio pro silentio – Even loud music does not facilitate strenuous ergometer exercise. *Frontiers in Psychology*, 9, 590

Krieger, M. H. (1973). What's wrong with plastic trees? Artifice and authenticity in design.

Science, 179, 446–55

Kripke, D. F. et al. (2012). Hypnotics' association with mortality or cancer: A matched cohort study. *BMJ Open*, 2, e000850

Kühn, S. et al. (2016). Multiple 'buy buttons' in the brain: Forecasting chocolate sales at point-of-sale based on functional brain activation using fMRI. *NeuroImage*, 136, 122–8

Kühn, S. et al. (2017). In search of features that constitute an 'enriched environment' in humans: Associations between geographical prop-erties and brain structure. *Scientific Reports*, 7, 11920

Küller, R. et al. (2006). The impact of light and colour on psychological mood: A cross-cultural study of indoor work environments. *Ergonomics*, 49, 1496–507

Kunst-Wilson, W. R. and Zajonc, R. B. (1980). Affective discrimination of stimuli that cannot be recognized. *Science*, 207, 557–8

Kurzweil, R. (2005). *The singularity is near: When humans transcend biology*. London: Prelude

Kuukasjärvi, S. et al. (2004). Attractiveness of women's body odors over the menstrual cycle: The role of oral contraceptives and receiver sex. *Behavioral Ecology*, 15, 579–84

Kwallek, N. and Lewis, C. M. (1990). Effects of environmental colour on males and females: A red or white or green office. *Applied Ergonomics*, 21, 275–8

Kwallek, N. et al. (1996). Effects of nine monochromatic office interior colors on clerical tasks and worker mood. *Color Research and Application*, 21, 448–58

Kweon, B.- S. et al. (2008). Anger and stress: The role of landscape posters in an office setting. *Environment and Behavior*, 40, 355–81

Kyle, S. D. et al. (2010). '…Not just a minor thing, it is something major, which stops you from functioning daily': Quality of life and daytime functioning in insomnia. *Behavioral Sleep Medicine*, 8, 123–40

Lamote de Grignon Pérez, J. et al. (2019). Sleep differences in the UK between 1974 and 2015: Insights from detailed time diaries. *Journal of Sleep Research*, 28, e12753

Lankston, L. et al. (2010). Visual art in hospitals: Case studies and review of the evidence. *Journal of the Royal Society of Medicine*, 103, 490–99

Lanza, J. (2004). *Elevator music: A surreal history of Muzak, easy-listening, and other moodsong*. Ann Arbor: University of Michigan Press

Lay, M. G. (1992). *Ways of the world: A history of the world's roads and of the vehicles that used them*. New Brunswick, NJ: Rutgers University Press

Le Breton, D. (2017). *Sensing the world: An anthropology of the senses* (trans. C. Ruschiensky).

London: Bloomsbury

Le Corbusier (1948/1972). *Towards a new architecture* (trans. F. Etchells). London: The Architectural Press

—— (1987). *The decorative art of today* (trans. J. L. Dunnett). Cambridge, MA: MIT Press

Leather, P. et al. (1998). Windows in the workplace: Sunlight, view, and occupational stress. *Environment and Behavior*, 30, 739–62

Lee, I. F. (2018). *Joyful: The surprising power of ordinary things to create extraordinary happiness.* London: Rider

Lee, K. E. et al. (2015). 40-second green roof views sustain attention: The role of micro-breaks in attention restoration. *Journal of Environmental Psychology*, 42, 182–9

Lee, R. and DeVore, I. (1968). *Man the hunter*. Chicago: Aldine

Leenders, M. A. A. M. et al. (2019). Ambient scent as a mood inducer in supermarkets: The role of scent intensity and time-pressure of shoppers. *Journal of Retailing and Consumer Services*, 48, 270–80

Lehrl, S. et al. (2007). Blue light improves cognitive performance. *Journal of Neural Transmission*, 114, 1435–63

Lehrner, J. et al. (2000). Ambient odor of orange in a dental office reduces anxiety and improves mood in female patients. *Physiology and Behavior*, 71, 83–6

Lenochová, P. et al. (2012). Psychology of fragrance use: Perception of individual odor and perfume blends reveals a mechanism for idiosyncratic effects on fragrance choice. *PLOS One*, 7, e33810

Levin, M. D. (1993). *Modernity and the hegemony of vision*. Berkeley: University of California Press

Levitin, D. (2015). *The organized mind: thinking straight in the age of information overload.* London: Penguin.

Lewis, D. M. G. et al. (2015). Lumbar curvature: A previously undiscovered standard of attractiveness. *Evolution and Human Behavior*, 36, 345–50

Lewis, D. M. G. et al. (2017). Why women wear high heels: Evolution, lumbar curvature, and attractiveness. *Frontiers in Psychology*, 8, 1875

Li, A. et al. (2011). Virtual reality and pain management: Current trends and future directions. *Pain Management*, 1, 147–57

Li, Q. (2010). Effect of forest bathing trips on human immune function. *Environmental Health and Preventative Medicine*, 15, 1, 9–17

Li, W. et al. (2007). Subliminal smells can guide social preferences. *Psychological Science*, 18, 1044–9

Lies, S. and Zhang, A. (2015). Prospective randomized study of the effect of music on the efficiency of surgical closures. *Aesthetic Surgery Journal*, 35, 858–63

Lin, H. (2014). Red-colored products enhance the attractiveness of women. *Displays*, 35, 202–5

Lindstrom, M. (2005). *Brand sense: How to build brands through touch, taste, smell, sight and sound*. London: Kogan Page

Liu, B. et al. (2015). Does happiness itself directly affect mortality? The prospective UK Million Women Study. *The Lancet*, 387, 874–81

Liu, J. et al. (2019). The impact of tablecloth on consumers' food perception in real-life eating situation. *Food Quality and Preference*, 71, 168–71

Lobmaier, J. S. et al. (2018). The scent of attractiveness: Levels of reproductive hormones explain individual differences in women's body odour. *Proceedings of the Royal Society B: Biological Sciences*, 285, 20181520

LoBue, V. (2014). Deconstructing the snake: The relative roles of perception, cognition, and emotion on threat detection. *Emotion*, 14, 701–11

Lockley, S. W. et al. (2006). Short-wavelength sensitivity for the direct effects of light on alertness, vigilance, and the waking electroencephalogram in humans. *Sleep*, 29, 161–8

Louv, R. (2005). *Last child in the woods: Saving our children from nature-deficit disorder*. Chapel Hill, NC: Algonquin Books

Lovato, N. and Lack, L. (2016). Circadian phase delay using the newly developed re-timer portable light device. Sleep and Biological Rhythms, 14, 157–64

Lupton, E. and Lipps, A. (eds.) (2018). The senses: Design beyond vision. Hudson, NY: Princeton Architectural Press

Lynn, M. et al. (2016). Clothing color and tipping: An attempted replication and extension. *Journal of Hospitality and Tourism Research*, 40, 516–2

Mace, B. L. et al. (1999). Aesthetic, affective, and cognitive effects of noise on natural landscape assessment. *Society and Natural Resources*, 12, 225–42

Mackerron, G. and Mourato, S. (2013). Happiness is greater in natural environments. *Global Environmental Change*, 23, 992–1000

Madzharov, A. et al. (2018). The impact of coffee-like scent on expectations and performance. *Journal of Environmental Psychology*, 57, 83–6

Malhotra, N. K. (1984). Information and sensory overload: Information and sensory overload in psychology and marketing. *Psychology and Marketing*, 1, 9–21

Manaker, G. H. (1996). *Interior plantscapes: Installation, maintenance, and management* (3rd edn). Englewood Cliffs, NJ: Prentice-Hall

Mancini, F. et al. (2011). Visual distortion of body size modulates pain perception. *Psychological Science*, 22, 325–30

Manning, J. T. and Fink, B. (2008). Digit ratio (2D:4D), dominance, reproductive success, asymmetry, and sociosexuality in the BBC Internet Study. *American Journal of Human Biology*, 20, 451–61

Manning, J. T. et al. (1998). The ratio of 2nd to 4th digit length: A predictor of sperm numbers and levels of testosterone, LH and oestrogen. *Human Reproduction*, 13, 3000–3004

Marin, M. M. et al. (2017). Misattribution of musical arousal increases sexual attraction towards opposite-sex faces in females. *PLOS One*, 12, e0183531

Marks, L. (1978). *The unity of the senses: Interrelations among the modalities*. New York: Academic Press

Martin, B. A. S. (2012). A stranger's touch: Effects of accidental interpersonal touch on consumer evaluations and shopping time. *Journal of Consumer Research*, 39, 174–84

Martin, S. (2013). How sensory information influences price decisions. *Harvard Business Review*, 26 July, https://hbr.org/2013/07/research-how-sensory-informati

Mathiesen, S. L. et al. (2020). Music to eat by: A systematic investigation of the relative importance of tempo and articulation on eating time. *Appetite*, 155, https://doi.org/10.1016/j.appet.2020.104801

Matsubayashi, T. et al. (2014). Does the installation of blue lights on train platforms shift suicide to another station? Evidence from Japan. *Journal of Affective Disorders*, 169, 57–60

Mattila, A. S. and Wirtz, J. (2001). Congruency of scent and music as a driver of in-store evaluations and behavior. *Journal of Retailing*, 77, 273–89

Mavrogianni, A. et al. (2013). Historic variations in winter indoor domestic temperatures and potential implications for body weight gain. *Indoor and Built Environment*, 22, 360–75

May, J. L. and Hamilton, P. A. (1980). Effects of musically evoked affect on women's interpersonal attraction toward and perceptual judgments of physical attractiveness of men. *Motivation and Emotion*, 4, 217–28

McCandless, C. (2011). *Feng shui that makes sense: Easy ways to create a home that feels as good as it looks. Minneapolis*, MN: Two Harbors Press

McCarty, K. et al. (2017). Optimal asymmetry and other motion parameters that characterise high-quality female dance. *Scientific Reports*, 7, 42435

McFarlane, S. J. et al. (2020). Alarm tones, music and their elements: A mixed methods analysis of reported waking sounds for the prevention of sleep inertia. *PLOS One*, 15, e0215788

McGann, J. P. (2017). Poor human olfaction is a 19th-century myth. *Science*, 356, eaam7263

McGlone, F. et al. (2013). The crossmodal influence of odor hedonics on facial attractiveness: Behavioral and fMRI measures. In F. Signorelli and D. Chirchiglia (eds.), *Functional Brain Mapping and the Endeavor to Understand the Working Brain*. Rijeka, Croatia: InTech Publications, pp. 209–25

McGuire, B. et al. (2018). Urine marking in male domestic dogs: Honest or dishonest? *Journal of Zoology*, 306, 163–70

McGurk, H. and MacDonald, J. (1976). Hearing lips and seeing voices. *Nature*, 264, 746–8

McKeown, J. D. and Isherwood, S. (2007). Mapping the urgency and pleasantness of speech, auditory icons, and abstract alarms to their referents within the vehicle. *Human Factors*, 49, 417–28

Mead, G. E. et al. (2009). Exercise for depression. *Cochrane Database Systematic Review*, CD004366

Mehta, R., Zhu, R. and Cheema, A. (2012). Is noise always bad? Exploring the effects of ambient noise on creative cognition. *Journal of Consumer Research*, 39, 784–99

Meijer, D. et al. (2019). Integration of audiovisual spatial signals is not consistent with maximum likelihood estimation. *Cortex*, 119, 74–88

Menzel, D. et al. (2008). Influence of vehicle color on loudness judgments. *Journal of the Acoustical Society of America*, 123, 2477–9

Merabet, L. B. et al. (2004). Visual hallucinations during prolonged blindfolding in sighted subjects. *Journal of Neuro-Ophthalmology*, 24, 109–13

Meston, C. M. and Frohlich, P. F. (2003). Love at first fright: Partner salience moderates roller-coaster-induced excitation transfer. *Archives of Sexual Behavior*, 32, 537–44

Meyers-Levy, J. and Zhu, R. (J.) (2007). The influence of ceiling height: The effect of priming on the type of processing that people use. *Journal of Consumer Research*, 34, 174–86

Mikellides, B. (1990). Color and physiological arousal. *Journal of Architectural and Planning Research*, 7, 13–20

Milgram, S. (1970). The experience of living in cities. *Science*, 167, 1461–8

Milinski, M. and Wedekind, C. (2001). Evidence for MHC- correlated perfume preferences in humans. *Behavioral Ecology*, 12, 140–49

Miller, G. et al. (2007). Ovulatory cycle effects on tip earnings by lap dancers: Economic evidence for human estrus? Evolution and Human Behavior, 28, 375–81

Miller, G. F. (1998). How mate choice shaped human nature: A review of sexual selection and human evolution. In C. B. Crawford and D. Krebs (eds.), *Handbook of evolutionary psychology: Ideas, issues, and applications*. Mahwah, NJ: Lawrence Erlbaum, pp. 87–129

——— (2000). Evolution of human music through sexual selection. In N. L. Wallin et al. (eds.), *The origins of music*. Cambridge, MA: MIT Press, pp. 329–60

Milliman, R. E. (1982). Using background music to affect the behavior of supermarket shoppers. *Journal of Marketing*, 46, 86–91

——— (1986). The influence of background music on the behavior of restaurant patrons. *Journal of Consumer Research*, 13, 286–9

Mindell, J. A. et al. (2009). A nightly bedtime routine: Impact on sleep in young children and maternal mood. *Sleep*, 32, 599–606

Minsky, L. et al. (2018). Inside the invisible but influential world of scent branding. *Harvard Business Review*, 11 April, https://hbr.org/2018/04/inside-the-invisible-but-influential-world-of-scent-branding

Mitchell, R. and Popham, F. (2008). Effect of exposure to natural environment on health inequalities: An observational population study. *The Lancet*, 372, 1655–60

Mitler, M. M. et al. (1988). Catastrophes, sleep, and public policy: Consensus report. *Sleep*, 11, 100–109

Mitro, S. et al. (2012). The smell of age: Perception and discrimination of body odors of different ages. *PLOS One*, 7, e38110

Miyazaki, Y. (2018). *Shinrin-yoku: The Japanese way of forest bathing for health and relaxation*. London: Aster Books

Monahan, J. L. et al. (2000). Subliminal mere exposure: Specific, general and affective effects. *Psychological Science*, 11, 462–6

Montagu, A. (1971). *Touching: The human significance of the skin*. New York: Columbia University Press

Montignies, F. et al. (2010). Empirical identification of perceptual criteria for customer-centred design. Focus on the sound of tapping on the dashboard when exploring a car. *International Journal of Industrial Ergonomics*, 40, 592–603

Moore, E. O. (1981). A prison environment's effect on health care service demands. *Journal of Environmental Systems*, 11, 17–34

Morgan, W. P. et al. (1988). Personality structure, mood states, and performance in elite male distance runners. *International Journal of Sport Psychology*, 19, 247–63

Morimoto, K. et al. (eds.) (2006). *Forest medicine*. Tokyo: Asakura Publishing

Morin, C. M. (1993). *Insomnia: Psychological assessment and management*. New York: Guilford Press

Morrin, M. and Chebat, J.-C. (2005). Person-place congruency: The interactive effects of shopper style and atmospherics on consumer expenditures. *Journal of Service Research*, 8, 181–91

Moseley, G. L. et al. (2008a). Is mirror therapy all it is cracked up to be? Current evidence and future directions. *Pain*, 138, 7–10

Moseley, G. L. et al. (2008b). Psychologically induced cooling of a specific body part caused by the illusory ownership of an artificial counterpart. *Proceedings of the National Academy of Sciences of the USA*, 105, 13168–72

Moseley, G. L. et al. (2008c). Visual distortion of a limb modulates the pain and swelling evoked by movement. *Current Biology*, 18, R1047–R1048

Moss, H. et al. (2007). A cure for the soul? The benefit of live music in the general hospital. *Irish Medical Journal*, 100, 636–8

Mueser, K. T. et al. (1984). You're only as pretty as you feel: Facial expression as a determinant of physical attractiveness. *Journal of Personality and Social Psychology*, 46, 469–78

Müller, F. et al. (2019). The sound of speed: How grunting affects opponents' anticipation in tennis. *PLOS One*, 14, e0214819

Mustafa, M. et al. (2016). The impact of vehicle fragrance on driving performance: What do we know? *Procedia–Social and Behavioral Sciences*, 222, 807–15

Muzet, A. et al. (1984). Ambient temperature and human sleep. *Experientia*, 40, 425–9

National Sleep Foundation (2006). *Teens and sleep*. https://sleepfoundation.org/ sleep-topics/ teens-and-sleep

Neave, N. et al. (2011). Male dance moves that catch a woman's eye. *Biology Letters*, 7, 221–4

Nettle, D. and Pollet, T. V. (2008). Natural selection on male wealth in humans. *American*

Naturalist, 172, 658–66

Nieuwenhuis, M. et al. (2014). The relative benefits of green versus lean office space: Three field experiments. *Journal of Experimental Psychology: Applied*, 20, 199–214

Nightingale, F. (1860). *Notes on nursing. What it is, and what it is not.* New York: D. Appleton and Company

Nisbet, E. K. and Zelenski, J. M. (2011). Underestimating nearby nature: Affective forecasting errors obscure the happy path to sustainability. *Psychological Science*, 22, 1101–6

North, A. C. and Hargreaves, D. J. (1999). Music and driving game performance. *Scandinavian Journal of Psychology*, 40, 285–92

——— (2000). Musical preferences when relaxing and exercising. *American Journal of Psychology*, 113, 43–67

North, A. C., et al. (1997). In-store music affects product choice. *Nature*, 390, 132

North, A. C. et al. (1998). Musical tempo and time perception in a gymnasium. *Psychology of Music*, 26, 78–88

Novaco, R. et al. (1990). Objective and subjective dimensions of travel impedance as determinants of commuting stress. *American Journal of Community Psychology*, 18, 231–57

O'Connell, M. (2018). *To be a machine.* London: Granta

Oberfeld, D. et al. (2009). Ambient lighting modifies the flavor of wine. *Journal of Sensory Studies*, 24, 797–832

Oberfeld, D. et al. (2010). Surface lightness influences perceived room height. *Quarterly Journal of Experimental Psychology*, 63, 1999–2011

Obst, P. et al. (2011). Age and gender comparisons of driving while sleepy: Behaviours and risk perceptions. *Transportation Research Part F: Traffic Psychology and Behaviour*, 14, 539–42

Oldham, G. R. et al. (1995). Listen while you work? Quasi-experimental relations between personal-stereo headset use and employee work responses. *Journal of Applied Psychology*, 80, 547–64

Olmsted, F. L. (1865a). The value and care of parks. Reprinted in R. Nash (ed.) (1968). *The American environment: Readings in the history of conservation.* Reading, MA: Addison-Wesley, pp. 18–24

——— (1865b). *Yosemite and the Mariposa Grove: A preliminary report.* Available online at: www.yosemite.ca.us/library/olmsted/report.html

Olson, R. L. et al. (2009). Driver distraction in commercial vehicle operations. Technical Report No. FMCSA-RRR-09–042. Federal Motor Carrier Safety Administration, US Department of Transportation, Washington, DC

Olsson, M. J. et al. (2014). The scent of disease: Human body odor contains an early chemosensory cue of sickness. *Psychological Science*, 25, 817–23

Ott, W. R. and Roberts, J. W. (1998). Everyday exposure to toxic pollutants. *Scientific American*, 278 (February), 86–91

Otterbring, T. (2018). Healthy or wealthy? Attractive individuals induce sex-specific food preferences. *Food Quality and Preference*, 70, 11–20

Otterbring, T. et al. (2018). The relationship between office type and job satisfaction: Testing a multiple mediation model through ease of interaction and well-being. *Scandinavian Journal of Work and Environmental Health*, 44, 330–34

Ottoson, J. and Grahn, P. (2005). A comparison of leisure time spent in a garden with leisure time spent indoors: On measures of restoration in residents in geriatric care. *Landscape Research*, 30, 23–55

Oyer, J. and Hardick, J. (1963). *Response of population to optimum warning signal*. Office of Civil Defence, Final Report No. SHSLR163. Contract No. OCK-OS-62–182, September

Packard, V. (1957). *The hidden persuaders*. Harmondsworth: Penguin

Pallasmaa, J. (1996). *The eyes of the skin: Architecture and the senses* (Polemics). London: Academy Editions

Palmer, H. (1978). *Sea gulls Music for rest and relaxation*. Freeport, NY: Education Activities, Inc. (Tape #AR504)

Pancoast, S. (1877). *Blue and red light*. Philadelphia: J. M. Stoddart & Co.

Park, B. J. et al. (2007). Physiological effects of Shinrin-yoku (taking in the atmosphere of the forest) – using salivary cortisol and cerebral activity as indicators. *Journal of Physiological Anthropology*, 26, 123–8

Park, J. and Hadi, R. (2020). Shivering for status: When cold temperatures increase product evaluation. *Journal of Consumer Psychology*, 30, 314–28

Park, Y.-M. M. et al. (2019). Association of exposure to artificial light at night while sleeping with risk of obesity in women. *JAMA Internal Medicine*, 179, 1061–71

Parsons, R. et al. (1998). The view from the road: Implications for stress recovery and immunization. *Journal of Environmental Psychology*, 18, 113–40

Passchier-Vermeer, W. and Passchier, W. F. (2000). Noise exposure and public health. *Environmental Health Perspectives*, 108, 123–31

Pasut, W. et al. (2015). Energy-efficient comfort with a heated/cooled chair: Results from human subject tests. *Building and Environment*, 84, 10–21

Patania, V. M. et al. (2020). The psychophysiological effects of different tempo music on endurance versus high-intensity performances. *Frontiers in Psychology*, 11, 74

Pavela Banai, I. (2017). Voice in different phases of menstrual cycle among naturally cycling women and users of hormonal contraceptives. *PLOS One*, 12, e0183462

Peck, J. and Shu, S. B. (2009). The effect of mere touch on perceived ownership. *Journal of Consumer Research*, 36, 434–47

Peltzman, S. (1975). The effects of automobile safety regulation. *Journal of Political Economy*, 83, 677–725

Pencavel, J. (2014). The productivity of working hours. IZA Discussion Paper No. 8129, http://ftp.iza.org/dp8129.pdf

Peperkoorn, L. S. et al. (2016). Revisiting the red effect on attractiveness and sexual receptivity: No effect of the color red on human mate preference. *Evolutionary Psychology*, October–December, 1–13

Perrault, A. A. et al. (2019). Whole-night continuous rocking entrains spontaneous neural oscillations with benefits for sleep and memory. *Current Biology*, 29, 402–11

Petit, O. et al. (2019). Multisensory consumer-packaging interaction (CPI): The role of new technologies. In C. Velasco and C. Spence (eds.), *Multisensory packaging: Designing new product experiences*. Cham, Switzerland: Palgrave Macmillan, pp. 349–74

Pfaffmann, C. (1960). The pleasure of sensation. *Psychological Review*, 67, 253–68

Phalen, J. M. (1910). An experiment with orange-red underwear. *Philippine Journal of Science*, 5B, 525–46

Pinker, S. (2018). *Enlightenment now: The case for reason, science, humanism, and progress*. New York: Viking Penguin

Piqueras-Fiszman, B. and Spence, C. (2012). The weight of the bottle as a possible extrinsic cue with which to estimate the price (and quality) of the wine? Observed correlations. *Food Quality and Preference*, 25, 41–5

Plante, T. G. et al. (2006). Psychological benefits of exercise paired with virtual reality: Outdoor exercise energizes whereas indoor virtual exercise relaxes. *International Journal of Stress Management*, 13, 108–17

Pollet, T. et al. (2018). Do red objects enhance sexual attractiveness? No evidence from two large replications and an extension. PsyArXiv Preprints, 16 February 2018, https://doi.org/10.31234/osf.io/3bfwh

Prescott, J. and Wilkie, J. (2007). Pain tolerance selectively increased by a sweet-smelling odor. *Psychological Science*, 18, 308–11

Pretty, J. et al. (2009). *Nature, childhood, health and life pathways*. University of Essex, Interdisciplinary Centre for Environment and Society, Occasional Paper 2009–2

Priest, D. L. et al. (2004). The characteristics and effects of motivational music in exercise settings: The possible influence of gender, age, frequency of attendance, and time of attendance. *Journal of Sports Medicine and Physical Fitness*, 44, 77–86

Przybylski, A. K. (2019). Digital screen time and pediatric sleep: Evidence from a preregistered cohort study. *Journal of Pediatrics*, 205, 218–23

Qin, J. et al. (2014). The effect of indoor plants on human comfort. *Indoor Building Environment*, 23, 709–23

Ramachandran, V. S. and Blakeslee, S. (1998). *Phantoms in the brain*. London: Fourth Estate

Ramsey, K. L. and Simmons, F. B. (1993). High-powered automobile stereos. *Otolaryngology–Head and Neck Surgery*, 109, 108–10

Ratcliffe, E. et al. (2016). Associations with bird sounds: How do they relate to perceived restorative potential? *Journal of Environmental Psychology*, 47, 136–44

Ratcliffe, V. F. et al. (2016). Cross-modal correspondences in non-human mammal communication. *Multisensory Research*, 29, 49–91

Rattenborg, N. C. et al. (1999). Half-awake to the risk of predation. *Nature*, 397, 397–8

Raudenbush, B. et al. (2001). Enhancing athletic performance through the administration of peppermint odor. *Journal of Sport and Exercise Psychology*, 23, 156–60

Raudenbush, B. et al. (2002). The effects of odors on objective and subjective measures of athletic performance. *International Sports Journal*, 6, 14–27

Raymann, R. J. et al. (2008). Skin deep: Enhanced sleep depth by cutaneous temperature manipulation. *Brain*, 131, 500–513

Raymond, J. (2000). The world of senses. *Newsweek Special Issue*, Fall–Winter, 136, 16–18

Reber, R., et al. (2004). Processing fluency and aesthetic pleasure: Is beauty in the perceiver's processing experience? *Personality and Social Psychology Review*, 8, 364–82

Reber, R., et al. (1998). Effects of perceptual fluency on affective judgments. *Psychological Science*, 9, 45–8

Redelmeier, D. A. and Tibshirani, R. J. (1997). Association between cellular-telephone calls and motor vehicle collisions. *New England Journal of Medicine*, 336, 453–8

Redies, C. (2007). A universal model of esthetic perception based on the sensory coding of natural stimuli. *Spatial Vision*, 21, 97–117

Reinoso-Carvalho, F. et al. (2019). Not just another pint! Measuring the influence of the emotion induced by music on the consumer's tasting experience. *Multisensory Research*, 32, 367–400

Renvoisé, P. and Morin, C. (2007). *Neuromarketing: Understanding the 'buy buttons' in your customer's brain*. Nashville, TN: Thomas Nelson

Rhodes, G. (2006). The evolutionary psychology of facial beauty. *Annual Review of Psychology*, 57, 199–226

Rice, T. (2003). Soundselves: An acoustemology of sound and self in the Edinburgh Royal Infirmary. *Anthropology Today*, 19, 4–9

Richter, J. and Muhlestein, D. (2017). Patient experience and hospital profitability: Is there a link? *Health Care Management Review*, 42, 247–57

Roberts, S. C. et al. (2004). Female facial attractiveness increases during the fertile phase of the menstrual cycle. *Proceedings of the Royal Society of London Series B*, 271 (S5), S270–S272

Roberts, S. C. et al. (2011). Body odor quality predicts behavioral attractiveness in humans. *Archives of Sexual Behavior*, 40, 1111–17

Roenneberg, T. (2012). *Internal time: Chronotypes, social jet lag, and why you're so tired*. Cambridge, MA: Harvard University Press

――― (2013). Chronobiology: The human sleep project. *Nature*, 498, 427–8

Romero, J. et al. (2003). Color coordinates of objects with daylight changes. *Color Research and Application*, 28, 25–35

Romine, I. J. et al. (1999). Lavender aromatherapy in recovery from exercise. *Perceptual and Motor Skills*, 88, 756–8

Roschk, H. et al. (2017). Calibrating 30 years of experimental research: A meta-analysis of the atmospheric effects of music, scent, and color. *Journal of Retailing*, 93, 228–40

Rosenblum, L. D. (2010). *See what I am saying: The extraordinary powers of our five senses*. New York: W. W. Norton

Rosenthal, N. E (2019). *Winter blues: Everything you need to know to beat Seasonal Affective Disorder*. New York: Guilford Press

Ross, S. (1966). Background music systems—do they pay? *Administrative Management Journal*, 27 (August), 34–7

Rowe, C. et al. (2005). Seeing red? Putting sportswear in context. *Nature*, 437, E10

Rybkin, I. (2017). Music's potential effects on surgical performance. *Quill and Scope*, 10, 3

Sagberg, F. (1999). Road accidents caused by drivers falling asleep. *Accident Analysis and Prevention*, 31, 639–49

Salgado-Montejo., A. et al. (2015). Smiles over frowns: When curved lines influence product preference. *Psychology and Marketing*, 32, 771–81

Samuel, L. R. (2010). *Freud on Madison Avenue: Motivation research and subliminal advertising in America*. Oxford: University of Pennsylvania Press

Schaal, B. and Durand, K. (2012). The role of olfaction in human multisensory development. In A. J. Bremner et al. (eds.), *Multisensory development*. Oxford: Oxford University Press, pp. 29–62

Schaal, B. et al. (2000). Human foetuses learn odours from their pregnant mother's diet. *Chemical Senses*, 25, 729–37

Schaefer, E. W. et al. (2012). Sleep and circadian misalignment for the hospitalist: A review. *Journal of Hospital Medicine*, 7, 489–96

Schaffert, N. et al. (2011). An investigation of online acoustic information for elite rowers in on-water training conditions. *Journal of Human Sport and Exercise*, 6, 392–405

Schiffman, S. S. and Siebert, J. M. (1991). New frontiers in fragrance use. *Cosmetics and Toiletries*, 106, 39–45

Scholey, A. et al. (2009). Chewing gum alleviates negative mood and reduces cortisol during acute laboratory psychological stress. *Physiology and Behavior*, 97, 304–12

Schreiner, T. and Rasch, B. (2015). Boosting vocabulary learning by verbal cueing during sleep. *Cerebral Cortex*, 25, 4169–79

Schreuder, E. et al. (2016). Emotional responses to multisensory environmental stimuli: A conceptual framework and literature review. *Sage Open*, January–March, 1–19

Schwartzman, M. (2011). *See yourself sensing: Redefining human perception*. London: Black Dog

Sekuler, R. and Blake, R. (1987). Sensory underload. *Psychology Today*, 12 (December), 48–51

Seligman, M. E. (1971). Phobias and preparedness. *Behavior Therapy*, 2, 307–20

Senders, J. W. et al. (1967). The attentional demand of automobile driving. *Highway Research Record*, 195, 15–33

Senkowski, D. et al. (2014). Crossmodal shaping of pain: A multisensory approach to nociception. *Trends in Cognitive Sciences*, 18, 319–27

Seto, K. C. et al. (2012). Global forecasts of urban expansion to 2030 and direct impacts on biodiversity and carbon pools. *Proceedings of the National Academy of Sciences of the USA*, 109, 16083–8

Sheldon, R. and Arens, E. (1932). *Consumer engineering: A new technique for prosperity.* New York: Harper & Brothers

Shippert, R. D. (2005). A study of time-dependent operating room fees and how to save $100 000 by using time-saving products. *American Journal of Cosmetic Surgery*, 22, 25–34

Sinnett, S. and Kingstone, A. (2010). A preliminary investigation regarding the effect of tennis grunting: Does white noise during a tennis shot have a negative impact on shot perception? *PLOS One*, 5, e13148

Sitwell, W. (2020). *The restaurant: A history of eating out.* London: Simon & Schuster

Sivak, M. (1996). The information that drivers use: Is it indeed 90% visual? *Perception*, 25, 1081–9

Siverdeen, Z. et al. (2008). Exposure to noise in orthopaedic theatres–do we need protection? *International Journal of Clinical Practice*, 62, 1720–22

Slabbekoorn, H. and Ripmeester, E. (2008). Birdsong and anthropogenic noise: Implications and applications for conservation. *Molecular Ecology*, 17, 72–83

Smith, G. A. et al. (2006). Comparison of a personalized parent voice smoke alarm with a conventional residential tone smoke alarm for awakening children. *Pediatrics*, 118, 1623–32

Smith, M. M. (2007). *Sensory history.* Oxford: Berg

Solomon, M. R. (2002). *Consumer behavior: Buying, having and being.* Upper Saddle River, NJ: Prentice-Hall

Sorokowska, A. et al. (2012). Does personality smell? Accuracy of personality assessments based on body odour. *European Journal of Personality*, 26, 496–503

Sors, F. et al. (2017). The contribution of early auditory and visual information to the discrimination of shot power in ball sports. *Psychology of Sport and Exercise*, 31, 44–51

Souman, J. L. et al. (2017). Acute alerting effects of light: A systematic literature review. *Behavioural Brain Research*, 337, 228–39

Spence, C. (2002). *The ICI report on the secret of the senses.* London: The Communication

Group

——— (2003). A new multisensory approach to health and well-being. *In Essence*, 2, 16–22

——— (2012a). Drive safely with neuroergonomics. *The Psychologist*, 25, 664–7

——— (2012b). Managing sensory expectations concerning products and brands: Capitalizing on the potential of sound and shape symbolism. *Journal of Consumer Psychology*, 22, 37–54

——— (2014). Q & A: Charles Spence. *Current Biology*, 24, R506–R508

——— (2015). Leading the consumer by the nose: On the commercialization of olfactory-design for the food and beverage sector. *Flavour*, 4, 31

——— (2016). Gastrodiplomacy: Assessing the role of food in decision-making. *Flavour*, 5, 4

——— (2017). Hospital food. *Flavour*, 6, 3

——— (2018). *Gastrophysics: The new science of eating.* London: Penguin

——— (2019a). Attending to the chemical senses. *Multisensory Research*, 32, 635–64

——— (2019b). Multisensory experiential wine marketing. *Food Quality and Preference*, 71, 106–16, https://doi.org/10.1016/j.foodqual.2018.06.010

——— (2020a). Extraordinary emotional responses elicited by auditory stimuli linked to the consumption of food and drink. *Acoustical Science and Technology*, 41, 28–36

——— (2020b). Multisensory flavour perception: Blending, mixing, fusion, and pairing within and between the senses. *Foods*, 9, 407

——— (2020c). On the ethics of neuromarketing and sensory marketing. In J. Trempe-Martineau and E. Racine (eds.), *Organizational neuroethics: Reflections on the contributions of neuroscience to management theories and business practice.* Cham, Switzerland: Springer Nature, pp. 9–30

——— (2020d). Temperature-based crossmodal correspondences: Causes and consequences. *Multisensory Research*, 33, 645–82

——— (2020e). Designing for the multisensory mind. *Architectural Design*, December, 42-49

——— (2020f). Senses of space: Designing for the multisensory mind. *Cognitive Research: Principles and Implications*, 5, 46. https://rdcu.be/b7qIt

Spence, C. and Carvalho, F. M. (2020). The coffee drinking experience: Product extrinsic (atmospheric) influences on taste and choice. *Food Quality and Preference*, 80, https://doi.org/10.1016/j.foodqual.2019.103802

Spence, C. and Gallace, A. (2011). Multisensory design: Reaching out to touch the consumer. *Psychology and Marketing*, 28, 267–308

Spence, C. and Keller, S. (2019). Medicine's melodies: On the costs and benefits of music, soundscapes, and noise in healthcare settings. *Music and Medicine*, 11, 211–25

Spence, C. and Read, L. (2003). Speech shadowing while driving: On the difficulty of splitting attention between eye and ear. *Psychological Science*, 14, 251–6

Spence, C. et al. (2014a). A large sample study on the influence of the multisensory environment on the wine drinking experience. *Flavour*, 3, 8

Spence, C. et al. (2014b). Store atmospherics: A multisensory perspective. *Psychology and Marketing*, 31, 472–88

Spence, C. et al. (2017). Digitizing the chemical senses: Possibilities and pitfalls. *International Journal of Human-Computer Studies*, 107, 62–74

Spence, C. et al. (2019a). Digital commensality: On the pros and cons of eating and drinking with technology. *Frontiers in Psychology*, 10, 2252

Spence, C. et al. (2019b). Extrinsic auditory contributions to food perception and consumer behaviour: An interdisciplinary review. *Multisensory Research*, 32, 275–318

Spence, C. et al. (2020). Magic on the menu: Where are all the magical food and beverage experiences? *Foods*, 9, 257

Stack, S. and Gundlach, J. (1992). The effect of country music on suicide. *Social Forces*, 71, 211–18

Stanton, T. R. et al. (2017). Feeling stiffness in the back: A protective perceptual inference in chronic back pain. *Scientific Reports*, 7, 9681

Staricoff, R. and Loppert, S. (2003). Integrating the arts into health care: Can we affect clinical outcomes? In D. Kirklin and R. Richardson (eds.), *The healing environment: Without and within*. London: RCP, pp. 63–79

Steel, C. (2008). *Hungry city: How food shapes our lives*. London: Chatto & Windus

Steele, K. M. (2014). Failure to replicate the Mehta and Zhu (2009) color-priming effect on anagram solution times. *Psychonomic Bulletin and Review*, 21, 771–6

Stein, B. E. (ed.- in-chief) (2012). *The new handbook of multisensory processing*. Cambridge, MA: MIT Press

Steinwald, M. et al. (2014). Multisensory engagement with real nature relevant to real life. In N. Levent and A. Pascual- Leone(eds.), *The multisensory museum: Cross-disciplinary perspectives on touch, sound, smell, memory and space*. Plymouth: Rowman & Littlefield, pp. 45–60

Stillman, J. W. and Hensley, W. E. (1980). She wore a flower in her hair: The effect of ornamentation on non-verbal communication. *Journal of Applied Communication Research*, 1, 31–9

Stumbrys, T. et al. (2012). Induction of lucid dreams: A systematic review of evidence. *Consciousness and Cognition*, 21, 1456–75

Suwabe, K. et al. (in press). Positive mood while exercising influences beneficial effects of exercise with music on prefrontal executive function: A functional NIRS Study. *Neuroscience*, https://doi.org/10.1016/j.neuroscience.2020.06.007

Taheri, S. et al. (2004). Short sleep duration is associated with reduced leptin, elevated ghrelin, and increased body mass index. *PLOS Medicine*, 1, 210–17

Tamaki, M. et al. (2016). Night watch in one brain hemisphere during sleep associated with the first-night effect in humans. *Current Biology*, 26, 1190–94

Tanizaki, J. (2001). *In praise of shadows* (trans. T. J. Harper and E. G. Seidenstickker). London: Vintage Books

Tassi, P. and Muzet, A. (2000). Sleep inertia. *Sleep Medicine Reviews*, 4, 341–53

Terman, M. (1989). On the question of mechanism in phototherapy for seasonal affective disorder: Considerations of clinical efficacy and epidemiology. In N. E. Rosenthal and M. C. Blehar (eds.), *Seasonal affective disorders and phototherapy*. New York: Guilford Press, pp. 357–76

Terry, P. C. et al. (2012). Effects of synchronous music on treadmill running among elite triathletes. *Journal of Science and Medicine in Sport*, 15, 52–7

Thömmes, K. and Hübner, R. (2018). Instagram likes for architectural photos can be predicted by quantitative balance measures and curvature. *Frontiers in Psychology*, 9, 1050

Thompson Coon, J. et al. (2011). Does participating in physical activity in outdoor natural environments have a greater effect on physical and mental wellbeing than physical activity indoors? A systematic review. *Environmental Science and Technology*, 45, 1761–72

Tifferet, S. et al. (2012). Guitar increases male Facebook attractiveness: Preliminary support for the sexual selection theory of music. *Letters on Evolutionary Behavioral Science*, 3, 4–6

Townsend, M. and Weerasuriya, R. (2010). *Beyond blue to green: The benefits of contact with nature for mental health and well-being*. Melbourne, Australia: Beyond Blue Limited

Treib, M. (1995). Must landscape mean? Approaches to significance in recent landscape architecture. *Landscape Journal*, 14, 47–62

Treisman, M. (1977). Motion sickness: As evolutionary hypothesis. *Science*, 197, 493–5

Trivedi, B. (2006). Recruiting smell for the hard sell. *New Scientist*, 2582, 36–9

Trotti, L. M. (2017). Waking up is the hardest thing I do all day: Sleep inertia and sleep drunkenness. *Sleep Medicine Reviews*, 35, 76–84

Trzeciak, S. et al. (2016). Association between Medicare summary star ratings for patient experience and clinical outcomes in US hospitals. *Journal of Patient Experience*, 3, 6–9

Tse, M. M. et al. (2002). The effect of visual stimuli on pain threshold and tolerance. *Journal of Clinical Nursing*, 11, 462–9

Twedt, E. et al. (2016). Designed natural spaces: Informal gardens are perceived to be more restorative than formal gardens. *Frontiers in Psychology*, 7, 88

Ullmann, Y. et al. (2008). The sounds of music in the operating room. *Injury*, 39, 592–7

Ulrich, R. S. (1984). View through a window may influence recovery from surgery. *Science*, 224, 420–21

——— (1991). Effects of interior design on wellness: Theory and recent scientific research. *Journal of Health Care Interior Design*, 3, 97–109

——— (1993). Biophilia, biophobia, and natural landscapes. In S. R. Kellert and E. O. Wilson (eds.), *The biophilia hypothesis*. Washington, DC: Island Press, pp. 73–137

——— (1999). Effects of gardens on health outcomes: Theory and research. In C. Cooper- Marcus and M. Barnes (eds.), *Healing gardens: Therapeutic benefits and design recommendations*. Hoboken, NJ: John Wiley & Sons, pp. 27–86

Ulrich, R. S. et al. (1991). Stress recovery during exposure to natural and urban environments. *Journal of Environmental Psychology*, 11, 201–30

Underhill, P. (1999). *Why we buy: The science of shopping*. New York: Simon & Schuster

Unkelbach, C. and Memmert, D. (2010). Crowd noise as a cue in referee decisions contributes to the home advantage. *Journal of Sport and Exercise Psychology*, 32, 483–98

Unnava, V. et al. (2018). Coffee with co-workers: Role of caffeine on evaluations of the self and others in group settings. *Journal of Psychopharmacology*, 32, 943–8

Ury, H. K. et al. (1972). Motor vehicle accidents and vehicular pollution in Los Angeles. *Archives of Environmental Health*, 25, 314–22

US Energy Information Administration (2011). Residential energy consumption survey (RECS). *US Energy Information Administration*, www.eia.gov/consumption/residential/reports/2009/air-conditioning.php

US Senate Special Committee on Aging (1985– 6). *Aging America, Trends and Projections,*

1985–86 Edition. US Senate Special Committee on Aging (in association with the American Association of Retired Persons, the Federal Council on the Aging, and the Administration on Aging)

Valdez, P. and Mehrabian, A. (1994). Effects of color on emotions. *Journal of Experimental Psychology: General*, 123, 394–409

Vartanian, O. et al. (2013). Impact of contour on aesthetic judgments and approach-avoidance decisions in architecture. *Proceedings of the National Academy of Sciences of the USA*, 110 (Supplement 2), 10446–53

Vartanian, O. et al. (2015). Architectural design and the brain: Effects of ceiling height and perceived enclosure on beauty judgments and approach-avoidance decisions. *Journal of Environmental Psychology*, 41, 10–18

Villemure, C. et al. (2003). Effects of odors on pain perception: Deciphering the roles of emotion and attention. *Pain*, 106, 101–8

Wagner, U. et al. (2004). Sleep inspires insight. *Nature*, 427, 352–5

Walker, J. et al. (2016). Chewing unflavored gum does not reduce cortisol levels during a cognitive task but increases the response of the sympathetic nervous system. *Physiology and Behavior*, 154, 8–14

Walker, M. (2018). *Why we sleep*. London: Penguin

Wallace, A. G. (2015). Are you looking at me? *Capital Ideas*, Fall, 24–33

Wang, Q. J. and Spence, C. (2019). Drinking through rosé-coloured glasses: Influence of wine colour on the perception of aroma and flavour in wine experts and novices. *Food Research International*, 126, 108678

Wargocki, P. et al. (1999). Perceived air quality, Sick Building Syndrome (SBS) symptoms and productivity in an office with two different pollution loads. *Industrial Air*, 9, 165–79

Wargocki, P. et al. (2000). The effects of outdoor air supply rate in an office on perceived air quality, Sick Building Syndrome (SBS) symptoms and productivity. *Industrial Air*, 10, 222–36

Warm, J. S. et al. (1991). Effects of olfactory stimulation on performance and stress in a visual sustained attention task. *Journal of the Society of Cosmetic Chemists*, 42, 199–210

Waterhouse, J. et al. (2010). Effects of music tempo upon submaximal cycling performance. *Scandinavian Journal of Medicine and Science in Sports*, 20, 662–9

Watkins, C. D. (2017). Creativity compensates for low physical attract-iveness when individuals assess the attractiveness of social and romantic partners. *Royal Society Open*

Science, 4, 160955

Watson, L. (1971). *The omnivorous ape*. New York: Coward, McCann & Geoghegan

Weber, S. T. and Heuberger, E. (2008). The impact of natural odors on affective states in humans. *Chemical Senses*, 33, 441–7

Wehrens, S. M. T. et al. (2017). Meal timing regulates the human circadian system. *Current Biology*, 27, 1768–75

Weinzimmer, D. et al. (2014). Human responses to simulated motorized noise in national parks. *Leisure Sciences*, 36, 251–67

Whalen, P. J. et al. (2004). Human amygdala responsivity to masked fearful eye whites. *Science*, 306, 2061

Whitcome, K. K. et al. (2007). Fetal load and the evolution of lumbar lordosis in bipedal hominins. *Nature*, 450, 1075–8

White, D. et al. (2017). Choosing face: The curse of self in profile image selection. *Cognitive Research: Principles and Implications*, 2, 23

Wigley, M. (1995). *White walls, designer dresses: The fashioning of modern architecture*. London: MIT Press

Wilde, G. J. S. (1982). The theory of risk homeostasis: Implications for safety and health. *Risk Analysis*, 2, 209–25

Williams, F. (2017). *The nature fix: Why nature makes us happier, healthier, and more creative*. London: W. W. Norton & Co.

Willis, J. and Todorov, A. (2006). First impressions: Making up your mind after a 100-ms exposure to a face. *Psychological Science*, 17, 592–8

Wilson, E. O. (1984). *Biophilia: The human bond with other species*. London: Harvard University Press

Wilson, T. D. and Gilbert, D. T. (2005). Affective forecasting: Knowing what to want. *Current Directions in Psychological Science*, 14, 131–4

Windhager, S. et al. (2008). Face to face: The perception of automotive designs. *Human Nature*, 19, 331–46

Winternitz, J. et al. (2017). Patterns of MHC-dependent mate selection in humans and nonhuman primates: A meta-analysis. *Molecular Ecology*, 26, 668–88

Wittkopf, P. G. et al. (2018). The effect of visual feedback of body parts on pain perception: A systematic review of clinical and experimental studies. *European Journal of Pain*, 22, 647–62

Wohlwill, J. F. (1983). The concept of nature: A psychologist's view. In I. Altman and J. F. Wohlwill (eds.), *Behavior and the natural environment*. New York: Plenum Press, pp. 5–38

Wolverton, B. C. et al. (1989). *Interior landscape plants for indoor air pollution abatement*. Final Report, 15 September. National Aeronautics and Space Administration, John C. Stennis Space Center, Science and Technology Laboratory, Stennis Space Center, MS 39529–6000

Wood, R. A. et al. (2006). The potted-plant microcosm substantially reduces indoor air VOC pollution: I. Office field-study. *Water, Air, and Soil Pollution*, 175, 163–80

Woolley, K. and Fishbach, A. (2017). A recipe for friendship: Similar food consumption promotes trust and cooperation. *Journal of Consumer Psychology*, 27, 1–10

World Health Organization, Regional Office for Europe (2011). *Burden of disease from environmental noise–Quantification of healthy life years lost in Europe*. Copenhagen: WHO

Wright, K. P., Jr and Czeisler, C. A. (2002). Absence of circadian phase resetting in response to bright light behind the knees. *Science*, 297, 571

Wrisberg, C. A. and Anshel, M. H. (1989). The effect of cognitive strategies on free throw shooting performance of young athletes. *Sport Psychologist*, 3, 95–104

Yildirim, K. et al. (2007). The effects of window proximity, partition height, and gender on perceptions of open-plan offices. *Journal of Environmental Psychology*, 27, 154–65

Yoder, J. et al. (2012). Noise and sleep among adult medical inpatients: Far from a quiet night. *Archives of Internal Medicine*, 172, 68–70

Zellner, D. et al. (2017). Ethnic congruence of music and food affects food selection but not liking. *Food Quality and Preference*, 56, 126–9

Zhang, Y. et al. (2019). Healing built-environment effects on health outcomes: Environment–occupant–health framework. *Building Research and Information*, 47, 747–66

Zhu, R. (J.) and Argo, J. J. (2013). Exploring the impact of various shaped seating arrangements on persuasion. *Journal of Consumer Research*, 40, 336–49

Ziegler, U. (2015). Multi-sensory design as a health resource: Customizable, individualized, and stress-regulating spaces. *Design Issues*, 31, 53–62

Zilczer, J. (1987). 'Color music': Synaesthesia and nineteenth-century sources for abstract art. *Artibus et Historiae*, 8, 101–26

Zuckerman, M. (1979). *Sensation seeking: Beyond the optimal level of arousal*. Hillsdale, NJ: Lawrence Erlbaum

Sense-
hacking

일상 감각 연구소

초판 1쇄 발행 2022년 1월 12일
초판 3쇄 발행 2023년 7월 7일

지은이 | 찰스 스펜스
옮긴이 | 우아영
발행인 | 김형보
편집 | 최윤경, 강태영, 임재희, 홍민기, 김수현
마케팅 | 이연실, 이다영, 송신아
디자인 | 송은비
경영지원 | 최윤영

발행처 | 어크로스출판그룹(주)
출판신고 | 2018년 12월 20일 제 2018-000339호
주소 | 서울시 마포구 양화로10길 50 마이빌딩 3층
전화 | 070-8724-0876(편집) 070-8724-5877(영업)
팩스 | 02-6085-7676
이메일 | across@acrossbook.com

한국어판 출판권 ⓒ 어크로스출판그룹(주) 2022

ISBN 979-11-6774-027-4 03180

만든 사람들
편집 | 임재희
교정교열 | 오효순
디자인 | 김형균
조판 | 박은진

지은이 **찰스 스펜스**Charles Spence

옥스퍼드대학교 통합감각연구소Crossmodal Research Laboratory 소장이며, 20년 넘게 사람들이 어떻게 주변 세계를 인식하는지 연구하고 있는 실험심리학자이다. 감각 연구의 선구자 이자 최고 권위자로, 특히 인간의 두뇌가 어떻게 다양한 감각 정보를 처리하여 일상을 다중감각 경험으로 풍성하게 만드는지 연구한다. 그는 우리가 먹는 음식에서부터 우리 가 생활하고 일하는 장소에 이르기까지, 그 모든 것을 경험하는 데 있어 감각이 얼마나 중요한지 밝혀내고 감각을 활용하는 새로운 방법을 제안한다.

또한 미식물리학Gastrophysics 분야를 창안한 세계적인 학자이자 유니레버, 펩시, 네슬레 등 을 포함한 글로벌 식품업계의 연구개발 파트너이다. 대표적인 저서로 음식을 먹고 마시 는 동안 일어나는 과학적·심리학적 발견을 유쾌하게 담아낸 《왜 맛있을까》(2017)가 있 다. 2008년에는 이그노벨상의 영양학상 부문을 수상하며 괴짜 과학자라는 수식어를 얻 었다. 그 밖에도 영국의 실험심리학회(EPS)가 그해의 가장 뛰어난 연구자에게 수여하는 상을 받았으며, 유럽의 젊은 인지심리학자에게 주는 폴버텔슨상, 독일 훔볼트재단이 연 구 실적이 가장 우수한 학자에게 주는 베셀상 등을 수상했다.

옮긴이 **우아영**

대학에서 기계공학을 공부한 뒤, 과학 전문지 〈과학동아〉 기자를 거쳐 현재 과학 칼럼 니스트, 번역가로 활동하고 있다. 《아기 말고 내 몸이 궁금해서》를 쓰고, 《성교육이 끝 나면 더 궁금한 성 이야기》, 《빌트, 우리가 지어 올린 모든 것들의 과학》(공역), 《빅 히스 토리》(공역)를 우리말로 옮겼다.